怪異の民俗学 2

妖怪

小松和彦［責任編集］

河出書房新社

妖怪

目次

I　**総論**　7

II　**妖怪の歴史**　63

怪異の民俗学②

妖怪

I
総論

妖怪変化の沿革

江馬務

わが国妖怪変化沿革の大略を按ずるに、その性質からして、

第一期　神　代
第二期　神武天皇より仏教伝来まで
第三期　仏教伝来より室町時代の応仁の乱まで
第四期　応仁の乱より江戸時代末期まで
第五期　明治以後

の五期に分割することができる。

神代においては、後世から見て霊妙不可思議のこと多く、妖怪変化はほとんど普通のことにみなされ、森羅万象が意想外の魔力を有していた観があった。

天窟戸《あまのいわと》の変のときには天地晦冥《かいめい》となり、群妖が起こった（古事記）。伊弉諾尊《いざなぎのみこと》の小便は自ら化して罔象女《みずはのめ》という神となり（日本書紀）、素戔嗚尊《すさのおのみこと》が八岐大蛇《やまたのおろち》を退治するときは、櫛稲田姫《くしなだひめ》を櫛に化して頭に挿した

など、とんだ魔力があったものである（日本書紀）。人の怪異では、高皇産霊神《たかみむすびのかみ》の子少彦名命《すくなひこなのみこと》は神の教養に順《したが》わず、神の指の股から堕《おち》いって行方不明となったが、鷦鷯《さざき》（みそさざい）の羽の衣を着て、白蘞《かかみの》（やぶからし）皮をもって舟となし、湖水に浮んで、海のあなたから出雲に漂着した。大国主命《おおくにぬしのみこと》がこれを掌の上に載せて翫《もてあそ》ぶと、その頬を齧《かじ》ったという。人といえば人、妖怪といえば妖怪の神もあった（古事記、日本書紀）。子を生むときに竜の姿を現わした彦火火出見命《ひこほほでみのみこと》の妃、豊玉姫《とよたまひめ》もまた、動物の変化として見ることもできる（日本書紀）。

高天原《たかまがはら》から下界へ使した雉子《きじ》も立派に人言を発して、大神の使命を伝えているし、因幡白兎《いなばのしろうさぎ》や鰐《わに》もたがいに人言をもって相争うている（古事記）。これらは動物の例であるが、植物でも天地開闢《かいびゃく》のおりには草木みな言を発していたと伝えられているから（日本書紀）、動物が人言を発するのも無理からぬ話である。伊弉諾尊が投げられた鬘《かずら》が葡萄《ぶどう》になったのも変であるが、桃の実を投げられて醜女《しこめ》が逃げ出したのも不思議といわで何といおう（古事記、日本書紀）。

器物で化けたのは、やはり伊弉諾尊が投げられた櫛が一転して筍に化した例である（日本書紀）。当時は黄泉国《よみのくに》（死んだ後にゆく国）との交通が自由で、現に伊弉諾尊は探険をしておられる。しかして再び本土へ帰朝して来られたのは、すなわち蘇生して地獄話をする後世の例と同じであろう。黄泉《よもつ》醜女はすなわち鬼で、国史における鬼の初見である（古事記、日本書紀）。

以上のごとく、神代においてはその伝説はほとんどまったくこれ霊妙、奇蹟で充ち満ちている。しかしながら、後世のごとく人や動物などの幽霊というものは、ほとんどない。すべてみな、これ現世におけるあらゆる摩訶《まか》不思議を説いている。しかして人の能力というものには、後世の幽霊に見るごとく、ずいぶん恐ろしく偉大なものが多い。素戔嗚尊が泣くと荒山が枯山となり、歩くと天地が動揺するなども（日本書紀）、普通ではない証拠である。

　以上で、人間と物象の交渉の古いものであるを知られる。

　第二期の神武天皇から欽明朝の仏教伝来に至る間は、前代のごとき霊妙な事蹟はすべて跡を絶ったが、それでも、後世に見ゆる人や動物の死後において化けるものや、いわゆる妖怪はまだまったくなく、みな現世的の変化にすぎない。

　その例を挙げると、伊吹山の山神が蛇になったのや（日本書紀「景行紀」）、播磨国の文石《あやし》小麻呂が暴逆の行があったので、雄略天皇十三年、これを春日小野臣大樹に討たしめられたとき、大樹は決死隊百人をもって小麻呂の家を焼いた。時に火炎中から馬のような白狗《しろいぬ》が飛び出し、大樹に喰ってかかった。大樹が刀でこれを斬ると、小麻呂になって死んだとある（日本書紀）。これは人が動物に化けた例であるが、動物が人に化けた例では、推古天皇三十五年に狢《むじな》が人になって歌ったことが伝えられているのを最初とする（日本書紀）。また植物が化けた例では、欽明天皇五年に佐渡島東禹武邑《うむのさと》の人が椎《しい》の実を拾って灰の中へ入れて炮《や》こうとすると、その皮が二人の人になって火の上へ一尺ばかり飛び上がって相闘ったことを、越の国から都へ通信している（日本書紀）。しかしながらまだ器物が化けたことは記してない。しかし鬼というものが存在することは、すでに欽明天皇の頃の仏教渡来前に知られていたとみえ、粛慎人《みしはせ》を鬼に比べている文がある（日本書紀）。しかしこの鬼も、後世の鬼と同じ意味のものなるやいなやは不明である。日本人は、死後の世界・輪廻転生の理はこの頃には想像していなかったものと思われる。

　次に、欽明天皇十三年に公式に仏教が伝来して、初めてわが国の思想界が一転し、来世・輪廻転生・因果応報の思想が明瞭になってきた。妖怪変化は奈良朝末葉までに充分に後世の基礎を形成されている。

　奈良朝少し以前には天狗や鬼が初めて出ている。舒明天皇九年二月に、大星が東から西へ流れ、音雷に似ていた。時人は流星とか地雷とかいったが、時の有識者僧旻は天狗《あまつきつね》であるといっている（日本書紀）。また斉明天皇七年七月、天皇の御大葬を朝倉山の上から鬼が大笠を着て拝見したとある（日本書紀）。当時はまだ天狗も鬼もさまで社会的に活動していない。

奈良朝になると、これらの輩《やから》は漸次人間と接触しきたり、生物界では来世思想が覿面《てきめん》に現われてきた。人が生前に悪事をなし、因果応報で死後に動物に転生すると信ぜらるることとなった。

讃岐国美貴《みき》郡大領小屋県主宮手《こやあがたぬしのみやて》の妻が道心がなかった報《むく》いで、宝亀七年、死んだが、棺の下でよみがえり、その棺の蓋を開いた。見れば、腰から上は牛で、額に角が生えていたという（日本霊異記）。同じく宝亀年中、修行人を妨げたがため天竺《てんじく》大王が白猴《はくこう》に転生し、近江国野洲御上嶺《みかみね》の堂の僧恵勝《えしょう》に法華経を誦するを乞うた（日本霊異記）。聖武天皇の天平年中に一僧が生前銭を貪《むさぼ》った報いで、死して大蛇となった（日本霊異記）。そのほか、骸骨となって自己の要求を人に請うている話も多い。宝亀九年に備後国葦田《あしだ》郡の人、品《ほむ》知牧人《ちのまきひと》が深津の市に買物に行った帰り途《みち》、日暮れて、とある竹藪に宿すると、夜半しきりに呻吟《うめき》の声が聞え、目が痛い、目が痛いといったので、一夜いも寝られず、翌朝見ると、一つの髑髏《ひとかしら》があって、目から笋《たかんな》（筍）が生えていた。昨日の痛い痛いといったのはこれだと、それを抜いてやったが、その応報で、市で買物するのに意のごとくなった。髑髏は、後、現われて、その家に恩を謝したことを記している（日本霊異記）。また、かの物部守屋《もののべのもりや》は、死して数千万の啄木鳥《きつつき》となって寺を啄《こつ》いたが、聖徳太子は鷹となってこれを降伏せられたという（日本霊異記）。これも人の霊が動物となった例である。

動物で化けたのに狐の例がある。欽明天皇の朝に、美濃国大野郡の人が嫁を探していると、曠野で一人の美人に会った。早速、意気投合して夫婦となり、子までなしたが、この妻にとかく犬が吠え、ついに嚙みつかんとした。妻は犬に追われて、たちまち狐の姿となった。夫は驚いて、なんじ、われを忘れたか、子までなせし仲でないか、来つ寝（来て寝よ）、と叫んだ。よって「きつね」という語が出来たのであると（日本霊異記）。

植物に関した話はあまりまだ見えないが、妖怪では、鬼がそろそろ活動し出した。天平の昔、大和国十市《とうち》郡菴知《あむち》村の東に富豪があって、その娘、万之子というのはまだ良縁がなかったが、ある男が縁談を持ち込み、結納に色絹の車三台を持って来、ついに一夜の契《ちぎ》りを結んだが、その夜、哀れや、娘は頭と指とを残したのみで、余りはみな噉《く》われてしまっており、夫は姿も影も見えなかった（日本霊異記）。まったく鬼に噉われたのである。

また斉明天皇の朝、「恙《つつが》」という虫が出て、人を刺し殺したこともあった。これも一種の妖怪であるとせられている。

かくのごとく奈良朝において、従来あまりに聞こえなかった人間の幽霊が現われ、また前世の応報が動物と化して人に見えることが激増してきた。しかしまだ後世のごとく人の幽霊や動物の霊が目ざましい活動はしておらぬ。また動物のなかにも狐などが、人になりすまして人間を誑《ば》かすようなことが、おいおい頻繁となってきた。が、植物や器物は、まだ化けるということはない。妖怪では、鬼などが漸次活動し出してきて、無辜《むこ》の人を殺害するようなことが起こってきたのである。

平安朝・鎌倉時代においては、奈良朝の妖怪変化の活動がいっそう拡張された上に、生霊と器物や自然物の精霊が活動するようになってきた。

まず、人物では「死霊」と「生霊」と「幽霊」の三種がある。「死霊」は、死して後、その精霊が仮りの姿を見せないで活動するもの、「生霊」は、その人の生存中にその精霊が遊離して活動するもの、「幽霊」は、死して後そのうつせみの姿を現わして活動するものである。

鉄鼠　頼豪の化したもの（『百鬼夜行』所載）

死霊の例としては、藤原忠通の珍蔵していた箏《そう》が藤原基通の女《むすめ》に伝わっていたが、夜更けてその箏が自然に鳴った。これ、忠通の宿執《しゅくしゅう》のなせる業である（古今著聞集）。

生霊の例としては、ある下臈《げろう》が東国へ下向する途、一人の女が現われて民部大夫某の家に案内を乞い、その家の門前へ立つやいなや姿が消えてしまった。中では死人が出来たように騒いでいる。下臈はあまりの不思議に、帰り途、その女の近江の住所に立ち寄って、そのことを報じると、その女は御簾《みす》越しに面会して、本望を達したのを喜び、その男を饗《もてな》し、絹など与えたという。これ、その女の怨《うら》みが生霊となって、姿を仮りそめに現わしたものであった（今昔物語）。『今昔物語』にも、この事実から、女の心は怖ろしいものだと付加している。

また幽霊の例としては、宇多院が源融《みなもとのとおる》の別業たりし河原院へ行幸になったとき、夜半、西の台の塗籠《ぬりごめ》に衣冠に笏をもって畏っている人がいるので、誰かと尋ねられると、彼はこの家の主人だと御答をしたという（今昔物語）。

これは人の姿をした幽霊であるが、この時代にも、人間の死後、動物に姿を易《か》えて現われることは、前代にも譲らない。京都上京出雲寺の別当が没して、その霊が三尺の大鯰《なまず》となり、寺の瓦の間に挿まっていたのを、寺が大風で吹き倒れたとき、童《わらべ》が殺した。別当の子、上覚がこれを煮て食したところ、骨が喉に立って、立ちどころに死した（宇治拾遺物語）。かの頼豪が鼠に化したのも、藤原実方の霊が雀になったのも、

土佐光信筆　『百鬼夜行』

有名な話である。人が鬼や天狗に化することもまた前代と同じい。日蔵上人が吉野の奥で丈七尺の鬼に出会い、この鬼が懺悔の涙に咽《むせ》びながら、自分は四、五百年昔の人間であるが、人のために恨みを残して成仏ができず、この姿になったと愚痴をこぼしたとあるなどは、これに属する。

なお、この時代から怨霊《おんりよう》はついに大海を支配すると信ぜられ、義経が大物《だいもつ》浦で荒い風波に遭《あ》ったのもまた、これ平家の怨霊の然らしむる業であると称せられている。

動物においてもまた人と同じである。が、感覚が鈍なだけに、生霊の死霊のといった例は少ない。播磨守佐伯公行の子、佐大夫の親族、河内禅師という者が、黄斑の良牛を一匹所有していたが、その牛が突然行方不明となった。一夜、禅師の夢に、死んだ佐大夫が現われて、罪深くて、死後乗物なく、苦痛に堪えられないから、君の牛を五日間借りると告げた。やがて五日を経て、件《くだん》の牛は喘《あえ》ぎながら禅師の宅へ戻って来た（今昔物語）。これくらいが関の山である。

しかし動物のなかでも人を化かすものは前代よりもしだいに増加し、その手段もまた巧妙となっているのは、多年の父祖の経験とでも申そうか。その化かす動物はといえば、何といっても狐、

調度の変化（筆者不詳　『付喪神草紙』）

これに次いで狸、猪、稀れに猫、蜘蛛《くも》、むささびという順序となる。

いま狐の例をとれば、仁和寺の東、高陽川という所に狐があって、そこを日暮れて馬に乗って通る人があれば、必ず美しい童に化け、尻馬に乗せてくれと請い、狐とは知らずに乗せてやれば、四、五町で馬から落ち、狐になって、こうこうと鳴きつつ姿を消す。さる剛気な滝口（宮中を護衛する武士）が、その街道を通ると、案の定、女童が来たので、尻馬に乗せ、指縄《さしなわ》で縛り、土御門の御殿へ連れて入り、多勢の滝口の前でこれを射た。すると女童はたちまち狐の姿を現わし、多勢の滝口から土御門殿の建築までたちまち掻き消えて、鳥辺野の中に居ったという、だまされも甚しい恐ろしい話がある（今昔物語）。

いまひとつ、猪の例を説いてみれば、ある男、播磨国印南野を通ると日が暮れてきたので、とある菴《いおり》に宿った。夜更けて、火を点じ念仏して来る多勢の人がこの菴の前に近づいてきた。見ると、葬式らしい。やがて棺を埋め、塚を作ると、塚が動き出し、土の中から

清姫の変化（土佐廣周筆『道成寺縁起』）

裸の男が肘《ひじ》や身に火が燃えているのを吹き掃《はら》って菴へ来る。この男驚いて、これこそ鬼に相違なしと、太刀を抜いて矢庭に斬って逃げた。夜明けて、ここへ来ると、墓も菴もなく、大きな野猪が一匹斬られていたのであった（今昔物語）。

かくのごとく、動物が人に化け、多数の人や家を現わすのであるから、したがって植物などに化けることなどはきわめて容易なもので、狐が春日野で家二軒ぶりの大杉と化したこともある（今昔物語）。動物の生霊も、往々にして何々憑《つき》ということを起こしている。狐憑《きつねつき》などいうこともこの時代には盛んにあったもので、狐が女に憑いて、女が、われは狐なり、祟《たた》りをなしに来れるにあらず、など口走ることもある（今昔物語）。こうした場合には修験者に命じてこれを祓《はら》わせることになっていた。

植物が化けた話は、器具・自然物の怪異とともに、この時代にはその例証に乏しい。

食物の例であるが、さる僧が肝心の仏事を営まず、傀儡《くぐつ》（遊女）を集めて遊び暮らしていたが、麦縄（素麵）を折櫃《おりびつ》に入れて多く蓄えていた。翌年、この折櫃を開くと、ことごとく蛇になっていた。まったく仏罰の然らしむるところである（今昔物語）。

器物が化けるのは、当時の迷信として、器物はすべて精があり、これが仮りに姿を現わすのであると信ぜられていたのである。東三条殿に式部卿宮《しきぶきょうのみや》が住んで居られた頃、南の山を三尺ばかりの丈の五位の者が往来するので、陰陽師に占わしめられると、ものの気《け》で、銅の精のなせる業である。宮の辰巳《たつみ》の角の土中に埋っているとのことに、発掘してみられると、はたして五斗納《ごといれ》の銅の提《ひさげ》があったとある（今昔物語）。

自然物では水の精の話がある。陽成院のおわしました頃、御殿の西の対で人が寝ていると、三尺ばかりの翁が出て来て、にわかにその顔が冷やかになったので、いち早く苧縄《おなわ》で縛りつけた。その翁が一生の願いに盥《たらい》に水を入れてくれというので、試みに入れてやると、頸を延ばすやいなや水の中へ落ち入って、姿は解け、盥の水がにわかに多くなって、縁から溢れこぼれた。これすなわち水の精なるものである（今昔物語）。

なお、当時、妖怪として最も盛んに活動したのは鬼と天狗で、何といっても両大関の姿である。光孝天皇の御代、武徳殿の宴《うたげ》の松原を若い女が三人歩いていた。八月十七日の月明であった。松の木の本に一人の男が佇《たたず》んでいた。が、男は三人のうち一人の女を引張って、松の木陰で女の手をとらえて物語していたので、他の二人は待っていたが、いっこう戻って来ないので、近寄って見ると、哀れや、いまの女の手足ばかりが散乱しており、男はいなかった。これ鬼の業である（今昔物語）。また、かの大森彦七が伊予国金蓮寺で一佳人に会い、背負うてゆくと、鬼の姿を現わした話も、かなり有名である（太平記）。また、仁治の頃、伊勢から法師が京へ来たが、さる山寺の法師に伴われて所々方々を見物し、清水寺の鐘楼へ上がったが、たちまち法師に檜皮《ひわだ》と裏板《うらいた》との間に縛りつけられ、件の法師は天狗の姿と化して姿を消した（古今著聞集）。これらは、鬼、天狗の物語である。鬼、天狗は、ときとしてはまったく意想外のものに化けて人を誑《たぶら》かす。鬼が油壺に化けた話もある。小野宮実資が大宮通を通過すると、油瓶《あぶらがめ》が車の前を踊りつつゆく。ついにその瓶は、ある家の戸の鎰《かぎ》の穴から内へ這入《はい》った。すると、この家の娘が死んだという（今昔物語）。そのほか、妖怪では、清盛が福原に居るときにその邸の中庭に多数の髑髏《されこうべ》が上になり下になり、後には大きな一つの髑髏となって清盛を白眼《にら》んだ、などいう凄い話もある（平家物語）。

これらは例を主として平安朝にとったが、鎌倉時代もこれらと大差がない。以上を要するに、平安朝・鎌倉時代は妖怪変化に多少の増加を見、その能力が拡張せられたにすぎないので、いまだ根本的に大なる発展は見なかったのである。

室町時代の応仁の大乱に至るまでも、大略、右の状態が持続した。ただ多少異なってきた傾向の一つは、幽霊の性質が明らかに詩的・知的になってきたことであろう。永享年中、義教将軍の臣、蜷川新右衛門が、鳥辺野を、夜、長刀かついで行った。風もひとしお身にしむ秋の夜で、虫の声も秋を喞《かこ》ちがおなので、心の中にそぞろあわれを感じ、歌を案じていると、火葬の火の燃えた薪に向かって一人の女が坐しているので、恐れもせず独り坐しておわする心はと尋ねると、

夏虫のもぬけのからの身なればや何か残りて物におそれる

という。蜷川は、しからば何者ぞと反問すると、

岩松無声風来吟

というかと思うと、かき消すように姿を消したという（狗張子）。こうした幽霊の傾向が、謡曲の精霊の詩的な情緒を編み出したものである。

次に、この期に至って、動物のなかでも鼠などが大袈裟に人を欺《あざむ》くこともあった。京都四条の徳田某が、賀茂辺の古御所を買い求めて移ったが、一夜、衣冠正しい人が来て、自分の息の婚儀を執行するから御屋敷を今晩だけ貸して下さいと依頼に来た。承知して貸すと、その夜半、挑灯《ちょうちん》大小百ばかり二行に連り、輿、乗物、数々舁《かき》入れ、貴賤男女二、三百人、珍膳奇羞につき、歓楽に満ちた。やがて風が灯火を吹き消したの

足利邸出現の笈の化物（『絵本武者備考』所載）

で、徳田が点火したが、そのときはもはや誰一人もなく、道具も主人の茶道具などはみな破壊されていた。独り床に掛けてあった牡丹花下の猫の一幅だけは無難であった。主人の友に村井澄玄という老人が、それは老鼠の業であろうと評していた（狗張子）。

道具が化けるという思想は、康保の頃からあるという伝説であるが、室町時代には大いに発達したのらしい。『付喪神《つくもがみ》草紙』に、

陰陽雑記に器物百年を経て化して精霊を得てより人の心を誑かす。これを付喪神と号すといへり。

とあるのは、すなわちこれで、かの『百鬼夜行絵巻』や『付喪神草紙』の画はこの思想に基づいていることが多い。

また、この期には、妖怪の方面にもさまざまの奇異なのが生じた。足利直義の館には、身は笈、頭は山伏《やまぶし》で、口に刀の折れたのを啣《くわ》えているものが寝所へ出たこともある（本朝続述異記）。また仙洞では、一匹の犬が二、三歳の童《わらべ》の生首を啣えて御殿の棟木《むなぎ》へ上がり、西に向かって三声吠えて消えたこともあった（太平記）。

これを要するに、仏教伝来から室町時代の応仁の乱頃までは、明らかに一つの特徴ある時期といってよい。すなわち、この時代には妖怪変化というものが、ほとんど各種物象から出揃うた時代であった。が、動物が死して霊となり、とくにある人に見えることはまだない。妖怪変化の理知が発達していないため、極端な能力を発揮することができなかったことと、妖怪変化のいわゆる代表者のみが活動していて、いまだその各員が活動するに至らなかったのである。しかるに次の第四期の戦国時代からは、妖怪変化に関する伝説は俄然

として増加し、彼らどもの最も活躍の時期に入るのである。

戦国時代から江戸時代末期に至る約四百年間は妖怪変化跳梁《ちょうりょう》の時代である。まず人間から始めると、生霊は精神的、具象的の二種となり、死霊、幽霊のほかに一つの病的変化が加わった。

生霊の例を引くならば、京都西の京に江崎源八という人があった。妻との間に子がなかったので、妻にも承諾させて妾の腹に出来た源太郎という子を自分の家へ引き取った。しかるに、あるとき、寝ていた妻の鼻の穴から一匹の蜘蛛《くも》が出てきて、源太郎の耳の中へ入った。源太郎はただちに悶死した。これ前妻の生霊のなせる業であるとて、妻に暇を出し、自らは遁世したという（怪醜夜光魂）。生霊がその姿を現わす例では、越後国蒲原《かんばら》の宇平次という百姓の娘、沼垂の進之丞という青年の美貌に心迷わし、夢寐《むび》、彼のことを思いつめていたが、一夜、進之丞が丑満《うしみつ》の頃、書見をしていると、雨がひとしきり降って、心寂しくなったとき、前栽の繁みに青い光が燃えると同時に、娘の姿が現われ、この夜から一つ衾《しとね》に二世かけて夫婦の契りを結んだ。そのうちに娘は一子を分娩した。宇平次方では、娘が外出の覚えがないのにこの始末に、不審にたえず、これを娘に質《ただ》すと、ただ毎夜、進之丞方へ通う夢を見ていたばかりであると答えたので、これ遊離魂のなせる業とて、ついに正式の夫婦としたという（拾遺お伽婢子）。

死霊の例としては、但馬国城崎郡に、平家の侍、越中次郎兵衛盛継の塚がある。湯本の与八という者、この塚の前を通ったとき、友を顧みて、平家の臣のなかでも忠光、景清、みな源頼朝をねらったが、この盛継ばかりはねらったこともなく、暗々《やみやみ》とここで討たれ、志は劣っていたと悪口して通ったが、家に帰るとたちまち発熱し、えらい勇士を貶《そし》ったことが口惜しいと飛び上がって狂った。彼の伯父、祖泉という禅僧が、彼に向かって、なんじ何者ぞと尋ねると、彼、われこそは越中の盛継なり、平家の御内《みうち》にて忠光、景清、盛継は命を全うして源氏の大将一人なりとも討取り仇を報ぜんと落ちゆき、われはこの山中にあって時節を待ちしに、運尽きて見あらわされ、討たれしこそ口惜しけれ、わが塚を尊ぶこそ本意なれ、われを譏《そし》ること腹だたしやというので、祖泉は払子《ほっす》で、

　堕二在無間一、五逆聞雷、喝十瞎驢、死眼豁開。

と大喝したところ、与八は手を合せて、ありがたき御示しにより悟道しましたといって、正気に返り、同時に霊は去ったという（拾遺お伽婢子）。

　次に、幽霊に関して例を引くと、慶長の頃、成田治左衛門という武士があった。京都に居た頃、さる美女と深く契ったが、三年を経て女は病で空しくなった。末期《まつご》のとき、その女が成田の手をとって涙を流し、形は煙となり土となっても、魂は永久に君の側を離れませぬといったが、はたして死後数十日を経てより、夜更けて亡妻が来たって、枕もとに寄りそい、打ち萎《しお》れた姿を見せた。成田は気味がわるいので、大坂へ逃げたが、また大坂へも出た。成田はかくして、ついに霊に侵されて空しくなってしまった（怪談登志男）。これは恋愛の幽霊である。こうした幽霊話は無数あるが、割愛して、人が動物以下に化けた例を申そう。

　人間は生きているうちに動物になることも、ときとしてはある。永正年中に洛西鳴滝に彦太夫という百姓があり、性無道で、神仏を信ぜず、乞食に物を施さず、母に早く死ねなどと悪口していた。五日間の病気でついに狗《いぬ》になり、食物も食せず、ついに百日目に死んだという（狗張子）。

　これは生前での出来事であるが、また死後に転生することもある。慶長の頃に武蔵国千住の郷に住んでいた一人の百姓の娘はきわめて眉目清秀であった。近所の弥一郎という男、この娘に恋いわたり、千束の文を遣ったが、娘は見向きもしないので、ついに恋死してしまった。さて娘の家では適当な婿を選び、婚礼をさせたが、その翌朝、夫婦が起きないので老女が部屋へ入って見ると、婿は、哀れ、息絶えておって、蛇が眼、鼻に入っていた。これ、恋死した男の婬蛇であった（怪談登志男）。

虫になった例もある。宝暦の頃、下野国に吉六という男が住んでいたが、六兵衛という村の衆に軽蔑せられたのを遺憾に思い、ついに彼を殺したが、自分も獄舎の中にほうり込まれ、中で死んだ。しかるに吉六の妄魂は虫となって、人を恐怖させた。これを「吉六虫」という（怪談登志男）。大谷広円という僧が蛸《たこ》に化したのも面白い例である（都草子）。

人が骸骨になって動き出すということも古くからあったことであるが、この時代にもあった。長間の佐太という人が、文亀年間、洛北蓮台野を通過したところ、古塚に光りがある。見れば、一具の白骨が起ち上がり、佐太に抱きついてきた。佐太少しも驚かず、力まかせに突き倒した。白骨は、頭、四肢、離ればなれとなって倒れたが、光りも消えたということである（拾遺お伽婢子）。

二口女（『桃山人夜話』抄出）

なお、この期には、前述のように病で妖怪となる人がある。「寝太り《ねぶと》」は、寝てから後に身体がだんだん太く膨《ふく》れるもの（桃山人夜話）、「二口女」は、頭の後ろにも口が出来て食物を両方から摂取するもの（桃山人夜話）、ことに「轆轤首《ろくろくび》」というのは、人間の頸《くび》が漸次延びて飛行するものである。絶岸和尚という僧、肥後のしころ村という所に宿ったが、風凄じく、寝られず、夜更けて念仏していると、丑満の頃、その家の女房の首が抜けて出て、窓の破目から外へ出、その首の通うた跡には白い筋が見えていた。夜明け方に筋が動き出して、また首は元に戻った。昼になってその女房の頸を見れば、頸の周囲に筋があったという（百物語評判）。これすなわち過去の業因である。

いまひとつ、病気として不思議なのは、離魂病というものである。

すっぽんの幽霊（『旅の曙』所載）

これは一身で両身に見える病である（玉箒木、狂歌百物語）。

次に動物の方面で観察すると、動物にもまた人間と同じく生霊、死霊、幽霊がある。生霊の例では、京堀川の仏具屋宗兵衛方は丁稚《でっち》を使いに出したが、因幡薬師の門前で肩に何か物があるように感じて帰り、その裏口で突然笑い出した。宗兵衛が尋ねると、自分は因幡薬師に年久しく住んでいる狐であるが、昨日、薬師の藪の中で寝ているのを驚かした者があったので、恨めしく思う矢先、この丁稚が通ったので、この者の所業と心得、そのまま取り付いたら、人違いであった。それがおかしさに笑うぞ、といったとの話がある（太平百物語）。

これは生霊、俗に狐憑《きつねつき》というやつであるが、死霊のほうの話では、備中国に松浦正大夫という侍があった。生来、殺生を好んでいたが、手飼いの猫を殺したので、その霊が妻に憑き、夫婦、奥の間に臥居《ねい》たとき、女房、にわかにものに襲われ、手足で這《は》いまわり、御身は情なき者かな、われ、なんじの仇となりしこともなきに、よくむざむざ殺せし、この恨み晴らさんと、いまなんじの妻の皮肉《ひにく》に入ったり、見よ、十日のうちに責め殺さんぞ、といったとある（太平百物語）。これすなわち動物の死霊の憑いた結果である。

いまひとつ、動物の死霊が祟《たた》った例では、江戸の煙草屋の長兵衛という者、飼っていた大猫が雨に濡れたまま夜具へ入ったというので、その猫を殺したが、後に彼の右の腕が痛み出し、ついに腕首に猫の毛が生え、翌年、猫を殺した日に死んだという（行脚怪談袋）。

また鼈《すっぽん》は昔から執念深いものとなっているが、丹波の、ある百姓が鼈を売って渡世していたところ、鼈の怨念はついに十丈の高入道となって出現した。この百姓の子が生まれると、その子は上唇《うわくちびる》が尖《とが》り、眼が丸く鋭く、あたかも鼈のごとくで、髪は身よりも長く、手足に水掻《みずかき》があり、母の乳を吸い出し、蚯蚓《みみず》を食するのが常であった（旅の曙）。

天文の頃、宇佐美の藩士、斎郷内蔵介家では、犬の霊がお吉という娘の侍女に化けた話もある（怪物輿論）。

しかし動物の生前に化けるのは、その例いくらでもある。なかんずく狐、狸、鼠、猿、獺《かわおそ》、鯰《なまず》、猫、女郎蜘蛛《じょろうぐも》、亀、狗、猪、蛇、蛙、蚖《いもり》をもって最も多しとし、ことに狐狸が最大多数を占めている。

この狐狸は、あるときは人、あるときは他の動植物、あるときは建築物・器物、あるときは他の妖怪に化ける。いま人の例を述ぶれば、播州竜野で狸が、先年死んだと同様の人に扮して二階から下りて来たことや（小夜時雨）、俳人嵐香が上州玉川を通ると、一人の僧が蔓《つる》を頭と手に巻き、念仏しているので、聞いてみると初めて正気がついた。かの僧いわく、昨夜、狐が団子を食おうとしたので、杖で打ったが、後、独り山道を歩行《ある》いていると、大名の行列が通った。供の者が私を捕えて高手小手に縛《いまし》め、首を刎《は》ねるというので、こちらも再三詫びたが、許されず、いまはこれまでと観念し、合掌して目を閉じ、一心に阿弥陀経を読誦していたところ、太刀取、われを呼ぶよと思ったが、それが御許しであった。そして縄と見えたのはこの蔓であったと答えたという（行脚怪談袋）。また狸が建造物になった話もある。ある人が京の建仁寺三門が東方に

鼠の小人（『絵本妖怪奇談』抄出）

出来ているので、不審を起こして通っていると、そこへ飛脚が馬を連れて通ったが、馬の嘶《いなな》きが聞こえるとにわかにその三門が消滅した。これ、狸が三門に化けていたのが、日頃恐れている馬が来たので、逃げたのである（怪談見聞実記）。

なお他の動物の化けた例を二、三述べると、猫のは、京都の本行院という寺に川口甚平という人が、和尚に会いに来て、ふと三疋の子猫が女に化けて居るのを見、驚いて、これを和尚に告げた。和尚も驚いて、早速、三疋とも追放した。猫は甚平を恨み、甚平はこれから何となく苦しみ出し、猫の俤《おもかげ》が身に添う病となって、ついにはかなくなったということである（太平百物語）。

亀と蟇《ひき》とが化ける例は、京伏見街道朽木橋橋詰の喜衛門という農夫が、九尺ばかりの二人の法師に遭い、それに連れられて霞谷の洞窟の中へ入れられた。件《くだん》の法師がその窟の口に番をしていたが、二人の睡眠を見計らい、喜衛門は鋤で二人を斬り殺して帰宅した。いかにも不審でたまらず、翌日行って見ると、窟口に一尺ばかりの亀と蟇が打たれて死んでいた（狗張子）。

蜘蛛の例では、美作国高田の弥六という郷士が、別荘で竹縁に端居して仮寝していると、女郎蜘蛛が女に化け、一夜の枕を交さんと勧め、ついに大廈《たいか》高楼へ伴いゆかれた話がある（太平百物語）。京五条烏丸に大善院という寺がある。山伏覚円が泊すると、夜二更、風雨山を崩すような音がして堂内震動すると、天井から大きな毛の生えた手が出て、覚円の額を撫でたので、覚円はたちまち刀で切ると、たしかに手応えがあって、ついに長さ二尺八寸ばかりの大蜘蛛となった（狗張子）。

鼠の例では、朝倉藩の平井某が独酌で酒をのんでいると、丈三寸ばかりの冠服の者、十四、五人の手下を率いて通過したが、そのうちの二人が皿の中へ入って魚を取らんとしたので、某は弓でこれを射殺した。後、長官七、八名が叩頭して謝罪に来た。これ鼠の化けものであった（夜窓鬼談）。

蛇が化けた例は、佐田源内という武士が琵琶湖畔で、ある美人に誘われ、いうがままにその美人の住居たる金殿玉楼の中に入って一夜の契りを結んだが、朝起きて見ると、蛇の窟に居たので、初めて蛇に誑《たぶら》かされたことがわかったという話もある（拾遺お伽婢子）。

猿の例では、信州駒ケ嶽の麓に老を養う夫婦が一人の娘をもっていたが、ある日、その国の国守の使いと称して、むくつけな男が長剣を帯し、供人大勢を伴い、しばしば来たって娘を貰いに来た。夫婦は夢のような話をいぶかり、ある僧にこれを相談したが、僧がこれを聞いて哀れを催し、呪《まじない》を教えて、万一の用心とした。その使者これを知らず、ある日また娘を所望に来たところ、僧に教えられた法を修したので、火がたちまち室内から燃え出し、使者を焼き殺した。その使いは六尺あまりの猿となって死んでいたと（お伽空穂猿）。

獺の例としては、獺が甚太郎という少年に化け、孫八というものと相撲《すもう》をとった話もある（太平百物語）。蚖の例では、蚖が濠の中から出て来て、六人の大坊主となり、佐渡の金満家、儀右衛門の妾を、夜間、石磐ででもおさえつけるように圧えつけた。その臭い呼吸が鼻に入ったときは酒に酔ったようになった。それで隅田小太郎という勇士がこれを退治た話もある（北陸奇談）。

以上は動物が化けた例でも、たいてい人間に化けている。しかるに動物が動物に化けた例もある。俳人向井去来が紀州を旅したとき、一人の男と道連れになったが、海岸へ出るとその男は、望みの所へ来たと大いに欣《よろこ》び、別れを告げた。去来、その由を尋ねると、男いわく、われは真は千年を経た白蛇で、今は行の終りである、天命により天上して竜となるのであると答えたが、たちまち颶風起こって砂塵を捲き、雨は車軸を流し、逆浪起こると、黒雲が上より蔽いかかった。男はたちまち白蛇となり、波の中に姿を見せ、海浪を蹴立て、長霓《ちょうげい》（虹）のごとく天に上がったので、去来はじめ駕の者も、生きている気もしなかったという（行脚怪談袋）。

狐狸は化けるとまでいかなくても、復讐することがある。江戸の品川の巨作という人が、浅草の常心という人の所へ訪れる途、堤上に狐がいたので石を投げたが、さて常心の所で談笑していると、夜更けて大石を烈しく投げつける者があるので、その復讐とわかったという（太平百物語）。

植物が化けるということもあった。植物には松、槐《えんじゅ》、榎《えのき》、柳、芭蕉などがその例をもつ。甲州身延山の槐が年古《ふ》って精が留《たま》り、通行の人が器物、衣類を供えて通らなければ祟《たた》りをした。茂次という百姓が母親の急病で、供物をせずに通ったが、精は甲冑の武士となり、追いかけて来たので、茂次はいろいろと謝し、宥《なだ》め賺《すか》して許されたという（太平百物語）。

植物はさすがに、動物のごとく感情がないので、生霊、死霊もない。幽霊もない。ただ精が抜けて仮りに別の容姿を現わすのみである。参州賀茂郡長興寺の門前に二竜松という松があった。これが童子となり、寺へ参って硯《すずり》を借り、詩を題した。

客 路 三 川 風 露 秋

袈裟一角事二勝遊一
二竜松樹千年寺
古殿苔深僧白頭

そして二人は松の蔭へ入って姿を消してしまった（百物語評判）。

また、榎の精や、三十三間堂棟木由来の柳の精の話もあるが、活山居士という隠士が美濃国大井の里に世を外に住んでいたが、ある中秋、一人の嬋娟《せんけん》たる美人が来て、一夜の宿を乞うた。居士はこれを許したが、寝室を別にして臥した。するとその女は、しきりに同衾を迫った。居士は困って、手を取って突き出すと、軽きこと一葉のごとくであった。居士は、翌朝、その女の行方を見届けると、ある芭蕉の葉に詩が書いてあった。

緑袖羅衣粧二月明一
有情何事却無情
通宵不許同床夢
頻控華鐘報暁更

そこで芭蕉の精と知れたということである（お伽厚化粧）。豊太閤が堺妙国寺の蘇鉄《そてつ》を桃山城中に移植したとき、芭蕉の精が一老翁になって堺恋しいという詩を吟じたので、旧園に移したのも、有名な挿話になっている（夜窓鬼談）。

次は器物の化けもので、これも箒、団《うちわ》、笛、碁石、木像羅漢、仁王、面、絵馬の例がある。摂津国花隅の城主荒木氏の臣、塩田平九郎、諸国流浪の末、故郷へ帰り、とある荒屋へ宿ると、三人の武士の関東の合戦の談話を隣りの間でひそひそしているのが聞こえるので、灯火を点じて行って見ると、姿は消えて俤げもない。それで不審に思い、家内を捜すと、箒と団と笛とがあって、塵土に埋もれていた。それでこの三種のものを山際に埋めて、厚く葬ったという（狗張子）。

碁石の例は、江戸牛込の清水昨庵という、いたって碁の好きな人が、柏木村円照寺で逍遥していると、寺の門前に色の白い人と色の黒い人が居って、馴染になった。その名前を聞くと、一人は山家のもので知玄、一人は海辺の者で知白というかと思うと姿が消滅したので、これが囲碁の精とわかったという（玉箒木）。

面の例では、泉屋銀七という者が、あるとき老母の隠居へ行ったところ、遠寺の鐘九ツを打ち、北風烈しくなった。そのうちどこからともなく一人の女髪を乱し、空色の布子《ぬのこ》に紺の前垂して上り口に後ろを向いていて顔を見せない。銀七その名を聞くに返事もない。不審に思って上り口へ行こうとすると、件《くだん》の女は味噌桶のほうへ向かったが、いつしか姿は朦朧《もうろう》として消えた。銀七はそこで、その妖を捜すと、春日の古面が出て来た。銀七はこれこそすなわちその女の主と、早速、村の社へ献上したので、妖魅もなくなった（お伽厚化粧）。古面の化けることは「面厲鬼《めんれいき》」とて、古からあることという。

仁王の例は、武蔵国足立郡箕田の勝願寺の仁王は、白昼、婦人、小児を脅し（お伽厚化粧）、羽後国の羽黒山麓の某寺の十六羅漢は肥後の優婆塞《うばそく》が宿ったときに動き出した（夜窓鬼談）。

また浅草の駒形道安という人、絵馬の研究に熱心であった。あるとき雨に遭い、さる堂で通夜していると、絵馬の精が現われ、製作上の秘訣を教えた（夜窓鬼談）。大磯の化地蔵というのは、石の地蔵が化けたことで（怪談そうし）、これらは器物の化けた例である。

次に自然物の化けたものには雲雷、花精、雪などがある。秀吉がまだ羽柴筑前守といって姫路に居た頃、城の脇に榎の樹があった。ある夏の日、雷がその樹に落ちて樹が二つに裂けたが、雲霧深く閉じこめて樹は動揺し、なかなか晴れなかった。秀吉大いに不審がっていると、天に声あり、自分は雲雷であるが、榎に挿まれて天に上られぬ、君願くは仁愛を垂れて、われを再び天上に上らし給えと聞こえた。秀吉は早速、臣にこの樹の股を裂かさせ、雷は無事に天に帰った。秀吉の出世は雲雷の利生を施した結果であると伝えられている（拾遺お伽婢子）。

花精の例では、京の平春香が小金井へ桜見に行って、さる家で一佳人と一夜の契りを結んだが、夜明けて家も人も見えなかった。後、この佳人と同様の容貌を有した佳人と京の丸山で面会し、昵近《じっこん》となり、たがいに相慕うに至った。その佳人がかつて清水で顚倒して死んだとき、蘇生せしめた一僧からもらった信契が偶然と彼の信契と一致していたので、ついに夫婦になったという（夜窓鬼談）。これ花神である。

「山彦」なども当時は一つの動物と信ぜられていた（百鬼夜行）。

以上はすべて変化に属するものであるが、次に妖怪について述べよう。妖怪の特徴は前述のごとくその所生・素性の不可解なるものであって、したがってその形式が人間らしくて人間にあらず、動物らしくて動物にあらず、植物にせよ、自然物にせよ、世上に存在する諸物象のなかに加えられないものばかりである。人らしいものでは、奈良元興寺に住する「元興寺《がごぜ》」、海中に住する「海座頭」、雪の夜に朧ろげに立つ「雪女《ゆきおんな》」、松の木の上に大きな姿を見せる「見越入道《みこしにゅうどう》」、姫路城などの古城に住する「長壁《おさかべ》」、近江国甲賀郡を夜更けて通る「片《かた》輪車《わぐるま》」、車の中に恐ろしい顔がある「輪入道《わにゅうどう》」、「三ツ目小僧」、「一ツ目小僧」、深山中の「山姥《やまんば》」、柳に出る「柳婆《やなぎばばあ》」、目鼻がなくて黒歯ばかりの「歯黒べったり」などがそれで、動物らしいものでは、川に住んでる「河太郎」、山中に住する「覚《さとり》」「山男」「山地々《やまじじ》」、毛

歯黒べったり（『桃山人夜話』所収）

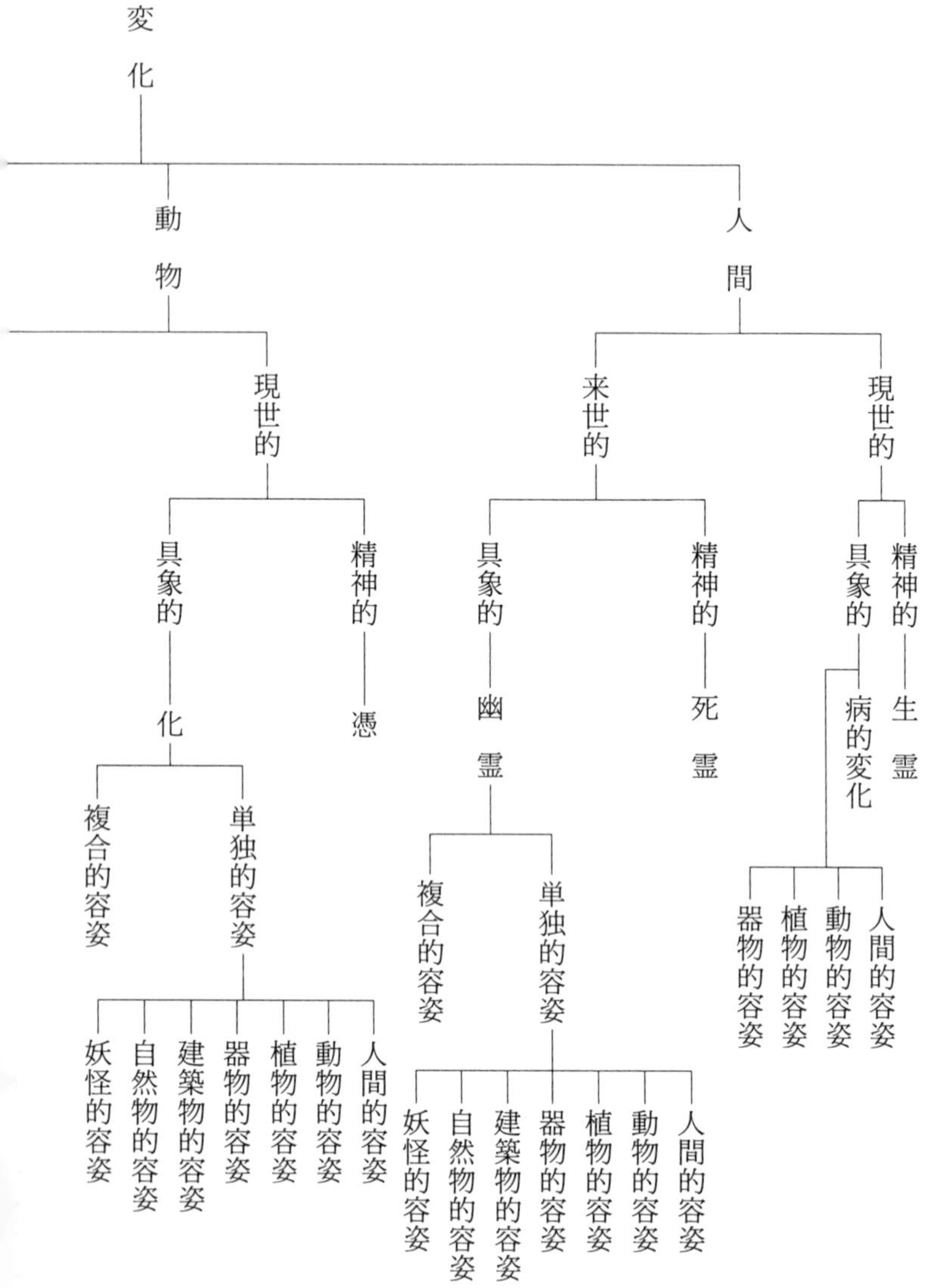
変化
人間
現世的
精神的
生霊
具象的
病的変化
人間的容姿
動物的容姿
植物的容姿
器物的容姿
来世的
精神的
死霊
具象的
幽霊
単独的容姿
人間的容姿
動物的容姿
植物的容姿
器物的容姿
建築物的容姿
自然物的容姿
妖怪的容姿
複合的容姿
動物
現世的
精神的
憑
具象的
化
単独的容姿
人間的容姿
動物的容姿
植物的容姿
器物的容姿
建築物的容姿
自然物的容姿
妖怪的容姿
複合的容姿

- 来世的
  - 精神的
    - 死霊
  - 具象的
    - 単独的容姿
      - 人間的容姿
      - 動物的容姿
      - 植物的容姿
      - 器物的容姿
      - 建築物的容姿
      - 自然物的容姿
      - 妖怪的容姿
    - 複合的容姿
- 植物
- 器物
  - 精神的・具象的
    - 単独的容姿
      - 人間的容姿
      - 動物的容姿
      - 植物的容姿
      - 器物的容姿
      - 建築物的容姿
      - 自然物的容姿
      - 妖怪的容姿
    - 複合的容姿
  - 精霊が具象的に仮の形を現わすもの
- 妖怪
  - 単独的容姿
    - 人間的容姿
    - 動物的容姿
    - 植物的容姿
    - 器物的容姿
    - 建築物的容姿
    - 自然物的容姿
  - 複合的容姿

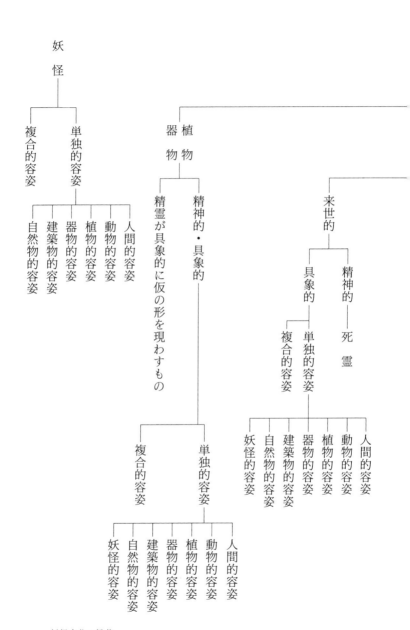

の多い「毛羽毛現《けうけげん》」など、器物らしいものでは、鞠《まり》のような「千々古《ちちこ》」などがある。人間と動物を兼ねたものは「天狗」「人魚」、何のなかにも入らない「のっぺらぼう」、火の燃える姿の「提灯火《ちょうちんび》」、形の見えないもので女の髪を切る「髪切《かみきり》」、寝ている最中に枕を返す「枕返し」などがある（狂歌百物語、桃山人夜話、百鬼夜行）。

さて、これら妖怪の大部分は勇士の剣戟にかかれば斬殺されてしまう。しかし怨恨によって幽霊となるほど執念のあるものも少ない。が、ときとしてはこの妖怪が化けて、人を瞞着するものがある。筑後国柳川辺りには河童多く、あるとき、藩士の妻、寺へ参詣した途、茶店に美童が居って、しきりに自分に挨拶した。おそらく僧の寵童かと思っていたが、やがて童は秋波をしきりに送りながら妻に近づいて手を握ろうとする。妻は怒って、早速その場を立ち去り、堂内で香を焚《た》いていると、また童が手をとって誘おうとする。妻はさすがに武士の妻らしく、その手を捻ったところ、童は号泣して去った。さて妻はそのことを僧に話すと、僧はそのような童はまったく知らぬといった。妻は不審に思って帰宅したが、雪隠《せっちん》に入ると、誰かが手を延ばして秘所を探った。妻は刃でその手を切ったところが、三指、長爪、蒼黒で皮滑らかなものであった。程経て以前の童が来て愛憐を乞い、手の返却を乞いに来た。妻がその素性を尋ねると、河童であると答えたという（夜窓鬼談）。

江戸時代の妖怪変化界を通観すると、一は、妖怪が非常に増加してきたこと、二は、幽霊が従来は何か要求・告知するところがあって出現したものが多かったが、この期には、愛着あるいは怨恨の復讐のため種々の容姿をかりて出現するものが多くなった。それゆえに凄惨の状態が前代に見るべからざるものが多くなった。動物のなかでも狸狐が多くなり、その瞞着の方法が大袈裟に、かつ巧妙になってきた。

以上縷述せしところによって、わが国における妖怪変化の種類が古来いかなるものであったかということを大略知りえたと信ずる。されば帰納的にその種類を左の〔三二〜三三ページ〕ごとく分類しうるであろう。

これを要するに、人間、動物、植物、器物、自然物はすべて仮象的のもので、森羅万象は相互にすべて密接なる関係を有しており、ただ一つその執念さえあれば、いずれの物象に適帰することができるのが妖怪変化であった。

が、明治・大正の時代には学問の照魔鏡のため妖怪変化も漸次影をひそめ、戦々兢々《きょうきょう》たる感情はかえって主客顚倒のありさまとなったのは面白い。

妖怪

今野圓輔

はしがき

バケモノという語が、まるで標準語といってよいほどに普及し、その話題は、もっぱら児童界に属するような現状であるが、日本民俗学が、いわゆる妖怪変化を研究する目的は、もちろん妖怪の実在の有無の問題ではない。

少なくとも、妖怪めいたものが存在すると、まじめに信じた日本人が昔は今よりもずっと多く、いまもなお、そのなごりの存することは事実である。このような社会事象の存在する理由は解明されなければならないし、直接にはまたなにが日本人のかつての恐怖・畏怖《いふ》の対象であったかを知ることによって、そこから国民大衆——常民——の人生観や信仰の変遷を実証科学的にたどることが可能となろう。

現在もしくは前代のわれわれが伝承してきた民間における妖怪の種類や、その属性は、もちろんけっして昔ながらのものではなく、妖怪文化にもまた、だんだんと変遷があり、妖怪に対する日本人の観念は、少しずつ推移してきたのである。

キツネにばかされたとか、大入道に出会って目をまわしたというようなことが、ごく少数一部の国民の経験にすぎないのであるならば、ただの目の錯覚、気の迷い、幻聴だったろうと笑ってすますこともできようが、そんな現象が、この国の南北を通じ、かなりの長い年月にわたって普遍的な経験であるからには、その幻覚・錯覚の共通性は、問題にされなければならない。経験が、ほぼ一定しているということは、生活の基盤に共通の知識が持たれていたということである。と同時にまた、日本人には、共通した霊魂信仰・民間信仰があったといってもよいことを示してもいるわけである。共通した知識なり、共同の信仰があったから、共同の幻覚も経験するのであり、そのような幻覚・錯覚の所産としての妖怪めいた現象の解釈も、ほぼ一致してくるのは当然である。

絵画や文芸の世界における創作的な妖怪変化は、極端な空想をほしいままにしたものが、しだいにもてはやされるようになってきたが、日本民俗学の研究における主対象としての妖怪は、常民の生活経験、民間における伝承に限定される。国民大衆の経験、あるいは経験譚として語り継がれ、実際に信じられてきた妖怪現象のなかには、もちろん一般読者が考えるであろうような誤解、感ちがいもあったにはちがいないが、妖怪資料を採集し、整理分類してみると、そこには、おのずから定型が認められるのである。この妖怪伝承に定型があるという事実は、特定の人たちの創造や空想、虚構だけが奇談・奇抜だからもてはやされたのではなくして、定型化を導いてきた根本的な要素があったからだとみなければならない。

妖怪の基盤を形成しているのは、日本人の民間信仰であり、神霊に対する強烈な畏怖にほかならない。異常な現象、異常なものに神霊の意志を読みとろうとし、また異常状態をもたらした神霊の威力を信じた時代がずっと長く続いてきた。もともとヘングェ（変化）といい、バケモノというのは、正体は別にあって、他の現象を示現し、わが身ならぬ他の姿を現わすもののことである。一般に、目には見えない神霊をおそれていた時代には、モノという総称があったらしいことは、近ごろのバケモノは別としても、モノツキ・モノグルイ・モノノケなどの語からも推測でき、沖縄のマジモノもまた、この系統であろう。現在の児童語としてのオバケには、人間の個人的な霊魂現象である、いわゆる幽霊現象が主内容として包含されるようになったが、民俗学上では、この種の人間——とくに何某の霊というような——の死霊・生霊現象は含ませていない。また、なんとなく恐ろしい話をひとくくりにして怪談という通俗語で表現するような言いくせは、畏怖すべき現象の輪郭がすでに不鮮明になっていることを示している。このような漠然たる恐怖の対象——妖怪——は、時代をさかのぼるほど少なかったにちがいない。神霊に対する前代のような強い信仰がほとんど消滅しかけている現在では、心理的な恐怖の念は、きわめて漠然たるものになってきているが、古くは妖怪現象の背後に神霊に対する畏怖があり、妖怪現象には定型があったために、それらは漠然たるものではなくて、避けようとすればすなわち避けることの可能な、かなりはっきりした個々の対象だったのである。

われわれの現在の日常生活における言語現象のなかでも、かつて明白だった妖怪の個性がくずれ衰えてただ漠然たるものになっている例は、いくつもあげることができる。魔とか魔物などの名称もそれである。それが、明らかに特定の人間の仕業《しわざ》であることがわかっていても、犯人が捕縛されるまでは通り魔・カミソリ魔・髪切り魔・モモ切り魔などと呼び、また同じ場所で事故が続発すると、そんな場所に魔を付して魔の踏切りとか、魔のトンネル・魔の交差点などというくせが残っている。前者は、いわば魔性のモノのような犯人であり、後者は、なにかその場所には神霊のタタリでも付随していそうな、といったふうな前代からの習俗が隠されているのである。

一　妖怪の内容

1　総　称

妖怪・変化・魑魅魍魎《ちみもうりょう》ということばを、常民が日常語として口にしていた気づかいはなかった。いまのバケモノにあたる妖怪の総称としては、鹿児島県のガモ、長崎県のガモジョ、和歌山県熊野地方のガモチ、岐阜県のガガモのような名称、および東日本に広いモー系統などが多い。柳田国男氏によれば、いずれも、もとは、「モー」とか「かむぞう」と叫びながら出現すると信じていたことからの命名だったろうと解説されている。実際にバケモノはモーと鳴いて出てくるものだという採集資料もあり、犬を児童語でワンワンというのとまったく同じように、福岡県ではワンワンまたはバンバン、熊本県玉名郡ではワワン、鹿児島県ではガモのほかに「ワンが来る」ともいっているのである。(柳田国男氏『妖怪談義』)。青森県弘前市付近の子守り歌に、

泣けば山からモウコ来る
　泣けば里から鬼来るァね

というのがあり、また同地方の別な子守り歌にも、

寝ろちゃ寝ろちゃ　寝たこえ
　寝ねば山から　モウコ来るァね

(日本放送協会『東北民謡集』)

というのも報告されている。

河童（『百鬼夜行』より）

2　種類と分類

妖怪の種類は、民俗資料の分類の仕方によって当然少しずつのくいちがいを生じてくる。民間文芸に属する諺化したもの、昔話・伝説・笑話のなかにだけ登場して、常民の日常生活上の経験的資料としてはみられなくなったものなどを除外し、ほんとうに畏怖を伴なった経験もしくは経験的伝承だけにかぎるとすれば妖怪資料は、よほど数少ないものになってくる。また妖怪の大部分が、もとは敬虔な信仰を伴なった神霊現象の衰退したものだとするならば、当然に信仰の濃淡のどの辺でか線を画し、一方を信仰、他を妖怪としなければならない。たとえば水神といえば信仰であるが、河童《かっぱ》といえば妖怪視される類である。両端は明確に分類されるが、水神信仰から河童にいたる変遷・信仰の衰退の各段階では、いずれに分けるべきかの明確な一線は引きにくい。ザシキワラシ・クラボッコは妖怪扱いされているが、便所神は民間信仰に入れて妖怪視しないとすれば、じつは祭りかたによっては、両者の別は、その名称に「神」の語がついているかいないかぐらいの紙一重というべき区別にすぎない場合が少なくない。また御霊信仰などを中心として考えをすすめていくと、特定の場所に執着しすぎるタタリモッケなどをみても、人間の霊魂現象の周辺と妖怪の周辺とが、どうしても触れあってくることにもなるのである。

妖怪自体の分類についてもまた、本質的には、すでに妖怪化した何が本来の姿、すなわち、かつてあったはずの神霊現象に、どのような変遷をたどって、どのようにつながっているかによって、個々に整理されるべき性質のものである。

しかしながら現実に立ちかえって、わが国の民間信仰を研究する便宜上、あるいはもっと率直にいえば、採集の必要、その手順としては、妖怪視されているもの、それらの諸現象の出現し、経験される場所によって一応の分類が立てられている。また、われわれの目の前の畏怖の対象がなんであるかを採集するのにも、この場所による分類案は便利である。

天狗・鬼・山男・山姥《うば》・山姫・山童などを「山の怪」に、キツネ・タヌキ・見越入道・一ツ目小僧などを「路傍の怪」に、納戸婆・クラボッコ・ザシキワラシ・カラサデサンなどを「家・屋敷の怪」に、磯女・河童などを「海・川の怪」というように分ける。この場所による分類を徹底させると、たとえば深山で大木を倒したような幻の怪音をひびかせると信じられているソラキガエシだとか、「オーイ、オーイ」と怪しい呼び声を聞かせるヒトコエヨビなど、山中の怪音も「山の怪」に入れ、オイテケボリとか、ゴジョゴジョまたはザクザクと米や小豆をとぐような音をたてるコメカシ・アズキトギなど、路傍の怪音も「路傍の怪」に入れることになる。また、一応は出現の場所で分類はするが、このような怪しい音を聞かせるモノをひとくくりにして「怪音現象」「音の怪」に、キツネ火・イネンビ・ケチビなどを「火の怪」とし、ほかに一本足・雪女・ユキンボなどを「雪の怪」などに分けることもできる。さらに、現実にいる動物と想像上の動物とをこめて、「動物の怪」としてキツネ・ウマ・ヘビ・タヌキ・イタチその他を一項とし、他を動物以外とする案もできよう。

妖怪の場所による分類で、もっとも注目されるのは、ほぼ一定の土地に定着しているか、A地からB地――たとえば山と川、山と里――を往復するもの、または時を定めて巡回するかによって分けてみる案である。一般に妖怪視されるモノの大部分は水辺にせよ路傍、家屋にせよ、ほぼ一地に限って怪異現象を現わすものであるが、たとえば河童が川と山とを季節を定めて往復し、冬山にはいって山童となる類とか東京都下でいまも信じられているミカエリバアサン、神奈川県などの一つ目小僧様のような巡回する妖怪は、よほど神性を濃く残留させているということができる。

3 特徴

妖怪の往来する時刻がカワタレ・タソガレの暁闇・夕暮が多く、活躍する時間のかぎりが逢魔がどきから鶏鳴暁を告げるまでというのが多いのは定型のひとつであるが、出現するときの異常な雰囲気についても、なまぐさい風が吹く、冷たい風が吹く、急にあたりが暗くなるなどとは、よくいわれていることである。この異常な風については後述するが、出現するとぞっとする、寒気がする、総毛立つなどもまた恐怖が人間の生理におよぼす共通した経験にちがいない。出現の立地条件としては、場所がほぼ一定しているということのほかにも、「うっそうたる樹木の茂み、デコボコの地形で、何かがひそんでいそうな所で影も動き、緊張の連続が気味の悪い状態に陥らせる」などを井之口章次氏は挙げている（『言語生活』九四号）。思いがけぬときに、急に声をかけられたり、突然に何かが出てくれば飛び上がったり、ウワッと叫んだりするのは本能的だといってしまえば、それまでのことであるが、妖怪の特徴のひとつは、もともと人間を恫喝《どうかつ》し、ワッと叫ばせるにすぎなかったとみられている。妖怪出現の目的は、人間に対する恨みをはらそうとか、とり殺すというような悪意があってのことではなくして、もとは神霊の威力を示し、それを認めさせるためであったから、人間の側が畏怖すればすなわち目的は達せられるのである。その威力に伏し、承認すれば、それ以上は追求しないという形式は、東北などでよほど妖怪化しつつある小正月の定期的な訪問神であるナマハゲの行事などにも如実に示されている。敬虔な信仰が衰えるとともに、そんな恫喝がおとなには効力を発揮しなくなってくると、そこに自由なる技巧が考えられるようになり、空想が延びて文芸化されてもきたものとみることができる。鬼に角が生え、天狗に飛行のウチワを与え、ひょうきんに笠をかぶって、一升徳利をぶらさげたタヌキの姿などは、そうした典型ということができよう。一方ではその恐るべき属性を極端に誇張する傾向があると同時に、他方ではこれを滑稽化しようとする、しかしその恐ろしげな姿形もあまり現実から遊離しすぎてしまうと、逆に滑稽感が持たれてくる。河童や天狗の姿が、現在もてはやされているようなものに落ちついたのは、ほんの二〇〇年にもならない新しいことであった。

天狗（『天狗草子』より）

二　神々から妖怪へ

1　魔風

新旧の宗教が入り乱れており、さまざまな民間信仰の変遷段階が、それぞれのありようで残留している現状では、「神々の妖怪化」は、なかなか理解しにくいのであるが、その神と妖怪との中間に、神とも妖怪ともつかず、もっとも素朴《そぼく》な形のままで、現在なお、われわれの身辺に信じられている現象——たとえば信仰上のカゼを置いてみると、あるいは理解を早めるのに役立つかと思う。

長崎県の五島で憑《つ》きもののことをカゼといい、憑かれた現象をカゼを負うといっており、同地方の久賀島では、通り風に会うと気ちがいになるとも信じている。鹿児島県出水郡大川内村（現・出水市）内の道の曲《まが》り角などには、夜中によくなまぬるい風が吹くことがあって、そんな風にあたると病気になることがあるという。また同県肝属郡には「魔が通る」という語があって（『肝属郡方言集』）、この魔風に会うと人馬ともに害を受けると信じられている。奄美群島でスキマカゼ、ずっと離れた東北の岩手県九戸郡山形村でハカゼといい、関東では安房の千倉町でミカゼというのも、三本道などでよく会う人間の気分を悪くさせる風のことである。思いあたることもないのに腕や足がはれたり痛んだりする原因を静岡県浜名郡あたりでは「悪い風にでも、あたったのではないか」と解釈するし、山口・大分両県で信じられているミサキカゼもまた、これに会えば急に悪寒《おかん》をおぼえる風である。われわれの連想は、当然に空を吹く天然現象としての風と、生理的な病気としての風邪《かぜ》にのびていかざるをえないであろう。

実際に行なわれている風祭りには、たとえば二百十日などの台風除けを祈願するためのものと、流行性感冒を追い払うための祭りの二種あることは各地に例がある。雷神などと共通な空想上の風神の絵姿とは別に、現実の神としての「風の三郎さま」と呼ばれるような神が新潟県・福島県や伊豆の八丈島などには祭られていて、その祭りには、毎年臨時にワラの神殿をさえ造っているほどなまなましい。赤ん坊の産毛《うぶげ》を少し剃《そ》り残す説明として、熊本県宇土町あたりで、ユウレカゼに魅入られぬようにするためだというユウレカゼは、幽霊風ではないかもしれないけれども、長崎県五島のショウロカゼは、明らかに精霊風である。盆の十六日の朝には、うっかり墓道を歩いたりすると、この魔風にあたり、病気になると信じられているのである。これは人間の死後の霊魂が風を伴なうことがあるという信仰を表明している資料である。盆の精霊祭りには正式に迎え祭る清浄化された祖霊（神）のための盆棚のほかにも、餓鬼棚とか、無縁棚を設けて、人にたたりがちな外精霊・無縁仏をまつる例は、どこでも見られるが、三重県飯南郡には、急に悪寒がきて身震いするのを、無縁仏に憑かれたという例がある。菅江真澄の紀行にウマオコリ（瘧）・ムエンオコリとあるのも同じような現象ではなかったかと思う。

　そして同時に一方では、諸国の神々が伊勢や出雲の神つどいに往復される際には、天気が荒れ、風を伴なうという信仰が全国的に信じられている。三月中旬ごろに吹く南風をカミクダシとよぶのは、神々がこの風に乗って出雲に旅立ち、一〇月末のアナジに乗って帰られる（カミモドシ）のだという地方もあって、諸国にあった風ノ宮や風神祭り、風祝いの神事を捧げる風神と、一応切り離して考えてみる必要のある神風・魔風についての民間信仰があったのである。もちろん高神たちが、風に乗って天かけるという信仰と、身分のごく低いデモン・スピリットのようなモノが、道の辻などを徘徊するときに、季節風などとくらべたら、ほんのかすかなものではあるが、小さな風を伴なうという信仰のあいだには、本質的なちがいはないにちがいない。しかし、つまりは、神と妖怪とのあいだの身分のちがいの現われの片端は、こんなところにも認めることができるのである。カマイタチは、全国的に知られている一種の怪異現象であり、大藤時彦氏によると（平凡社『世界大百科事典』）と、全国とくに雪国に多く聞くバケモノの一種である。寒風の吹くおりなどに、ころんで足に切り傷のような傷を受けるのを、カマイタチに切られたという。奈良県吉野郡地方では、人の目には見えないカマイタチに咬《か》まれると、なんでもない所で倒れ、血も出ないのに肉が大きく口を開くという、一般には小旋風の中心に真空状態ができるとおこるのだろうと合理的に解釈されている現象である。なぜにイタチの名をもって呼ばれるかはわからないが、神奈川県ではカマカゼとよぶ地方があり、岐阜県大野郡丹生村では、カマイタチは三人の悪神のしわざで、ひとりが人をころがし、ふたりめが刃物で切り、三人めが薬をつけていくのだといっている。徳島県高岡郡地方でノガマともいうのは、田の面で鞭《むち》をふりまわすような音をたてて牛馬に害をするカゼで、ムチ、ブチといい、これにやられると鋭い刃物で切ったような傷ができると信じられている。東北から中国地方にかけて、屋上にカゼキリガマを立てて風の力を弱めようとする習俗がある理由も、だんだんと理解できるわけで、こんな信仰があるからこそ、そのカゼキリガマに血がついていたという話もできてくるのである。

2 通り神・ミサキ

カマイタチは三人の神という地方がある一方で、七人の魔神が、風のように吹いてくると、そのまん中のモノに吹きあてられた人は打ち倒され、また炎《ほのお》となって空中を歩くと信じられている山口県大津郡大浦地方のアラミサキがある。カマイタチやノガマのようには、直接に傷は負わされないが、わが国には、通り神・行き会い神の信仰は、いまだに根強いものがあって、たとえば福島県相馬市では、十二月八日の早朝に、うっかりと出て歩くと、アッというように転倒することがある。こんな経験を同地では「カミアイに会った」といい、会津若松市あたりでも、突然に足を踏みちがえると、同じように、「カミアイに会ったのじゃあないか」という。

つまり、わが国の常民にごく親しい神々のなかには、年中一所に定住しているのではなくて、とかく遊行し、歩きまわる性質——そういう信仰——があることを証明しているのである。

このような日本の神々の性質は、かんたんには移動できない社殿の造営という傾向が、だんだんに流行するようになってから、よほど弱められたものとみられ、合理的な解釈が好まれるようになると、社殿があるからには、そこに常住していらっしゃるのだ、だから、神祭はそこへ行って行なうのだということになってくるのは自然である。このことは、本来は死の穢《けが》れの充満しているはずの、死骸の埋め墓に、半永久的な石の碑を建立するようになったために、いつも墓石の下には、われわれの祖霊がいるのだという信仰を助長したのと似ている。

さきにもふれた一つ目小僧などは、読書によってばかり教養を高めようとする都会の人びとは、空想上の百鬼夜行絵巻などの人工のひとつぐらいにしか考えていないかもしれないが、大都会からほんのひとまたぎの周辺、武蔵・相模の村々などには、いまなお時を定めて家々を訪れてくる神霊めいたモノとして信じられているのである。ありがたき神としては崇敬していないまでも、ともかく呼び棄てに小僧よばわりすることをはばかって、サマという敬称を棄てきっていないことは、昔話のハナタレ小僧サマなどと共通している。いわば正式なる神と妖怪との、ちょうど中間に位置している存在ということもでき、火柱を立てるぐらいしか能のないイタチ族や、ただ大きいというだけの大入道のごとき境遇にまでは堕落していないものというべきであろう。ともかく、相手の目ひとつなのに対して、こちらは目数のぐんと多い目籠ザルを庭中に高々と掲げて逆に恫喝せんと試みたり、グミの木を燃やすことによって、屋内をのぞかれるのを防御しているのは、この巡回し、訪問してくる一つ目小僧サマへの人間の側の対抗策にほかならない。

それはまた、おそらくは土着在来の神であったろうと思われるオニと呼ばれる巨人の妖怪が、一年のさかいに家々を訪問するのを追い払うために、トゲの多いヒイラギの葉ばかりか、こんないやな臭気はきらいだろうと、ニンニクやイワシの焼きかがしを戸ごとにさし、豆をもって「オニはそと」と、どなる年中行事と軌を同じくするものである。ウブメの百人力を授けた例や、河童が角力をとって負かされ、伸縮自在なはずの腕を切られたのを恨むどころか、仇敵のはずの人間に傷薬の処方を授けるなど、もともとは人間に恩寵を

狐の一目入道(『丹後国変化物語』より)

垂れ、機会あれば幸福を約束しようとする性質のあった神々ではあったのだが、人智の発達するのにつれて、素朴な前近代的な神々への不信の念ばかりが強くなったこと、つまり人間の力が自然を制御していくのと並行して、われわれの身辺の身分低き神霊は、人間の智恵によって反対に征服されていく形がもてはやされてくることとなる。そしてそのような形は民間文芸における昔話などにも濃厚に見ることができる。猿聟入りの猿が臼をしょわされて流され、蛇聟入りの蛇のひそかなる親子の会話が、さかしい人間の知るところとなってヨモギ・ショウブの湯によって葬り去られてしまうモティーフなどがそれである。怪異現象に際会しても、おかしいと感じたら、まず路傍の石に腰かけて一服してみると、眼前のヌリカベが消えてしまうなどといったり、闇夜にすかしてみて、着物の縞目がはっきりと見えたら化性のモノだから、気をつけろなどと教えあう人間ばかり多くなって、キャッともウワッとも驚かなくなっては、妖怪の恐怖はもはや、よほどの臆病者か児童以外には感じられなくなるわけである。

人間の側が神霊――妖怪に対する態度の変遷を考えてみると、心から信じ、神祭りをもっていつき祭った時代は別として、まずはこれを敬して遠ざける時代が第一段であり、つぎはその威力に対して半信半疑、つまり神霊の力を試みようとする、いわば否認の一歩手前の時代が続き、最後は他の神仏の威徳・慈悲によって調伏・済度するとか、思慮に富む者の計画で、神霊ではなくして妖怪であった正体をあばき、退治するといった経過をたどったにちがいない(柳田国男氏『妖怪談義』)。したがって妖怪による被害のもっとも多いのは、その第二段階の半信半疑、つまり神霊の妖怪化しかけている中間段階ということになる。そしてまた、われわれの妖怪文化が、いまなお、そのことごとくが正体をばくろされ、退治されてしまわず、命脈を保っているのである。そのことは、日本全体がすっかりは第三段階に改まってはしまわずに、第二の半信半疑すなわち、なおわれわれの身辺に徘徊する素朴なる神々の威力というものを、信仰の形でか、あるいはたんなる前代からの知識としてか、なかば信じている人びとが多いという事実、およびさらに第一の敬して遠ざけ、形だけは供物・幣帛をもって祭る人びとのなお少なくないことを証明しているというべきである。妖怪とは無縁のようであるが、近代的な大建築に先立って注連《しめ》を張って土地の神をなごめ、承認を求めるとか、鉄橋の渡り初めを神職が司祭し、鬼門を信じ、まわり金神のタタリを恐れるような現象が、実は妖怪文化の一基盤をなしているのである。

わが国の神々にはまた、大神・主神に付属する従属神・小神が信じられていて、山ノ神の使徒がオオカミであったり、農耕をつかさどる神の従属神としてはキツネなどが信じられていた。ミサキとよばれているものが多く残留しており、ミサキ神の信仰はいまなお全国に根強く生きている。カラスもまたミサキの一種と信じられているからこそ、カラス鳴きを死の前兆・予告ではないかと気にしていたのであり、年頭にあたって、作物の豊凶をうらなうにもカラスダンゴを利用し、カラスを招いて、そのついばむところをうかがいもしてきたのであった。妖怪に鳥や獣類が多く主役を演じているように信じられるようになった大きな原因には、この主神のメッセンジァーとしての動物たちの存在があったにちがいない。

怪異現象のなかの怪音は幻聴でなければ、姿をかくした鳥獣虫類の習癖による音、もしくは寺田寅彦氏の実験で解明されたような遠く離れた土地からの物音の思いがけぬ物理的な伝播であったろう。火の玉・人玉・イタチの火柱のごとき怪火現象の根底には、盆の迎え火・送り火・盆ちょうちんとか、あるいはまた神祭りに火をとばし、いまもなお盛んな各種の火祭りの経験がひそんでいるにちがいないことは、すでに柳田国男氏の指摘しているところである。

参考文献

柳田国男『妖怪談義』昭和三一年
同　『一目小僧その他』昭和九年
同　『山の人生』大正五年
折口信夫『折口信夫全集』
佐藤清明『現行・全国妖怪辞典』昭和一〇年
武田静澄『河童・天狗・妖怪』昭和三一年
今野圓輔『怪談』(『現代教養文庫』) 昭和三二年
岡田建夫『動物界霊異誌』昭和二年
早川孝太郎『猪・鹿・狸』大正一五年
笠井新也『阿波の狸の話』昭和二年
磯　清『民俗怪異篇』(『日本民俗叢書』) 昭和二年
神田左京『不知火・人魂・狐火』昭和六年
日野　巖『趣味研究・動物妖怪譚』大正一五年
田中香涯『学術上より観たる怪談奇語』大正一二年
江馬　務『日本妖怪変化史』大正一二年
石橋臥波『鬼』明治四二年
『怪談名作集』(『日本名著全集』) 昭和二年

妖怪と信仰

井之口章次

一

未知の事物や現象に対する恐怖心や、知的欲望が満足されぬための焦燥感が結集し、周囲の生活環境を背景として、形而上の幻影に具体性を与えるところに、さまざまな妖怪が生じる。

わが国における妖怪研究の歩みをふりかえってみると、いちばん素朴な段階では、たがいに体験や見聞談を出し合って、議論すること自体が、一種の研究だと見られなくもないから、妖怪談は常にその研究を伴なっていた、というふうにも考えられようが、多くの実例を集めて比較検討が試みられたのは、まずまず江戸時代末期のこととしておいてよかろう。

しかし、単に数多くの話を集めて、見くらべただけでは研究とは言えない。妖怪談を集めて、まず疑問に思われてきたことは、一つ一つの話に真剣な体験者があり、その話がまじめな人の実見報告であっても、果たしてそのような妖怪が実在するものかどうか。体験しなかった人までが、妖怪の実在を信じなければならないかどうか。ということであって、文明開化の風潮とともに、妖怪の実在を信じない人が、しだいにその数を増してきた。けれども一部の人々の間では、頑として妖怪の実在は信じられてきたので、井上円了氏などは生涯を費して、妖怪の実在しないことを立証しようと努められたのである。

妖怪研究には、もちろんいくつもの手段や方向があっていい。精神病理学や社会心理学や、統計学や宗教学なども、それぞれ独自の研究に、妖怪資料を利用することができよう。妖怪現象は、主として自然現象を誤認することに始まるものであり、誤認の原因は、体験者自身の精神的な動揺と不安定にもとづくものであるが、ある音響を天狗のしわざと断定し、その水死人を河童の被害者であると判断するのは、伝承的な知識にほかならない。したがって民俗学では、柳田先生も折口先生も、早くから妖怪には注目され、日本の信仰を究明してゆくための一つの手段としての研究を、強力に推し進められた。

とくに柳田先生の妖怪研究は、画期的なものであった。妖怪の総称や妖怪の発する声を方言の比較で示し、出現の時期と場所を明らかにし、妖怪と幽霊とは区別すべきものであること、妖怪は信仰の零落した姿であることなどを確認された。個々の妖怪種目に関しても、河童・一つ目小僧・天狗・座敷童子などは、妖怪としての段階では、ほとんど解決されてしまったといっても、おそらく言い過ぎではあるまい。

したがって、その後の研究は、諸外国との比較であるとか、古典の理解に応用するとか、現代にも残存することの意義を追及するとか、そういう方面においては見るべき業績があらわれているが、妖怪一般の総合的な理解や個々の妖怪に関して、発生存続の意義を追及するなどの作業が、継続的におこなわれてきたとは言いにくい。

二

まず順序として、妖怪と信仰との、相互関係から考えて行きたいと思うが、その場合に、妖怪現象一般と、現在知られている妖怪種目とを、いちおう区別して考えるのが、無難のように思われる。

これは、理解しにくい提案のように聞えるかも知れぬが、妖怪現象というものは、おそらくどの国の民族にも、また時代を超越して存在するものであろうから、信仰と平行して、ある場合には、信仰よりも古くからあったものと認められる。ところが一方、現在知られている妖怪の一つ一つについて、その由来を細かく検討してみると、そのほとんど全部といっていいほどのものが、神信仰・霊魂信仰の変化零落した姿なのである。

もし妖怪のすべてが、信仰の変化零落した姿であるとするならば信仰以前に妖怪の存在するはずがないし、妖怪を古いものと見るかぎり、信仰の変化零落ときめつけるわけにはいかないだろう。しかも厄介なことに、中世以前の記録文献には、妖怪種目がきわめて少ないのである。

これを、誰もが納得できるように説明することは、なかなかむつかしい。妖怪を真におそれたために、記録しなかったのであろうとか、筆録の価値を認められなかったなどというのでは、この場合の説明にならぬし、妖怪は信仰が衰えたためにあらわれた現象で、したがって、時代を溯るほど少なかったとか、あるいは妖怪は、たとえば文芸作品と同じように、人間の想像力を表現したものであるから、一定の文化水準に達し、生活全般が高度に複雑になって、はじめて十分な発達をとげるものだと説明してみたところで、一般に通用するものかどうか、はなはだ疑わしい。

そこで私は、妖怪現象一般と現存する妖怪種目とを、いちおう区別して考えようとするのである。すなわち妖怪現象というものは、先にも述べたように、信仰と平行して存続し、ある場合には信仰よりも古くからあったものと考えられるが、個々の妖怪について見ると、生起消滅がはなはだしく、長い生命を保つものが少ない。伝承の回転が細かくまた早いということである。

中には、妖怪が少童の姿をとるとか、片眼片足の特徴のように、基本的であるがために、容易に変化しない部分もあるが、これは妖怪の特徴というよりは、神や霊魂の特徴と言うべきであろうし、伸縮・飛行などの霊力は想像力からでも説明のつかぬものではない。

言葉をかえて言うと、妖怪現象を容認する心意は、いつの時代にも消えることなく存在したが、個々の妖怪種目には一貫性がなく、たえずその時代、その環境の中での生起消滅をつづけてきた。そうして現在知られている妖怪の大多数は、たとえば近世初頭というような、それほど大昔でない昔の信仰を、背景としているように思われる。

したがって現在知られている妖怪を、辛棒強く比較し溯源して行くならば、たいした障碍もなく、その妖怪を出現させた原因となっている信仰に、行きつくことができようし、妖怪を信仰の一部と認めることによって、信仰研究の手段ともなり、それがまた、妖怪の性格をいよいよ明らかにすることになろう。

こういう観点から、私は今後の妖怪研究の出発点として、次の四つをあげたい。

一、現在知られている妖怪の中には、神信仰・霊魂信仰の変化零落したものが圧倒的に多いので、元になっている信仰によって系統づけるのが、最初の研究作業となる。また妖怪化の程度を見る。

二、妖怪は環境に左右されることが多いから、その時代の階層や文化程度、その地域の地理地形などの環境を知ることが重要であり、また逆に、妖怪の調査研究から、その時代、その地域の環境を知る手がかりをつかみ得る場合もあろう。

三、妖怪の多くは、自然現象を「判断」するものであるから、判断の基礎になる伝承的な知識が必要である。その知識の伝承・伝播および伝播者の問題を追及する。

四、妖怪種目には、時代により地域によって人気流行があるから、その原因と実態とを明らかにし、他の妖怪や信仰との融合同化・混同誤認の様相を見る。

三

妖怪種目の分類というものも、いくつか出ている。その正体と考えられているものの種類によるとか、出現の様式によって、怪音・怪火・異態・まどわし・憑きものなどに分ける案もあったが、柳田先生が、出現の場所による分類案を出されてからは、これにしたがうものが多い。

昭和十三年に出た「妖怪名彙」には、

1行路　2家屋　3山中　4水上

の四つがあげられており、

昭和二十六年刊の『民俗学辞典』では、いくらか補強して、

1山の怪　2路傍の怪　3家・屋敷の怪　4海上・海中・海岸の怪　5川の怪　6巡回する妖怪　7その他

昭和三十年刊の『綜合日本民俗語彙』では、出現場所に出現形式をも織りこんで、

1山の怪　2道の怪　3木の怪・木に宿る怪　4水の怪　5海の怪　6雪の怪　7家の怪　8火の怪　9音の怪　10動物の怪

としているが、このほか、「妖怪」とは別に「霊異」の項を設け、

神がかり　神の祟り　行逢い神・通り神　神かくし　亡霊の怪　みさき　ひだる神・餓鬼　人を襲う霊
怪

などを含めている。

そこで試みに、『綜合日本民俗語彙』の中から、妖怪関係のものを拾い出してみると、「妖怪」の項に四一六、「霊異」の項に一四二、あわせて五五八の名彙が収めてある。このうち「霊異」の中には、妖怪と認められないものも多いから、まずまず五〇〇ほどの名彙が出ているとしておいてよい。

もちろんこれは語彙集であるから、名称の数と種類とは意味が少しちがうし、まだまだ採録が十分におこなわれているとは言えないが、とりあえず便宜的に、数字をならべてみよう。

五〇〇ばかりの妖怪種目のうち、亡魂遊魂の類が三〇〇近くもある。行逢い神・神かくし・亡霊の怪・みさき・ひだる神・人を襲う霊怪など、正体はよくわからないけれども、無縁仏とか御霊とかいったものの類が、さまざまな形をとってあらわれる。幽霊というのは、誰の霊ということが、はっきりわかっているものをいうが、これは、誰ともわからないものの霊なのである。

由緒正しい信仰から派生したものでない――すなわち信仰に対する俗信のようなものが、亡魂遊魂の部類にはたくさん入っている。文献資料に見られる妖怪の多くも、これに属するものであって、この部門はもっと細かく検討しなければならぬが、今回は残りの五分の二の部分を、主として問題にしたい。

残りの二〇〇ほどのうち、いちばん多いのは水神系統のもので、これが約九〇、ただしそのうちの七〇近くは河童の地方名である。次の山の神・木魂系統のものは三九で、天狗や山姥などのほか、樹木の精霊とでもいうよりほかないようなものもある。次は家の神系統のものが一八、座敷童子や倉ぼっこなどがある。このほか祭りの舗設とか物忌みとか期待、あるいは神意などにもとづくものが七一もあって、これについては後に説明する。

こうして妖怪全般を見わたしてみると、まず大きく二つに分けて神的なものと霊魂的なものとを区別することができそうである。しかもその神的なものというのは、春秋で居所が変わるもの（春に山から下りて田の神となり、秋に田から山へ帰って山の神になるもの）であり、これが水神系統の中にも山の神系統の中にもある。家の神というのも、ほとんどその中間形に過ぎない。

したがって、神的・霊魂的ということは、現在から溯り得る範囲では、祖霊系と御霊系というような分類の中に、ほとんど全部の妖怪種目が、納まってしまうのではないかと考えられる。

四

現在資料の妖怪には、御霊系と祖霊系があり、祖霊系の中には、水神系・山の神系・家の神系がある。ところがここにもう一つ、やはり祖霊系の一部であるが、何神系というのではなく、祭の舗設・物忌み・期待といったふうな、やや漠然とした機会が、そのまま妖怪化したものがある。

たとえば著名な妖怪の一つに小豆とぎがある。北は東北地方から九州にいたるまで、ふしぎなほどに広い分布を示している。米をとぐのと同じように、ざくざくとか、しょきしょきとかいって、小豆を洗うような音をさせる妖怪で、夕ぐれに川っぺりを通ると、そういう音が聞えてくる。ムジナの音だろうということになっているが、音は動物の音であるとしても、どうして小豆をとぐ音だときめたのか、それには何かわけがなくてはならぬ。大晦日の晩だけに出るというところもあり、小豆とぎ婆様とか米とぎ婆ともいう。

妖怪には、こういうわけのわからぬものがいくつもある。わけのわかった妖怪というのはないかも知れぬが、ともかくこういうものは、類似のものを並べて見くらべてみるほかはない（以下の資料はすべて綜合語彙から抜いたので、一々の出典は省く）。

栃木県の益子あたりで、静か餅という妖怪が報告されている。これは夜中に、こつこつこつこつと遠いところで餅の粉をはたくような音が人によっては聞えてくるという。石の挽臼の普及する前は、竪杵で、水につけた米をついて団子をこしらえていたのであり、餅も団子も、地方によっては呼びかたに区別がないのである。次に四国の高知県で、畳たきという妖怪がある。夜中に畳をたたくような音をたてる怪物で、和歌山付近ではこれをバタバタといって、冬の夜に聞えてくるという。

畳をたたく、小豆をとぐ、餅をつく。何か謎をとくようだが、掃除をして御馳走の準備をしていることがわかる。祭りが近づいた、もうすぐ正月になる、というので、その用意をしているのである。昔の常食には、粟や稗を食い、菜っ葉や大根の雑炊を食べることが多かったが、祭りや正月には、白い飯を炊き、赤飯をつくり餅をつく。だから小豆とぎ婆とか米とぎ婆という妖怪はあるが、粟とぎ婆様とか麦とぎ婆などという妖怪は、どこにも見あたらない。

『口丹波口碑集』に見える算盤坊主というのは、路ばたの木の下などにいて、算盤をはじくような音をさせるというが、節季勘定を連想するところから、盆暮の季節を感じ、晴れの日の接近を示しているのであろうし、岡山県邑久郡のテンコロ転ばしという怪物は、夜分にここを通ると、テンコロ（砧）がころころと坂道を転がって行くのを見るというが、衣打ちの道具から、晴れの日の接近を感じることができよう。

五

祭りや晴れの日の接近は、まず衣食住の準備に、もっとも切実にあらわれるものであろうが、神霊を迎えまつる以上は、もっと重要な、より直接的な作業が残っている。祭りのための舗設である。

諏訪の御柱のような大木を伐り倒すことが、どの地方にもあったとは言いきれないとしても、神祭りに依代を立てる例はきわめて多いし、オハケを立てるにも仮屋を設けるにも、祭りと伐木とは不可分のものであった。年中行事ももちろん例外ではない。正月には門松・年木・とんどの材料のほか、さまざまな木製の作りものがあるし、事八日の大眼、卯月八日の高花・天道花、五月節供の鯉のぼりに、七夕や盆の高灯籠など、数かぎりもないほどの機会に、木や竹を伐り倒してきた。

この印象が、やはり妖怪に投影しているのである。夜分竹を伐る音がする。ちょんちょんと小枝をはらう音、やがて株をひき切ってざざと倒れる音がする。翌朝いってみると何事もない。という竹伐狸の怪。あるいは斧の音や木の倒れる音がするのに、翌朝その場を見ると一本も倒れた木がないという、天狗倒しとか空木返しの怪。深山ではじめに「行くぞう行くぞう」と呼ぶ声が山に鳴りわたり、やがてばりばりと樹の折れる響きと、ざぁんどぉんと大木の倒れる音がするが、いってみると何のこともないという古杣の怪など、どの地方でも聞かれる山の怪異である。

それは、たしかに幻覚にちがいない。そして時には、数人が同時に経験する、共同の幻覚であった。大木がめりめりと音をたてて傾き、ずしんと地響きをあげて倒れるのは、よほどの大木でなければならぬようだが、それは空想の成長であり、世間話として発展したものであろうから、そんなことを気にする必要はない。何の物音とも知れぬ耳の迷いを、林業地でないところでも、伐木の音と判断した心意の底には、神祭りと伐木との密接な関係が、横たわっているにちがいない、と見るわけである。

次には、祭りや晴れの日の準備ではないが、祭りの印象の記憶とか、祭りの接近への期待といったものが、妖怪化したと思われるものがある。深夜にどこからともなく、太鼓や笛の音が聞えてくるという狸囃子。これは山神楽とも天狗囃子とも山囃子ともいう。山口県大畠の瀬戸では、旧暦六月のころに、どことも知れず太鼓の音が聞えるのを虚空太鼓と呼んでおり、狸囃子や天狗囃子も、それぞれ狸や天狗のしわざと考えられている。

人は確かに、深山幽谷に入ってしばしば孤独の境地にさまよい、疑心暗鬼を呼んで、音ならぬ音を耳にすることもあろうし、山の入り組んだ地形には、思わぬ場所からの反響もあって、事実さまざまな物音が、遠く近く聞えることがあるとしても、全国どこでも、これを祭り囃子と断定したのは、偶然とは考えにくい。

祭りや晴れの日が近づくにつれて、来臨したまう神や霊を迎えまつるために、食事をととのえ身なりを改め、内外を清浄にして依り代を準備する。迎えまつる神は作物の豊饒をもたらし、子孫の幸福をこそ約束する、親愛なる存在ではあるが、神を迎えまつるときの身のひきしまるような緊張感は、おそろしいものに対するときの恐怖の感情に、たやすくおきかえられ、迎える神自身はもちろんのこと、準備行動や印象の記憶までが、妖怪化の途をたどったものであろう。

六

妖怪現象ふうのものは、おそらく人類の始めからあったろうと思われるのに、しかも祖霊信仰にしても御霊信仰にしても、日本人の信仰体系の中では、特色ある一つの形態に過ぎないのに、現在知られている妖怪種目のほとんど全部が、この二つに吸収されている。それ以前のものやそれ以外のものが、多くは出てこないのである。

その理由については、先に妖怪伝承の回転の早さを挙げたが、日本の常民の信仰体系の中に占める、祖霊信仰や御霊信仰の大きさということを、何よりも大きな理由に、数えあげなければならない。

日本民俗学の研究史上には、山の神を追及して行くと祖霊に到達する。水の神でも田の神でも、年神でも家の神でも、どれもこれも祖霊に行きついてしまって、どうにも動きがとれない。すべての信仰が祖霊信仰に結びついて、それで安心したり落胆したりする時期があった。祖霊信仰は日本常民の欲求のようなもので、あらゆる雑多な信仰をとりいれ、千年以上もの期間をかけて「日本人の信仰」を作ろうとした努力のあらわれである。

その中には種々の要素を含み、種々の機能を持っている。ある時期ある時代に、祖霊信仰という塊があったのではなくて、長い間に少しずつ取りいれて形をととのえてきた。そうして形をととのえて行く一方では、それぞれの機能に応じて、分解や分裂もおこなわれてきた。祖霊信仰というものは、日本人が自分たちの信仰を持ちたいという、強い念願そのものなのであるから、現在資料のほとんどがその方向に強く指向しているのである。

したがって日本の信仰の中から、外来要素を数えたてるのも一つの立場であるし、またそれらの外来要素が、どのように日本化してきたかという、変容・受容・重層の様相を見るのも一つの立場で、これはどちらがより重要というわけではなくて、双方を平行して進めなければならない。

そうしてそのためにも、妖怪研究には、現在知られている個々の妖怪種目を、まず元になる信仰の時点に引き戻して出発する必要があり、出現場所による分類の次には、もう一段溯って、元になる信仰による分類が、おこなわれなければならぬと考えるものである。

II　妖怪の歴史

付喪神

澁澤龍彦

頃日、花田清輝の『室町小説集』を読んでいた私は、そのなかに、一見、互いに何の関係もなさそうでいて、じつは大いに関係があるにちがいない二つのエピソードを発見して、この私のエッセーを、そこから書き出してみようという気になった。

その二つのエピソードというのは、一つは、『室町小説集』のなかの「画人伝」に出てくる百鬼夜行のそれであり、もうひとつは「力婦伝」に出てくる井光《いひか》のそれである。周知のように、前者は室町時代に特有な、御伽草子の挿絵に出てくる器物のお化けのパレードのことであり、後者は『古事記』にも『日本書紀』にも出てくる、古代の吉野に住んでいたという有尾人《ホモ・カウダトウス》、すなわち尾のある人間のことである。両者とも、人間に似ているが人間ではなくて、それより下等の段階の動物もしくは自然物に近いような生きもの、あるいはむしろ無機物に近いような生きものであろう。井光を人間以下の存在と見なすのは不穏当かもしれないが、まあ簡単に言えば、どちらも化けものであることに変りはあるまい。歴史や文学のなかから、こういう変なものを掘り出してきて、スポットライトをあてようとする花田清輝の独特の嗅覚は、いつものことながら、まことに冴えていたと私は思う。ひとによっては、べつに何の感興を催すほどのことでもないかもしれないが、私のように、人間の文化の歴史を一種の博物誌の連続として見ることを好む性癖の者にとっては、これが何と言おうか、たまらない魅力だったのである。本当のことを言えば、私は、百鬼夜行や井光に関するかぎり、花田清輝にまんまと先を越されてしまったことを、いささか残念に思っているほどなのだ。

たとえば、花田清輝はつねに歴史の転形期に目を向けていた、というような尤もらしい批評家の意見があり、本人もまた、転形期ということをしばしば口にしているわけだが、私には、こういう意見は軽々に信じがたいような気がしてならない。転形期ということを言うならば、林屋辰三郎氏の説にもあるように、そもそも歴史とはすべて転形期の連続ではあるまいか。あえてヘラクレイトスの原理を持ち出すまでもなく、壁をも見透かすボイオテイアの大山猫《リュンクス》の目をもって眺めるならば、歴史も社会も文明も、時々刻々、さながらスローモーション映画のようにゆるゆると変動していることでもあろう。それはともかくとしても、人間を駆って小説やエッセーの筆をとらせるだけのものが、転形期などといった内容空疎な一般概念の中にあろうとは、私にはとても考えられないのである。転形期ではなくて、それは必ずや室町時代なら室町時代という、生き生きした具体的なイメージにみちた概念でなければならぬだろう。いや、ごたごたしたイメージの拡散している室町時代でも、まだ小説家あるいはエッセイストの筆を衝き動かすだけの具体性には乏しいかもしれない。それはさらに個別化された概念としての御伽草子でなければならず、百鬼夜行でなければならぬであろう。ここへきて、初めてイメージは生き生きと躍動し、小説家の筆をひっぱってゆくだけの具体性を帯びるはずなのだ。

要するに私が言いたかったのは、花田清輝には性来、百鬼夜行や井光に対する特別の感受性あるいは嗜好があったのであり、だから結果として、もっぱら転形期に目を向けることになってしまったのだ、ということである。世の多くの批評家の論理は、完全に逆だということを言いたかったまでなのである。そもそも具体的なイメージが先行していなくて、どうして原稿用紙の上にペンを下ろせるものだろうか。

人間よりも動物を、動物よりも無機物を、というのが花田清輝の『錯乱の論理』以来の一貫した主張だった。前にも書いたことがあるが、初期から最後期にいたるまでの花田作品の題名に、いかに動物の名前のついているものが数多くあるかということに、私は一種の感動を誘われる。こういう奇特なひとは、私の知るかぎり、ちょっとほかには見あたらないのだ。だから花田清輝の動物好きは、いわば血肉となった彼の思想であろうと私は考えている。そしてこのことは、ただちに彼の博物誌や、童話や、ユートピア文学や、ルネサンスや、変形譚や、御伽草子に対する嗜好とも結びつくものであろうと考えている。もう一度、転形期ということにこだわるならば、それらの主題こそ、じつは転形期の精神の具体的表現にほかならないのだということに、もうそろそろ気がついてもよい頃ではないだろうか。

絵巻として伝えられる室町時代の百鬼夜行図には、百鬼の姿態が虎だとか、狐だとか、猿だとかいった動物によって表わされているものもあり、そうかと思うと、前にも述べたように、器物に手足のはえた化けものによって表わされているものもある。器物には、花田清輝の言葉を借りれば、「鎧、兜、弓、太刀、鐙《あぶみ》といったような武器のたぐい、琵琶、琴、笛、太鼓、笙《しょう》といったような楽器のたぐい、鏡、灯台《とうだい》、火鉢といったような家具置物のたぐい、さらにまた、ひどく奇怪なかたちをした、いろいろな仏具のたぐい」がある。その器物の化けものの由来を説明するのが、御伽草子の一つである『付喪神記《つくもがみき》』であるが、以下に私は、これを材料にして少しばかり駄文をつらねてみたいと思うのだ。それによって、「物」に対する私たちの精神の、恐怖と魅惑の二方向に引き裂かれた、奇妙な執着をいくらかでも明らかにすることができれば、と考える。

＊

ここだけは、よく引用されるのでご存じの方も多いと思うが、『付喪神記』の冒頭には、「陰陽雑記に云ふ。器物百年を経て、化して精霊を得てより、人の心を誑《たぶらか》す、これを付喪神と号すと云へり。是れによりて世俗、毎年、立春に先立ちて、人家の古道具を払ひ出だして、路次に棄つる事侍り、これを煤払と云ふ。これすなはち百年の一年たらぬ付喪神の災難にあはじとなり」とある。花田清輝によれば、「小道具を鬼としてとらえたところに――そして、主としてその種の鬼が、夜の闇をわがもの顔に占領しているとみたところに、いかにも室町時代らしい『百鬼夜行』にたいする唯物論的な解釈があるのではなかろうか」ということになるが、私の考えは、花田のそれといくらか違う。これは唯物論的解釈などというものではなく、むしろ明らかにフェティシズム的解釈と考えるべきだと思うのだ。

『土蜘蛛草紙』や『化物草紙』と同じく、多くは土佐派の画家の筆になる『付喪神記』や『百鬼夜行絵巻』のイラストレーションにおいても、そこに現われる器物の化けものたちは、たしかに弱々しく、凄味がなく、何となくユーモラスな感じさえあって、たとえば『北野天神縁起絵巻』などに現われる、あのプロレスラーのような筋肉隆々たる地獄の赤鬼や青鬼とは、まるで種族が違うような感じをいだかしめる。しかし当時のひとびとにとって、この弱々しい器物の妖怪と、威風堂々たる地獄の赤鬼や青鬼と、どちらがより一層恐ろしかったろうかと言えば、それはおそらく、前者の方であったにちがいあるまいと私は考える。すでに地獄の形而上学は崩壊していたからだ。たとえ弱々しくても、崩壊した形而上学ではなくて物質に関与している妖怪の方が、はるかに恐怖をそそり立てる存在だったことは明白であろう。

ヨーロッパでも、石の浮彫りや壁画における地獄図のなかの醜悪な悪魔が、民衆をやみくもな恐怖におとし入れていたのは、ほぼゴシック期までであって、それ以後は、徐々に悪魔芸術は下火になる傾向にある。日本の地獄絵も、ぞくぞくと傑作が現われるのは鎌倉期までであり、室町時代に制作された六道絵には、ほとんど見るべきものがない。地獄観念の稀薄化したところに、強烈な悪魔芸術の花咲く理由はないからだ。器物の妖怪は、このような前時代の地獄の形而上学の崩壊した後の空虚に乗じて押し寄せた、いわば「物」の巻き返しではなかったかと思われる。一つの形而上学がつぶれたからといって、人間が油断をしていると、「物」はすぐ逆襲してくるのだ。

　したがって、これらの古道具の鬼たちは、花田清輝の言うように「王朝時代の『百鬼夜行』のおそろしく零落したすがた」などではなくて、むしろ別の基盤から出てきたところの、人間の恐怖の物質的表現だったのである。私はそれを、フェティッシュと呼びたいような気がする。

　フェティッシュとは、もともとポルトガル語から出た言葉で、ド・ブロッス以来、一時は宗教学や社会学や心理学の領域でさかんに用いられ、今では廃れてしまったような感じがなくもない言葉だが、ここでは、ただ「生命を吹きこまれた物体」というような意味で使いたい。申すまでもなく、古代においては、そこら中がフェティッシュだらけであった。古代人は、山川湖沼はもとより、或る種の動物や植物や、石や貝や玉などにも、自由に霊魂が宿るものと考えた。霊魂は独立遊離していて、物体のなかに入ったり出たりするのである。折口信夫によれば、「ものは霊《モノ》であり、神に似て階級低い、庶物の精霊を指した語である」そうだが、これはまさにフェティッシュそのものではないだろうか。物神という訳語は、折口的な意味でフェティッシュの真実を伝えているように思われる。

　古代的なフェティッシュの世界とは、とりも直さず、記紀に描かれた「葦原中国は、磐根《いはね》・木株《このもと》・草葉《くさのかきは》も、猶能く言語《ものい》ふ。夜は、熛火《ほほ》の若《もころ》に喧響《おとな》ひ、昼は五月蠅《さばへな》す沸き騰る」といった世界であろう。『出雲国《いづものくに》造《みやっこ》神賀詞《のかむよごと》』の一節には、「夜は火瓮《ほべ》如《な》す光《かがや》く神あり」とあるが、私には、これこそ山野を浮遊する古代の霊魂そのものの表現のように思われる。まあ、ワルプルギスの夜を飛びまわる鬼火のようなものだと思えばよろしかろう。

時代が下り、物質文明が進むにつれて、このフェティッシュの数がだんだん減ってくるのは当然であったろう。ひとびとが懐疑的になるとともに、それまで霊魂の宿るものと信じられていた物体から、徐々に霊魂が剝離脱落していくわけだ。かくて霊魂は追いつめられる。——しかしそれと同時に、古代においては知られていなかった技術的生産物に、行き場を失った霊魂が、新たに宿るという現象も起るのではないか。つまり、追いつめられた霊魂が新しい隠れ家を発見するのである。それまでは隠れ家として、岩石草木のような自然物か、さもなければごく単純な、玉とか鏡とかいったような生産物しかなかったのに、技術の進歩とともに、複雑な道具が作り出されて、かえって霊魂の住むところが見つかったのである。そもそも道具は人間の一部だが、道具に対する人間は、いつも自然に対する人間の模写のごとき関係になっていることを思えば、この道具がやがて自然に取って代って、霊魂の住みどころとなる成行きは想像するに難くあるまい。端的に言えば、道具は自然の代替物、第二の自然なのである。だから容易にフェティッシュになる。室町時代の器物のお化けは、要するに、そういうものではないかと私は思っている。

「煤払いのさい、古道具たちが、無造作に路傍にほうりだされるということは、かれらにとって代る新しい道具類のどんどん生産されていたことのあらわれであって、室町時代における生産力の画期的な発展を物語っている」と花田清輝は書いているが、こうした社会的基盤があったからこそ、古道具がフェティッシュになることも可能だったのであろう。ちょうど現代において、自動車やオートバイや、万年筆やライターがフェティッシュになっているように。

すでに早く、王朝末期の『今昔物語』の時代にあっても、追いつめられた小さな霊魂たちが、いろいろな物体のなかにもぐりこんだという事件は報告されていた。巻二十七の「霊鬼」篇に、「冷泉院の水の精の語」（第五話）をはじめとして、「桃園の柱の穴より児の手を指し出して人を招きたる語」（第三話）や、「東の三条の銅の精、人の形となりて掘り出されたる語」（第六話）や、「鬼、板と現じ人の家に来りて人を殺せる語」（第十八話）や、「鬼、油瓶の形と現じて人を殺せる語」（第十九話）などの怪異譚が見出されるが、これらは水とか、柱とか、銅器とか、板とか、油瓶とかいった物体あるいは道具のなかに、浮遊する「小さい神」（折口信夫の表現）である霊魂がもぐりこんで、ひとびとに危害を加えたという例である。これらの小さな神たちの散発的な叛逆が、やがて組織された大集団となって、室町時代の「百鬼夜行」のパレードにまで発展するわけである。

『付喪神記』では、煤払いという名目で、洛中洛外の家々から棄てられた古道具どもが、一箇所に集まって、不穏な共同謀議を凝らすところから物語がはじまる。それは不当に解雇された労働者たちが、会社に対して実力行使の闘争を展開しようとするのに似ている。すなわち、「さても我等、多年家々の家具となりて、奉公の忠節を尽したるに、させる恩賞こそなからめ、剰《あまつさ》へ路頭に捨て置きて、牛馬の蹄にかゝる事、恨みの中の恨みにあらずや、詮ずる所、如何にもして妖物となりて、各《おのおの》仇を報じ給へ」と。このあたり、下積みの苦労を重ねてきて報いられなかった古道具たちの、根深い怨恨がよく表現されていると思う。一座のなかで、最初は仲間割れも起ったが、やがて衆議一決して、みんな化けものになることに意を決する。化けものになるには、「須《すべから》く今度の節分を相待つべし、陰陽の両際反化して物より形を改むる時節なり、我等その時身を虚にして、造化の手に従はば妖物と成るべし」と教えられる。

こうして節分の夜がくると、「各《おのおの》其の身を虚無《こむ》にして、造化神の懐に入る。彼等すでに百年を経たる功あり、造主に又変化の徳を備ふ。かれこれ契合して忽ちに妖物となる。或は男女老少の姿を現はし、或は魑魅悪鬼の相を変じ、或は狐狼野干の形をあらはす。色々様々の有様、恐ろしとも中々申すばかりなり」という次第である。

古道具の化けものどもは、かくて住所を船岡山のうしろ、長坂の奥と定めて、そこに移り住み、ときどき京の白河へ出ては、人や牛馬をさらい、肉の城を築き、血の池をつくって、飲めや歌えの歓楽に日を送っていた。まるで大江山の酒顚童子の一味のようである。或るとき、化けものどもは、「わが国では昔から誰でも神道を信じている。われわれも造化神に形を授けてもらったのだから、神道の神を信じ、祭をしなければならぬだろう」ということになって、変化大明神という神社をつくった。神主や神楽男なども、それぞれ選定した。そして御輿《みこし》を造り、山鉾を飾って、卯月はじめ五日の深更に、京の一条を東へ練って行った。いよいよ百鬼夜行の出発である。

たまたま、この化けものどもの深夜のパレードにぶつかったのは、臨時の除目《じもく》を行うために参内しようとしていた関白殿下であった。お供の者はいずれも驚いて地に伏したが、関白殿は少しも騒がず、車のなかから、化けものどもの行列をはったと睨みつけた。すると、ふしぎなことに、関白殿の肌のお守りから火が吹き出し、それがみるみる無量の炎となって、化けものどもに襲いかかったので、彼らはたまらず、こけつ転びつ、大騒ぎをして逃げ散ったというのである。この関白殿のお守りというのは、言うまでもなく、昔から百鬼夜行の化けものを退散させるのに絶大な効力があるとされた、例の尊勝陀羅尼である。

『付喪神記』の物語は、これだけで終ってしまうわけではなく、さらに化けものたちが心機一転して、これまでの乱行をすっかり後悔し、仏門に入って修行を積み、それぞれ成仏したという筋の下巻がついているのだが、この宗教臭の強い下巻の方は、当然のことながら、私たちにとって上巻ほどには面白くない。しかし、これによっても分る通り、百鬼夜行は陰陽思想と神道思想の合の子であるとともに、さらに仏教思想をも加味しているのだ。花田清輝が「ひどく奇怪なかたちをした、いろいろな仏具のたぐい」と言っているように、百鬼夜行図のなかには、仏具がそのまま化けものになっている例もあり、そうかと思うと、化けものが仏具を手にし、法衣をまとっているというような例もある。

ちなみに、同じく『御伽草子』の一つである『化物草紙』に出てくる、いかにもフェティッシュめいた小妖怪についても、簡単に紹介しておこう。『化物草紙』は五つの怪異譚の寄せ集めであるが、そのうちの二つは完全に器物の妖怪の話であり、最後の一つも、まあどちらかと言えば、そっちのほうに属するのではないかと思う。

九条あたりの荒屋敷に侘住居している女が、ひとりで栗を食っていると、前の囲炉裏《いろり》から白い手がぬっと出て、栗をくれという身ぶりをする。一つやると、また手を出す。それを四五遍も繰り返して、やっと終った。翌日、囲炉裏の下を探ってみたら、小さな杓子が落ちて挟まっていた。——次の話は、これも女がひとりで夜中に念仏していると、遣戸《やりど》の隙から、耳の高い法師が頭を少し出して、幾度も幾度ものぞきこむ。翌晩もまた同じようなので、ふしぎでたまらず、朝になって探してみると、古銚子の柄の折れたのが転がっていた。——もう一つの話は、或る山里にひとりで住んでいた女が、あまりに心細いので、「誰かきて夫になってくれ」と独語すると、夕方、弓矢を持った男がきて、泊って行った。それから毎晩やってくる。或る朝、男が帰るとき、衣に糸をつけておいた。女がその糸をたどってゆくと、それは田のなかの案山子《かかし》であった。

この最後の話が、三輪山の大物主と活玉依毘売《いくたまよりひめ》の糸巻き式の説話から出たものであることは明らかだが、それにしても、相手が案山子というところは出色であろう。『古事記』に出てくる久延毘古《くえびこ》以来、案山子は神と人間、人間と器物の合の子ともいうべき存在だからだ。一方、三輪山の大物主は、もともと人格を具えず、どこにでも出入りする目に見えない精霊（もの）の王みたいな神なのだから、いわば遍在するフェティッシュの総元締めのようなものであり、『化物草紙』の五つの怪異譚の最後に、その影がちらりと掠めるのは、いかにも当を得ているような気がしないこともない。

百鬼夜行の化けものを退散させるのに、尊勝陀羅尼の八十数句を筆写したものを身につけているのが、何より有効とされていたことは前にも述べたが、それよりもっとはるかに手軽で便利な、一種の呪文のようなものも語り伝えられていた。洞院公賢の『拾芥抄』上諸頌部第十九に「夜行夜途中歌」として「カタシハヤ、エカセニクリニ、タメルサケ、テエヒ、アシエヒ、ワレシコニケリ」とあるそうだ。この意味不明な三十一文字を、口のなかでぶつぶつ唱えていれば、たちまち化けものどもは退散するというわけなのであろう。おそらく、当時の貴族や女房も、暗い夜道や家のなかで、あやしい物の影におびえながら、この文句をしばしば誦したことでもあろう。

私は江戸川乱歩の探偵小説でも読んでいるような気分で、この三十一文字を解読してみようかと思い、最初の一句「カタシハヤ」は「堅岩や」にちがいあるまい、などと推理しはじめたが、すぐに面倒くさくなって、あとをつづける意欲を失ってしまった。私のような一知半解の徒に、第一、解る道理がないのである。

＊

百鬼夜行図は、江戸時代に入ってからも、土佐派、住吉派、狩野派に属する画家たちによって幾度となく繰り返され、やがて江戸中期の鳥山石燕によって集大成され、さらに明治の河鍋暁斎にまで持ちこされた。室町時代にはじまる日本の妖怪画の伝統は、これをもってしても、なかなか馬鹿にはならないことが理解されるであろう。しかし器物の化けものの絵画的表現は、必ずしも日本の妖怪画の伝統のみに属するものではない。『付喪神記』の時代からおよそ百年の隔たりを置いて、ヨーロッパでも、同じような表現の行われたことが知られているのだ。このことを最初に指摘したのは、リトアニアの中世美術史家ユルギス・バルトルシャイティスである。しかも彼は、器物の化けものを世界で最初に描き出した名誉を、日本の室町時代の土佐派の画家にあたえている。『幻想の中世』から、その部分を次に引用してみよう。

「私たちに残されている器物の化けものの最も古い表現は、中国ではなくて日本のものである。土佐光顕作とされている、魔物に襲われた頼光の像は、四天王とともに妖怪と闘った武将を示している。武将は嵐の夜、一個の髑髏にみちびかれて、或る邸の隅に座を占めたのである。男の表情は修道士のように平静である。しかしそのまわりでは、ふしぎな気配が起りはじめている。霊や化けものが目をさまし、彼の方へにじり寄ってくるのだ。魔物や獣が深い夜の闇から浮かびあがってくる。と同時に、器物どもが隊を組んで行列をはじめる。鉢が逆立ちをして、手首をはやして駈け出すかと思うと、鍵穴の部分に眼と口のある箱が、その下から人間の身体をはやして歩き出す。また、鞘におさまった小刀が、二本の小さな足をはやして、ちょこちょこと走り出す。まさに『誘惑』の図であるが、これは西欧の大作品より百年以上も前のものなのだ。」

バルトルシャイティスは明示していないが、ここに引かれている伝土佐光顕作品というのは、もちろん『土蜘蛛草紙』のことであろう。さらに引用をつづける。

「土佐光信作とされている『百鬼夜行』図では、この器物どもの一大集団が繰り出される。シンバル、壺、水差し、皿などが、魔物の肩や頭の上にくっついて走りまわる。よく似た怪物どもが、この日本の画家と同時代に生きた、ボッシュの絵のなかでも暴れまわる。オックスフォードのデッサンでは帽子が、ウィーンの『最後の審判』では鐘が、また別の絵では柳の籠が、人間の身体と結合して動き出す。これらの怪物どもは、少しも場違いな感じをあたえずに、すべて極東の仲間たちの集団に合流し得る連中だ。」

ここで言及されている作品にいちいち当らずとも、私たちはすでに北方ルネサンス期のボッシュやブリューゲルやペーテル・ホイスの作品で、手足のはえた箱だとか、楽器だとか、鍋だとか、瓶だとかいった怪物どもが、集団をなして人間に襲いかかってくる、いわば「物」たちの大叛乱といった光景に慣れ親しんでいる。私は前に、室町時代の器物の妖怪について語りながら、これらの「物」たちが、地獄の形而上学の崩壊した後の空虚に乗じて押し寄せてきたのではないか、と述べたが、どうやらそっくり同じことがヨーロッパの場合にも当てはまりそうである。周知のように、当時のフランドルの画家たちは、すでに宗教の束縛を脱していたのであり、目に見えない形而上学の絵解きではなく、目に見える地上の具体的な物を描き出そうとしていたのだった。物に対する彼らの執着は、喰い入るような観察の眼で物を見つめているうちに、やがて物の内部に宿る霊魂を呼びさまし、ついには物を生動せしめるにいたるほどのものだったにちがいない。

アニメーションという言葉がある。動画と訳される。語源的には、物に生命を吹きこむというほどの意味だが、現在では、静から動を生ずる映画トリックをさす技術用語として一般化している。ボッシュやブリューゲルの器物のお化けは、画家の物に対する執着が、ついに物をアニメイトするにいたった結果ではないかと私は考えたい。死んだ物に、電流を通すように生命を流しこむのである。もちろん、アニメイトされた物は、恐怖の対象より以外の何ものでもあるまい。しかしながら、恐怖の以前には、対象に対する度を過ごした執着があったはずなのだ。私が前にフェティッシュという、いささか奇矯に思われるかもしれない言葉をあえて使ったのも、物に対する、以上のごときニュアンスを生かしたいと思ったからにほかならない。私たちにとっては恐怖の対象でしかない物のお化けを描き出した人間は、何よりもまず、物を過度に愛した人間だったということを私は確認しておきたいと思うのだ。

ここで三島由紀夫の『金閣寺』などを引っぱり出せば、いったい何事かと思う向きもあるだろうが、――

この小説のなかの金閣寺を焼いた主人公が、丹後由良の旅先で、日本海の暗い海を眺めて、はじめて「金閣寺を焼かなければならぬ」という想念に襲われたとき、例の『付喪神記』の冒頭の文章を思い出したと書かれているのは暗示的である。くわしくは『金閣寺』第八章をごらんいただきたい。この主人公にとって、金閣寺は愛するがために焼かなければならない、煤払いの古道具、つまり付喪神だったのである。焼かなければ、百年を経て精霊を得た金閣寺は、必ずや災難をもたらすであろう。焼いてしまえば、「世界の意味は確実に変るだろう。」――金閣寺はこの場合、器物の化けものとアナロジカルなフェティッシュ、恐怖と魅惑をこもごも放射する一つの物体なのだ。建築物のような大きなものでも、観念の世界では、いくらでも小さなフェティッシュになり得るのである。

私は、こういうフェティッシュに憑かれるような気質をもった画家でなければ、とても妖怪画などというものは描けないのではないかと思わざるを得ない。たとえば伊藤若冲のような画家の例を見るがよい。若冲にも、付喪神と題された奇妙な絵があることは周知であろう。その愛すべき絵のなかでは、茶釜だとか、水指しだとか、茶壺だとか、茶筅だとか、竹蓋置きだとか、茶杓だとかいった、いわゆる茶道具の化けものどもが手足をはやして、大きな目玉をぎょろぎょろさせながら、ぞろぞろと行進しているのである。若冲こそは、付喪神の百鬼夜行を描くのに最もふさわしい画家だった、と言えるかもしれない。あの克明な細密描写で、鶏や魚や貝や虫などといった、物の世界に肉薄しようとしたのが若冲だったからである。あの独特な中心のない装飾的空間構成で、同じ種類の物をすべて洩れなく、一つの画面のなかに並べつくそうとしたのが若冲だったからである。あの博物誌的好奇心で、生きて動く小さな物を、標本のように画面に定着させようと情熱を傾けたのが若冲だったからである。

中心のない空間構成と私は書いたが、これはただちに連想されるであろうように、ボッシュやブリューゲルやペーテル・ホイスの或る種の画面とも共通のものだ。これらの画家たちは、もしかしたら、中心に向って整序される一神教的な秩序をきらい、かえって周辺に向って拡散される汎神論的な無秩序を愛したのかもしれない。それは自然界に遍在して、いろいろな物体のなかに入ったり出たりする霊魂、神に似て階級の低い、小さな庶物の精霊にふさわしい世界だった。このような観点から見るならば、百鬼夜行とは、精霊的な自然の無秩序の別名であるかもしれないのだ。自然そのものが、百鬼夜行と言えるかもしれないのだ。

最後に、フェティッシュということに関して、私の記憶のなかに、いちばん鮮明に刻みこまれているイメージの一つを語っておきたい。

ルイス・ブニュエルの映画『小間使の日記』のなかで、ジャンヌ・モロー扮する小間使セレスティーヌに、ユイスマンスの小説『さかしま』の一節を読ませていた老人は、やおら立ちあがると、部屋の隅の戸棚の扉をひらき、ずらりと並んだ女物の靴のコレクションを彼女に見せる。別のシーンでは、老人は戸棚から、ぴかぴかに光った編み上げのブーツを取り出し、これを自分で彼女にはかせ、彼女に部屋のなかをぐるぐる歩きまわるよう命ずる。その彼女の長靴をはいて歩くさまを眺めながら、老人は次第に目を輝かせ、呼吸を切迫させてゆく。あたかも、それまでは一個の死んだ物体にすぎなかった長靴が、彼女の足を呑みこみ、彼女と運動を共にすることによって、みるみるその内部に生命を充実させてゆくかのようである。冷たいエナメルが、肉の香りをもって蘇るかのようである。

たとえ百年を経なくても、この長靴は、女の足を包みこむと同時に、一瞬にして化して精霊を得たのでもあろう。これをしも付喪神と呼ぶべきかいなか、私は知らない。

妖怪画と博物学

中沢新一

江戸時代の人は『妖怪百態図』とか『百鬼夜行図』のたぐいの絵を、それこそ何種類もつくり残している。ここで百態とか百鬼とかいう言い方にくっついている数字「百」が、たんに量的にたくさんのという意味をあらわしているのではなく、質的な意味をもっていることはあきらかだ。つまりこれは「おびただしい種類の妖怪が……」という意味なのである。そこいらじゅうに妖怪があふれているというのではなく、妖怪の世界がとてつもない多様性をもっていることにたいする驚き。妖怪の世界がたんにとらえどころのないおどろの世界ではなく、それこそあふれんばかりの質の豊かさをもっていて、その世界を分類したり体系化することじたいがひとつの快楽であることの発見。江戸時代の人間は妖怪にたいしても、前の時代の人たちとはちょっとちがった感受性をもっていた。その感受性の本質が、この「百」という数字のなかに、はっきりと表現されているのである。

江戸時代の妖怪が、もっぱら江戸をはじめとする城下町をそのおもな活躍の場所としていたことは、よく知られている。都市的な意識の発達と、それは切っても切れないつながりをもっていたのである。こういうことは、もちろん江戸時代に限られることではない。怨霊や妖怪が横行したというのなら、むしろそれよりずっと昔の中世のほうが深刻な時代だったような気もする。古代的な秩序が次第に崩れて、世のなか全体が過渡的な時代に入っていくとともに、平安の都にはいたるところに妖怪のたぐいが出没するようになっていた。そこでは妖怪の出没と都市的な意識の爛熟とが、はっきりむすびつきをもっていた。だが、その時代にはたんにそこいらじゅうに得体の知れない「もの」が横行しまわっているだけであって、その「もの」の世界がはちきれそうな質の豊かさをもっていることにたいする驚きや悦びのようなものは、まだはっきりとあらわれていない。

ところが、江戸時代の都市意識は――この時代の都市生活はかつてなかったほどの安定と秩序をもっていて、怖いのは解体の意識よりもむしろびくともしないようにみえる安定のほうだった――「もののけ」めいたパラサイコロジックな現象の出現にたいして、もっとディレッタントの態度をとったのである。妖怪が怖くなくなったわけではもちろんない。それはあいかわらず、背筋をぞくぞくさせるようなしろものだ。しかし、江戸時代の人にとって、妖怪はどんな分類の意識をも拒絶する、徹底的に非合理な世界の住人などではない。そこがなにか特別なパラサイコの世界であることはたしかだとしても、分類も表現も可能な世界なのである。たんなる非合理の闇の世界などではない。すこし風変わりな理性の力をかりれば、そこに深くわけいっていくこともできる別の種類の秩序をもったひとつの世界にほかならなかったのだ。ものごとを分類したり体系化しようとするのは、理性のいちばんプリミティブな衝動だ。江戸時代につくられたたくさんの妖怪図にあらわれているのは、昔ながらの「もののけ」にたいする恐怖心とはちょっとちがう、「もののけ」の世界にむけられた新しい近世的なタイプの理性の登場なのである。博物学的な理性、そう、それは昔ながらのフォークロアの世界よりもむしろこの時代に生まれつつあった新しい科学精神である博物学の理性のほうに、密接なつながりをもっている。「もののけ」の世界における博物学、それがこの時代の妖怪図の世界にほかならない。

じっさい、博物学の世界と妖怪図の世界とは、おどろくほどの共通性をもっている。博物学はとても一筋縄ではつかまえられないような、豊かさというか雑駁さをもっている十八世紀の科学だが、その特徴をひとつかみでとらえるとすれば、新しく発見されつつあった新しい「自然」の領域と「理性」とが接触しあう境界面上に生まれた理性のスタイルである、というふうに言えるかもしれない。この特徴は、博物学的理性がいちはやく誕生したヨーロッパの場合をみてみると、はっきりわかる。博物学が生まれるまえ、その世界は大航海による新しい地球上の世界の発見にわきたっていた。新しい大陸が発見された。地球をすっぽりとつつむほとんど完璧な地図が描かれた。航海と船乗りと兵士によって、すでに地球は何周もされ、そこから、それまで想像もしていなかったような珍奇な動物や植物、目新しい物産品、風変わりな風俗をもった人間たちがもたらされた。大航海の時代は、ヨーロッパの世界に新しい自然をもたらしたのだ。その新しくもたらされた自然と理性が接触する境界面上に、博物学が生まれた。それは、じぶんたちの世界にもたらされた新しい自然の世界に、ひとつの体系をあたえるために生まれたのだ。分類学が異常な発達をとげた。つぎからつぎへとあらわれてくる新しい自然を知的に捕獲するために、博物学はその世界を分類し、体系をあたえ、その多様きわまりなさを表現できるような記述法を模索していたのである。

これは江戸時代の日本に生まれた博物学の場合にもあてはまる。この時代の日本の都市に住んでいた知識人たちのまえにも、海外貿易によって、また国内の流通体系の完備によって、つぎつぎとおびただしい種類の新しい物産品があらわれはじめていたからである。江戸時代の知識人も新しい自然の出現をまえにしていた。それは交通とともにあらわれた自然だ。つまり、交通の発達によって、商品や地方の特産品というかたちで、あらかじめデラシネ（生まれた土地から根こそぎされた）された自然が、その当時の都市に集積されるようになり、そうしてあらわれた新しい自然が、知識人のなかに日本的博物学の誕生をうながしたのである。ここでも、博物学は自然と理性があらあらしく接触する境界面上に生まれ、そこからいままでなかったタイプの科学精神が育ってきた。

江戸時代の妖怪図もそれとよく似た精神のトポスに生まれてくる。もちろん、この時代になったって、妖怪のたぐいの発生してくる場所は昔からあまり変化していない。つまりそれは、意識の自然と理性の境界面上に、おどろおどろと発生してくるのだ。博物学の発生の場合には、新しい自然は空間の外からもたらされた。だが、妖怪を産み出す自然は、人間の心理や欲望の奥のほうからわきあがってくる。その自然が理性の働きにふれる境界面上には、大昔からさまざまなかたちをした妖怪があらわれてきた。その点にかんしては、江戸時代の妖怪だって事情はあまりかわらない。ただ、ひとつ重要な違いがあるとしたら、江戸時代の妖怪図をつくり出してくるような意識にとっては、そうやってあらわれてきた得体のしれないしろものたちにひとつの体系だった表現をあたえて、妖怪をねたにして一種の百科事典をつくろうとしていた、という点だ。べつに妖怪という存在を、彼らがみくびっているわけではない。そうではなく、この時代の知識人は意識の境界面上に発生する現象にたいして、新しい博物学の精神をもってたちむかおうとしていただけなのだ。それが江戸時代につくられた、さまざまな妖怪図に独特の魅力とユーモアとをあたえているのである。博物学と妖怪図の共通性と違いをまとめてみると、こんなふうになるだろう。

博物学	妖怪図
「自然」と「意識」の境界面上に生まれる科学	「自然」と「意識」の境界面上に生まれるイメージ
「自然」の客観的記述	「自然」の幻想的表現
百科全書的	百科全書的
有用性	無用性
多様性	多様性
シンタックスによる「自然」の捕獲	シンタックスによる「自然」の表現
体系性の追求	体系性の追求

動物や植物の世界の多様性を科学的に記述しようとする博物学と、パラサイコロジカルな意識現象に幻想的な表現をあたえようとする妖怪図とは、こんなにもたがいに接近したところにいるので、ときにはおたがいのあいだの境界がはっきりしなくなるときもある。博物誌の体系のなかに、動物の一種として「河童」や「犬神」があらわれてきたり、妖怪図のなかにへんに科学的なこじつけででっちあげられたような妖怪が登場してきたりすることがあるからだ。そのために、いま私たちがこの時代の博物学の本の挿絵をみると、それが奇妙に幻想的な感覚をもっていることに驚かされたりすることもある。でも、博物学と妖怪図とのあいだには、ふたつの大きな違いのあることを忘れることはできない。

ひとつは有用か無用かの違いだ。博物学はもともと、有用な薬物をとりだすために、植物や動物の世界にむけられた関心から出発している。それが自然を分類し、自然を科学的に記述しようというのも、もとはといえば自然界から有用で役にたつものをとりだそうという「したごころ」あってのことなのだ。だが、妖怪のなかにそういう有用性を発見することはできない。意識と自然との境界面上に発生してくるこの得体のしれないしろものたちには、これといった有用な価値はない。薬にもならなければ、それで賢くなるわけでもない。とことん無用なものなのだ。しかし、その無用性によって、妖怪図はかえって江戸時代の精神をかたちづくるいっぽうの極をあらわすことにもなっている。この時代の精神はいっぽうでは軽薄なほどの合理精神にみちている。有用なものでなければ価値がないとでもいわんばかりの資本主義精神が、横溢しているのだ。だがそういう時代であればこそかもしれないが、この時代はいっぽうで徹底的に無用なものだとか無用な行為だとかにたいする愛好の精神をも育てている。精神の世界の極端な両極分解がおこっているのだ。妖怪などというしろものは、このうちの無用なるものの代表選手のようなものだ。だから無用であればあるだけ、人々はそこに自由闊達なイマジネーションの飛躍を楽しんだ。その意味では、妖怪図はこの時代の文芸の世界を風靡《ふうび》していた語呂合わせや洒落による言語遊戯の精神と、ひじょうに近いところに生まれているのである。

博物学と妖怪図とのもうひとつの大きな違いは、境界面上にたちあがってくる自然なるものにたいするスタンスのとりかたにあらわれている。どちらもせりあがってきた自然にたいして、なんらかの言語的なものの力をもって対応しようとしている点は同じだ。だが、それぞれがたよりにする言語の力の種類が異なっているのだ。博物学がたよりにするそれは、言語のメトニミー的な力だ。それは全体を表現するのに部分の拡大図をもってするように、対象の特徴をひとつひとつ積み重ねていくことで、それをリアリスティックに表現しようとする。部分部分の記述をひとつのシンタックスにまとめあげることによって、言葉のもつ幻想力を最小限におさえたうえで、その対象を知的に捕獲してしまおうとしているのである。

これにたいして妖怪図がたよりにするのは、言語のメタファー的な力である。「かまいたち」という言葉がでてきたら、即座に鎌を手にした鼬《いたち》の姿がおもいうかぶような精神のありかたを、それはさしている。ひとつの言葉のイメージがでてきたら、それをすぐにごく近いところにあるべつのレベルのイメージにずらして、まるごと表現しようというのである。だから、妖怪図の場合には、博物学の場合とちがって、言語的なシンタックスによって、境界面上にあらわれてきた自然をリアリスティックにとりおさえるのではなく、ぎゃくにシンタックスの力をかりて想像力にみちた自然の表現をそれこそ際限もなくつくりだそうとしているのだ、ともいえるだろう。ここにあらわれてくる自然の表現はそのために、博物学の自然とも、花鳥風月をえがく日本画ともちがった、不思議な過剰をかかえこむことになる。リアリスティックな自然という意識は、言語の力がつくりだす自然のひとつの姿にすぎないが、妖怪図が表現しようとしているものも、また、言語的なるもののべつの種類の力によってつくりだされた、まぎれもないひとつの自然の姿なのだ。

しかしその自然は、なんというか、あらかじめデラシネされている。妖怪たちをつぎからつぎへと産み出してくる「霊界」は、ここではすでに大地との直接的なつながりをたたれているのだ。妖怪図をうむ意識の自然は、博物学者にとっての自然がそうであったように、すでになんらかのかたちでデラシネされ書物や絵画のなかにあらためて根っこをおろすことのできるような、ひとつのテクストとしての自然にほかならない。博物学と妖怪図とは、それぞれ違った方向から、このデラシネされた自然というものにとりくんでいるのである。

こうして、妖怪図は博物学とともに、江戸時代の精神の世界の秘密にふれるかっこうのキーをあたえてくれるものだということが、しだいにわかってくる。どんな時代でも、その時代の表現にとって決定的な重要性をもつのは、そこで「意識」と「自然」の境界面上にくりひろげられたたたかいの様式である。その様式はけっして超歴史的ではない。大きな変動や断絶をかかえこんでいるのだ。だから、妖怪図のようなものを、日本人の意識の本質をさぐるための素材としてとりあげるときにも、いつも歴史のセンスをもっていなければならない。私たちのまえにある江戸時代の妖怪図にあらわれているものは、超歴史的・民俗学的ななにかの構造であるよりも、この時代に列島上に実現されたきわめて風変わりな権力がつくりあげた新しい意識と自然との境界面にあらわれた、ひとつの精神の断層図なのである。そしてその新しい近世的な権力と交通のシステムが、中世的なものとははっきり異なるものとしてつくりあげようとしていた新しいデラシネされた「自然」というものの登場に、ここで私たちはたちあっているのである。

髪切りの怪

野口武彦

　最近はあまり見かけなくなったようだが、一頃前までは町はずれの小さな名もない神社へ行ってみると、よく女性の髪の毛が奉納されているのを見かけたものだ。神社といっても祠に近いような小さなお堂。その古びた狐格子の前に束ねた黒髪が吊り下がっていて、どんな心願の筋があるのやら子供心にもぞっとしたことを思い出す。江戸時代の中頃、明和七年（一七七〇）の自序のある『煙霞綺談』という随筆がある。筆者の西村白鳥という人物は諸国を歩きまわって各地の奇談を採集するのを好んだというほか伝記は不明だが、その巻三にこんなことを書いている。「人の毛髪、神あり、樹にかけ置くに諸鳥近付かず、地中に腐らず、また人の出走したるに、その者の髪を緯車《いとぐるま》にかけて左へ転《まわ》せば、その人道に迷ひ、遠く行く事ならずして戻るといへり」。

　この俗信は遠くさかのぼれば民俗学的なみなもとにまで行きつくことだろう。しかしまたそれ以上に、時代を越えて深く人間の心理、いや、生理の底層から作用してくる一種なまなましい感触を「髪」は持っている。たとえ肉体は朽ちても髪は残る。それは人間の生命の不気味な延長体であり、そのかぎりで独特に実存感覚的なオブジェであるともいえよう。江戸時代はもはや土俗の時代ではない。それが社会の基層にひろがっていたことはもちろんいうまでもないが、それを埋立て地のようなかたちで「制度」に取り込んでいったのがこの時代であった。そのことは「髪」についてもいえる。男女を問わず種類ゆたかな結髪様式は、厳格に身分制度と結びついていたことはよく知られている。「髪」もまた制度化されていたのである。その意味では、「髪」はまさしく文化記号である。だが、制度としての結髪様式はまだ問題の半面だろう。あとの半面には、定められた枠ぎりぎりでの髪型の流行の変遷がある。それ以上に、制外の髪型へのあこがれがある。あたかも「髪」それ自体の生命力が、それに本源的に宿る呪力が何ごとかを要求してやまぬといった塩梅に、この時代「髪」は固有の生を結びなしているのである。

「女の髪を切る事、尋常の女は夫婦の中にして、夫に暇を乞へども出さず、是非においてその家を去らんと思ひつめたる時の所作なり。あるいは夫死してその悲嘆のあまり、髪を切りて入棺せしむるあり。あるいは夫亡くなり、中陰のうちに後家を立つべきと覚悟して切るもあり」――総じていって、「根本女の髪を切るは不吉の相にして、男へ対しよからぬ事」なのであるが、ここに一つだけ例外的に、男冥利につきる場合があると書いたのは、江戸時代はじめの延宝六年(一六七八)、畠山箕山の『色道大鏡』であった。それは何か。遊女が男への心中立てとして切る髪である。同書の巻六は「心中部」と題され、その第三に「断髪篇」がある。それにも作法があった。「初切、二度切、忍び切、切りちがへ、夢の枕切、恨みの添え髪、懐《ふとこ》ろ髪などと伝授多し。断髪の法用、長く切り取りてみじかく残すを男の規模とす。半ば切りたる髪の上を、残り少く払ふを猶男の手柄とす」という具合にこまかなきまりがあるのだから念が入っている。だがしょせん、箕山もはっきり言っているように、それは「男の心をやわらげ二《ふた》たびあはんとの謀《はかりごと》」であり、「落ち着かぬ男の知音にきはめんと思ふ手だて」であった。それを委細承知の上で、髪を切らせ、また切るのが「色道」の極意、すなわち「風流」だったのである。

　切られた髪は、その点いわば証券価値をそなえた営業用のフェティッシュである。しかしそのこととは別個に、「髪」は男の手のひらの上でまだなまあたたかく、それ独自の生命感をもって感触されていたのではなかったろうか。いずれ男に入れあげさせる手だてとしての交換価値性とはまたちがった次元で、いわば心理的な使用価値性を帯びた、文字どおりのフェティッシュとしての性質もあったはずなのである。遊女の心中立ては髪とばかりはかぎらない。他に爪があり、血があり、極端な場合には指さえもあった。もっとも「切指の法用、切りやせまじ、切らずやあらましと思ふには、おほやうは切らぬがよきなり」と書かれているくらいだから、その実例はあまり多かったとは思われない（ついでながら、『色道大鏡』のこの語句の『徒然草』の口真似は、ほとんどユーモラスである）。ともかくも髪は、心中立てをして見せる側にとっては、切って与えるのにいちばん苦痛が少なかったにはちがいない。だが髪の毛には、おのずからそれなりの物質的特性がある。いかにも女の想いがこもっているかのように見えるオブジェなのである。それは男の眼からのイリュージョンなのかもしれないけれども、その黒々としたアウラなしには、心中立てという遊里の「制度」ができあがらなかったこともまた確実ではないか。

　しからば、男の方はどうであったか。女が髪のゆたかさを誇ったのに対して、男は毛の少ないことを競ったのが江戸時代初期の風俗であった。禿げていればよいというのでは、もちろんない。三浦浄心の『慶長見聞集』には、「愚老若き頃、関東にてをのこの額毛、頭《かしら》の毛をば髪剃《かみそり》にてもそらず、けつしきとて木をもって鋏を大に拵《こしら》へ、そのけつしきにて髪の毛を抜きつれば、かうべより黒血流れて物すさまじかりしなり。頭はふくべの如くにて、毛のなきを男の本意風俗とす」と書かれている。浄心はもと小田原北条氏に仕えた武士。天正十八年（一五九〇）、主家が秀吉に滅ぼされた後江戸に出た人物だから、これはまだ江戸時代以前の戦国殺伐の気風を伝えているといってよいだろう。とにかく荒っぽかったのである。剃刀をつかうなどは男子の恥とされた時代であった。

ところが面白いことには、この風俗は太平期に入っても当初はさして変わっていない。前出『色道大鏡』が描いているのは主として万治・寛文期（ざっと一六六〇年代）の風俗であるが、そこでは「額は大ひたひに百会《ひゃくえ》（脳天）の穴まで取りあげ、角《かど》を錐《きり》さきの如く尖らせて抜き上ぐること、六法むきの輩《やから》これを用ゆ。この道の一派にありといへども、多くは卑賤の所作なり。小者中間これを専《もっぱ》らとすれば、彼に比せんは口惜しかりぬべし。されども額はひらき、かり高き（額際の抜きあげ方が高い）方まさる」といった論評が下されているのが興味深い。戦国の遺風は多く「小者中間」に残っていた。それと同調するのは残念だとは言い条、しかし抜き上げ方が広く高いのがよいという標準は守らなければならない。また一方では、太平の時代にふさわしいもっと温和なスタイルが導入されてくる。箕山は、錐のような鋭角性に対して「角は蛤《はまぐり》角に取るべし」、「前から見えぬ額際」に対して「額の至極はおのれなりに際立たずして、髻《もとどり》さきのみきしりと取り廻したるを最上とす」などと、いわば常識的な髪型の基準を提唱するのである。

そんな風潮に断乎として抵抗したのが、男達《おとこだて》ないしは町奴であった。たとえば、伝説的な唐犬権兵衛。その額はそれこそ百会の穴まで抜き上げられていて、ために「唐犬びたひ」という言葉が後世に残っているほどである。また「半頭《はんこう》」と呼ばれた髪型もあった。通常の奴《やっこ》あたまの中ほどに、わざと横に毛を剃りのこす。これを「障子」という。そこまで剃って後の部分は剃らないのである。江戸太平の御世にあって、こうした異形性はかならずしも前代の戦国乱世へのノスタルジックな反動だったのではない。むしろ何か得体の知れぬものに対する前衛だったのである。少なくともここには、進んで制外の者たろうとするエネルギーだけは沸々とたぎっていた。

以上いかにも頭の抜き上げた部分、あるいは剃り上げた部分ばかりを話題の中心にしてきたようだが、実際にはそれが男の髪を効果的にひきたてるための装置だったことは、いまさらいうまでもないだろう。何よりも証拠には、男への懲罰としてしばしば髪を剃り落して恥辱を加えることがなされたのである。西鶴の有名な浮世草子、『好色一代男』の主人公世之介は、作中では江戸で一時期、唐犬権兵衛の食客になっていたことにされている。「あたまつき人に替り、男も勝《すぐ》れて女のすくべき風《ふう》也」（巻四）とあるのを見れば、おおかたの察しはつくだろう。ところでこの世之介、江戸に流れつく前に奥州の地で巫女《みこ》を無理矢理犯し、現場でとらえられたことがあった。さいわい生命は拾ったものの「とかくは片小鬢《かたこびん》剃られて」放逐されたのである。遊里でも金の払えない男は坊主にされた。男の髪の毛は要するにもっぱら名誉問題だけに関係していて、女のそれほど呪力、生命感、霊性には恵まれていないというのが通り相場らしいのである。

◇

さて、話は変わるがこの時代、大江戸八百八町は何回となく、髪切りの怪に襲われたという記録が残っている。自然に切れて落ちたともいい、人に切り落とされたともいって、その実態は判然としないのだが、ともかくそれを時代順に並べてみよう。管見の範囲では五例ある。まず第一に山岡元隣の『宝蔵《たからぐら》』によると（『嬉遊笑覧』所引）、寛永十四年（一六三七）の頃、「髪切虫」と呼ばれる妖婆がいるという噂が立ち、だれが切られたというわけではないが、女性たちは一様にパニック状態におちいった（但し、これはまだ京都の話）。第二は、時代はかなり下って明和五年（一七六八）。大田南畝の『平日閑話』巻十二に、江戸の町で「四五月の間髪切り流行」とある。しかしこれには「人々の髪自然と脱落す」という注がついている。第三の例は、そのわずか三年後の明和八年（一七七一）。無名氏の随筆『明和誌』は、「髪きりとて、三四箇月の間、女の髪を切ることはやる。所々修験《しゅげん》（山伏）多くとらへられ、御詮議《ごせんぎ》になる」と記す。なぜ修験者たちが疑惑の対象になったのかはよくわからない。

第四は、寛政異学の禁のとき敢然とこれに反論した硬骨の儒者、冢田《つかだ》大峯の『随意録』に筆記されていることである。「昔年《むかし》天明中（一七八〇年代）、江都ノ婦女、貴ト無ク賤ト無ク、暗中ニ髪ヲ截《き》ラルル者許多《あまた》有リ。何者ノ為《な》セルカヲ知ラズ。官吏コレヲ捜索ス。卒《つい》ニ捕獲スルヲ得ズ」。そして最後に第五の報告は、やはり前出『半日閑話』巻十に記されているのであるが、たいへん具体的である。「文化七庚午《かのえうま》（一八一〇）四月二十日の朝、下谷《したや》小島氏の家の婢《はしため》、朝起きて玄関の戸を開かんとせしに、頻《しき》りに頭重くなる様に覚えしが、忽然《こつぜん》として髪落ちたり」。どうやら南畝は一貫して頭髪自然脱落説の立場を取っているらしいのである。

江戸の町を周期的にまでとはいわぬが、少なくとも間歇的に襲うこの髪切りの怪の正体は、いったい何なのだろうか。第三の『明和誌』と、第四の『随意録』とは、女性たちの被害は切られたものだと言明している。不思議なことには、男がこの怪異によってチョンマゲを切られたという話はない。だとすれば、これは自然に切れ落ちたとしか感じさせぬまでにすばやい、変質者の、江戸時代の毛髪フェティシストの、いわゆる通り魔的犯行だったのだろうか。それとも太平に鬱屈した女性たちが無意識のうちに髪ふり乱し、おのが念力でそれを切断するマス・ヒステリィ、集団憑依の露頭だったのだろうか。真相は杳《よう》として知れない。

ただ、手がかりはないことはないように思われる。それというのは『明和誌』が多くの修験者の捕縛・糾問という事実を書き伝えているからであり、また、かの大峯先生までが「昔年《むかし》江都ノ怪、マタ狐狸ノ為ス所カ」と記しているからである。両者ともに加害者実在説に拠りながら、なぜ修験者への嫌疑を語り、狐狸の仕業を仮定するのか。ともに超自然に向かって吹き抜けているからである。前者は顕冥両界をなかだちする存在であったし、後者は当時信じられていた超能力性によって人獣両界の境界に位置していた。両者はそれなりに、江戸時代の文化パラダイムにあっては、髪切りの怪という事実起きた異常ないしは超常現象を説明しうる「解」なのであった。

とはいえ、主要な問題は現象の「合理的」な説明の側にはなく、むしろ現象それ自体のうちにある。なぜ「髪」、それも女の頭髪なのか。もし外部に実在の加害者（心理的異常者）がいたとしても、女たちの内発的な衝動（心因性超常）の結果であったとしても、その対象となったのは「髪」であった。ここまで書いてきたのは、わずかに氷山の一角。江戸時代人の想像力は、じつに豊富な「髪」のシンボリズムを具有している。

いちばん怖ろしい情景だけを紹介しておこう。文政八年（一八二五）の初演にかかる四世鶴屋南北のあまりにもよく知られた怪談劇、『東海道四谷怪談』の第二幕、「雑司谷四谷町の場」の舞台面である。それとは知らずに毒薬を飲まされ、顔だちがむざんに変わり果ててゆくヒロインお岩様の最後の一念をこめた化粧の場面。あの一種醜悪美とでも形容するしかないような情景で主役を演じるのは、当のお岩様もさることながら、じつは「髪」なのである。

「母の形見のこの櫛も、わしが死んだらどうぞ妹へ」と、ここで深い思い入れ。「アア、さはさりながらお形見の、せめて櫛の歯を通し、もつれし髪を、ヲヲ、さうぢや」と、さすがは女の身だしなみ、病苦のあいだに乱れに乱れた髪をととのえようとするお岩。一場のクライマックスたるいわゆる「髪梳き」である。下座《げざ》からは、陰々滅々たる、スロー・テンポの、だが不思議にセンシュアルな合方《あいかた》が流れ続ける。それがト書にあるように「唄一ぱいに切れる」までの間、櫛で梳かれた髪は一櫛ごとに抜け落ちて、あたらゆたかだったお岩の黒髪は、「前へ山のごとくにたまりたる」ありさまになる。怨みの科白《せりふ》とともに、お岩はそれを手でつかむ。またもやト書が指示しているように、そこからしばらくは、「髪」自体が演技するのである。「持つたる落毛《おちげ》、櫛もろ共ひとつにつかみ、急度《きつと》ねじ切る。髪のうちより血だらだら。前なる倒れし白地の衝立《ついたて》へその血かかる」とあるように、お岩の肉体からその意志に反して脱落したこの「落毛」の山は、お岩の怨念を体したかのごとくに、あるいはむしろそれ自身の意思をもって、淋漓たる流血を示すのである。「人の毛髪、神あり」。冒頭に紹介した随筆の言葉は、もしかしたら本当なのかもしれない。少なくとも南北劇は、そのことの真理性を、心理的真実性を芳烈かつ放埒な刺激性の舞台形象をもって、江戸人になっとくさせたはずである。この時代——もちろん、それはわれわれの現代とも無縁ではありえないのだが——、「髪」にまつわるイマジネーションの網の目は広く、また奥行き深い。以上はそのほんの序説。プロローグにすぎなかったことをおことわりしておきたい。

日本における「化物屋敷」観

橋爪紳也

和風の化物屋敷

夏の風物詩でもあるお化け屋敷には、大きく分けてふたつのスタイルがある。ひとつはきわめて古典的な和風のものである。外観はもちろん日本家屋を模倣している。なかに入ると、幅の狭い通路が迷路のようにレイアウトされている場合が多い。

あたりを見渡すと、そこかしこに生首や骸骨がころがっている。突然、古井戸から幽霊が現われ、人魂が飛びかう。歩をすすめると荒れはてた小さな仏堂がある。ふと見ていると堂の障子にあかりが灯り、ろくろっ首のシルエットが浮かびあがる。設定は真夜中、墓場へいたる道ということだろう。自然のなかに存在する真の暗闇の「こわさ」をいかに演出するかが、演出の基調となっている。要は肝試しの空間のエッセンスが、巧みに再現されているわけだ。

和風のお化け屋敷は、「屋敷」とはいいながらも、内部には屋外を擬似体験する空間が用意されている。屋外空間を内部に反転させ、小屋のなかに封じ込めることで成立している。つまりはエクステリアを模倣したインテリアがしつらえられているのだ。外観は家屋のようであるが、それは壁一枚の書割りに過ぎない。一歩なかに足を踏み入れたとたん、別世界の外部空間に出てしまう。そういう設定になっている。

さらに外は昼であっても、内部は夜、おそらく「草木も眠る丑三《うしみ》つ時《どき》」という特定の時間に固定されている。化物屋敷の内部には、闇の世界が、隔離され、再現されているのである。

洋風の化物屋敷

これと対照的なのが、遊園地などでよく見かけるもうひとつのお化け屋敷のタイプ、西洋型のホラーハウスである。

概して石造りの古城を模倣したつくりが多い。聳えたつ塔の窓からは、いまにもコウモリが飛びだしてきそうな気配が漂っている。重々しい扉を押しひろげて、怪奇伝承の世界に一歩足を踏みいれると、壁にかけられた肖像画の人物像が、みるみるうちに骸骨にかわってゆく。無人の甲冑の襲撃を受け、拷問を受けてむごたらしく殺された骸骨のダンスを眺めながら、いくつもの部屋を抜けてゆく。要するに西洋型のホラーハウスは、魔性の屋敷の室内を探検してまわる趣向になっている。

先に述べたように日本的な化物屋敷は、外部を内部化することで成立している。「屋敷」とは、いいながら、その屋敷の内部は、常に外部であるという不可思議な構成になっている。

それに対して洋風の化物屋敷は、まさに「屋敷」そのものである。すべての怪奇現象は、屋敷の主人の霊能力のなせる業であり、なおかつその霊力が屋敷を異形の怪物に仕立てあげている。文字どおり「お化け」となった「屋敷」そのものが、恐怖の対象なのだ。

このようなちがいは、日本と西欧との建築観の相違に由来するのだろう。詳しくは後述するが、日本の木造建築は、化物にとっても、使用する「物件」であり、とり憑く対象ではなかった。

それに対して、石や煉瓦でできている西洋の家屋はいったん魔界のものが住みつくと、もはやどうしようもない。映画『ヘルハウス』のように、家そのものが化物になる。燃えたり崩れ落ちたりすることで、この世から消え去るまで、家屋にとりついた怨念は追い払うことはできない。

もうひとつ例を示そう。手元にアメリカで出版された子供向けの『おばけやしき』の絵本がある。これを見ても西欧のひとたちが「化物屋敷」に抱いているイメージがよくわかる。

表紙は家屋の扉になっている。ありきたりの木製のドアなのだが、郵便受けから尖った紫の爪が生えた緑色の手だけが見えている。化物屋敷へようこそというあいさつである。なかを開くとはじめは階段室である。壁にかけられた肖像画の目があやしく動く。あとはページをめくるごとに、怪奇な部屋を順にのぞいていくことになる。台所には巨大なカエルとタコ。居間にはオオカミのような女性。浴室にはワニと、昆虫のような宇宙生物がいる。寝室では骸骨がダンスを踊り、幽霊がフワッと襲いかかる。巨大コウモリのすみかである屋根裏にたどりついたころには、もう夜明けである。あまりの恐ろしさに外へでると、昨夜は真新しく見えていた表の扉が実はボロボロになっていることに気づく。

表紙が扉であり、裏表紙がまた扉になっている。本の構成が、化物屋敷の探検記にみごとに対応している。家そのものが化物であったという物語を、一冊の絵本で伝えているわけだ。

なにをもって「恐怖」とみなすか、またどういう空間をもって「化物屋敷」とみなすかは、文化によってまったく異なってくる。化物屋敷は、人々の想像力がうみだした「不思議な空間」に対する「恐怖感」のエッセンスが封じこめられた場所である。いずれ機会があればいろいろな国へ赴いて、その比較ができればおもしろいのではないかとも思うが、ここではそれを論じる用意はない。

ともあれ、日本国内に存在する洋風のホラーハウスは、西洋における化物と家屋の関係性に影響を受けていることはまちがいない。

建築物的風姿

以下では、日本における「化物」と「屋敷」の関係性について、もう少し考えてみることにしたい。化物化する屋敷、あるいは妖怪化する建築について、先学はどのようにとらえてきたのだろう。

『妖怪学』を著した井上圓了は、基本的にすべての妖異を迷信とみなし、近代合理主義の立場から解明しようとした。化物屋敷について井上は、「妖怪宅地」という名称で分類し、新聞などで報じられた家屋にまつわるさまざまな怪異現象の事例を紹介している。そのうえで井上は、いくつかの反証を示し、これらの現象はすべて物理的な現象、あるいは心理的な錯覚に拠るものと断定している。

これに対し、妖怪変化《ようかいへんげ》を実在するものと仮定することから出発し、日本人の祖先がいかに妖怪変化を感じてきたかを論じたのが江馬務《えまつとむ》である。ここでは私たちも、あまりにも合理主義者である井上ではなく、江馬の立場を共有し、想像力をはたらかせることにしよう。

江馬は、一般に妖怪変化と称するものを、「妖怪」と「変化」とに分けて考え、「妖怪」とは得体の知れない不思議なもの、「変化」とは人や獣、あるいは器物の類が古くなり何か別の姿に外観を変えた状態とみなしている。

彼はその著書『日本妖怪変化史』において、さまざま民間伝承を分類、妖怪変化について、その本性と出現する際の形態を分けて把握することを提案する。変化の本性についてみるならば、人間、動物、植物、器物などがあるとしている。

いっぽう「妖異」の出現形態については、おおきく分けて「単純的風姿」と「複合的風姿」を想定し、それぞれについて次のような分類を試みている。

単純的風姿

一、人間と同様、若しくは人間的の姿せるもの　衣服あるもの、半裸体のもの、裸体のもの
二、動物と同様、若しくは動物的の姿せるもの
三、植物と同様、若しくは植物的の姿せるもの
四、器物と同様、若しくは器物的の姿せるもの
五、建築物と同様、若しくは建築物的の姿せるもの
六、自然物と同様、若しくは自然物的の姿せるもの
七、雑

複合的風姿

一、人間及び之《これ》に類似のものが、動、植、器、建築、自然物及び之に類似のものと組合うもの
二、動物及び之に類似のものが、人間、植、器、建築、自然物及び之に類似のものと組合うもの
三、植物及び之に類似のものが、人間、動、器、建築、自然物及び之に類似のものと組合うもの
四、器物及び之に類似のものが、人間、動、植、建築、自然物及び之に類似のものと組合うもの
五、建築物及び之に類似のものが、人間、動、植、器、自然物及び之に類似のものと組合うもの

蜃気楼（鳥山石燕『画図百鬼夜行』より。田中直日氏所蔵）

複合的な風姿とは、単純的な風姿のいくつかがあわさって、妖怪変化として立ち現われる事例である。どの要素が主でどの要素が従かで、ここに示した組み合わせがあるとしている。

この分類で注目されるのは、建築物的風姿という項目を立てている点だ。ただ妖怪変化が、建造物そのもののかたちをとって出現した例はきわめてまれであるとしている。

狸が建仁寺の門を見せた例、狐が土御門殿を現出させた例など、わずかしかない。相当の年月を生きながらえた砂中の大《おお》蛤《はまぐり》が大きく息を吐きだして、高楼の幻覚を見せる蜃気楼《しんきろう》も、実態のないものであるが建築物的風姿をもって現われた妖怪変化の例にかろうじて加えることができるかもしれない。さらにほかの要素と複合した場合を加えてみても、家屋敷のかたちをとって出現する妖怪変化は少ないと江馬は考えている。

古びても妖怪になりきれない「もの」について

江馬の指摘するように、日本では建造物のかたちをもって、世人を驚かす妖怪は珍しい。あわせて建造物そのものが、霊格を得て、変化《へんげ》となるケースなどはまったくといってよいほど見受けられない。

動物・植物・着物・履物・被り物・鋳物・荒物・金物……。

私たちの先人は、すべての「もの」は年を経ると妖怪化すると考えた。高齢になった老婆も妖怪化するし、三百年、八百年と生きた狐狸の類も変化する能力を持つと理解した。

人工物も例外ではない。人間が造ったすべての「もの」は、九十九年もしくは百年を経て霊力を得て、「つくも神」に変化する。雑巾、陶器、箒、瓢箪、漬物石、香炉、行灯といったどこにでもある器物ですら も、齢を重ねて魂をもつようになると、変化《へんげ》となる。

ただ建築物だけが、妖怪になる力を持ちえないのだ。木造建築の寿命がいかに短いといっても、九十九年を超えた建造物はいくらでもある。けれどもそれらが化物そのものになることはない。

ただ伐採され建築部材になったものが妖怪化することはある。数百年の齢を重ねた柱材が「逆柱」となって妖怪化することがあった。

こんな話もある。神戸には、江戸時代から「千年家」の称号をもって敬われている古民家がある。敬称には、長い間、災害を被らなかった好運な家という意味が託されている。その「千年家」のひとつ古井家には、この家が無災であることを聞きつけた羽柴秀吉が、天正九年（一五八一）に姫路城を造立するとき、その古い垂木《たるき》をわざわざ取り寄せて天守閣の一部に使用したという言い伝えがある。

同じような話は伊豆韮山《にらやま》の代官江川太郎左衛門家にも伝わっている。江川家の住居も、古くから一度も火事にあったことがないことで有名であった。明暦三年（一六五七）、大火で江戸の街が焼き払われたのち、江戸城本丸の再建にあたって棟木を寄進せよという命が江川家にくだる。寿命を経た垂木や棟木には、災害をはらう霊力が宿ると信じられていたらしいのだ。

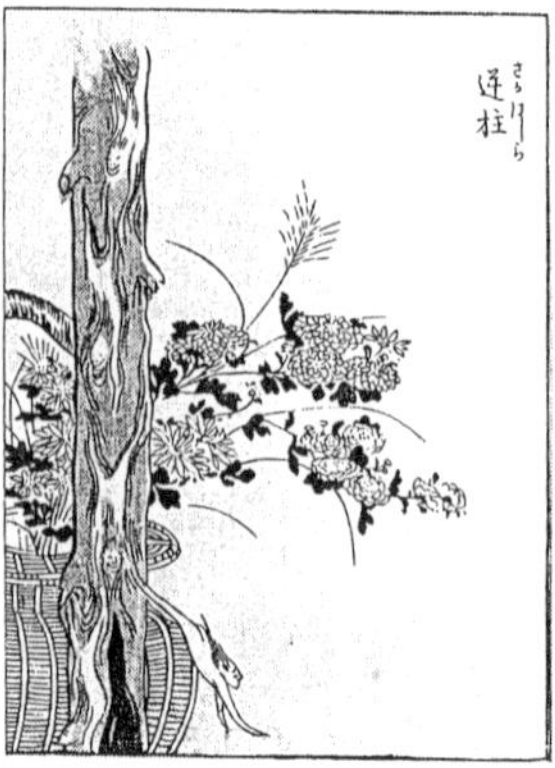

左：逆柱（鳥山石燕『画図百鬼夜行』より。田中直日氏所蔵）
右：瀬戸大将（鳥山石燕『百器徒然袋』より。国立国会図書館所蔵）

行き来する魔物たち

いっぽうで老いた大樹は、大地に根をひろげたままで妖怪になると信じられていた。「なんじゃもんじゃ」をはじめ、物言う神樹の伝承、あるいは切った者に罰があたる霊木の口伝はいたるところに残っている。

要するにこういうことではないか。長く生きた樹木は妖怪化する。建築部材に加工された木材も妖怪化する。ただ家屋に再構築された時、そのまとまりをもって、全体として霊力を得るという発想にはいたらない。いくら古びて長く保たれたものであっても「屋敷」そのものが霊格を得ることはないのである。

そのかわりというわけでもないだろうが、「屋敷」という空間は、妖怪変化の類が活動する恰好の舞台を提供した。そもそも日本では、自然とともにひとびとの暮らしがあって、お化けや精霊が、いたるところに共存していると捉えていた。木と紙を材料とする住宅も自然の一部である。屋外と屋内の区別はあってないようなものだ。

基本的に木造の家屋は壊れやすく、燃えやすい。台風や地震で壊れ、火災で跡形もなく消えてなくなる。消耗品でしかなかった日本の住居は、妖怪変化たちにしてもとり憑くほどには魅力のあるものではなかったようだ。

だから化物たちも、家屋の外部と内部とを自在に、まったく自由に行き来した。その性向をわかりやすく語っているのが、平田篤胤が著した『稲生物怪録《いのおもののけろく》』の物語である。

主人公は稲生平太郎という十六歳の若者である。平太郎は隣家に住む友人との籤に負け、祟りがあるから里人は誰も近づかなかった古墳に触れてしまう。これが妖怪変化どもの気に障ったらしい。ほどなく稲生の屋敷には、昼となく夜となく、つぎからつぎへとちがう妖怪変化が現われるようになる。

女の逆さ首が踊り、串刺になった坊主の顔が笑いかける。天井から生えてきた巨大な手や足に追いまわされる。物置の戸口いっぱいの巨大な老婆の顔が出現した夜もある。しかし平太郎は強い意志をもって、化物たちの所作や悪戯を放っておいた。みずからの度量を見せたのである。

飛び廻る女の生首（「稲生物怪録絵巻」平凡社発行『別冊太陽　日本の妖怪』所収）

すると三十日目の夕方、「物怪主長《もののけのかしら》」である山本《さんもと》五郎左衛門と称する妖怪が現われて、平太郎にていねいに挨拶をしたあと、すべての化物を連れて、百鬼夜行となって空に昇っていった。妖怪たちの相手をせず、それとなくやりすごすことで、ようやく彼は難を避けることができたわけだ。

退治しやすい化物たち

こんな話もある。化物が出ると噂の古寺に旅の僧侶が一夜の宿を借りた。夜中になると、ひどい音がして、天井から大きな青坊主が

雲の中へ消えてゆく妖怪(「稲生物怪録絵巻」平凡社発行『別冊太陽　日本の妖怪』所収)

降りてきて囲炉裏の横座に坐る。彼がこの寺の主らしい。やがて東野の馬頭、南水の鯉魚、西竹林の鶏三足、北山の白狐と名乗る四人の大入道がやってきて、庖丁で僧に立ち向かおうとする。僧が順に化物どもの正体をいいあてると、みんな消えてしまった。はじめに現われた青坊主は、古ぼけた椿の木槌の変化であったらしい。翌日、旅の僧は村人の助けを得て化物の本体を退治、以後はこの寺の住職におさまるのだ。

岡山を中心にひろく流布する「化物問答」という伝承である。言葉の呪力によって、寺に入りこんだ妖怪どもを退散させたわけだ。日本の妖怪変化たちは家屋敷にあまり執着がなく、格の高い霊能力者の手にかかると、やすやすと退散させることができるらしい。

また城の天守閣に妖怪が出るという話も多い。この種の伝承では、勇猛果敢な武士が登場、魔物を退治してしまう。このように屋敷や建物にまつわる大概の怪異は、怨霊退散の祈禱でただちに払い去ることができる。

おもしろいのは妖怪を退散させたあとの家屋敷に、それまで何ごともなかったかのように人が住めるという点だ。見方によっては、妖怪どもが仲よく機嫌よく暮らしていたなわばりを、人間の方が威しとっているようにも思えてくる。

物怪と仲よくする方法

要するにこういうことではないか。日本の家屋は隙間だらけである。木と紙の家を密閉することなど不可能だ。ヨーロッパのように、魔物は煙突や窓といった開口部から侵入するから、マントルピースや窓を封鎖すれば安心できるというわけにはいかない。日本人は、終始、家のなかに出入りする物怪たちとともに暮らすことが当然だと思っていた。

ただいかなる妖怪とともに暮らすのかという点においては選択が可能であった。屋敷に入りこむ霊にもさまざまなものがある。良い霊もあれば悪しき霊もある。性格の良い精霊はなるべく一緒にいて欲しい。そうではなく災いをなす邪悪な魔物が擦り寄ってきたときには、呪術者や霊能力者に依頼して彼らと堂々とわたりあい、建物から追いだせばよいと考えたわけだ。

福の神の類を長くひきとめつつ、あまり望ましくない異界のものは家のなかに滞留しないように早く追い出す工夫が、家屋の設計における要点でもあった。家を建てるときに地鎮祭を行なうのは、そもそもそこにいる土地の精霊を鎮め、調伏するためである。そして新築なった住居に、その家にふさわしい新しい霊を迎え入れるわけだ。また大阪などの商家では、家の前に長い暖簾をつって、日中でも屋内をなるだけ暗く保ったそうだ。そうすることで、家のなかの福が逃げてゆかない、したがって金も溜まると考えたらしい。

逆に敷地内に入ってきた魔物をすぐさま退散させる方策として、棟には魔除けの鬼瓦が置かれた。また棟上げ式の時に魔物を射る弓を用意するのも同じことである。さらには侵入してきた魔物たちを、やりすごす仕掛けも用意されていた。あらかじめ設定された魔物の通り道である鬼門の方角に、便所神や荒神《こうじん》を祭祀するのもその一例である。

日本人の化物屋敷観——化物と人が交流する場

ここで述べてきたような化物もしくは霊的な存在と、屋敷との関係性に対する考え方が、日本的な「化物屋敷観」をかたちづくったといえるのではないか。化物は自由自在に家屋に出入りし、そこに住居を定めるが、建物そのものには決してとりつかない。このような発想は、すべての家屋が化物屋敷になる可能性を秘めているいっぽう、妖怪の類を追い出しさえすれば、すべての化物屋敷がふつうの家屋に戻ることもたやすいという認識につながる。

伝承されているさまざまな怪異談を読み解くと、妖怪が立ち現われやすい屋敷には決まったパターンがあることがわかってくる。たとえばこんな話だ。家屋が密集した市街地に、なんらかの理由で人が住まなくなった空き地または荒れた果てた空き家があるとする。この人間不在の地に新しい屋敷を建てた者の身の上には、過去の出来事にまつわるさらなる不幸が重なる。さらには、さまざまな怪異現象がおこるというものである。番町皿屋敷などは、この種の物語の典型である。

家屋のなかにも、妖怪変化が立ち現われる場所にはある種の定型がある。ひとつは「あかずの間」の伝承である。家のなかのどこかに封印された空間がある。それを侵犯すると祟りがあるという物語だ。同類のものに「みるなの座敷」と総称される説話群もある。見てはいけないという約束を破ったために、不幸になるというモティーフをもつ。前者は侵入に関する、後者は視線に関するタブーである。

いずれの場合もタブーを侵犯することが怪異をひきおこす契機となる。ただそれ以上に、人や視線の侵入を拒む「空いた空間」の存在にこそ、重要な意味があるように思えてならない。

くりかえし述べておきたい。この国では、建物そのものは妖怪とはならない。むしろ使われずに空いていること、「人の不在」が妖怪を招き入れる原因となっている。また化物が先住している場を人が侵した時、屋敷ははじめて「化物屋敷」として認識されるのである。化物はどれだけ怖くとも、古屋敷そのものは畏怖の対象には決してなりえない。魔物たちは、屋敷の外部と内部を行き来しながら、人と出会うタイミングをねらっているのだ。

遊園地や祭礼に建設される和風の化物屋敷も、「屋敷」と名乗りながらも、「屋敷」内の恐怖を再現することにはまったくといってよいほど消極的だ。真夜中の屋外を小屋内に反転させたような空間演出が主流である。そのような表現が好まれるようになった背景に、化物屋敷観に対する日本独特の社会心理を読みとることができる。

百物語——その成立とひろがり——

武田正

はじめに

「百物語の語りの座」（拙著『日本昔話の伝承構造』、名著出版、一九九二、所収）で百物語が地域の中でどのような形をとっていたのか、その民俗的な側面を取り上げたが、昔話における語りの座の中での百物語の座の特異性を指摘するにとどまり、その特異性がどういう形で成立し、民俗となって地域に伝承されることになったかは、明確化されないままであった。その点について考究しようというのが本稿の意図である。

昔話は村共同体を活性化するという機能を持たされていた、とは言いながら、語り手が聞き手に語るという行為を通してのことであるから、それは聞き手の年齢から考えると気の遠い話で、聞き手がやがて村共同体に直接かかわることになる年齢に達してのことであり、果たして語りの場ではそう意識されていたかどうかは、それほど明白ではない。しかし昔話のモチーフ分析を見ると、モチーフの中には村共同体の活性化に明らかにつながるものが見出されるし、結果的に祖父母から、かつて昔話を幼少の頃に聞いて育った人が、村共同体を取り仕切る職につくことになって、自己形成について昔話を聞いたことが大きな役割を果たしているという話などが出ると、つい、昔話が持つ機能として、自己形成とか、村共同体の活性化としての役割を果たすものと過信してしまうことがないわけではない。というのも、その逆の例がないわけではないからである。

昔話は子どもの手なぐさみに過ぎず、毒にもならないが薬にもならず、その時々の聞き手が満足したり、欲しがったりするものに他ならず、たとえば、ある士族へ嫁に来て以来、昔話は知っているが語ったことがない、武士となる子には必要がないばかりか、役に立たないものだという老婆に出会ったことがあった。(1) そういった例を含めて考えてみると、村共同体の活性化のための機能を持つとは言いながら、現実の「語りの座」においては、まずは聞き手の興味をかき立てることに語り手は腐心することから出発しているということになろう、と押えるのが精一杯かも知れない。従って、語り手が聞き手の置かれている状況、例えば聞き手の年齢からする事物や「はなし」に対する興味の持ち方、冬という季節の雪の下での退屈さ加減、聞き手の仲間集団の中での噂や「はなし」を欲しがる度合いなど、語りの座で語り手が聞き手を前にして感得したことを前提にして、語りが行なわれてきたという程度に押さえておくべきかも知れない。

だが、語りは聞き手に心理的な意味においても、精神的な意味においても、ショックを与えるものであったろうことだけは確かである。そうでなければ、幼少の子が昔話を聞くということにはならないだろうし、大人であっても同様だろう。(2) しかもそれは昔話に限らず、どのような語りや話であってもそうであろう。常識と思われていることを、あえて聞くことは不要だからである。もちろん、語り手は聞き手である幼少の子どもに対して、子どもの興味のみに応えようとするだけでなく、いずれは村共同体の成員となることを考えて、家族の人間関係から、隣近所の関係、さらには村共同体との関係を暗示するものに注意を払うことはあったに違いない。たとえば、神の存在、その神から人間界へ贈られた少童によって、村共同体が救済されることになる英雄譚たる「桃太郎」をはじめ、人間界に富をもたらしたり、人間と婚姻関係を結んだりするといった話型は本格昔話には極めて多い、というよりは本格昔話のすべてが「死と再生」をテーマにし――より具体的には婚姻と富の獲得を語るものであるという関敬吾の指摘は、まさにその通りと言ってよいのだが――、聞く者にとってショックを与えずにおかないモチーフそのものと言ってよいだろう。[3] 関は本格昔話についてそう指摘したが、動物昔話については動物による人間社会の模写であると説く。

笑話が見せてくれる社会についてはは「裏返しの社会」と見てよいだろう。それはそのまま、その昔話を聞く聞き手と社会との関係を示しているともいえよう。動物昔話は聞き手の年齢層が三、四歳の何に対しても好奇心を持つ年代であり、本格昔話を欲しがるのは五、六歳ごろであって、隣近所の同年齢層の子どもに興味を示し、自分と他人の差を意識しはじめる年齢層でもある。さらに笑話は、七、八歳から一二、三歳までの、徐々に村共同体の成員となる準備の時期で、しかも男女の差を知り、村の中での人間関係を確立しなければならない時期と興味が重なっていると言える。その年齢層の知的好奇心から言って、「失敗譚」を笑うことのなかで、村共同体の成員となって行くと言ってもよいだろう。

ショッキングな話といえば、奇談であり、好奇な対象としての「性」にからむ好色譚であり、怪異譚がその雄であろうが、それは江戸時代の「百物語」に象徴的であるとも言えるだろう。[4] だが、奇談、好色譚、怪異譚は必ずしも江戸時代だけのものではなかった。『日本霊異記』『今昔物語集』をはじめ、鎌倉時代以降の仏教流布のための説教教本である『雑談集』『沙石集』『古今著聞集』などにも、仏教の御利益を説く説教として流布した経過が見られる。こういった奇談、好色譚、怪異譚はいずれも、時代のゆきづまりを打開する予感を秘めていることについて、百目鬼恭三郎は『奇談の時代』で次のように指摘している。[5]

これらの怪奇ブームは、いずれも、ひとつの時代がゆきづまって、新しい時代に移り変ろうとする時に起っているのであります。安定している時代には、その時代を支配している合理的な思想が強いため、人々の意識に怪奇の入りこんでくる隙はあまりない。ところが、その合理的な思想がゆきづまって、信頼を失うと、怪奇がはびこり出すということなのでありましょう。

時代のゆきづまりに怪奇譚が喜ばれるというのは、まさにそうであり、江戸時代についてもそうなのだが、百物語にはそれだけではないのものが確かにあったと言わざるを得ない。江戸時代に入って怪奇譚の爆発的な隆盛を見たのは確かであり、そこに時代の特異性を見ることができるのだが、読み本だけでなく、「語りの座」としての「百物語」が成立したのは、これまた江戸時代の特異性と見ることができよう。江戸幕府のとった鎖国政策は対外的にはキリスト教禁制であったが、内的には幕府への批判の厳禁でもあった。そのことが江戸町人の生活を制約し、社会が停滞しはじめたと感じとられたのであろうし、事実武家文化を圧倒して庶民文化が台頭してきたことが、その証左とも言えるが、それがまた幕府にとっては必ずしも都合よいことではなかった。

百物語の語りの座がどのように成立したかを見ようとするとき、一つは語りくらべという形式をもっている点から、祖父母と孫の囲炉裏端の語りであるよりは、聞き手と語り手が相互に交替し合うことが可能な年齢層の語りであるということがある。二つには、素材としての説話がそのような年齢層の聞き手に受け入れられるようなものでなければならないということである。ここではこの二つの視点から、百物語の語りの座に接近しようとするものである。

そもそも百物語がどのような形で語りの座を持っていたかを見ようとするとき、一定の「法式」が成立していたということがある。『伽婢子』の次の要領はよく知られていることであるが、ここに引用しておくこ

とにする。(6)

百物語には法式あり。月暗き夜行灯に火を点じ、其の行灯は青き紙にて貼りたて、百筋の灯心を点じ、一つの物語に、灯心一筋づつ引きとりぬれば、座中漸々暗くなり、青き紙の色うつろひて、何となく物凄くなり行く也。それに語《かたり》つづくれば、必ず怪しき事、恐ろしき事現はるるとかや。

このような語りの座には、演出が行われていた。この演出法を高田衛は「あるいは何らかの民俗的な根拠もあったと思われる(7)」と付言している。その民俗的根拠の事情を考えることも、また百物語という語りの座を見る場合には注目しておかなければならないのではなかろうか。

一　江戸期の怪談集の成立

百物語の座を形成する際の語り手と聞き手は互換性があったということは、前に指摘したが、百物語の座に集まるのは年齢的に見れば、地域において少なくとも若衆組に加入するほどの年齢層から成人に達した人たちであった。その年齢層の人たちの知的好奇心から考えてみても、夜の無聊をなぐさめる「夜の伽」でもあったろう。同時にこの年齢層は怪奇譚を好むものであったと言えよう。そういった人々の要求に応じて冊子にまとめたのは、江戸の文人たちであった。特に江戸においては文人の集まりの中で花開いたものであることは、それだけでも特異な現象と見てよいものではないか。文人自体が地方の珍奇な話を収集することで説話本を編むといったことの延長上に、語りの座が成立したということは、百物語そのものの成立の特徴をよく表現していると言えよう。それはまた、あくまで文字を持つ人々を対象としていたことでもあった。

百物語の成立は、おおよそ次のような時代背景を抜きにしては考えられないことである。(8)

当時の江戸文人たちを取り巻く状況はきびしいものがあった。江戸幕府は戦国時代以来陸続と入ってくるキリスト教に対して、初期には僧兵を擁して全国統一のカセとなっていた一向宗の勢力をそぐための対抗手段としようとしたが、やがてキリスト教によって日本をのっ取ろうとしているという風評が秀吉時代に流れて禁教政策がとられ、それをさらに強化したのが鎖国であったことは周知の事実である。そのために海外からの文化流入の窓口を、長崎の出島のみに限定した。先取の気概を持つ人々が長崎へ目を向け、自ら長崎に出かけ、オランダ学を学ぶ者も数多く現れたが、国内では宗門改めによる「踏絵」などの苛酷な方法でキリスト教棄教を強制すると共に、農民政策として年貢経済を維持するため、各藩では土地に農民を縛りつけるために、「百姓とモグラは土を見て暮らせばよい」といった生活を要求して、生かさず殺さずの政策をとって封建制を完成しようとした。そして各藩主に対しては、特に外様大名の勢力を削減するために、参勤交替の制を強要したのであった。そして庶民には他国への自由な移動を制限したために、伊勢参りをはじめ西国三十三観音参り、四国巡礼さえも、他国者にはほとんど不可能になったのである。

だが他方、参勤交替は江戸の繁盛ぶりを地方に伝える絶好の機会となり、各藩主の居城が置かれた城下町は少しでも江戸の風情を模すことで賑いが見られるようになった。しかし、財政的に武家は分家を増やすことはできなかったから、長子相続制が一般化した反面、その二、三男は養子先を探すことに苦労する状況があった。同様に、五人組制が農村に施行されると、農家は戸数をふやすことができなくなって、武家にならって長子相続制がひろがって、その二、三男は城下町や町場に流れ城下町や町場の人口が膨張した。城下町や都市の賑わいは、いやが上にも、表面的には華やいだ雰囲気を持つことになった。そんな中で、商人の立場は向上すると共に、商取引のために比較的自由に歩き廻ることもでき、江戸との接触も可能であった。

一方で、江戸文人の動きは、田舎の者が江戸・京・大坂へ目を向けるようになったのとうらはらに、地方の奇談に興味を寄せることになるのである。それは多分に、鎖国政策によって海外への目を閉ざされたため、それに代わるものとして地方の奇談に目を向けることになったものと考えられる。元禄時代をもって、江戸時代における庶民文化の第一次隆盛期とされているのは、商人資本が徐々に充実してきており、武家社会をおびやかすほどにもなった証左であり、同時にそれは江戸文人の活躍することになる背景であったということでもあろう。

もちろん、地方への開眼は江戸文人が最初というわけではなく、以前から見られないことはない。『今昔物語集』をはじめ、鎌倉時代における『古今著聞集』『雑談集』『沙石集』、さらには室町時代における城下町の形成に伴う都市民の増加によって『御伽草子』に次々に地方の話が取り上げられるのも、都市と田舎の較差が都市民に意識されはじめたことにもよるものであろう。その一つに『御曹子島渡』があり、『義経記』が一つの種本となって創作され、千島をめざした一種の異郷訪問譚は、後に義経がエゾからシベリアへ渡り、ジンギスカンになったという伝説にまで成長していることからも、当時の江戸都市民の異郷趣味を満足させた一つであろう。その都市民に向けて、江戸文人の諸作が用意されることになるのは当然であった。これらの諸作品は、当時の知識人や文人の需要に応ずるべく記されたものが、元禄の庶民文化隆盛を背景に、都市に住む庶民への諸国物語へ成長して行くという点で、それ以前の諸国の伝奇を書き込んだ物語とは区別されてしかるべきではなかろうか。

さらに言えば、平安時代末期以来の『今昔物語集』をはじめとする地方のことを記したものは、唱聞師や説経僧、説教師など中央から地方への仏教の流布の過程で生まれたということがあった。『今昔物語集』に見られる二つの「猿神退治譚」に、その形跡が見られなくはない。巻二十六第七の「美作国の神猟師の謀に依りて生贄を止むる語」と同巻第八の「飛驒国の猿神生贄を止むる語」は、前者が主人公を狩人とし、後者が仏の道を行く僧であること、さらには前者が自分の飼っていた犬をもって猿神を退治させるために、後者は僧が自ら還俗した上で猿神を退治し、そのまま異郷にとどまってしまうという点に大きな差異があり、人間界に戻って来なかったというのは、少なくとも昔話の語りのコンテキストからは想像できないものであろう。ともかく京で書かれた『今昔物語集』が、美作国から、当時はまさに辺境と見られていた飛驒国へ舞台を移していること、そういった形に変形するに当たって、唱聞師などの旅の僧が持ち歩く中で変形したものであろうとされているのも、うなずけないことではなく、興味ぶかいことである。(9)

江戸時代の文人の目は庶民文化の胎動の中で、もっぱら地方への目をもって、さらには読者層を考慮して、奇異なものをさらに奇異に描くということで作品化しているという点で、以前の作品との大きな差異をそこに見ることができよう。『今昔物語集』にせよ、『雑談集』『沙石集』にせよ、それらは仏教の流布の意図があっての作品であったが、江戸時代になって、文人がめざしたのは文芸として、より庶民の読者層の立場を重視する形で描かれている点は注目すべきことであろう。そういった傾向が起こったことに触れて、高田衛は次のように指摘する。(10)

近世初期になると、ハナシという語に〈話〉だけでなく、〈噺〉とか〈咄〉という漢字があてられてくる。いずれもハナシの口承性を示唆するあて字であることからも知られるように、人々の寄合から活性化した世間話が、逆にハナシの相互化を媒介に、相互にハナシを持ち寄り、交流をたのしむ、場や機会を拡げることとなった。

寄合いによるハナシ（噺・咄）は、相互に語り手になり聞き手になるということが背景となって、種々の庶民文芸が隆盛を見ることになったのである。文人たちはそういった需要に応えるために、シナリオを書いたといってよい。と言うのは、京都を版元とする軽口本や小咄本の流行があり、元禄期には京都の軽口本が爛熟期を迎えたとされるが、その中から雑俳師などによる「囃会」が行なわれることになった。『浪花見聞雑記』には噺会について、次の記述が見られる。[11]

噺の会といふは、安永三年午の冬初めて出来しとなり、天王寺清水の下、大江屋といふ料理屋にて、初めて会の巻開あり。其節噺の評者は推本下物也。諸方の噺を集めて、抜選みて巻物に書写し、巻頭・巻軸・十軸何れも夫々の抜噺を巻物に認有りしを高々とよみ上げて、景物といふて郡内島一反、吸物椀廿人前箱入。あるひは毛氈等噺に応じて景物出す。

とあり、そこに集まった人たちについても、「歴々男女俳諧師茶人医師其余の人々、大江屋の座敷に満々たり」と見え、しかもこの噺の会が十四、五年続いたとあるところから見て、その盛況ぶりをうかがうことができよう。

また一部には、不特定多数の通行人を相手にしての、辻咄とでも言えるような咄を語る者が現れ、都市のあちこちの辻で咄をしたことなどから、いわゆる〈咄の者〉とでもいえる人々が出現する。『本町文鑑』に見られる京に名を馳せた「京の露の五郎兵衛」がそれであり、『足薪翁記』には「五郎兵衛の類にて、軽口咄しに名ある」大坂の米沢彦八が出現したことを記し、その亜流としての信夫八十郎や又八などのことについて『翁草』[12]が紹介している。

そういった咄の者が語るもの、あるいはそれに類似する話題を取り上げて、次々に読本が出現するのは当然と言えよう。寛永の頃には『きのふはけふの物語』が現れた。また落語の祖と言われる安楽庵策伝の著『醒睡笑』も現れる。[13]そしてそれに続く『当世軽口咄揃』が延宝七年(一六七九)京都堀川通の銭屋儀兵衛によって板行される。座敷咄の名手、鹿野武右ヱ門の同好の士かと考えられている者の著とされる『かの子ばなし』が元禄三年(一六九〇)に、大坂では米沢彦八の噺本とされる『軽口御前男』が元禄十六年(一七〇三)に現れる。『露林置土産』は露の五郎兵衛の噺本であり、宝永四年(一七〇七)に板行されている。さらには『軽口瓢金苗』『絵本初音森』『軽口独狂言』『軽口春の遊』などが続くが、安永五、六年（一七七六、七七）頃になると新作咄が少なくなり、寛政期に入ると改作・再作といわれるものが多くなって、新作はほとんど見えず、作品としてよりは、むしろそれらの作品をどのように〈口の芸〉とするかという口演の技に移って行ったとされている。と同時に、享保から宝暦期にかけて、今までの板行の中心の京都・大坂から、江戸での開板が多くなって行くことになる。

咄本が京・大坂から江戸へ移ることと平行して、好色ものや怪異譚への移行も見られるようになってくる。宝暦五年刊の『諸国百物語』は、京都寺町の菊屋七郎兵衛による開板であり、怪異譚を含む地方の奇談といったものであったが、『御伽百物語』（宝永三年刊、京都寺町菱屋治兵衛）、『大平百物語』（享保十七年刊、大坂心斎橋筋河内屋宇兵衛）から貞享・元禄期に入るや、地方ものからさらに怪奇譚への傾斜が明瞭になって行き、軽口ものをやがて圧倒するようになり、軽口の方は次第に〈口の芸〉として落語への道を辿るのにひきかえ、怪奇譚の全盛期を迎えることになる。目についた怪奇集の刊行年だけを拾い上げても、そのことは明白であろう。(14)

万治二年（一六五九）の『百物語』はまだ怪奇集とは言えないものであるが、貞享三年（一六八六）の『百物語評判』から『諸国新百物語』（元禄五年刊）、『好色百物語』（元禄十四年。これは好色ものであった）、所在不明とされる『野傾百物語』（宝永年間）、『文武百物語』（正徳年間）、『花実百物語』（寛延年間）から『古今百物語』（宝暦年間）、『万世百物語』（宝暦十二年）、『新選百物語』（明和三年）、『新説百物語』（明和四年）、『近代百物語』（明和七年）といった本格的な怪奇集が生まれ、その間に名作の名を欲しいままにした『曽呂利物語』や『伽婢子』が書かれたのである。〈書かれた〉と記したが、小咄や軽口咄が落語への道を辿り、話芸の方へ傾斜して行く一方で、怪談の場合は『雨月物語』の上田秋成を生み出し、読み方によっては

『南総里見八犬伝』の滝沢馬琴もまた怪奇譚の系譜の中に置くことが十分できるとすれば、文学へ昇華して行くのが一方にあり、他方では幕末から明治にかけて活躍した名講談師三遊亭円朝の『牡丹灯籠』のように、従来通りの話芸として口演による分野において怪談が継承されていったということでもあろう。

江戸文人によって書かれた怪奇集としての「百物語」が怪奇譚になるまでには、見てきたように、地方の珍奇な物語の収集からはじまり、軽口本から小咄本があり、やがて怪奇譚に移り『百物語』が成立し、さらには「百物語」という名称が怪奇譚を語る〈座〉のことさえも指すほどになって来たのである。

好色本については付記すれば、延宝年間刊行の『きのふはけふの物語』『軽口大わらひ』、貞享三年の『鹿の巻筆』があり、百物語を冠した『好色百物語』も元禄十四年に開板されたことは記したが、儒教の教育がひろがり定着することにより、遊女を廓に閉じ込め、特別の枠の中に囲うことになり、幕府の文教政策の制約を受けることになったと同時に、出板元がそれを先取りする形で、浮世絵が枕絵のような形で、別の販路を開拓して裏の流通の中にもぐり込んでしまったと同様に、好事家だけのものになって表面から姿を消してしまう。とは言っても、それは決して消滅したのではなく、天保年間には『ぼぼしばなし』の猥褻な書きぶりになって噴出するといったことになるのであろう。

そのような好色ものに比しても、怪奇譚は庶民生活の中に、さらに広く浸透して行くことになるのであろう。

二　語りの座としての百物語

「百物語」という名称は冊子としての怪奇譚集だけでなしに、それを語り合う語りの座の名称ともなったのは前述のとおりである。

怪奇譚の語りの座としての「百物語」は、次第に庶民生活へ広がりを見せるが、都市生活の中での連歌・俳諧・茶会・謡の会や冠婚葬祭、寺院の法談の寄合い、神社における宵祭りや直会、さらには村共同体の中で盛んに行なわれるようになった庚申待、十三夜、十九夜、二十三夜待などの日待や月待の折が、恰好の語りの座として利用されるようになる。特に百物語に添って言えば、連歌・俳諧・茶会・謡の会に集まるのは江戸の文人をはじめ、いわゆる知識人たちであったから、相互に聞き手であると同時に語り手になることもできる人たちであった。そういった知識人と開板する本屋が結びつくのは、江戸という都市文化そのものであったろう。『宿直草』の序文には「筆とれば物書かるるにや。先生、このはなしを集む。またとはぬ夜の伽にあらずや」とある。[15]編者は荻田安静であるが、筆者は編者と交友の深かった俳諧師富尾似船と考えられている。

『曽呂利物語』には百物語の法式、すなわち語りの座のことにふれて、「ある夜大樹（秀吉）のまへにて、おどろおどろしきこと語れとのたまふに、十づつ十に及べり」とあり、〈十づつ十〉という語りの形式は「十夜各十話」ずつ語るということであろうと高田衛が述べているように、百物語の一つの形式として定式化して行ったものと見ることができる。すでに指摘したことであるが、「月暗き夜行灯に火を点じ、其の行灯は青き紙にて貼りたて……」という形にまで、百物語の座に工夫がなされ、次々に細かい手が加えられて、森鷗外の『百物語』のような手の込んだ座が生まれてきたのであろうことは想像にかたくない。

宮本常一は「超能力と話の場と時」で、子どもの頃に経験した語りの時と場についてこう記している。[16]

子供の頃聞いた話の中で、今もおぼえているものといえば異常能力を持っている人びとのことである。自分にない力を持っている人へのあこがれと畏敬は意外なほど印象にのこるものである。

ここでいう異常能力を持つものの中に、当然怪異譚が入り込んでいることをも取り上げる。

昼間の話は事務的なものが多くて昔話だとか妖怪談のようなものはほとんど語られない。話がなされるには雰囲気が大切であった。同時に夜語られるにふさわしい、超能力や恐怖をともなうような話が多かった。狐狸妖怪譚もそうしたところで多く語られたのである。

この指摘は、昔話の語りの場においてはもちろん、特に百物語の語りの座についての極めて重要な指摘である。そしてこういった語りの座で語られたのが、墓中誕生譚である「子育て幽霊」であり、さらには泥棒話たる石川五右ヱ門話であり、狐狸妖怪譚の他に、天狗譚、化物屋敷の話でもあったという宮本の指摘は、まさに百物語の語りの座と重なるものである。このような語りの座の工夫にまで気を回すようになったのは、すでに江戸時代に見られるのだが、多分に江戸の泰平の世ともなれば、遊戯的享楽的な性格が加わったことであろう。また都市から地方へ広がる中で、昔話の語りが、囲炉裏の火を唯一の明かりとして行なわれ、夜語りを耳にしているあいだは、特に怪奇譚では振り返ることもできず、背中に迫りくる夜ぶすまのような、明かりの届かない部屋部屋の隅に住むという「隅の夜ぶすま」の気配を感じとりながら聞いたことが、印象として永く記憶に残ると宮本がいうのは、語りの「時」と「場」を象徴的に示していると言えるだろう。

やがて百物語の座が寺の本堂を借りて行なわれ、そこに若衆が集まった例が見られるようになり、また若衆の興味からでもあろうが、試胆会と結びつけて行なわれるようになったのは当然であっただろう。しかも試胆会は、墓地を舞台にするのが効果を上げる上では最上であったろうから、その意味でも寺の本堂というのは恰好の百物語の座ということになったろう。とは言え、江戸での百物語が地方にまで及んで寺の本堂を百物語の場としたのか、それ以前から村共同体にこのような場が設定されていたのかは明確ではない。だが少なくとも寺は村においての村人の社交の場であった例は多く、寄合いの場になったり、瞽女や祭文語りが村に訪れた折には寺の本堂を借りて演じてもらうことも、ないわけではなかった。

『とーびんと』(工藤六兵衛昔話集)[17]で、白鷹町貝生における工藤六兵衛翁が教示してくれたことによれば、若衆が正月二日とか十六日に寺の本堂を借りて百物語をやったことがあるという。二、三十名が集まったものという。参加する者はそれぞれにローソクを持参し、語りが始まるとそれぞれ火を付けて、一人ずつ順に語りを披露する。語るものは伝承された怪談あり、耳にした噂話、世間話や事実譚として流布したもの、さらには時としてフィクショナルな話も出ることがあったというが、語り口が定型化されている昔話に比較すれば、全く自由な語り口であり、語り手の才量にまかされていて工夫がこらされることが、またこの年齢層の聞き手には興味があったらしい。あえて言えば、奇想天外な語り口こそ喜ばれたのではないか。

語り終えて自分の席に戻ると、自分のローソクの灯を消し、会が終わりに近づき広い本堂のあちこちに僅か五、六本の灯しかなくなってしまった頃には、そっちこっちの顔が鬼に見えたり、幽霊に見えたりしたものだったという。そして百物語が終わってから、墓地に打った杭の上に、最初に行った者は手拭いを掛けて来、次の者が手拭いをもって帰り、それを順にくりかえすものであったともいうし、さらに手を加えて、墓地へ行く途中に黒い着物で待ち伏せをかけたり、竹棒の先に糸でコンニャクを吊し、背中や顔にべったりつけたりする工夫をしたともいう。

工藤翁の語りの中には、その情景を写したものがあり、臆病な男が杭を打つのに杭と一緒に自分の着物の裾を打ってしまい、幽霊から着物を引っ張られたと青ざめて戻ってきた話があり、また夕顔を幽霊の顔と思い違いしてめった切りにして、次の日に叱られるといった話もある。[18] 百物語の季節について野村純一は、次のような疑問を提出している。

「ここに述べられる〈百物語〉の日は、いずれも冬期間の、しかも積雪期に重なる。そこになんとなくそぐわない感じを抱く。もちろんそれは私一人の気儘な印象に過ぎず、印象というよりはむしろ気分の問題かも知れない」とも、「あるいは〈百物語〉すなわち納涼、消夏の興趣といった思い込みそれ自体がそもそも後世の感覚であって、それに災いされるのはすでに〈百物語〉を言々する資格に欠けるのかも知れない。考えてみれば、吹雪に閉じ籠められた夜の〈百物語〉こそいつに悽愴、壮絶の気が漲っていたことであろう」[19]ともいう。

百物語はどちらかと言えばやはり夏にふさわしいものであっただろうが、冬にも行なわれたことは工藤翁の話によって明らかである。年取りの晩に九・五・一と称して、木小屋に若衆が集まって怪談を語るということもあったらしい。しかし、工藤翁の例示はその一例であって、盆が終わって稲刈りが始まるまでの夜などに本堂を借りるということもあり、語りの中で「夕顔」をめぐった切りにしたというのも、盆の後の風物の一つに夕顔棚に夕顔がぶら下がっていることを見れば、明らかに残暑のきびしい晩夏の百物語ということであろう。さらに同地域の例を加えれば、同町滝野にある真言院での百物語の会の模様が伝承されている。「目抜き襖」の説話である。[20]その書き出しは「盆祭りがやって来ました。村の若者は真言院の奥の間で、骨休みをやるのが楽しみです」とあり、本堂に通ずる位牌堂の隣の部屋を借りて一晩を過ごすことになる。語り終えて横になると、部屋の北側の襖には竜、東には虎二匹、西には開基の僧正、南には三蔵法師をのせた象が描かれている。夜半に廊下に足音がし、竜・虎・象の目がおどりかからんばかりに光ったので、それを見た一人が騒ぎ立てて一晩眠ることができなかったので、次の朝に住職に訴えた。すると住職は竜・虎・象の目をくり抜き、それが「真言院の目抜き襖」として伝説となり残っているのだという。

百物語が夏だけでなしに冬にも行なわれたというのは、一面では若衆の興味の行《おもむ》くままに百物語があったということでもあろう。さらに若衆の契約講（山の神の祭礼の日や一年の算用をする日として年末など）の日などに行なわれることもあったようである。ただここで指摘しておかねばならないのは、若衆が集まって催される百物語は、怪談話と組み合わせての試胆会が行なわれ、それがセットになっている場合が多かったし、むしろ試胆会の方に重点が置かれている傾向さえ見られなくなかったことである。そして試胆会の様相をそのまま写すことが昔話の語りとなってしまい、たとえば出てきた幽霊が村の庄屋の下女で、ふとした病気で死んだために十分な供養をしてもらえず、施餓鬼供養を頼みに現れたと語るのは、水沢謙一の『とんと昔があったげど』第一集にあり、出てきた化物が鶏のコケコッコーという鳴き声で消えてしまった「百話ばなし」が『日本の民話・四国』に記されている。これらは共に典型化された百物語の、その地方での方法だったのかも知れない。

特別な場ということになろうか、薬師堂に登る石段で百物語があり、一人上の方の段に取り残されたさびしさを味わったという南陽市薬師寺の境内にある薬師堂石段の例があるが、若衆が冬の木小屋で行なった百物語などは、あるいは若衆の民俗と言ってもよいのではなかろうか。

しかし、江戸におけるような閼伽桶を用意したり、ランプを用いずあえてローソクの燭台を据えたりするような手の込んだやり方はあくまで文人趣味的であるが[21]、地方ではそのもの即寺の本堂ということで、すぐ傍にある墓地を利用しての試胆会と結びつくことで、江戸における「話を楽しむ」ことよりは、若衆の試胆会の方にかなりの重点が置かれ、試胆会の前座としての百物語となってしまっていることの方が多かったようにさえ思われる。そしてその法式のようなものは、むしろ百物語とはどんな状況であったかが、昔話の語りの座に登場したもので、江戸で語られた怪談話とか百物語集にあるような話が、地方の若衆が寺の本堂などで語ったかどうかは、現状ではまだ不明と言わざるを得ない。その意味で、江戸という文人の集まった場所での、文人の書いた「百物語」と百物語の語りの座には、ある種の断絶があるというか、ある断続が見られるということなのではないか。

と言うのも、昔話よりは世間話や噂話などへの傾斜があって、事実譚になるべく近くなるように語りに工夫が加えられたのではなかろうか。その場その場で聞き手の耳に新しく、恐怖を与えることができればよいといった、どちらかと言えば安直なものがあったのではなかろうか。別言すれば、語り手と聞き手の互換性があるという百物語の特色を見れば、明らかにその座に参集するのは大人であり、少なくとも若衆の年齢層までであって、幼少の者でないことは確かだからである。そう言った意味で、語りの座に集まる聞き手によって語りそのものが規定されることは、百物語においても全く同様であるということだけは言えよう。

江戸の文人の百物語の語りの座と極めて近い法式をもって行なわれた地方での百物語とは言え、その地域の特性が加わったり、地域と寺の深いかかわりから特異な形式あるいは民俗となった例も見られ、そこで語られた怪談話は必ずしも重ならないこと、特に試胆会との結びつきが、地域ではむしろ強かったことがわかろうということである。

注

（1） 東北の城下町米沢市笹野地区の調査で出会った例であり、士族に嫁した農家出身の方であった。笹野地区は江戸初期に、屯田兵として下級武士が半士半農の形で土着したところである。
（2） 武田正「語りに作を入れる」（『世間話研究』第四号、世間話研究会、一九九三。後に『昔話の現象学』に収録）で「作」を入れる意味を検討し、語りに豊かさを与える聞き手に対する語り手の配慮について詳述した。
（3） 関敬吾「日本昔話の社会性に関する研究」（『関敬吾著作集』第一巻、同朋舎、一九六一）。
（4） 高田衛編・校注『江戸怪談集』上中下（岩波文庫、一九八九）解説。なお高田衛・原道夫責任編集『百物語怪談集成』（国書刊行会、一九八七）参照。
（5） 百目鬼恭三郎『奇談の時代』（朝日新聞社、一九八一）の中に「この本の宣伝のための架空講演」が付されている。

（6）百物語の語りの座における法式はよく知られており、『伽婢子』以外にも法式を記したものがある。前掲書『江戸怪談集』参照。
（7）前掲『江戸怪談集』下巻。
（8）武田正「昔話伝承の内と外」（『山形民俗』五号、山形県民俗研究協議会、一九九一。後に『昔話の現象学』に収録）。
（9）武田正「猿神退治譚の伝承」（『日本昔話の伝承構造』、名著出版、一九九二）にその一部を論じたが、地方の社寺にまつわる由来伝説として各地に見られる。
（10）前掲『江戸怪談集』上巻。
（11）浜田義一郎・武藤禎夫編『日本小咄集成』上中下（筑摩書房、一九七一）。
（12）『日本随筆大成』（吉川弘文館）に収録されている。
（13）『きのふはけふの物語』（平凡社東洋文庫）、『醒睡笑』（平凡社、岩波文庫版あり）。
（14）前掲『江戸怪談集』解説参照。
（15）前掲『江戸怪談集』参照。
（16）宮本常一「超能力と話の場と時」（『宮本常一著作集』別巻2、未来社、一九八三）。
（17）武田正編『とーびんと』（工藤六兵衛昔話集刊行会、一九七一）。
（18）同様の話は『つゆふじの伝説』（武田編自家孔版、一九六九）にも見られる。
（19）野村純一「百物語の方法」（『説話・伝承学』八八、説話伝承学会）で、工藤六兵衛翁の百物語の回顧を取り上げて批評している。
（20）武田正「百物語の語りの座」（前掲『日本昔話の伝承構造』）では、素資料として「毛掘り医者」（武田編、自家孔版、一九六一）の中に収録の「真言院の目抜き襖」がある。
（21）森鷗外「百物語」（『森鷗外全集』、岩波書店）。

芝居と俗信・怪猫物の世界
――『獨道中五十三驛《ひとりたびごじゆうさんつぎ》』試論――

横山泰子

「怪談狂言」と言うと、人間が死後幽霊となって祟りをなす芝居がすぐに思い出されるが、江戸時代の怪談狂言はより多様であった。人間ではなく動物にまつわる怪談を劇化した作品は、先行芸能や伝説などの影響から枚挙にいとまのないほどつくられていたが、それらを取り上げ、考察していくことは、当時の怪談狂言というジャンルの豊かさ、幅広さを評価するのに有効であろうと思われる。怪をなす動物としては、狐や蛇など色々とあるが、中でも「猫の怪異」は特に近世に本格化したもので、しかも都市の妖としての性格がみられるという。そこで、怪異を起こす動物の中でも、特に猫に注目し、怪猫を素材にした怪談狂言について考察してみたいと考えた。[1]

怪猫の芝居として重要なのは、四代目鶴屋南北の文政一〇(一八二七)年の『獨道中五十三驛』(閏六月河原崎座)である。歌舞伎においてはこの『獨道中五十三驛』が「岡崎の猫」として著名な老女の姿の怪猫を趣向としたことを嚆矢として、以後次々に「佐賀の猫」「有馬の猫」などの怪猫ものが作られ、江戸後期から明治の世にもひきつづき愛好された。近年の市川猿之助の怪猫は現代人にも親しまれている。数々の怪

猫物の先駆とみなされる『獨道中五十三驛』をまず分析しなければならないのは必定である。(2)

私たちは、『獨道中五十三驛』が、例えば『東海道四谷怪談』に比べ、これまでかんばしい評価を与えられてこなかったことの意味を、考えておく必要がある。試みに文化・文政期の歌舞伎劇特集と銘うった昭和三年の『歌舞伎研究』第二五号を見てみよう。大友宗運の論文「南北の変化物作品に就て」では、南北の怪談物は『四谷怪談』に代表される「人間の怨霊執念を取扱った怨霊物」と『五十三驛』に代表される「畜類草木類の精を取材した変化物」との二系統に分かつことができるとしながら、『五十三驛』には『四谷怪談』にみられる整然とした合理的な筋の一貫性が見られない大道具本位の劇であり、完全なる上演戯曲と名づくるに足る脚本ではない、と批判している。この批評は正鵠をえているとは言えるが、こうした見解自体がまさしく近代人の発想からなされたものであることに注意したい。近代人の思考や感覚自体が江戸人のそれとは遠く離れてしまっているために、かつての怪談狂言の魅力が、時に発見されにくいということがある。可能な限り当時の人々の価値観に近づく努力をしないかぎり、この作品の面白みは私たちには理解しにくいままであろう。その意味で同じく『歌舞伎研究』第二五号の藤沢衛彦の「怪猫劇の祖源」は興味深い。藤沢は「怪猫劇の構成は、民間発達の怪猫伝説に筋をとるところに一つの形式が認められる」として、当時の怪猫伝説や奇談を手がかりに『五十三驛』をはじめとする怪猫劇をとらえようとした。これは非常に有効な方法であると思われる。本論でも藤沢の方法に学びつつ、怪談狂言としての『獨道中五十三驛』の性格を考えたいと思う。

『獨道中五十三驛』の化け猫の件は、二幕目三州池鯉鮒八ツ橋村の場からはじまる。八ツ橋村に住む娘お松(松山)は猫好きの美しい娘で、母親おさんを助けるために身を売る覚悟を決めている。お松とその妹お袖は知らずに一人の男(中野藤助実は由井民部之助)を愛してしまい、お袖が恋仇を呪ったまじないのためにお松の顔は醜くなる。お松は金を手に入れられず、女非人に連れられ家を出る。お松の願いもむなしく、おさんは死に、死体は家に戻される。死装束として家族が十二単を死体にかけてやると、しばらくして異変が起こる。

左次　ヤ、、、、みすのちぎれに見ゆるは、ねこのおもての。さもすさまじき。

どろ〳〵になり、古みすのやぶれより、そのかたちばつくんなる大猫のつら見へて、眼をひらききつとなる、左次兵衛びつくりして、

トなたにてみすを切て落す。こゝに丸子猫石の精〔菊五郎〕、十二ひとへのなり、老女のこしらへにて蚊やりの火をたき、猫の顔にて鏡台、かねつけ道具をならべ、かねをつけている。左次兵衛びつくりしてふるふ。猫石の精ふりむいてきつとみる。口の廻りおはぐろつきいるてい。うすどろ〳〵、あつらへの鳴もの。(3)

その後お松は連れ去られた先で殺され、一方お袖と中野藤助は旅に出る。次に怪猫が現れるのは、四幕目鞠子在古寺の場においてである。お袖と藤助は子どもを抱き、昔の奉公人おくらを伴い宿を求めて古寺に立ち寄る。そこで出会った老女は死んだはずの母だった。老女の怪しい言動がはじまる。この家の飼い猫が蛇をくわえて出てくると、老女は動じることなく蛇を捨てる。そして赤ん坊をあやすために老女が盆踊りの歌を歌うと、猫が立って踊る。さらに、おくらが眠ったのをたしかめて老女は寝所から這い出す。

精霊　人目がなくば、常がな好ど足ぬこの山中、今宵ぞこゝで、あの油を。◯

ト思入。この時、風の音、〔凄き相方〕捨がね。精霊、寐所よりそろ〳〵とはひ出し、後ロを伺〳〵あんどうを引寄、その内へ顔をさし入る。その形猫に映る。長き舌を出し、ひちや〳〵と油をなめる事。おくら何こゝろなふ顔を出しこれをみて、わつと飛びのきにげんとするを、

精霊、そのすそをとらへ、きつとなつて、
そんなら我見やつたの。

くら　エイ、イ、エ。何にもわたしやア。

精霊　イヤみたであろ。殊にそなたは子の年の女、常々わらわが好もしゐ子年の女、命は貰う。サヽ、念仏なりト申していや。

くら　どうぞ助て。

トにげ行を手をのばし、おくらがゑり髪をとらへるとて、思わづ精霊向イ合て、中をへだてゝ、ぢりぢりと精霊白眼る。おくらじりじりとすくむ事。よききつかけに、精霊、おくらのゑり元へ飛付くわへし心。おくら振切てにげんとしてあをのけになる。精霊この時中腰になり、前へ手を付、おくらをみてきつとなる。この時、顔はなまなりの猫の顔になる。おくらよろめきくにげるを、手を出してはりたをし、あちこちをかむ事。トゞ、ゑり元をくわへ、破れ障子の内へ引込事。この内、人をかむ音して障子へ血烟たつ。

おくらを殺した怪猫はさらに赤ん坊を食い殺し、藤助に自分は猫石の精霊で、飼い主であったお松の怨念と合体して怪異をなしているのだと語る。怪猫は藤助を襲おうとするが、藤助の所持する一巻の威徳のために近づくことができず石となる。舞台はあたり一面の茅原となり、お松の死骸を葬ろうとする人々の一行が通りかかる。そこをさらに怪猫が襲う。

本雨、大かみなり、うしろの猫石目をひらき、火ゑんをふきかけ、そのあたりより猫石の精霊あらわれ、くだんのおけへたちかゝる。藤助やらじととゞめる。立廻りに猫石の精霊、ひきぬきにて老女のかつら、すがたもともに半身まだらの大ねことなつてきつと見得。みなくわつといふてたちかゝる。……（精霊）ト早おけを打くだき、松山の死がひに、お袖の首をにぎつてたち上る。

藤助　ハテすさまじきくわしやのふるまひ。

精霊　雲に飛行し、このまゝに。

ト大どろ〳〵はげしく松山のしがひの帯ぎわをつかみ、お袖のくびをくわへきつとなる。はやふへにて、猫石の精霊、だん〳〵と上へひきあげ、日おひぎわまであがる。願哲をはじめ皆々わつといふてにげては入る。藤助きつとなつて、

藤助　二人りがかばねは、やわか火車には。

トそらを見つめる。この時大どろ〳〵にて、猫石の精霊、まへのかたへ一寸おこつく。これをきつかけに、はげしくなりものになり、しがひをひつかゝへ、くびをくわへ、よき所よりふたたびまたの尾あらわれ、この見得にて、むかふへ中のり。

『獨道中五十三驛』の怪猫譚は、細部に猫にまつわる伝承を取り入れているが、猫石の精がお松の怨念を晴らすべく老女の姿となってお袖や藤助に祟る、という粗筋に要約でき、猫が飼主に報いるという「猫の報恩譚」の一として解釈することが可能であると思う。前述したように、この作品における猫の怪異は現代においてこそ他愛のないものと思われるけれども、江戸時代人の猫にまつわる思いや当時の猫のイメージを考慮に入れることなしに、かつてこの老女の怪猫が怪談狂言として人気を集めていたことの文化史的意味を明らかにすることは困難である。そこで、試みにこの作品における怪猫の形態や性質、動作の特徴として描かれていた事柄を項目ごとに整理し、江戸時代の怪猫のイメージとの関わりをみていきたい。

A　老女の姿をした怪猫

この作品において、猫は老女の姿で登場してきた。もともと日本には猫股と呼ばれる怪猫にまつわる伝説があるが、『明月記』以来『古今著聞集』などにもその記録が見られる。例えば『徒然草』には、奥山の猫股が人を食う話や老いた飼い猫も猫股となる話が記されている。猫股は人の姿に化けるが、その大部分が老女の姿をとると考えられ、また老婆が猫に変身することがあるともされていた。猫と老女とのイメージ連関は、猫の性質が老女に似ているから、という発想によるものと思われる。山岡元隣の『古今百物語評判』にも「其の生まれつきを見るに、智あるにもあらず徳あるにもあらず、其のさま膝に臥し肌に馴れ、身を人に任すかと思へば、呼ぶ時は快く来らず、綱を以て引く時は必ず退く。強ち人にさかふとにもあらざめれど、自ずから僻み疑ふ心あり、女の性に似たり。宜なるかな化けて老女となりて人を誑すと云へる事」とある。『五十三驛』が上演された頃、文政年間の江戸で、老女に化ける猫の話は事実として信じられていた。例えば、滝沢馬琴らの『兎園小説』には、屋代弘賢が文政七年の出来事として、鳥井丹波守の家令高須源兵衛の飼い猫が、老母を食ってその老母に化けていた話を披露している。老母の様子がおかしいので源兵衛は矢を射て退治すると、次の日老母の死体は猫の姿に変じ、また床下から老母の骨とおぼしき人骨が発見され、弘賢は「いかにかなしかりけん」と記している。文化人、知識人のサークルの中で猫の怪が語られていたのである。猫が老女に化けて怪異をなす、というのは当時の社会においては絵空事ではなく、あり得べき不思議な現象の一つであった。また、猫股の形態としては二つに割れた尾が特徴的だが、『獨道中五十三驛』の中で飛び去る怪猫の尾が二つにわかれるという件は、この観念を下敷としている。

B　十二単を着る猫・王朝文化とのつながり

十二単を着た女性の化け物といえば、『三国妖狐伝』の系譜が考えられる。南北も『三国妖婦伝《さんごくようふでん》』(文化四年六月市村座　初代尾上松助主演)、『玉藻前御園公服《たまものまえくもいのはれぎぬ》』(文政四年七月河原崎座　三代目尾上菊五郎主演)で、十二単の妖狐を書いており、直接的には父の妖狐役を継承した菊五郎に、狐を猫に変えて演じさせたものとみることができるが、猫と十二単の関係を考えておく必要もあろう。

猫は日本には中国より奈良時代頃にもたらされたと言われている。『日本釋名』や『愚雑俎』には、経典類を鼠の害から守るため、経典とともに猫を輸入したと書かれている。平安時代になると、貴族が愛玩動物として唐猫を珍重していたことが文献から明らかで、『枕草子』には一条天皇が飼っていた「命婦のおとど」という名の猫についての記述が第七段に見られる。また『源氏物語』若菜下には、柏木が女三の宮を慕うあまり、彼女の飼猫を手に入れて懐に入れて可愛がっている件がある。輸入猫と王朝文化はこうした歴史的な接点があった。『五十三驛』では後に怪猫となる前のお松の飼猫を藤助が見て、「むかし南ばん国よりわたり、そのゝち姿をけし、いちもつの女婦(命婦)となつて大内にありしを、とらへて宇都の山部にすてしに、陰気こつて石となる。そのいちもつに似寄りのまだら」と言っている。また、猫石の精霊は自ら「もろこしにては後漢の明帝の十年、天ぢくより仏像経論をおくる。日の本にては継体帝十六年に渡るといへど、それを用ひず。われその時南ばん国にてはからずも、猟虎陰虎の生を合して、一つの異獣を生ず。きやうそのうれひをのぞかんと、日本にわたるといへども、まかいの生にてそのまゝに用ひざれば山に入り、いんにこつては、よふにはつし、名付けてこれを火車といふ。ちゞまるときにはすがたを化し、女三の宮と大内の、直宿の者、後にかしわ木の、右衛門とともにあづま路へ、下る道にて山中にわけ入」と言っている。これらを総

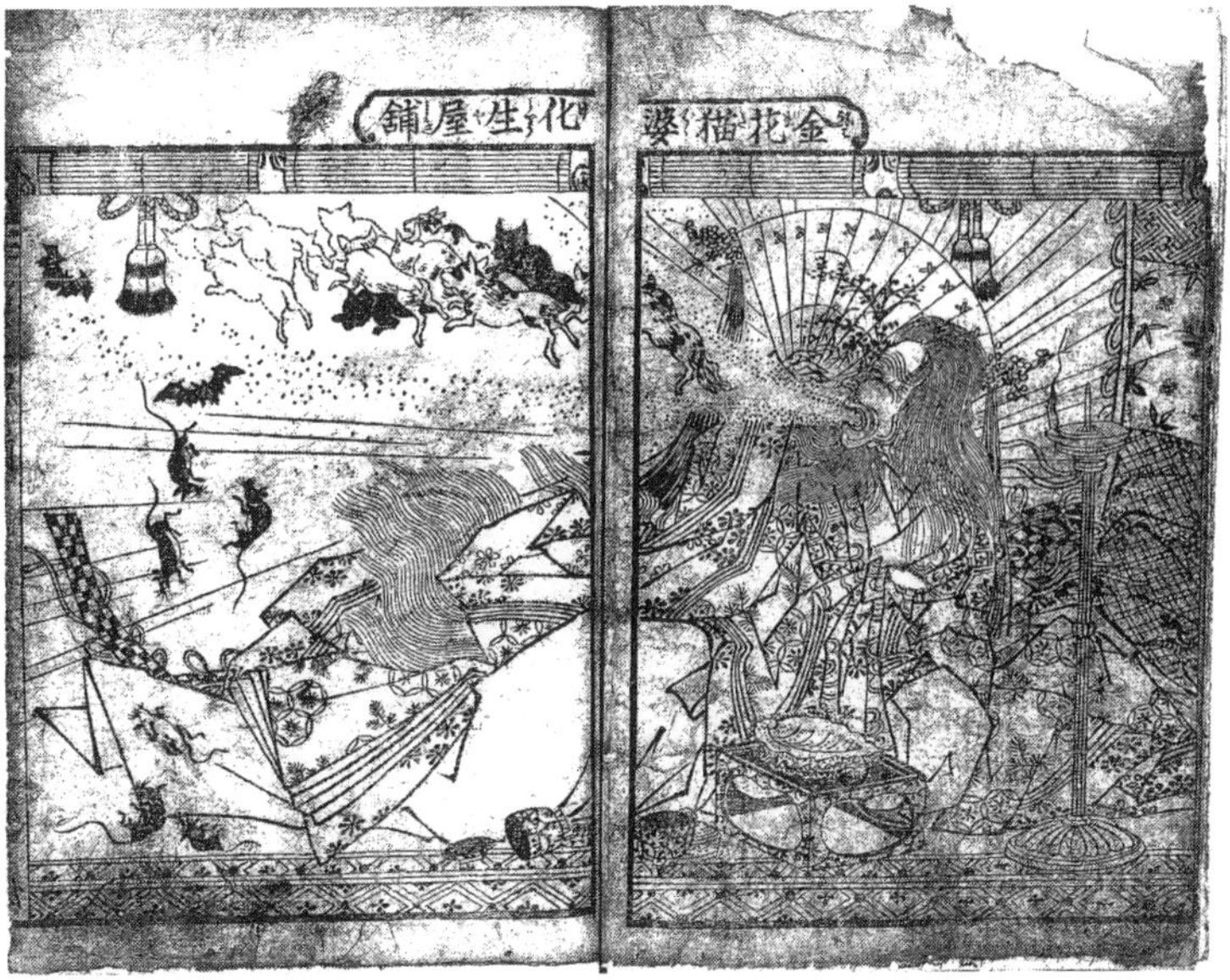

十二単を着た怪猫（国会図書館蔵『復讐両膜塚』より）

合すると、外国産の猫が鼠の害を除くために日本にわたり、宮中にしばらくいた後で山中に身を隠したのが、この怪猫だったということになる。南北は『枕草子』や『源氏物語』の唐猫の記述をおりこんで、異国から来た獣として平安時代の上流社会で愛好された猫のイメージを表現したのである。

以上から十二単をまとった怪猫というのも、唐猫と王朝文化とのイメージ連関からきているものと思われる。神谷養勇軒の『新著聞集』（寛延二年）には、「猫ばけて女となる」という興味深い話が載っている。

ある旗本衆の息女の後見に、然るべき女を尋ね給しに、谷中法恩寺の内、教蔵坊肝煎にて、年倍の局をかゝへ、手跡など拙からず、歌の道をも少し心得、物ごと鄙しからざれば、年を経て仕し。ある夜、主人、息女の部屋をのぞかれしに、息女は寝て、局、独り鉄をつけて居けるが、口は耳の根まできれて、耳をそらしてけり。いかゞせんとおもはれしかど、若仕そんじては、悪かりなんと思ひ、明るをまちて局をよび出し、おもふ子細あれば、暇とらするなりとありし時、コハ思ひよらずの事かな。今俄になどかくは宣ぞといふ顔色、おそろしかりければ、頓て抜うちに切れしに、大る古猫にて侍りし。そのねこのかきし伊勢物語、その外草紙ども多く今にありしとなん。

この話には、老女に化けた猫がお歯黒をつけ人を驚かす、という『五十三驛』の趣向そのものが語られている。女性がお歯黒をつける過程を通じて尋常な人間から超自然的な存在に変身する、というのは南北劇では既に『阿国《おくに》御前《ごぜん》化粧《けしょう》鏡《すがたみ》』や『東海道《とうかいどう》四谷《よつや》怪談《かいだん》』がある。また、文化五（一八〇八）年の合巻『復讐《かたきうち》両眠《ふたまた》塚《づか》』（式亭三馬・勝川春亭）では、怪猫が山奥の隠れ里で貴族の女性に化けるという場面があり、十二単をまとった女性（実は怪猫）の口から妖猫の群が飛び出している絵もある。文化五年の読本『敵討《かたきうち》猫股《ねこまた》屋敷《やしき》』（振鷺亭主人・蹄斎北馬）にも、怪猫が物語の内容とは関係なく十二単を着た絵があり、「十二単を着た猫」の視覚的イメージについては、今後より広く調査していく必要があるが、[4] ともあれ、十二単の猫は南北以前の文化史的な文脈において舞台化されたと言ってよいだろう。

C　蛇をとらえる猫

『獨道中五十三驛』で、老女の飼い猫が蛇をくわえてやって来て、おくらを驚かす場面があった。猫と蛇という取り合せは奇妙に思えるが、これも南北の独創とは言い難い。飼い主のために猫が蛇をとらえる、という物語は既にあって、その著名なものの一つに薄雲太夫の話（元禄時代、吉原の三浦屋四郎左衛門の抱えの遊女薄雲が蛇に襲われたところ、その飼い猫に救われたという筋、宝暦七年の馬場文耕『江戸著聞集』参照）がある。『五十三驛』の蛇をとらえてくる猫の趣向もこのバリエーションであると思われる。

D 踊る猫

猫の後ろ足で立つようなしぐさが踊りを思わせたのか、猫の踊りに関する記録は夥しい。文政年間頃の『甲子夜話』巻之二には、下総佐倉の高木伯仙という医師の父がある夜寝ていると、枕もとで飼い猫が首に手巾をかぶって立ち、踊りを踊っていた話が書き留められ、それを「世に猫の踊りと謂ふこと妄言にあらず」と静山は言っている。また、巻之七には、静山の伯母光照夫人が角筈に住んでいた時、黒毛の老猫が侍女の枕元で踊り出したことも記されている。『五十三驛』では老女の歌にあわせて飼い猫が立ち上がって踊るということになっているが、それも当時通俗な常識であった「猫の踊り」を取り入れているのである。ちなみに台帳には特定の指示がないが、絵本番付には手ぬぐいをかぶって踊っている猫の姿が描かれている。

E 油をなめる猫

『五十三驛』の怪猫の見せ場は、油なめの場面であろう。あやしい動物とみなされることの多い猫だが、油をなめるのはその前兆と考えられていた。寺島良安の『和漢三才図会』の猫の説明に「舐油者是當為恠之表也」とされており、『五十三驛』でも、老女が油を舐めているうちに猫の化けものの姿に変じていくので、「油なめ」は怪異の予兆として使われている。

F 猫石

「岡崎の猫」という通称があるにもかかわらず、『五十三驛』での岡崎の宿の場は猫とは無関係である。また、なぜ四幕目の丸子の古寺で再度猫があらわれるのか、筋のつじつまがあわないように感じられる。そこで手がかりとしたいのは台帳に「丸子猫石の精」と書いてある点である。「岡崎の猫」としてではなく「丸子の猫」としてこの怪猫の性質を考えてみるとしたらどうか。藤助とお袖が老母に化けた怪猫に出会うのは、岡部の宿を過ぎて裏道に入り込んだ山中であった。岡部から次の丸子の宿までは一里二九町、その間に蔦の細道といわれた、けわしい十六町の山道宇津谷峠がある。ここは河竹黙阿弥による『蔦紅葉《つたもみじ》宇都谷峠《うつのやとうげ》』の文弥殺しの舞台であるが、そんな陰惨な事件にふさわしい、寂しい山道である。秋里舜福編『東海道名所図会』（寛政九年）はこの地についてこう記す。

夫れ宇津山蔦細道は勢語に出て、いにしへより其名高く古詠多し。……坂路にかゝればいよ〳〵道細く山深うして幽寂たり、茅すゝき萩荻篠竹生茂りて、藤蔓羅かづら足にまとひ、薔薇荆棘袂を閉て歩しがたく、二人の手引の者鎌をもて叢を薙刈て次第に登るに、路嵯しく杖をちからに行に少したいらなる所あり、こゝを神社平といふ。むかし社ありし古蹟なりと教ゆ。其上の方に猫石といふあり、古松六七株の陰に猫の臥たる形に似たる巨巌有。

当時この地には猫の形をした大きな岩すなわち猫石があったことがわかる。丸子猫石の精とは、地理的条件からいってこの猫石を指すのは間違いないと思われる。なお、丸子の猫石は河竹黙阿弥の『櫓《やぐら》太鼓《だいこ》鳴音《おとも》吉原《よしわら》』で、道中双六をする場面で話題とされているほか、中里介山の『大菩薩峠』東海道の巻でも取り上げられており、ある時期までは知名度が高かったのではないだろうか。また、南北はたまたま猫の形をした石があることだけを利用したのではない。何か事件が起こっても不思議ではないような物さびしい山奥であること、昔社があった場所であることが怪談の舞台となる条件をみたしているばかりか、「歌枕として有名な地」のイメージがはるか昔を思わせる点で、十二単を着た怪猫が登場する雰囲気を作り出すのに有効である。

「五十三驛の猫」が丸子猫石の怪であり、蔦の細道に実在するはずのない古寺に登場するのには空間的な意味があったと見たい。

G　死体を盗む猫

昔の日本人は「猫は死体を盗む」と考え、葬礼時には様々な猫よけを行っていた。死者の枕元に刃物を置くのも、そうした習俗の一つである。『四谷怪談』にも「死体に猫は禁物」と、猫を忌む場面があった。猫石の精霊自ら語ったように、妖怪化した猫は火車と呼ばれ恐れられた。天保年間に出された鈴木牧之の『北越雪譜』三編巻之三には雪の中の葬式を火車が襲う話がある。「猛風俄におこり、黒雲空に布満て闇夜のごとく、いづくともなく火の玉飛来り棺の上の覆かゝりし。火の中に尾ハふたまたなる稀有の大猫牙をならし鼻をふき棺を目がけてとらんとす。人々これを見て棺を捨、こけつまろびつ逃まどふ。北高和尚はすこしも惧るゝいろなく口に咒文を唱大声一喝し、鉄如意を挙て飛つく大猫の頭をうち玉ひしに、かしらや破れけん血ほとばしりて衣をけがし、妖怪はたちどころに逃去」という。『獨道中五十三驛』でも怪猫が死体を盗みに来る時には嵐となった。一人で棺を守る藤助は宗教者の役割を演じている。火をふきつつ葬列を襲い、空中に消えていく菊五郎の怪猫は、まさに火車の妖怪が舞台上に登場したようなものと言えるだろう。

以上のように南北は『獨道中五十三驛』で、当時一般に信じられていた化け猫にまつわる俗信をつなぎあわせ、劇化しているのだが、荒唐無稽と思われた各要素に江戸時代の人々の思考がはたらいていることに気づくことができる。「十二単衣を着た猫の怪異があるが何等必然性を帯びてゐない」「鐵漿附け道具を並べ、鐵漿を附けるが、単に怪異的な雰囲気を濃厚にするといふ點だけで、凡てのことが整然さを離れてゐる」「又後に丸子古寺に猫の精が住してゐることも因果的な関係は少しも認められない」と大友宗運は批判していたが、どの箇所もそれなりの論理やイメージの連関性のもとに怪猫の物語が表現されている、とみるべきである。

『獨道中五十三驛』の実際の舞台はどうであったのか。主演の菊五郎は、怪猫の件のみに限っても、油なめ、早替り、そして宙乗りと大活躍であり、文政一一年の評判記『役者三都鑑』でも、「丸子猫石の精霊お家の者〳〵」とされていた。菊五郎の怪猫が江戸時代に現実感あふるるおそろしいものであったことを示す例証として、嘉永三年の三好想山の『想山著聞奇集』から「油を嘗る女の事」という話を紹介する。文政年間の中頃、著者想山の知人の板木師何某が品川宿の入口、新宿という所の旅籠屋紅屋で、美しい飯盛女が奇妙な出来事をするのを見る。

さしもうつくしき顔に、ゑみを含て、其まゝ行燈の中へ顔を差入れ、油を吸たれば、忽ち首筋より水をつぎ入らるゝごとくぞつとして、魂も消る斗恐ろ敷、如何はせまじと思ふうちに、びた〳〵と舌打をして嘗る有さま、こはきとも恐敷とも、譬るに物なく、音羽屋が妖猫に成て油をなめしは、戯場の狂言にてさへ恐ろ敷思ふに、是は夢にてもなく、斯眼前、妖物に出會とはいか成事にや、猫俣にもせよ、古狸にもせよ、斯人遠き奥座敷にて聲を立るもいかゞ、今暫くこらへんと、轟く胸を落付て見居たるに、やがて顔を出し口などを拭ふ風情。

このような場面に遭遇した男が直感的に思い起こすのが菊五郎の怪猫であったこと、舞台の上の怪猫が疑似現実的に恐ろしかった、と語られたことは、菊五郎の怪猫の衝撃力を私たちに伝えてくれる。

私は『獨道中五十三驛』における怪奇趣味的な要素のそれぞれが南北独自の創作ではなく、先行作品や当時の俗信にあるということを述べてきたが、このことは作者としての南北の独創性の欠如を意味するのではない。むしろこの方法は怪談狂言の作劇法として非常に効果的なのである。江戸時代の人々の日常生活の中で現実に起こり得る不可思議な出来事を集め、作品化してこそ、劇場に足を運ぶ見物をおびやかすことができる。見物に舞台の上の怪異現象をあり得べき事柄として受けとめさせること、見物に怪異のリアリティを感じさせることこそ、見物をおびやかし恐怖感を与える怪談狂言の目的であると言える。こうした怪異現象を信じない近代以降の精神には、ただ奇抜なだけの意味のない場面としかうつらないものが、化け猫の話を日常的に語り合い、その異常な力をあやしむ江戸時代人にとっては、現実味のある場面であったに相違ない。この現実感が怪談狂言の陰影を深くするのではなかろうか。

本稿は、一九九五年一一月歌舞伎学会秋季大会での研究発表の内容をもとにしているが、その折、多くの有益なる御指摘を頂いた。ここに記し、謝意を表します。

注

（1）中村禎里『日本人の動物観』（海鳴社、一九八四年）一九五頁。なお、猫をめぐる奇談、伝説等については、平岩米吉『新装版猫の歴史と奇話』（築地書館、一九九二年）が詳しく、本稿でも多くを得ている。また、大木卓『猫の民俗学』（田端書店、一九七九年）も参考になる。また、日本にとどまらず世界的に猫の伝説を集めたものとしてキャサリン・ブリッグズ著『猫のフォークロア』（誠文堂新光社、一九八三年）があるが、訳者のアン・ヘリングの解説論文で、日本の民話や古典文学等にあらわれる猫のイメージが世界の他の国々のそれとほとんど共通していることが述べられている。ヘリングの論をまとめると、猫とは「有益な愛玩動物でありながら、野生味を失わない動物で、人間の生活の中に入り込んでいながら、人間の力を超える自然的なものを思わせる存在」と言える。この猫の超自然的なイメージがマイナスの方向に向かうと「怪猫」譚が成立するのではないだろうか。

（2）猫の怪を扱った演劇は、『獨道中五十三驛』以前にもあった。元禄八年の近松作品『今源《いまげん》氏《じ》六十帖《ろくじゅうじょう》』での水木辰之助の猫の所作事、元禄一〇年頃の浄瑠璃『猫魔達《ねこまた》』（近松添削）、元文五年の浄瑠璃『今川本領猫魔館《いまがわほんりようねこまたやしき》』（文耕堂・千前軒・三好松洛）などが挙げられ、いずれも登場人物が恋の恨みで猫に変ずる点で共通しているが、これらの怪猫と『獨道中五十三驛』との関連はほとんど見られない。

（3）『獨道中五十三驛』の引用にあたっては『鶴屋南北全集第一二巻』を用い、読みやすくするために一部仮名づかい、漢字を改めている。また、本稿における文献の引用はそれぞれ以下による。

『百物語評判』（日本近代文学大系　怪異小説集）

『新著聞集』（日本随筆大成）

『甲子夜話』（東洋文庫）

『東海道名所図会』（日本図会全集）

『北越雪譜』（岩波文庫）

『想山著聞奇集』（日本庶民生活史料集成　奇談）

（4）渥美清太郎は、『歌舞伎脚本傑作集　第六巻』（春陽堂、大正一〇年）での『獨道中五十三驛』の解題において、「南北は、猫の趣向を考へ附きはしましたが、さて、猫をどんな姿にしたものかと迷ってゐました時、隣家の猫が、官女を描いた錦絵を咬へて、偶然入って来たので、十二一重の姿を思ひ附いたのだといはれてゐます」と書いている。十二単と怪猫の絵画によるかかわりを暗示する伝説であるだけに、興味深い。

アダム・カバット

化物尽の黄表紙の考察 ——化物の概念をめぐって——

はじめに

本論では、伊庭可笑作・鳥居清長画の黄表紙『今昔化物親玉《いまむかしばけもののおやだま》』（安永八年ないし九年刊、一七七九ないし一七八〇）、続編の『化物世櫃鉢木《よつぎのはちのき》』（天明元年刊、一七八一）、および十返舎一九画作の黄表紙『化物《かいだん》見越松《みこしのまつ》』（寛政九年刊、一七九七）にみられる、化物に人間の子が産まれるという共通のテーマを視点として、黄表紙における化物の概念について考察してみる。なお、本論では、不適切と思われる表現もあるが、歴史的事実をふまえ、原典のままとした。筆者の差別意識ではないことをあらかじめお断りしたい。

『今昔化物親玉』の梗概

見越の介とろくろ首の妻のお六は仲が睦まじい。しかし、見越の介は化物らしくなく、当時の通人の髪形をしており、妻も懐妊してからは長い首を引っ込めている。そのためか、玉のような美しい人間の子が産まれる。

ある夜、産土神が見越の介の夢に現れ、「お六が身籠ってから一度も首を伸ばさなかったせいで、姿を人間だと思って、間違って人の魂を入れた」と告げる。「化物の子になれないから、因果だと諦めて、山へ捨てなさい」と言うので、見越の介は不憫だと思いながらも、自分の子を山に捨てに行く。

その帰りに、見越の介はお雪という評判の雪女と出会い、二人は恋仲になる。それから彼は毎夜、雪女のところに通うようになる。しかし、やがて妻のお六に浮気がばれる。お六はお雪を家に呼んで三人で仲良く暮らそうと見越の介に勧める。一緒に暮らし始めた。ある夜、見越の介が家の中を覗くと、双六をしつつまどろむ二人の髪が蛇のように逆立ち争っていた。女の嫉妬心に呆れた見越の介は見越入道となり、出家の旅に出る。

見越の介に捨てられた子は、ももんがあと油嘗め夫婦に拾われ、いま六歳となっている。ももんがあはこの珍しい人間の子供を見世物に出そうと思い、猫股に売ってしまう。両国の見世物小屋で簡単な曲芸をすると、評判になり、たくさんの化物が続々と見に来る。そしてある日、見越入道が見世物小屋に来る。彼はわが子を見て、涙を流す。見越入道は猫股から子供を買い取り、出家させて、道楽寺の和尚の弟子とする。その後、見越入道はまた諸国の旅に出て、行方がわからなくなる。彼の子供は大きくなり、道楽寺の住持となるが、医師に化けて遊所に通っているばかりである。

『化物《ばけもの》世櫃鉢木』の梗概

『今昔化物親玉』の続編にあたる『化物《ばけもの》世櫃鉢木』は化物たちの会議で始まる。化物世界の風儀が悪くなってきたのは抑える頭《かしら》がいないからである。三つ道という見越入道の子供を探し、見越の家を相続させ、化物の頭に定めようという提案がある。

しかし、肝心の三つ道は相変わらず遊女と遊んでいる。最近はとくに、井出野という品川の遊女のところにばかり通っている。しかし、ある夜、井出野が猫に化けている姿を目撃し、大いに驚く。三つ道は実は化物の子供だと明かしてから、井出野の身の上話を聞く。化猫の父は狩人に殺され、井出野は化猫の「二股家」を再興しようとしていると話す。井出野の話を聞いた三つ道も、親孝行のために化物になろうと決心し、道楽寺を出ていく。

まず、試みに『一心二河白道』の清玄の真似をし、人をおどそうとするが、ただ馬鹿にされているばかりである。次に張抜の座頭の大頭を被り、山奥で人を待つが、道を通る狩人をおどしてみると、逆に狩人に張り子の頭をひったくられ、ひどい目に遭わされる。半死半生の三つ道は、夢うつつに母のろくろ首の幽霊と対面する。ろくろ首は「あなたが化物になりたいなら、大入道大権現の社でお祈りなさい」と告げる。

三つ道が母の教えに従い、社で祈ると、大権現が現れる。三つ道に自分の眼の一つを与えると、三つ道は三つ目の化物に変身する。大権現は三つ道の名に「目入」という字を割り込ませ、名を「三つ目入道」に変えさせる。化物になりすました三つ目入道は育ての親のももんがあ達に挨拶に行く。それから三つ目入道はちょうど彼を探している馬頭という化物に出会い、化物の頭にならないかと誘われるが、断る。

場面は馬頭の家に移る。大雪の夜。旅を続けてきた見越入道は馬頭の家で一夜の宿を頼む。馬頭は御馳走は何もないと言って、その代わりに、大事にしていた化物の鉢の木を薪にして、見越入道を暖める。そして見越入道の話を聞いて驚く。実はつい先ほど息子と会ったばかりだと馬頭が見越入道に打ち明け、親子の再会を勧める。見越入道は息子の三つ目入道の立派な化物の姿を見て、大いに喜び、さっそく、隠居し、三つ目入道を化物の頭にする。めでたしめでたしで話が終わる。

『化物見越松』の梗概

丹波の国の山奥に、人に怖がられないももんがあがひっそりと暮らしているが、ここに移ってきた幽霊と親しい関係になり、やがて幽霊は懐妊することになる。ところが、思いがけないことに、幽霊は玉のような人間の子を産んでしまう。まともな人間の子は化物世界においては大恥である。

悩んだももんがあは、この子が化物らしく生まれなかったのは自分が殺生しなかった因果だと最初は思っていたが、よく考えてみたら、きっと種は化物の種ではなく、幽霊が娑婆にいた頃の種ではないかと疑いはじめ、親子を家から追い出すのである。もう死んでいる幽霊は身を投げることができず、仕方なくこの世に戻る。子供に桃太郎という名をつけ、一人で育てる。

大きくなった桃太郎は疱瘡にかかり、顔が痘痕になると、みなに化物と呼ばれる。母親は大変喜び、本物の化物にしようとする。まず、桃太郎は狸の格好をし、町を歩くが、血気盛んな男たちに殴られてしまう。次に河童の真似をするが、本物の河童が現れ、彼を犯そうとする。

そこで桃太郎はももんがあの友人の五位鷺に助けられる。五位鷺は桃太郎の世話を見、彼を化物の仲間に入れさせようと企む。髪月代をさせなければ、化物のようになるのではないかと五位鷺が言う。

話は三つ目入道の家に移る。三つ目入道の娘、お六は生まれつきの長い首が病気で引っ込んでいる。しかも器量がいい。この「満足な娘」は化物世界においてはお嫁にいけない。父親は大いに悩む。

医者の勧めに任せて、気晴らしにお六は花見に出掛け、若男になったばかりの桃太郎と出会う。「満足な娘」と「片輪でもない色男」がお互いに好きになることは化物たちの笑い種にもなる。

五位鷺とお六の医者は、この二人を化物の形にさせようと企む。医者はお六に今夜桃太郎が逢いに来るという嘘をつき、同じように五位鷺は、今夜お六が逢いに来ると桃太郎に言う。その夜、二人とも楽しみに待っているが、いくら待っても、なかなか相手が来ない。互いに早く会いたい一心で首がずるずると伸び、途中で出会う。首が長くなった桃太郎は見越入道となり、親のももんがあは大いに喜び、息子を後継ぎにする。

興味深い共通性

本論では『今昔化物親玉』と『化物世櫃鉢木』をひとつの統一した作品として考察してみたい。享和二年(一八〇二)にこの二作の黄表紙が『化物一代記』という改題合成本として刊行されたので、便宜上、この二作を『化物一代記』という題名で表記する。

『化物一代記』と『化物見越松』の間には十六年のギャップがある。十返舎一九が『化物一代記』を読んで意識的に真似したかどうかは今になっては知るすべがないが、いずれにしても、顕著な類似性がある。筋を追いながら、共通している部分を細かく見てみよう。

(1)なぜ化物に人間の子が産まれたのか

両作では人間の誕生の理由は、化物らしくない親のせいとなっている。つまり、親の因果で化物世界に満足な人間の子が産まれてきたのである。

『化物一代記』では、父の見越の介は「顔は恐ろしけれど、髪は意気ちよんにて、いづれも人間に変はる事なし」。また、母のお六は懐妊してから、一度も長い首を伸ばしたことがなかった。つまり、親の姿が人間のようであるため、産土神が間違って人間の種を入れたのである。

『化物見越松』では、誕生の理由はそれほどはっきりと書かれていないが、父親のせいだと仄めかしている。

父のももんがあは『化物一代記』の見越の介と違って、外見は化物らしいが、性格は人間的である。人間に怖がられないももんがあは「今まで人間を取り食らいしこともなく、ついに殺生した事がなきゆへ、その報いにて無傷の伜を設けし」となっている。しかし後に、ももんがあは人間の子が産まれたことを幽霊のせいにする。

（2）誕生への反応

両作にはお産の場面があり、この奇妙な誕生に対し、周りの化物たちが大いに驚く。「怪しからぬ」（『化物一代記』一丁ウ―二丁オ）あるいは「怪しからねへ」（『化物見越松』三丁オ）という表現が使われている。父親は子供を「不憫」だと思って、悩んでいる。

『化物一代記』では、見越の介は不安そうな顔をしながら、医者と相談している。『化物見越松』では、ももんがあは周りの化物に馬鹿にされることを恐れている。「外聞の悪い」誕生だと思い、心を痛めながら、世間の目からこの怪しい誕生のことを隠そうとしている。

（3）人間の子をどうするか

両作では、結局父親は子供を捨てるが、いきさつがやや違う。

『化物一代記』では、見越の介は産山神の伝えに従って、子供を山に捨てておく。『化物見越松』では、ももんがあは自分の子ではないと疑いはじめ、母親とともに子供を追い出す。ここでは、幽霊は元が人間だということで、化物と区別されている。つまり、ももんがあは、本当の父親は幽霊が娑婆にいた頃に知り合った人間だと疑う。しかし、『化物一代記』にせよ、『化物見越松』にせよ、化物の父親は、人間の子が化物世界では生きられないという切ない気持ちを抱いている。

（4）化物世界から追い出された子供の運命

両作では、子供はしばらく人間として人間世界で生きようとする。

『化物一代記』では、三つ道は六歳まで化物夫婦に育てられ、その後、見世物にされるが、父親に助けられる。結局、三つ道は和尚の弟子となり、人間の社会で住職にまで出世する。

『化物見越松』では、母親の幽霊とともに桃太郎は人間世界に戻り、人間として少年まで成長する。
（5）化物になろうとする動機
両作では、主人公が一人前の化物になりたい気持ちになり、これは親孝行のためでもある。

『化物一代記』では、三つ道は化猫の遊女の親孝行の話を聞き、自分も見越の家を再興したくなる。

『化物見越松』では、疱瘡にかかった桃太郎の顔が化物らしくなり、母親の希望に従って、化物訓練をやりはじめる。
（6）失敗の経過
両作では、主人公は化物の真似をするが、失敗を二回繰り返す。

『化物一代記』では、三つ道は『一心二河白道』の清玄の格好をするが、人間に笑われる。次に、張抜の座頭の大頭を被るが、人間に殴られる。

『化物見越松』では、桃太郎は狸の格好をするが、人間に殴られる。次に、河童の真似をするが、本物の河童に犯されそうになる。
（7）化物のよき協力者
両作には、主人公を助ける化物の協力者が現れる。その協力者が主人公の形を変えることによって、主人公を一人前の化物に変身させるのである。

『化物一代記』では、三つ道は大入道大権現の社に行き、「人間を離れ、化物らしき形になして賜び給へと一心に」祈ると、大入道大権現は自分の目を与える。つまり、三つ道の顔かたちを変えさせることによって、三つ道を三つ目入道という化物に変身させる。目が三つになると、三つ道は「本の化物」になったと喜ぶ。『化物見越松』では、五位鷺は桃太郎の世話をする。「山奥へ連れゆき、そのまゝにて髪月代もせず、湯水も使わず、行成三宝にしておいたら、よもや化物のよふになりそふなもんだ」と五位鷺は考えているが、青年になった桃太郎は未だ化物になっていない。五位鷺は桃太郎を騙し、恋人を長く待たせる。待ちきれない桃太郎は、ついに自分の首を伸ばしていく。首が長くなった桃太郎は見越入道になれる。つまり、五位鷺は桃太郎の体の形を変えさせることによって、桃太郎を化物に変身させることに成功するのである。

（8）めでたい結末

両作では、化物になりすました主人公が父親と再会し、化物たちの親玉になるところで、話がめでたく終わるのである。

大まかな筋だけを見ると、両作では、人間として生まれた主人公は化物世界においては奇形的な体を持つ存在として差別されるが、体の形を化物らしい形に変身させることによって、簡単に一人前の化物になれる。細かいいきさつに関しては異なっている部分が多いが、この二つの作品は化物になるまでの過程そのものは全く同じだと言ってよかろう。そしてこの二作とも、化物の内面や行動より化物の形のみにこだわっているのが、この過程を辿ると明らかに分かるのである。

化物の定義

しかし、黄表紙の世界でしばしば使われているこの「化物」という言葉は一体どういう意味を持つのか。文字通りに考えると、「化物」は、「化ける」存在でなければならないが、前述の作品を見ても分かるように、黄表紙の化物は必ずしも化けるわけではない。むしろ、いっさい化けない化物が多いような気がする。

伊庭可笑は、『化物世櫃鉢木』を書いた二年後の天明三年に『化物仲間別《ばけものなかまわれ》』というもう一つの化物尽の黄表紙を書いた。ここでは、「化ける」化物は「化けない」化物とはっきり区別されているのである。

古狐と狸の相談で話が始まる。「見越入道めが化物の頭めきたるが、いつでも首を伸ばすばかり、あのくらゐの事は、人間にもろくろ首といふ病で首の出るのはある。又おいらは何にでもお望みに化けるからは化物といふは此方の事さ」（二丁オ）と古狐は発言している。狐は「何とおの〳〵坊主の首の長いのが化物といふてもござらぬ」（三丁オ）と言って、「化ける」化物を集め、反乱を起こす。「化けない」化物として、見越入道のほかに、三つ目入道・ろくろ首・雪女・ももんじい[1]があり、それに加えて、目のない化物と角がたくさんある化物が描かれている。彼らと戦う「化ける」化物には狐と狸のほかに、猫股・獺・河童・五位鷺が登場する〈図1・図2〉。

最後に坂田金時が仲裁する。「なるほど狐狸が見越入道は化物でないといふももつとも、又何にても形を変じ、化けるゆへ、狐狸が化物の頭だと思ふも不覚、そのわけはそう自由に化けられるから、昔も梅干しに化けて人間に食われた事がある。そふしてみれば、互いに劣らぬ化物なれども、見越入道は昔から化物の大将といふ事が、お子様がたがよくご存じなれば、いまさら狐を頭とも定めがたし」（九丁ウ）という判決が出る。結局、化物尽の黄表紙ではお決まりのパターンがあり、今になってこれを変えるわけにはいかないという理屈で話が収まるが、面白いのは、可笑がこうやって「化ける」化物と「化けない」化物を二つのグループに分けさせているところにある。この二つのグループを細かく見ると、「化けない」化物はいずれも人間の体型が基本となっている「人間系」の化物であり、「化ける」化物はいずれも実在する動物を連想するような「動物系」の化物となっているのである。

化物は想像の領域のみに存在しているものではない。現実の世界が出発点であり、この現実の世界にある

図1　「化けない」化物の集まり（『化物仲間別』より）

図2　「化ける」化物の集まり（『化物仲間別』より）

ものの形を少し変えることによって化物が誕生する。実存する動物の化物（例えば、狐や狸）は変化することによって、現実の形から離れ、初めて化物になれるが、すでに形が変えられた「人間系」の化物（例えば、首の長いろくろ首や目が三つの三つ目入道）なら、形が人間の形と離れているだけで、すでに「化物」となっており、そもそも化ける必要が全くないのである。

本論の二作の黄表紙はいっさい化けない「人間系」の化物を中心にしていると考えられる。確かに、『化物一代記』では様々な動物系の化物たちが登場するが、品川の化猫を除けば、こういう動物たちは本来の「化ける」特徴を一度も見せてくれないのである。つまり、動物の顔をしていながら、人間の体形をもっている着物姿の、いわゆる擬人化された動物系の化物たちは、体の形が奇形的になっている「人間系」の化物たちと似たような存在でもある。『化物仲間別』では、単なる奇形的な化物が実際化ける化物より優越的な立場を確保しているのは、本論の黄表紙における化物たちの現状を正確に語っているように思われる。

やはり、「化物の子がかゝる満足なる顔つきにては、外聞も悪し、鼻でも逆さまについているか、口でも耳のきわまで裂けているといふよふな事でなければ、片輪とは言われず」（『化物見越松』二丁ウ―三丁オ）・「こゝにおかしき事あり、化物仲間にては目が一つあるか、三つあるか、鼻が曲がつてあるか、口がとんがつてあるか、とかく異風なつらをよい器量だと思つている」（『怪談筆始《かいだんふではじめ》』十返舎一九画作、寛政八年刊、一七九六、六丁ウ）・「娘がろくろ首なればこそ、化物なれ、首が伸びねば、つねの人間なり」（『化物見越松』六丁ウ）といったようなくだりこそは、化物の定義にもなっている。可笑の作品では、一九と比べそれほど明確な説明文がないにせよ、「玉のやうなる」子供の誕生が化物世界では怪しく思われる事件そのものが、化物の存在があくまで奇形的なものだと語っているのである。

もう少し細かく分析してみると、この奇形的な存在は三つのパターンに分けられる。いずれの場合も、人間が化物の原点となっているのである。

（1）単に醜く、汚く、あるいはだらしない様子。（2）病気がもたらす体の変容。（3）生まれつきの奇形的な身体。

（1）の例として、桃太郎を化物にする五位鷺の最初の策略があげられる。桃太郎の髪をだらしなく伸びさせたり、湯に入らせなかったりするだけで化物に近づいてくると五位鷺は期待する。逆に、見越の介はおしゃれの意気ちょんという髪形をしているので、化物世界から一歩遠ざかっている。大人になった桃太郎は「いい男」であり、化物世界から離れたお六も、「言い分のない器量がいい」娘である。三つ道の「化物らしさ」は目が三つあるところだけではない。三つ道が登場する画を順番に見てみると、彼の体が徐々に毛深くなってくることが分かる。最初の不精髭が本格的な髭となり、十四丁ウの画では手にも毛が生え、最後の十五丁ウの画では、胸にも獣のような毛が生えてくるのである。

(2)の例として、疱瘡の痘痕によって顔が化物らしくなり、喜んでいる桃太郎の例があげられる。お六の長い首が引っ込んでいるのも一種の奇病として説明されている。父の三つ目入道は、医者と相談し病気を治してもらう。実は「ろくろ首」を病気とする合理的解釈が当時あったらしい。『化物仲間別』の「人間にもろくろ首といふ病で首の出るのはある」とは、これを示している。つまり、化物なのにろくろ首になっていないという病気は、人間でろくろ首があるといった奇形的な病気の裏返しである。黄表紙『狂言末広栄』(山東京伝作、喜多川歌麿画、天明八年刊、一七八八)では、主人公のろくろ首は化物ではなく、恋煩いで首が伸びている人間の女であるゆえに、最後にこの「難病」は医者の治療で治るのである。

(3)の例として、両作の出産の場面があげられる。化物世界で奇形児でない子が産まれるのは、言うまでもなく人間世界で奇形児が産まれてくる出来事をパロディー化している。この子が化物の社会でどう扱われるのかが、両作のメイン・テーマにもなっているため、この類の「化物らしさ」は大分クローズアップされているのである。したがって、その裏返しとして、当時の社会が奇形児をどのように見たのかが浮き彫りになるのである。

化物たちにとって、奇形児とは「玉のようなる人間の男児」(『今昔化物親玉』)および「玉のようなる人間の子」（『化物見越松』）となっている。『化物見越松』ではなおかつ「満足なる顔つき」・「無傷の伜」・「とんだ器量のいい」・「三十二相揃つて」・「どこに一つ言い分のない」という表現が見られる。両作では「片輪」という言葉が使われているが、使い方が多少違う。『今昔化物親玉』では「化物の子に大きな片輪」（三丁オ）というが、『化物見越松』では桃太郎は満足な顔だからこそ、「片輪とは言われず」（二丁ウ）。すなわち、一九の作品では、「片輪」とは化物世界において評価すべき特徴の一つである。しかし、「化物にとっての片輪」は結局「片輪でない」ことであり、両作家が言っていることは同じである。また、この怪しい誕生に対する反応のくだりは、両作が似ており、一つの社会的事実を述べているとも言える。奇形児は、「不憫」でありながら「外聞の悪い」存在でもある。両作では、子供が捨てられるのも一つの社会的事実である。しかし、父親がこう悩んでいる反面、世間は珍しい子供を面白がっている。『化物見越松』では、近所の化物たちはじろじろ見に来る。『今昔化物親玉』では、母親は不思議な子が産まれたと聞き、思わず自分の首を伸ばし、子供を見る。彼女の表情は不安よりも好奇心に溢れており、『化物見越松』の近所の化物たちと似たような楽しそうな表情でもある。(2)

要するに、両作では奇形児の悲惨な運命が風刺的に描かれているとともに、「化物」としての奇形児が「面白い」ものとして描かれている。また、これが一つの社会的事実を反映していると言えよう。

奇形的な見世物と化物

化物の奇形的なあらゆる特徴は、いずれも人間に関わる奇形的な特徴が原点となっているのである。そして化物は内面よりも、この外見によって定義されているのである。しかし、この時代に奇形的な化物がなぜあれほど受けていたのか。この問題を解くためには、黄表紙の時代に流行っていた見世物を検討すべきだろう。

見世物には様々な種類がある。例えば、朝倉無声氏は『見世物研究』の中で、それぞれの見世物を「伎術篇」・「天然奇物篇」・「細工篇」に分けている。「天然奇物篇」をさらに細かく見ると「畸人」・「珍禽獣」・「禽獣の曲芸」等と区別されているが、朝倉氏によると、「畸人」（不具者を見世物にしたこと）の隆盛期は安永天明頃となっており、(3)ちょうど黄表紙の時代（安永四年―文化三年、一七七五―一八〇六）と重なっている。これは単なる偶然ではないと思われる。

『化物見越松』では、「殺生をせぬ親の因果が子に報つて、こんなに三十二相揃つて、どこにひとつ言ゝ分のない子を産んだと見へた。せめてこの子の罪滅ぼしに見世物にでも出したら、今度のまわりにはろくろ首にでも産まれるだろふ」（三丁オ）となっているが、実際子供を見世物にする場面が『今昔化物親玉』の中に描かれている。

化物世界で、人間として生まれた子供は、六歳になると猫股の山師に売られてしまう。両国広小路の見世物小屋で、簡単な曲芸をする。口上の言葉として、「あまり珍しきものゆへ、彼の業をも減しつかはさんと存じ」とある。客の反応には、「こいつは凄いものだ」や「何の因果であのやうなものを産んだやら」というセリフがあるが、父親の見越入道は見世物にされた自分の子供が「不憫」だと思い、涙を流す。

この場面が、実際行われた不具者の見世物をパロディー化していることは言うまでもない。「彼の業をも減しつかはさんと存じ」という口上のセリフは、『化物見越松』の「この子の罪滅ぼしに見世物にでも出したら」と同じ発想であり、不具者の見世物の呼び込みの常だと思われる。つまり、仏教の思想として、不具者は罪を犯した親の因果関係で生まれてきた存在であり、そして、見せることによってその業が減するのである。この思想は古くから日本にあったと思われる節があるが、不具者を見世物にする記録そのものは江戸時代以降であるという。(4)安永天明頃になると、元々の仏教的な考え方がおそらく大分薄れているはずであると考えられる。[5] つまり、罪障消滅のために不具者を見世物にするのは表向きの理由にすぎず、むしろこういう見世物は「珍しきもの」という意味で、客の好奇心をそそる「商品」となっているのである。また、見世物繁盛にも関わらず、見越入道が自分の子供が不憫だと思い、猫股から買い戻すことは、当時の人たちには、不具者を見世物にするのが可哀想だというような考え方もあったことを証明しているのである。

「因果応報的見世物」[6] と呼ばれるこの類の見世物には仏教的思想は単に表面的だと言っても、この思想が生みだした一つの定着したイメージとして、不具者の見世物があくまで人間から生まれてきたことがあげられる。言い換えれば、当時の人々にとっては、不具者の見世物は化物のような人間であり、こうして奇形的な形となっている人間が化物と結びつけられるのである。藤沢衛彦氏は、「日本見世物史」の中で畸形人の見世物を百二十三の種類に分けているが、その中には明らかに化物の名称と重なっているものが多い（例えば、轆轤首、雪女、青女房等）[7]。この資料は何を元にして作られたのかは定かではなく、あらゆる見世物年表を見ても、このリストの全部と一致するような見世物はないが、いずれにせよ、不具者の見世物の多くは、「化物」を連想するような言い方で呼ばれていたことは間違いないだろう。しかし、これが比喩的な言い回しであり、内容的に体が奇形的になっている人間であることが強調されていることも事実であろう。

例えば、「鬼娘」の例を見てみよう。『今昔化物親玉』の中で、「近い頃、人間の子に鬼娘もござりました」（二丁ウ―二丁オ、傍点筆者）と山姥の取り上げ婆が言うが、これは安永七年（一七七八）に江戸の両国広小路に行われた鬼娘という実際の見世物を暗示している。この見世物が、信州善光寺如来開帳の際の興行であり、相当の人気を得たという。しかし、鬼娘は妖怪として宣伝されたわけではない。鬼娘に関する当時の際物の文献を検討してみると、「親の因果が子に報って鬼娘が生まれてきた」というようなくだりがよく見出される[8]のである。これが、実際の口上の文句であることはほぼ間違いないだろう。つまり、鬼娘の「鬼」

としての特徴は、人間離れした容貌にあるだけだと言ってよかろう。際物の黄表紙の絵は、この見世物の容貌を現実的に描いており、我々の抱いている典型的な鬼の像よりも、奇形的な人間像となっているのである〈図3〉。また、鬼娘は宝暦九年（一七五九）の熊女の見世物の生まれ変わりというように宣伝されていたこともある。[9] 熊女は、狩人の親の殺生の罪で熊のような体で生まれてきた娘であり、鬼娘と同じ系統の見世物であった。[10] つまり、鬼娘は化物の「鬼」の名前を借りながら、不具者の見世物の系列に属しているのである。『今昔化物親玉』の作家、伊庭可笑は、不具者の見世物の風俗を意識しながら、「近い頃、人間の子に鬼娘もござりました」という一行を書いていたにちがいない。また、こういう見世物の風俗の裏返しとして、化物夫婦に不具者の子供（人間）が生まれ、この子供の奇形的な容貌が世間に珍しい存在であり、そして親の因果で業を減するのは表向きの理由で、実はお金を儲けるために見世物にされるというような話を想像していたのである。可笑の描いている化物世界は、次のように人間世界と対比的な構造を持っているのである。

人間世界＝満足な顔や体
　人間の親
不具者の子供＝化物＝見世物（奇形的な容貌が珍しく、
　人間の客を呼び集める）
〔そしてこの裏返しとして〕
化物世界＝奇形的な顔や体
　化物の親
不具者の子供＝人間＝見世物（奇形的でない容貌が珍

図3　現実的に描かれている鬼娘
（『鬼の趣向草』より）

しく、化物の客を呼び集める）

奇形的な見世物が化物と対比している存在であることを明らかにしている黄表紙として、『怪席料理献《かいせきりょうりのこん》立《だて》』（望月窓秋輔作、寛政八年刊、一七九六）があげられる。この黄表紙の題名の「怪席」や角書の「御子供方御好ニ附」あるいは序の部分の「年々出板の化物草紙いつもかはらぬ御得意様方」が示すように、作家の意図は化物尽の黄表紙を書くところにある。実はこの黄表紙は、化物尽の黄表紙のお決まりのパターン（化物たちが人間にけちをつけようとするが悉く失敗して田舎に引っ込む）に沿いながら、典型的な化物の代わりに、実際存在していた奇形的な見世物の女達が主役をつとめているのである。鬼娘と熊女のほかに、仲間の蟹娘・蛇女・三足の娘・猫娘が登場するが、いずれも奇形的な特徴が擬人化されており、姿が完全に一種の化物になっているのである。この黄表紙には典型的な化物達も顔を出しているが、見世物の女達の集まりの絵〈図4〉や化物達の集まりの絵〈図5〉を並べて比較してみると、ほとんど同じようなものだと分かる。つまり、どちらも、人間から見て奇形的な存在であり、それが原因で人間世界に対し劣等感や憧れを持っているのである。このように奇形的な見世物が完全に黄表紙の化物の世界に溶け込めるのは、この二つの世界が「奇形」という共通性によって割合に近いものだと語っているように思われる。伊庭可笑は初期の化物尽の黄表紙で、化物の本質が奇形的な形にあることを理解した上で、この概念を裏返すことによって、不具者の見世物への社会的反応が風刺的に描かれるレベルの高い作品を書きあげたのである。そして、十返舎一九が全く同じ風刺性を受け継いで、自分の黄表紙の中にこの発想を思う存分に生かしているのである。

化物世界のユーモア

さて、最後に、両作にみられるこの風刺性について触れておきたい。

奇形的な化物が人間の日常生活の様式や習慣などを真似すること、この見立てのおかしさこそが、本論の二作の黄表紙のユーモアの出発点である。この化物の世界が、十返舎一九画作の黄表紙『化物年中《ねんじゅう》行状記《ぎょうじょうき》』（寛政八年刊、一七九六）では次のように説明されている。「昔より御子様がた御存じの化物、今はみな通に

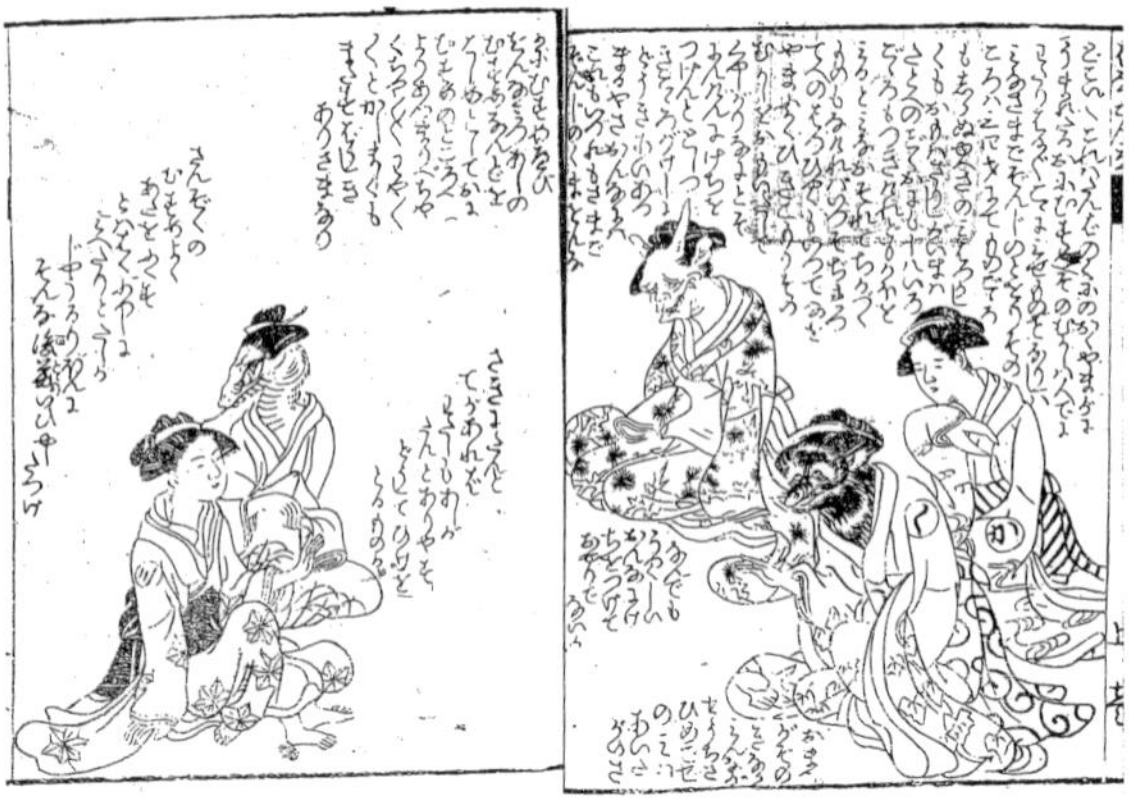

図4　擬人化された見世物の女達（『怪席料理献立』より）

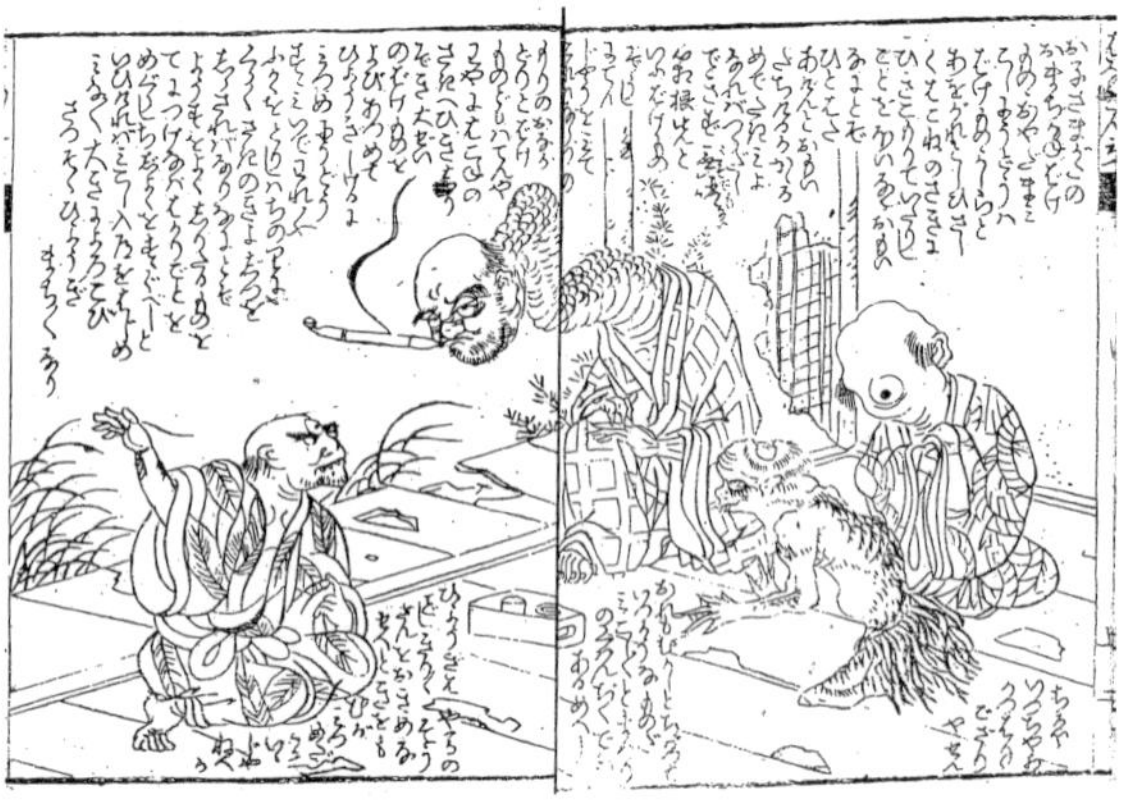

図5　典型的な化物達（『怪席料理献立』より）

なって人を脅すのなんのといふ事はなく、とんと別に世界をたてゝ、おのれ〳〵が家業を大切に勤め、おとなしく暮らしける」（二丁ウ）。この黄表紙にはストーリーのようなものが全くなく、年中行事に関する様々な場面が描かれているだけである。そしてどの場面も、化物たちのやっていることは「人間界に変わる事なし」（八丁ウ）となっている。例えば、「ろくろ首の子供は小さい時より、人間の子が凧をあげるごとく、うぬが首をだん〳〵伸ばし習ふ事あり。女の子供は手鞠の代わりに火の玉をついて遊ぶ。みな春先の子供の遊びなり」（二丁ウ）〈図6〉となっている。こういう化物は本来の恐ろしさをなくし、大分弱くなった存在だとよく指摘されるが、弱くなったというより、人間の見立てになるため、必然的に人間化されたという言い方のほうが適切であろう。やはり、一九にとって、化物と人間の根本的な違いはこの奇形的な顔や体にあると思われる。

図6　人間の日常生活を真似している化物（『化物年中行状記』より）

人間世界の見立てとしての化物世界は、一九の好む設定の一つであり、寛政頃のいくつかの黄表紙の中に利用されている。この作品群が中村幸彦氏によって評価されているのもこういうところにあると考えられる。(11) 黄表紙だけではなく、同じ設定が、一九の合巻にも見られる。(12) 例えば、『化物の娵入』（勝川春英画、文化四年刊、一八〇七）や『妖怪一年草《ばけものひととせぐさ》』（勝川春英画、文化五年刊、一八〇八）の例があげられる。『化物の娵入』では、醜い評判娘が一つ目入道の醜い息子と結婚し、墓場で、「玉のよふではなく、化物のよふな子を産んで喜ぶ」（十二丁ウ―十三丁オ）。『妖怪一年草』は『化物年中行状記』の設定の繰り返しとなり、ここにも、ろくろ首の子供が自分の首を凧にする場面がある。一九が長年に亙って全く同じ発想を生かしながら、この類の話を書き続けてきたことがわかるのである。

しかし、これらの作品と違って、『化物一代記』や『化物見越松』の一つの特徴として、「人間」という存在が化物世界に進入することがあげられる。人間は化物の形と違うためにひどい目にあわなければならないが、本人は自分の「片輪」に負けず、一生懸命に化物になろうと頑張る。このように人間が化物の世界の逆さまの価値観をじかに体験することによって、化物世界と人間世界の対比がより明確な形となり、より優れた風刺性が見出される。それだけではなく、この設定は化物尽の黄表紙の典型的なパターンの逆となっており、ある意味では、この二作は化物尽そのもののパロディーにもなっているのである。すなわち、人間が化物世界に入り込もうとする話ではなく、逆に化物たちが人間世界に入り込み、人間に馬鹿にされ、最後に箱根の先に引っ込むのは、先に述べたように数多くの化物尽の黄表紙の決まった筋である。化物たちは、「人間にけちをつけたい」という気持ちで人間世界に進入するが、内心の目的は、人間を怖がらせることより人間社会に溶け込みたいことであろう。つまり、化物たちは人間社会に対し、強い劣等感と憧れを持ち、できるかぎり自分たちも人間になりたいという密かな願望を抱いているのである。例えば、黄表紙『模聞雅話《ももんがわ》』（志水燕十作、天明三年刊、一七八三）[13]では、化物たちが大通になるため、形を人間の形に変えようとしている。見越入道は「首の縮まる事を工夫なし、提灯屋へ誂えてたゝまるやうにしげぼねで貼らせる」（一丁ウ）〈図7〉。天狗は「思ひつきのさとりで鼻を落とすには夜鷹にしくはなしと柳原から上野山下をそゝり歩く」（三丁ウ）。河童は「頭の水を竜骨車《りうこし》で掻い乾し、きんきんの青月代となり」（三丁ウ）。つまり、化物は自分の奇形的な特徴（見越入道の長い首、天狗の長い鼻、河童の皿）をなくそうとしているが、変身した姿は中途半端であり、結局本物の通に馬鹿にされる結果となる〈図8〉。本論の二作品では、このパターンが裏返されているのである。人間の桃太郎が必死に狸の姿をしたり、あるいは人間の三つ道が頑張って張抜の座頭の頭を被ったりするが、誰も本物の化物だと思ってくれない。この場合、化物ではなく、人間の方が自分の形に劣等感を持つ。そして通の世界ではなく、奇形的な世界への憧れを持つ。典型的な化物尽の黄表紙のパタ

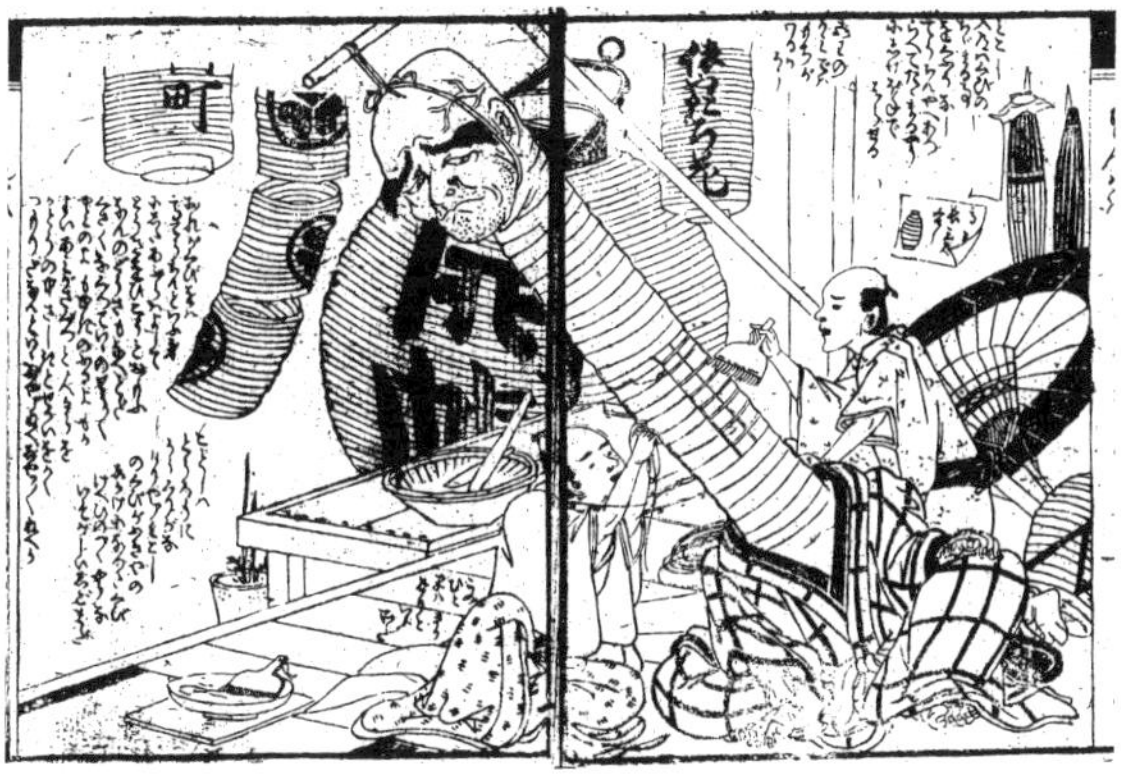

図7　形を変えようとしている見越入道（『化物二世物語』より）

図8　人間への変身が中途半端になっている化物達（『化物二世物語』より）

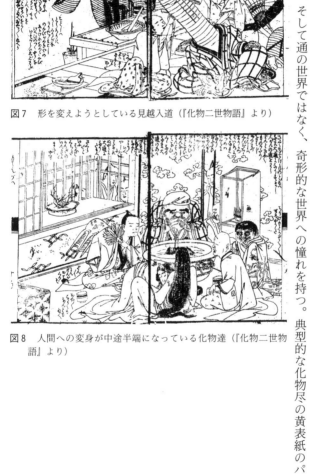

ーンを逆さまにすることによって、新たなユーモア性が感じられるのである。

化物に人間の子が産まれるのをテーマにしている黄表紙は、管見の限りこの二作しかないが、人間が化物世界を体験するテーマなら、十返舎一九画作の『怪談筆始』があげられる。この作品は『化物見越松』より一年早い寛政八年（一七九六）に刊行された。坂田金平の話となっているが、金平の化物退治といった古浄瑠璃以来の話ではなく、金平が化物世界で逗留しているという面白い設定である。化物世界から追い出された桃太郎と違って、金平は化物世界において大事にされたお客さんとなっているが、やはり、金平も人間ということで、桃太郎が体験したような差別を受けなければならない。とりわけ、化物の目からみると、金平は「醜い」存在である。吉原を訪ねている金平は、あまりの醜さのために遊女に相手にされない。「こゝにおかしき事あり、化物仲間にては目が一つあるか、三つあるか、鼻が曲つてあるか、口がとんがつてあるか、とかく異風なつらをより器量だと思つているゆへ、金平を見るとヲヤ〳〵顔の満足な人が来たと言つて、新造子供の笑いものなり」（六丁ウ）〈図9〉。「おかしき事」は作家（人間）の皮肉な判断である（化物たちは別におかしいと思っていない）。また、金平（彼も人間）という登場人物は、化物世界を体験することによって、じかにこの「おかしさ」を感じざるをえないのである。一人にされた金平が女郎の部屋を覗くと、化物同士が睦まじい会話を交わしている。「わつちやァぬしのやうな目の一つある片端なお方にあいんすとは冥加に叶つたのでおすよ」と女郎が言うと、「おいらもおめへのやうなじゝむな女郎衆にまぐれあたつたは大きな仕合ものさ」と客が答える（八丁オ）〈図10〉。

一年後、一九が全く同じ類のユーモアを『化物見越松』で再利用したのは言うまでもない。『化物見越松』は『化物一代記』との類似性が目立つが、一年前の『怪談筆始』との直接的な影響も無視するわけにはいかない。つまり、一九が可笑の風刺的な化物世界を意識していたかどうかという問題は別として、一九自身はいくつかの作品の中で、何らかの形で、このユーモア性を磨いていたのである。このユーモアにはどれだけ社会の価値観への批判が入っているのかは難しい問題となるが、少なくとも伊庭可笑や十返舎一九は、当時の社会における差別的な風俗を覆すことによって、風刺性のある作品を書くことに成功したのである。

図 9　化物の女郎に相手にされない「醜い」金平（『怪談筆始』より）

図 10　睦まじい化物同士（『怪談筆始』より）

図 1 〜 6 ：国立国会図書館蔵
図 7 ・ 8 ：東京都立中央図書館東京誌料蔵
図 9 ・ 10：東京都立中央図書館加賀文庫蔵

注

（1）ももんがあの別名。

（2）この表情が「楽しそう」と断定するのは難しいが、ろくろ首が夫の浮気の現場を覗く四丁ウの絵の怒っている顔つきと比較してみると、表情の違いがよくわかる。特に眉の形の違いに注目されたい。

（3）朝倉無声『見世物研究』春陽堂、一九二八年、一四九頁。

（4）古河三樹『見世物の歴史』雄山閣、一九七〇年、一二三頁。

（5）しかし、江戸時代においても、不具者の見世物に関して、こういう仏教的思想が深く信じられた節もある。藤沢衛彦「日本見世物史」『講座日本風俗史』雄山閣、一九五八年・松田修『江戸異端文学ノート』青土社、一九九三年、参照。

（6）藤沢衛彦「日本見世物史」『講座日本風俗史』雄山閣、一九五八年、二一八頁。

（7）同右書、二二四―二二七頁。

（8）例えば、滑稽本の『鬼娘伝《きちゃうでん》』（夢鬼山人作、安永七年七月刊、一七七八）では、淫らな母親の罪によって鬼娘として生まれた娘が、「罪障消滅」のために見世物にされるはめになるのである。

（9）朝倉無声『見世物研究』春陽堂、一九二八年、一四九頁。

（10）同右書、一四八頁。

（11）十返舎一九の黄表紙に関する研究資料は極めて少ないが、好評の一つとして、中村幸彦著の「『化物年中行状記』や『万物小遣帳』『怪談筆始』などの化物草紙が、後年まで彼の持味である一流のとぼけた面白さを見せて、一番出来がよい」という文があげられる。『中村幸彦著述集』第六巻、中央公論社、一九八二年、三六四頁。

（12）この初期の合巻の内容や形式は、典型的な化物尽の黄表紙と似ているのである。

（13）『模聞雅話《ももんがわ》』は松浦史料博物館所蔵であり、未見。しかし、改題再摺再販の本として『化物二世物語』（都立中央図書館蔵、天明四年刊、一七八四）が存在しており、拙稿の翻字や図は都立中央図書館蔵本からである。棚橋正博『黄表紙総覧』前編、青裳堂、一九八六年、四五四頁参照。

III

妖怪の民俗学

女と妖怪

宮田登

江馬務は『日本妖怪変化史』（中公文庫）のなかで、妖怪の性について言及し、次のように指摘している。すなわち室町時代以前には、男の姿が多いのに対し、応仁の乱後から女の姿が多くなって、男の姿の約二倍半に及ぶという。「これ、近世には愛恨のため出る幽霊が主として女であるからである。これ、女性が男性よりも執着心が深いからであろう」（同書、九九ページ）とその原因を女性の執着心のせいにしている。また妖怪の方も近世は女性的な存在が非常に多いとして、「産女」のほかに、毛女郎、雨女、雷女、骨女、青女房、濡女、影女、片輪車、柳女、高女、屏風のぞきなどの例をあげる。さらに動植物、器物が化ける場合は、たいてい近世には女に化けてでるという。「誑かすには、畢竟、女性が男子を籠絡するに便利なゆえでもあろう。そしてその反対に男子に化けて女を籠絡した例はきわめて稀れである」（同上）といい、江馬はもっぱら、女性の執着心や男を誘惑するテクニックのうまさから、女性の方が男性より優勢であることを主張しようとしている。

はたしてそれだけの理由で、女と妖怪の問題が解決されるものだろうか。今野円輔『日本怪談集』（社会思想社）でもやはり同様のことを考えている。女の妖怪は、⑴山姥、⑵磯女、⑶雪女の三系統に分類される。今野の分類はごく妥当なもので、⑴については山中に出現する異女のイメージが収集された資料からよくうかがえるが、その中で別の角度から再検討するべき要素に気づかれる。それは山女が血を吸うという話である。熊本県の山中での話。ある山師の母親が塩を買って帰る途中、山犬落という所で山女に出会った。頭はウッポリ髪で、毛の先は地面に届くように長く伸びており、その毛には節があった。山女は母親を見かけてゲラゲラ笑ったそうである。山女は笑うときには、人間の血を吸うそうである。山女が笑ったので、母親は大声をあげ、山女は驚いて逃げたらしいが、母親はそのとき、血を吸われ、間もなく死んでしまったという。

熊本県と宮崎県境あたりでも、山仕事をしている者たちが、小屋で寝ていると、山女が入ってきて、みなの血を吸って歩いた、という話が伝わっている（今野前掲書、二二七〜二三一ページ）。これらの山女伝承は吸血女といってよいが、その点で従来から注目されていたのが磯女に関する話である。この磯女は人の生血を吸うが、分布は九州海岸に集中している。北九州の漁村に伝わる話では、磯女はカニの変化で、これに襲われると、人間の血は吸い尽されて死んでしまう。昔五島の玉の浦で魚見をしていた見張人が血を吸われて死んでしまったことがある。魚見は、海辺の小高い丘の上に櫓を立てて、魚群の行方を見張るのであり、大地から離れていて安全のように思えるが磯女はカニだから、どこへでもよじ登るのだという。船も襲われる。とも綱を陸に渡しておくと、磯女はとも綱をつたって乗り移って、人の血を吸いとる。そこで危険を感じる場所に船を泊めるときは、錨だけにして、とも綱を陸へ張らないという。船室に入っていれば、磯女は防げるというが、昔は船室などないので、苫《とま》を使った。苫は茅と馬の毛で作った蓑のような形をしている。この馬の毛が呪物視されており、これで作った苫には磯女も近づけなかったという。有明海に面した西郷という漁村で、一人の相撲取りが、ある夜白砂に緑のつづく海辺を通った。すると、松原の中にある石に、一人の女が腰を下ろして、沖の方を眺めているのに出会った。その女の黒髪は長くたれ下がり、砂原に広がっていた。相撲取りは、こんな夜更けに若い女が何をしているのかと思い近づいていった。その女の横顔がすこぶる美しいので声をかけようとした瞬間、女は耳の鼓膜を破るような鋭い一声を発した。相撲取りが驚いて立止ると、長い髪の毛が、彼の身体に触れ、彼の血はその髪を伝わって、ことごとく吸われてしまったという(関山守弥『日本の海の妖怪・幽霊』、一四九〜一五三ページ)。

雪女になると、生血を吸うとはいわないが一度会うと、精気を失うといっているので血の気をなくすという表現にあてはまるのかも知れない。

吸血鬼ドラキュラは、永遠不滅の生を保つために俗人の血を吸っていたが、いったい磯女や山女の吸血の目的は何であったろうか。熊本県の山中鉾尾《ほこのお》という村で、老婆が一人で留守番をしていた。そこへ山女がやってきて、出産のため小屋を一週間ばかり貸してくれという。山女は臨月らしくお腹が大きくなっている。一週間たつと、また山女が現われて、老婆に礼をのべ、以後貴方に小遣の不自由はさせないといった。事実その通りで、お婆さんの財布には、いつも金が入っていたという(今野前掲書、一三〇ページ)。

『塩尻』巻九十二には、現愛知県西春日井郡の話で、村人の妻が出産後、乱心して行方不明となったが一八年後ふたたび家に戻ってきた。その姿は、裸形に近く、髪は赤く、眼玉は大きく骨だらけで物凄い。夫の方はすっかり恐れて逃げてしまう。妻は致し方なく村を出ようとすると猟師に出会う。猟師が鉄砲を打とうとすると、女は自分が何某の妻であり、かつて家出をして、山中に入り、獣や虫をとらえ食べて過ごしたと語り、また胸を開いて銃玉にあたった跡をみせる。そして、髪を逆立たせ、獣のごとく山中に入ってしまった。『遠野物語』のサムトの婆を思い出させる光景であるが、山姥の本体を知らせてくれるデータでもある。

山女や山姥に出産の影がまとわりついていたことは注意すべきことであろう。九州に分布する「山姥くどき」には、年の暮れ、千里奥山に住む山姥が、出産のため寝巻と寝ござを貰いにやってくる。貸すことになるが、女房の才覚で裏の納屋を用意してやる。そこで山姥は二つ子または三つ子を生む。一年後山姥はお礼にきて、土産に打出の小槌を残していく。これは瞽女たちのくどきによって伝えられた内容であり、出産に伴う女の苦しみを理解する心優しい登場人物ばかりである。山姥が子を生み、子を育てる話は、異常出誕を伴うが、山姥の母性本能は人一倍なのであった。有名な神奈川県足柄山の金太郎は、山姥の育てた怪童として知られるが、山中には山姥が子育てのために火を焚いて、子供をあたらせていたという話もある。山姥は怖ろしげな子を生むといいながら、子を育てるのには熱心で、子生み沢、乳母懐、山姥石などの地名を残している。

海の妖怪の濡れ女が、磯女と趣きを異にするのは、赤子を連れて出現することである。濡れ女は全身濡れねずみの姿をして波打際に立っており、赤子をだいている。出会った人に赤子を預けて去る。すると海中より牛鬼がでてきて、襲いかかる。赤子を捨てようとしても赤子は重い石となり、手に吸いついて離れないので、ついに牛鬼に突き殺されてしまう。この場合、濡れ女は牛鬼の使いのようであるが、濡れ女と牛鬼は同じものだという地帯もある。牛鬼は海神または水神で水中に住み、女に化けるというし、椿の古株が本体だともいっている。椿と女性との関係は先述したが、椿姫の伝承や、八百比丘尼が椿の小枝を髪にさして巡行していたとの伝承から察せられるものである。青森湾内の椿山の伝説では、船頭と契りを結んだ女が、再会の折に椿の実をもってきてくれるように頼んだが、やがて月日を経て、船頭が椿の実を土産に戻ってきたところ、女は男が死んだと思いこみ海に投身した後だった。船頭は女の墓のまわりに椿の実を植えたので、全山椿で覆われる。そして女の霊は椿明神として祀られたという(関山前掲書、一七一ページ)。つまり牛鬼のような奇怪なイメージをとっているが、椿が本体であったという説明は、椿を通してそこに女性が関わっていることを示しているのであり、牛鬼＝濡れ女が成り立つといえるのである。

濡れ女は、水界から出現した水の女のイメージでもあろう。折口信夫は、水底からこの世に現われる水の女が、実は水神の娘であり、それを水神に仕える巫女とオーバーラップさせて考えていたのであった。

種子島のヌリヨメジョ（濡れ嫁女）も、赤子を抱いて通りがかりの人に子守りを頼むという。いつまでも赤子をとりに来ないときは、赤子の尻をつまんで泣かせると、すぐ現われて赤子を引きとり、御礼に筆かしゃもじを渡して去るという。ところが、濡れ嫁女は、海辺だけでなく、山中にもでてくるので山姫ともよんでいた（関山前掲書、一七二ページ）。この種子島の濡れ嫁女については、かつて非業の死をとげた遊女の怨霊だとする伝承がある。お白粉を真白に塗り、頭に銀のかんざしをつけて出現するといわれている。

折口説はともかく海辺の濡れ女や山中の山姫がいずれにせよウブメ＝産女の系譜に位置づけられることは明らかである。妊娠中に死んだり、出産中に大量出血して死んだ若い女の霊が、赤子だけでもこの世に戻したいと念じて、赤子を抱いて、四辻や橋のたもとに出現するという話は海辺の濡れ女に限定されるものではなく、女の妖怪として、もっとも普遍的なフォークロアの対象となっている。共通しているのは、預かった赤子がだんだん重くなり、念仏を唱えることによって、この世に戻れることになっていることである。預かった男は、御礼として異常な大力を授かったため、後世大力の相撲取りに出世したという結末になっている。

産女の異常な力は、赤子を育てることのできなかった女の執念の凝結とみなされている。丹後半島の網野町浅茂川海岸から浜詰へ行く途中に、五色ヶ浜があり、そこに女の水死体が漂着した。女は生後間もない男の子を抱いていた。子は死んだ母の乳房に口をあてて、生存していたという。村人たちはその子を取り上げ、着物にくるみ、女たちが乳を与えようとしたが、子は泣くばかりで飲もうとはしない。一人の女が、五色ヶ浜に行き小石を拾って、赤子に与えると、たちまち泣き止んだ。しかし赤子は、小石をしゃぶるだけで乳を飲まず、数日後に死んでしまったという（関山前掲書、一七四ページ）。この世間話は、妖怪産女のルーツをほうふつとさせるものであるが、一方には唱導物で語られる熊野縁起のモチーフとオーバーラップするのである。いわゆる幽霊女房や子育て幽霊が、人口に膾炙する素地が、女の出産の大事と深く関わっていることを教えてくれるのである。

前出の山女や磯女の吸血性についていうならば、恐らくは出産に伴う大量出血を補おうとして、女の妖怪は、通行人を襲ったことになるのだろう。ドラキュラの目的と、日本の吸血女の目的の相違は、ここにも歴然としてくるのである。

ここに筑波学園都市に出現する妖怪・幽霊についての聞書きがある（『筑波学生新聞』第四七号、一九八六年六月一〇日付）。筑波大学の学生宿舎での話。男の幽霊と女の幽霊が相半ばしている。空中をとぶジョギングしている幽霊（男）、自殺した男の人の幽霊、よろいかぶとをつけた武将の幽霊、肌も風化した老人の幽霊などに対して、入口に浮かぶ女の顔。首を吊って死んだ女子学生のいた部屋から発する怪音。十字路に立つ白服の女の幽霊などが、女の幽霊としてあげられている。大学周辺の筑波町小田には、昔一軒のだんご屋があった。このだんご屋に毎夜だんごを買いに来る女性がいた。不思議に思った主人がある夜女の後をつけて行った。女は近くの山中に消えた。この山からは赤子の声が聞こえてくるといわれており、主人が入って調べると、頭の白い赤子が泣いているのを発見した。この赤子はだんごを買いに来る女性の子供だった。その女性は、栃木県出身の名主の娘で、夫が家出した後を追って筑波までやってきたが、小田部落で山賊に殺され山中に捨てられた。身ごもっていた女はその時子を生んでしまい。その後幽霊になってだんごを買い、子に与えて育ててきたのであった。赤子は後世頭白上人とよばれる名僧になって、母の供養を盛大に行なったという、これは類型的な子育て幽霊に属する話である。ここでは団子であるが、全国的に一番多くは飴であり、餅、菓子などもある。高僧名僧の異常出誕がほとんど結びついているという特徴である。何といっても妊婦の死と埋葬後の出産という異常死葬法が説かれるほどに、その契機はふつうの村人にとってショッキングな事実であったろう。幽霊となって子を育てるというのは母性本能の発揮を意味しているのである。

桜村には石投げ灯籠の話がある。かつてこの地に姫屋敷があり、高貴の女性が住んでおり、その女性の霊がのり移っている灯籠という。近くを悪心をもつ者が通りかかると、どこからともなく石が飛んできて、悪人を追い払ってくれるというのである。この二話はともに女性の霊と関係したものである。伝統的な類話も数多くあるのであって筑波だけではないが、前出の学生宿舎の世間話とくらべると、その成立の時間的な深さがはっきりしている、団子を買いにくる子育て幽霊が、学生の幽霊話には入ってこないことは明らかであるが、女子学生の死霊が蘇ってきて幽霊となることを語る点は、同工異曲といいながら、大学キャンパスに共有される心意を示唆している。

平将門の頃の武士の幽霊とか、風化じいさんの姿などは、いずれも老人のイメージであるが、筑波の歴史的風土が背景にあり、学生たちの先入観の中に知識として与えられていることとの反映といえる。学園都市のような都市空間の中でも、こうした妖怪・幽霊話が再生されていくことは十分に確認できるのである。その場合、明確な証拠としてはあげられないにしても、男よりも女の方に、妖異現象が起こり易い傾向があることは否定できない。

民話の中で、異類婚姻譚に表出する傾向をみても、異類女房の方が圧倒的に多いことが知られている。鶴女房、鴨女房、山鳥女房、狐女房、蛤女房、魚女房、蛇女房、蛙女房等々があげられ、一方の蛇聟入などを圧倒している。異類（動物）が女房に変身して、人間の男の妻になるが、そのとき、一つのタブーが課せられている。たとえば蛇女房の場合は、産屋をのぞいたり、子に授乳しているところをのぞいてはいけない、また女房が沐浴しているところをのぞいてはいけない、鶴女房の場合は、機を織っているところを見てはいけない等々がある。ところが、男の方はどうしてものぞいてしまうわけで、それがタブーの侵犯となる。その結果ふたたび異類は、人間の世界から別れ、異界に戻るというモチーフである。タブーの内容が、出産・沐浴・授乳といった女性そのものに関わることが正面に出ており、それは犯してはならぬという道理が潜在的にあるのであろう。それは女性の性そのものが聖なるものだと畏敬されていたことを裏づけることにもなる。

「食わず女房」という民話がある。ある男が飯を食わない女房をもらった。しかし、飯を食べないのに米が減るので、男は不思議に思い、ある日出掛けるふりをして、天井に隠れていると、女房は頭の上にある口に握り飯をほうり込んでいる。それを見た男は、すっかり恐ろしくなり、仕事から帰ったふりをして、女に別れ話をもちだす。女は自分の正体を見破られたことを知って、形見として大きな桶を所望する。男は大桶を作って女に渡す。女房は男を大桶に入れて、山へかついで行く。男は途中までくると、垂れ下がっている木の枝につかまって、大桶から脱出し、近くの菖蒲と蓬《よもぎ》の茂みに隠れてしまう。女の正体は山姥で、すぐ気づいて男を探すが、菖蒲と蓬にはばまれて、男をつかまえることができないのである。ちょうど五月五日であったことから、この日は物忌みで、菖蒲や蓬を用いて魔除けをするという故事来歴としても、この話は語られている。

「食わず女房」の本体は、山姥のほかに大蜘蛛、大蛇であったりする。とくに頭上に口があることは、かつて蛇体であったことを意味するという柳田国男説もある。異類女房として、異界の存在が、女性に変化したパターンであるし、見てはならないタブーを、男がのぞき見して侵犯したために、女は本性を現わしてしまうのである。ところが他の異類女房と異なる展開をしている点について、福島明美が興味深い指摘をしている（「私の中の『食わず女房』」『民話と文学』第一五号、四〇〜四三ページ）。それは多くの異類女房が、あっさり男の許を去っていったのに対し、食わず女房は執拗に男を追いかけるという点である。一般にその理由は、女が大食のせいか、男をも食べてしまおうとしたからだと説明されている。もともと異類女房は、霊力ある存在であり、出産と機織りといった聖なる行為を行なう巫女のイメージが重なることが話の前提となっている。近づくことも不可能な聖なる女性に、並の男が接近することから、タブーが課せられたのであるが、民話の展開には、いずれにせよ、並の男はやがてタブーを破り、のぞいてはいけない女の性の部分を知ろうとする期待が用意されているのだと、福島はのべている。この時点で、男の方が優位に立っているのであり、異類の霊威が零落したとみられている。女房はしょせん亭主に支配されるべき存在であるという、近世的思考が大きく幅をきかせているわけである。

福島は、長い間独り者であった男のもとへ突然女が嫁いできて、男に愛情を注いでいたにもかかわらず、男の方で一方的にその愛情に疑惑をもった。それが拡大して女を邪悪なものへと誤解していったのではないかとする。つまり、女を妖怪化したのは、男の邪推によるものだと説明しているのである。そうすると、女が正体を現わしたというのではなく、男が疑いをもったとき、自分の女房が大口を開けて食物を詰めこんでいるというのはすでに男の方で先入観としていだいていたイメージだということになる。食わず女房は、異類女房の変形で、水神の零落した姿をそこにみている説とは異なり、「食わず女房はもともと人間であったのを男の背信によって鬼にされてしまった」（福島前掲論文、四二ページ）というのであり、その結果、男への憎しみと限りない愛の混沌とした中で男を食い殺そうとした女の心情が、「食わず女房」の話には伝わってくるという。

女房として男に仕えるという実際は、朝早く起きて、野良仕事にはげむ、蚕を飼い、機を織る、夜なべ仕事に専念する上に、女の大事としての出産、子育てがあり、家事は女性に全ておおいかぶさっているという社会体制が、きわめて一般的だった江戸時代に、異類女房の話は語り継がれた。若く美しい女が突然、独身の若者のもとにやってくる。そうした女性を理想とする若者たちが、異類女房のより濃厚に分布する東北地方には多くいたことの反映があるのだろう。女が異人であることの方が、若い男性たちの夢を満たしたといえるのである。

女性の妖怪化が、近世に入って急増したことは、女性の優れた執着力という精神面もさることながら、男への愛情のあり方が、近世農村の生産関係や社会構造によって規制される部分があり、出産の大事をはじめとして女の性生活に歪みを生ぜしめたことに一つの原因があるといえるのではなかろうか。

ミカワリバアサンと八日ゾ

岩堀喜美子

一二月八日と二月八日はコト八日の日として知られている。神奈川県ではこの両日を八日ゾと呼んでいる。二月と一二月の二度の八日には家々を来訪するものがあり、それは川崎市から横浜市港北区にかけてはミカワリ婆さんであり、県の西部地域では一ツ目小僧であるという。一ツ目小僧の来訪は東北から関東・中部で聞かれるが、ミカワリ婆さんは他に類例がなく、多摩丘陵に分布しているだけである。しかし、ミカワリ婆さんも一ツ目小僧と同様に日本全体のコト八日に関係するものであろう。

ミカワリ婆さんも一ツ目小僧も人々の恐怖の対象であることでは類似するが、その行事の内容、儀礼を比較すると本来は全く別のものではなかったかと思われる要素がある。その日の供え物に大きな相違があり、その地域の生産構造を如実に現わしていると思われる。そして、その供え物の対象となる、その日の来訪者であるミカワリ婆さんと一ツ目小僧の性格の相違が考えられ、両者が本来、持っていたところの意義も類推することが可能になるのではないだろうか。また、両者を比較対照することにより、その起こりや相互の影響を明らかにできたらと思うし、八日ゾに関する伝承がどのように推移変遷してきたかを見て、一ツ目小僧とミカワリ婆さんを恐れる人々の心理と、それに関連して両者が疫病神となった過程を知ることにより、八日ゾ及びコト八日という行事の本質に少しでも近づけたらと思い、まとめてみた。

資料(2)（資料は文末）の市ケ尾町の記録ではミカワリ婆さんと八日ゾが同一の日に伝えられているが、資料(1)の鴨居町の記録では、八日ゾは八日ゾで行事がなされ、ミカワリ婆さんはミカワリ婆さんで別の行事がなされていることがわかる。

そこで、ミカワリ婆さんがやって来る日を見ることにする。ミカワリ婆さんは一ツ目小僧のようにお行儀良く、一二月と二月の八日にやって来るとは限らないようで、ミカワリ婆さんに関係のある日を捜すと、一二月八日と二月八日以外にも、一〇月三隣亡の日、一二月一日、一二月二五日、二月の年越が伝えられているからである。

川崎市生田の五反田では《一〇月の三隣亡の日に荒神様の祭があり、その日の行事に関してミカワリ婆さんが説かれている》という。

一二月一日にミカワリ婆さんが来訪するところでは、続いて一二月八日には八日ゾが行なわれている。港北区太尾町棒田谷戸では《一二月一日にミカワリバアサンが来て、一二月八日にはヨウカドウが屋根の上を通りながら千の眼でにらむので、籠や目ザルを屋根へ出す》といっている。同じく港北区鳥山町裏ノ谷戸では《一二月一日にミカリ婆さんが来ないようにツジョーダンゴを作るが、一二月八日にはどうしてもミカリ婆さんが来る》といっている。同じく港北区鴨居町中里では《一二月一日にミカワリバアサマが箕を借りに来るというので、変りものを作りツジョーダンゴを門口にさす。その後、八日にはヤツメ小僧が来る》ということである。

これらの伝えから見ると、ミカワリ婆さんと他の妖怪めいた者が重複して訪問しているようである。

次に一二月二五日を伝えているのは、横浜市元石川町保木と川崎市菅生小字初山であり、その日、ツジョーダンゴを作ってミカワリ婆さんに供えている。そして、ともに八日ゾの伝えがあり、保木では《一二月八日をオコトハジメ、二月八日をオコトジマイといい、この日には宿に困って疫病神がやって来て、目籠を屋根に上げるが、外には何もしない》ということである。初山では《一二月八日と二月八日の頃、三日程ヨウカゾウが来るというので、目籠を高く屋根にたてかけておいた》ように、一二月一日の例と同じように、ミカワリ婆さんと八日ゾの儀礼の重複が見られる。少し変化しているのが、東京都大田区調布鵜木町で《ミカワリバアサンの来る一二月二五日から一週間、外で火を焚いてはいけないという》ように伝えられている。

また、二月の八日ゾに日にちの近い二月の年越の日にミカワリ婆さんがやってくるのは鶴見区獅子ケ谷町灰ケ久保で《この日ゴマメの頭と大豆の殻を柊の小枝に結び大戸口に挿す。そしてミカワリバアサマが通るからと屋根へ目籠をほうり上げる。ヨウカドウという》そうで、八日ゾとミカワリ婆さんと二日の年越が結びついたことがよくわかる。しかし、一ツ目小僧がやって来る八日ゾでは、その日にゴマメの頭や柊の小枝を戸口に挿すように伝えている例はあるが、八日ゾの習俗を年越の日にやる伝えはない。

八日ゾにミカワリ婆さんがやって来るところでは、一ツ目小僧の来訪のように二度の八が対になって伝えられているが、その他の日にちは他の月の同じ日と対になっていずに単独に伝えられている。そのような日があるということは、明らかに八日ゾと他の民俗との混合が考えられる。

また、来訪してくる者がいろいろとあり、重複してやって来るところが多く見られる。港北区青砥町で《一二月八日にはヤツメコゾウが来るというのでヒサシにトーシをあげると自分より目が多いので行ってしまう。夜にはミカリバアサマが来る》といわれている。この青砥町から近い市ケ尾町では《一二月八日をヨウカゾウといい、八ツ目小僧が来る》と伝えるところと、《一二月八日にメカリ婆さんが来る》と伝えるところがあるので、その伝承内容は複雑に入り組んでいる。同じように港北区鴨居町中里では《一二月一日にミカリバアサマがやって来た後に、八日にはヤツメコゾウが来る》というし、鴨居町中村では《一二月一日にはハナヨゴレダンゴを作りミカワリ婆さんに供える。そして、一二月と二月の八日には一ツ目小僧が来る》というように、来訪者がミカワリ婆さんだけでないことは明らかである。

ミカワリ婆さんの来訪する日も行事も重複し、他の来訪者があったりすることからして、八日ゾはコト八日と同じように、この多摩丘陵にも伝えられていたが、それと並行して、ミカワリ婆さんという変てこりんな名称に関係する何か他の重要な行事があったようである。

何はともあれ、ミカワリ婆さんが来訪する地域は（次頁の分布図参照）、そんなに広い範囲ではなく、川崎市も小田急沿線に多く、厚木街道沿いでは全く聞かれないが、横浜市港北区に入ると鶴見川沿岸に多く伝えられ、そこから帷子川の間は行事内容や日が複雑に分化して伝えられている。そして保土ケ谷区に入ると全くミカワリ婆さんの名前は聞かれず、八日ゾすなわち一ツ目小僧の来訪として残されている。続いて、資料(2)に見られるツジョーダンゴに関して記してみる。

ミカワリ婆さんの来るところではツジョーダンゴを供える習俗がある。オッパキダンゴとも言われるように、『脱穀の折にこぼれた籾を掃き寄せて良く水洗いをし、石を除いて粉にして』ダンゴを作るのである。これを作る日も、またいろいろと伝えられている。

一二月一日にミカワリ婆さんがやって来てこのダンゴを作るところは港北区太尾町棒田谷戸で《一二月一日、ミカリバアサンが来る。シマツの神様でツジョー団子をついて上げた》といい、同じく鳥山町裏ノ谷戸で《一二月一日にツジョーダンゴと作り、三個串にさし戸口にさす。この日を「ハナヨゴレの朔日」と呼び、「太郎の朔日、次郎に負けるな」ともいう。ミカリ婆さんは欲張りで火を口にくわえて飛んできて土に落ち

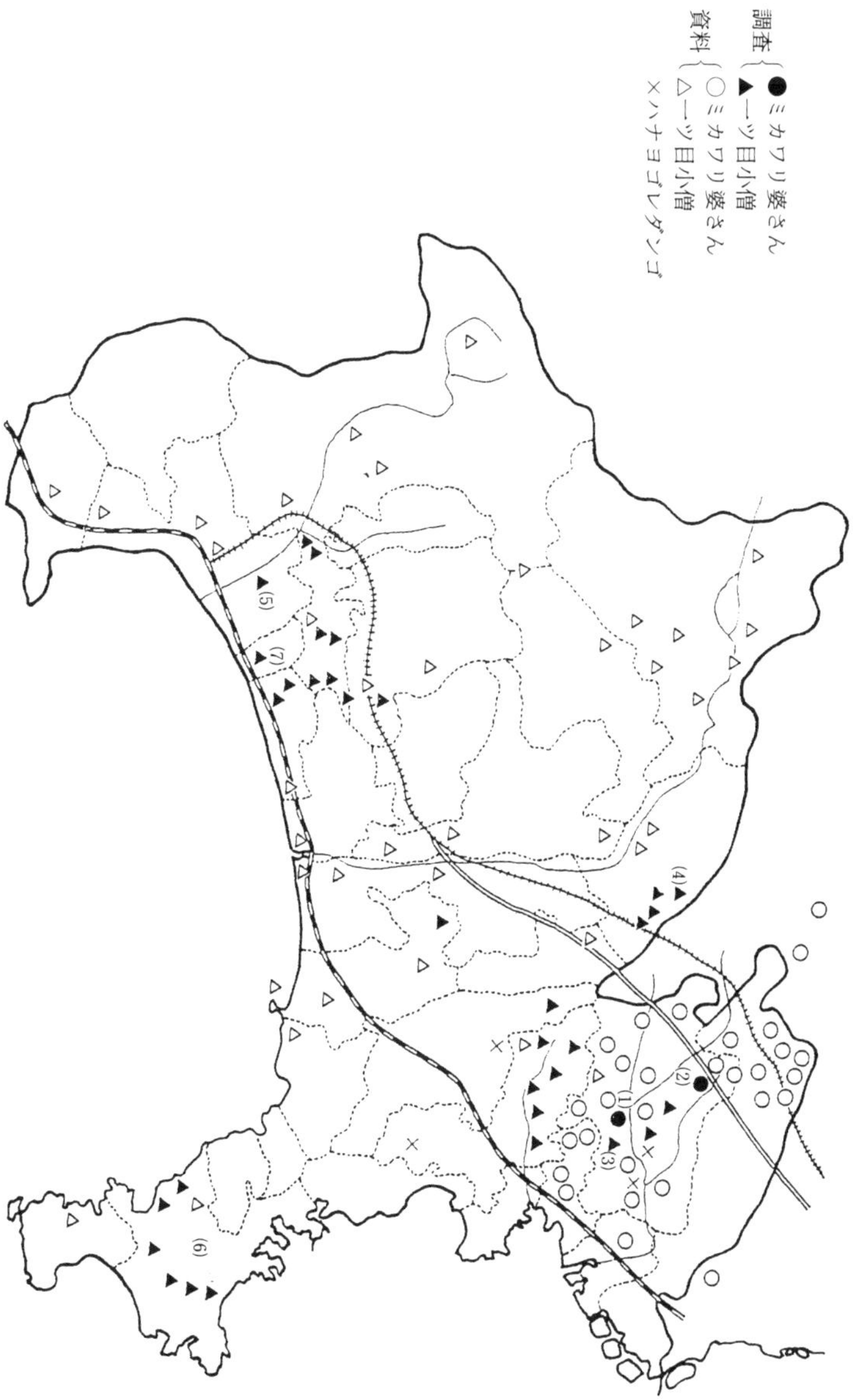
調査 ●ミカワリ婆さん
▲一ツ目小僧
資料 ○ミカワリ婆さん
△一ツ目小僧
×ハナヨゴレダンゴ
(1)
(2)
(3)
(4)
(5)
(6)
(7)

た米粒までも拾うので、火事の出るのを防ぎ、ミカリ婆さんが来ないようにツジョーダンゴを作る。一二月八日にはどうしてもミカリ婆さんが来る》ということである。

一二月と二月の八日にミカワリ婆さんがやって来るが、《一二月一日にツチホ団子を作り、萱の串に三個ずつさして家の軒端八ケ所に立てた》というのが港北区三保町梅田谷戸である。

ミカワリ婆さんも一ツ目小僧の来訪もなく、一二月一日にハナヨゴレダンゴを作るのは、横浜市港北区川和町・小机矢の根・戸塚区阿久和である。阿久和では《一二月一日をハナヨゴレのツイタチといい、ツジョーダンゴといって、米のシイナとか麦のシイナに餅粟を入れて粉にして作った。これにあんこをくるんで食べた。味はそうまずくはなかった》ということである。

八日ゾに一ツ目小僧がやって来て、一二月一日にハナヨゴレダンゴをつくるのは、資料(3)の港北区上菅田町・鴨居町東地谷戸（ここはミカワリ婆さんの伝承のある鴨居町中村と余り離れていないところであるから、このあたりがミカワリ婆さんの伝承の限界ではないだろうかと思われる）である。

一二月と二月の八日にミカワリ婆さんが来るといってダンゴを作るのは川崎市長沢で、《ミカリダンゴまたはミカドダンゴといってシイナ米で団子を作り、八日の夕方小豆粥に入れて煮込んだものを篠竹に三個ずつさして、戸袋、入口など家の三方にさす。この時戌亥の方にはささないのである。この小豆粥は中に団子を入れたまま八日の夕方に食べ、ミカリダンゴはあくる朝取って焼いて食べるが、うまいものではない》という。

一二月八日だけに作るのは港北区市ケ尾町中里・恩田町下恩田である。

一二月二五日に作るのは、川崎市菅生の初山と横浜市元石川町保木である。日は定まっていないが、一二月の末頃に作るのは川崎市生田の鴛鴦沼で、《ここではツジョウダンゴはいつとは決まっていないが、一二月の末頃庭仕事が片づいた後で作って、これを軒先のよく見えるところにさしておいた》ということであるが、元石川町保木でも《庭仕事の後で、庭に散らばっている穀類を集めてツジョウダンゴを作る》という。川崎市下麻生のオドリバでは《小豆ダンゴといって、暮の頃トンボグチにさした》そうである。

最後に、非常に異るのは、一〇月の三隣亡の日にこのダンゴを作る川崎市生田の五反田で《あんこつけの団子を作って荒神様に皿盛りにしていくつか供え、またそれとは別に団子を三個ずつ、篠竹の串にさしたものを屋根の棟に五串刺した》ということであり、その供え方から見てツジョーダンゴには二つの性格が考えられる。それはハナヨゴレダンゴと呼ばれるものと、ミカワリ婆さんに供えるダンゴとにも見られる相違である。

ミカワリ婆さんのツジョーダンゴには厄払い、除災の効果が含まれているようである。というのは恩田町下恩田では《一二月八日にミカリバアサンが来ると言ってザルを軒先に出し、ドリョーダンゴを作り、竹の串にさし、三個ずつ四本立てる。これをしないと病気になるといわれていた》ということであるし、川崎市菅生の初山では《ツジョウダンゴを一二月二五日に作るが、これをミカリダンゴともいい、これを作ってミカリバアサマをお祭りしないと火の元が無用心になるといったそうである》というように説明や理由の伝承が残されている。

しかし、ハナヨゴレダンゴにはそのようなことはなく、その起こりははっきりしない。その風習は横浜市に多く見られ、それも一ツ目小僧の来訪するところとミカワリ婆さんの来訪するところとが接するあたりに多いことから見て、一ツ目小僧の来るところでは八日ゾとは別の行事として存在しているが、ミカワリ婆さんの来るところでは一二月一日という日や、シイナの米で作るダンゴということで要素が入り組んでしまっているようである。

本来は八日ゾやミカワリ婆さんには関係していなかったのが、日が近いことや材料がどちらもシイナの米のような悪いものを使うことから結びついて伝えられてきたところもあるようである。

このことからも一ツ目小僧の来訪する八日ゾとミカワリ婆さんの伝承とが、本来は別のものであったことが予測できるのではないだろうか。

また、ツジョーダンゴを作る由来には火にまつわる言い伝えが残されている。川崎市生田の五反田では一〇月の三隣亡の荒神様の祭にツジョーダンゴを作る由来を、《ミカワリ婆さんが留守居をして、火に当たっている多勢の子供が火傷をするといけないといって、土穂の団子を作って荒神様に供えて祝ったのが始まりだ》と伝えているし、川崎市長沢では、《昔ミカリバアサマにはミ年とトラ年とウマ年の三人の息子があったが、どういうわけか三人ともなくしてしまった。それで息子を探そうとタイマツをつけて何度も家のまわりを回って探しているうちに、家が火事になってしまった。それで二月と一二月の八日に、ミカリダンゴまたはミカドダンゴを作る》といわれていて、ミカワリ婆さんと火事とツジョーダンゴとの結びつきが考えられる。

ツジョーダンゴを供えてミカワリ婆さんを祭ることにより防火が可能になるというのは、ミカワリ婆さんには人々を火災に罹らしめる悪い性質があるためのようである。八日ゾには本来、目籠を出していたのがミカワリ婆さんのこの悪神的性格に対抗するためにツジョーダンゴを作り串にさして家の戸口に標示することにより、一段と防災の効果を強化させているようである。

このように、ミカワリ婆さんの性質には火と穀物に関連があるようである。

ミカワリ婆さんを伝承から分析してみたが、やはり八日ゾ本来の意義を明らかにせねば不十分であるので、続いて一ツ目小僧の来訪する八日ゾを考えてみる。

まず、この日の行事の中で広く行われているのは、目の荒いカゴやザルを外に出すことであり、この日をこの日たらしめている標示形式と考えられる。これはミカワリ婆さんが来る地域でもなされた行為である。意味や由来も忘れられ、ただ親がやってきたからとか、親に言われてやってきたという家がほとんどである。

人々は一ツ目小僧がどこから来てどこへ帰って行くかということは知らないそうであるが、資料の(6)の横須賀市秋谷のように天から降りてくるものであるとか、小田原市早川では《一二月八日と二月八日には目一ツ小僧が山の方からやって来るから目カゴを門口に下げる》ということであるので、上方からやって来ると思われる。

そして、一ツ目小僧の姿らしきものを伝えているのは秦野市寺山で、《一二月八日はコトジマイだといって目カゴを七日の晩より柱にかけておいた。「大山街道を飛ぶ鳥は一ツ目で羽根は十六」と言われ、それが一ツ目小僧と考えられていた》という。また、港北区鳥山町裏ノ谷戸では、《ミカリ婆さんは村々を廻り箱根まで飛んで行き、山にぶつかって海に落ちたので箱根より西へ行かぬという》が、このミカワリ婆さんが飛んだあたりは大山街道沿いで、先の一ツ目小僧とほぼ一致するのではないだろうか。

とすると、資料(4)でザルを棒にかけて屋根にたてかけたり、資料(3)や(6)で屋根の上に上げて置くということは、単にザルやカゴの目の数で来訪者を威嚇するのが本来の目的ではなかったことを示すようである。これまで、多くの権威ある諸先生方の研究によって、すでに古典的ともなっているカゴやザルを高く標示することは神の依代であるという説につながるものであろう。

この日の標示物は他にも数は余り多くないが、いろいろと見られる。資料(4)では、こうの葉をいぶして線香と一緒に立てたり、資料(5)では柊の葉や枝を戸口にさしておいたりしている。

他の例としては、相模原市上鶴間では、《一二月八日にグミの木を燃して一ツ目小僧がよけるようにした》

というし、保土ケ谷区今宿町では《一二月八日にゴマメの頭を豆ガラに通してトンボグチにさした》という。これは普通、焼キカガシと言われ、節分の晩にするものであるが、小田原市早川、秦野市、南足柄町三竹にも残されている。

変わったものは小田原市江の浦で《一二月八日は目一ツ小僧の日で目カゴを竿の先に立ててその下にタライをおいて水をくんでおく、その水が汚れていると小僧が来て洗う》というが、これに似たことが静岡県で『鬼おどし』と呼ばれている。

このように、目カゴや目ザルを出すのとは別に、焼キカガシ、臭いにおいをさせたり、柊の葉を出すのは、この日の来訪者に対して魔よけの効果を強めるために異った風習を重ねて強化してきた結果と思われる。

次に先に挙げた資料の(4)にもあるが、この日の風変わりな伝えとして、はきものを外に出しておかないなどの禁忌があり、それに関連して正月一四日のサイト焼きにつながる疫病神としての性格を来訪者が持つようである。

中郡二の宮町一色でも《一二月八日に、はきものを出しておくと判を押されて悪い病気を背負わされるから、しまっておけと言われた》というが、これを逆に見たら、資料(5)にあるように、はきものを外に出さないということが外出してはいけないということになるのではないだろうか。市ケ尾町でも資料(2)のように伝えられ、足柄上郡南足柄町三竹では《二月八日は山仕事を嫌った》り、港北区恩田町下恩田では、《二月八日は山の講といって山へ入らない》と伝えていることから、この日は外へ出かけたり外ですることが嫌われたので、家に籠っていることが外出を禁止し、はきものをしまっておけと戒められることになったのではないかと思う。そしてそれがより厳重に守られるために一ツ目小僧の疫病神的性格へと結びつけられ、はきものを外に出しておくと判を押され、それを知らずにはくと悪病にかかってしまうという現在の伝承の姿となったと考えられる。しかし、この一ツ目小僧の疫病神的性格は本来から持っているところの本質として断定しがたいので疑問であるが、その疫病神的性格が具体化され結合されたのが、資料(4)に見られるように、正月一四日のサイト焼きの由来にまつわる八日ゾと道祖神との関連が考えられる。

ミカワリ婆さんの来訪する港北区新治町でも《一二月八日にミカリ婆さんが来て、辻のサイの神にあずけて行くが、正月一四日のサイト焼きに、その帳面を焼かれてしまうのでまた二月八日に来る》と伝えられている。

はきものの禁忌はミカワリ婆さん区域では聞かれないが、ミカワリ婆さんも一ツ目小僧も疫病神と見なされ、道祖神によってその村に悪病を流行させるのを妨げられるのが共通の要素になっている。

八日ゾという心意現象でしか見られない行事が、このように具体化されることは人々が疫病神を恐れて八日ゾには家の中に籠り、おのずから物忌状態に入ることになり、八日ゾも含むコト八日のコトという通常とは異る特別の日の意義を全うすることになるのではなかったかと考える。しかし、これは一ツ目小僧の疫病神的性格とその日の物忌、そして道祖神の防障、防塞の神としての性格が結びついて、後の世につくられた話であり、八日ゾ本来の意義ではないであろう。

次に目立った行事としては、その日に変わった食物を供えたり、家族で食べるという要素が言い伝えの中から見られる。ミカワリ婆さんに対する供え物はツジョーダンゴが顕著なものであったが、一ツ目小僧がやって来るところでは、家々でソバを打って、神棚に供えていたようである。それというのも、足柄上郡大井町篠窪で《シワスヨーカの晩とか、月の一日・一五日などの日はソバを作って神様にあげた。米のたくさんあるところは米と麦とは半々ぐらいであったが、米の少いところや麦しかないところではソバはごちそうであった》というので、一ツ目小僧区域では「ヨウカゾウだから」と言ってソバを作る土地が多く、八日ゾにソバはつきものの供え物であり、食物であったと考えられる。

資料(7)で豆飯を作る伝えがあるが、他にも相模原市鵜の森で《小豆飯をたき、神棚にあげ家族で食べて内祝いをする》というように、大豆や小豆を使う食物を作るという伝えも目立つ。

また、資料(1)の鴨居町では小豆粥を作って親祝い子祝いをしているが、川崎市長沢でも《一二月二三日にオコト汁を作って親が子供に感謝している》と伝えられ、同じような習俗が横須賀市子安・佐原でも《一二月八日は親が子に、二月八日は子が親に御馳走する日だ》と言われている。

以上のように、八日ゾの来訪者であるミカワリ婆さんと一ツ目小僧を見てきたが、最後に両者を比較してみようと思う。

ミカワリ婆さんの伝承は八日ゾの日とそれ以外の日にちが並存し、来訪者もミカワリ婆さんだけでなく、一ツ目小僧、八ツ目小僧、ヨウカゾウという厄神などが重複してやってくるところがあるので、日本全体のコト八日の中でも異質なものであろう。そして神奈川県も東京寄りの多摩丘陵の南側の一部に伝わるだけということからも、その局地性が感じられ、限定的な現象と考えられる。

ミカワリ婆さんと一ツ目小僧がやって来る目的を今日の伝承から類推すると、それらは恐ろしいものであり、巡って来る日は人々にとって忘れられないものであった。つまり、その恐ろしさのために、その日の重大さを意識されたのであろう。

また、ミカワリ婆さんには火とツジョーダンゴが特徴的であり、ミカワリ婆さんは火災に罹らしめる悪神的性格があり、それを防ぐためにツジョーダンゴを標示している。八日ゾには目の荒いカゴやザルを標示するので、ツジョーダンゴはその強化儀礼とも考えられる。その厄神的性格は、一ツ目小僧からの影響と見られ、ミカワリ婆さんは八日ゾと結合することにより、一ツ目小僧の性格を帯びて来たので、その八日ゾの来訪者としての性格は時代が下ってから成立したと考えられる。
しかし、ミカワリという呼称は、それ以前より物忌を示す言葉として存在していたと言われる。つまり、ミカワリ婆さんに関係する一二月二五日のツジョーダンゴや小豆粥が、霜月二三日の小豆粥と暦の改正以前では同一の習俗があったと類推し、また房総地方で一一月二六日の晩から一〇日間忌み籠るというミカリノシンジにも、日が接近していることからも、ミカリ・ミカワリを物忌状態と解釈して、ミカワリ婆さんは霜月新嘗の物忌に大いに関係していたのではないだろうかと思われる。
最後に、このように人々の生活に密着して行われていた習俗は生活の変化とともに忘れられていくばかりであり、忘れられ、消滅してしまわないうちに、少しでも文字に書き残されることを期待して終わりとする。

資料(1)横浜市港北区鴨居町中村　小吹サト（78歳）
12月1日にハナヨゴレダンゴ（シイナのダンゴ）を悪い米でこしらえて、ミカワリ婆さんにあげる。皿一枚ぐらいを床の間に供え、家族はあんこをつけて食べる。
12月8日・2月8日はヨーカゾーといい、一ッ目小僧が来るが、ヒサシにトオシをかけておけばよい。目の多いのを見て、おれは目が一つだからと逃げていくという。また、12月8日は子が祝い、2月8日は親が祝う日であって、小豆粥をこしらえて仏壇、床の間に供える。小豆粥は米・小豆・手打ちソバを切ったものをいれて作る。

資料(2)横浜市港北区市ケ尾町中里
12月8日・2月8日をヨーカゾーといい、12月8日にはメカリ婆さんが来る。目のあいているカゴを軒の下にふせて置くかダンゴすくいを柱にかけておくと、目が多いから悪いものが入って来ないという。子供の頃のことで、メカリ婆さんはおっかない悪いものと考えていた。だから、悪い婆さんが来ないように、来ても家の中に入らないようにという魔よけであろう。この日はダンゴを作って祝った。御飯に炊けないような悪い米を粉にしてダンゴを作り、二、三個を串にさし、柱に縄をしばって串を一本さしておくとお婆さんが食べて帰るという。

2月8日は悪い日だと言って、ソバやおこわなど変わったものを作って内祝いをした。この日外に出ると、けがをすると言って、牛馬をひく人は、この日はよけた。

ツジョウダンゴを正月が来るまでの暮のいつかに作った。稲穂をカナオキでこいだ時に足元に落ちた米粒を拾って、きれいに洗って、ダンゴにしたものである。

資料(3)横浜市港北区上菅田町　　白井フク（73歳）

12月1日はハナヨゴレダンゴの日で、米のシイナを使ってダンゴをつくり、あんこをつけて食べる。12月8日に今夜は一ッ目小僧が来るからと、トオシを屋根にあげておく。ヨーカゾーといい、ソバを作った。

資料(4)相模原市淵野辺

12月8日・2月8日には四ッ目ザルを棒にかけて、なるたけ見えるところに置いた。一ッ目小僧が来ないようにと、ジョウグチの両端にこうの葉をいぶして、線香といっしょに立てた。悪病をはやらしに、はき物に判を押しに来るので、家の中に全部入れておくと言った。12月8日に、一ッ目小僧がはき物に判を押しに来て、それを帳面につけて回る。サイの神に通りかかると、その帳面をあずかるというので、あずけていくと、正月14日の大火事で焼けてしまい、一ッ目小僧が2月8日に取りに行ったらないというので、病気がはやらずにすんだという。そこで、毎年ダンゴ焼きをやって、サイの神を信仰するのだと、昔の人が教えたという。

資料(5)小田原市飯泉

12月8日は一ッ目小僧の日で、魔よけのため、柊の葉や枝を戸口にさしておいた。「シワスヨーカは出るまいぞ」と言って、その晩は家にいなければならなかった。また、「シワスヨーカに出かけたならば、帰るまいぞ。九日に帰って来い」と言われた。

増田さき（72歳）

資料(6)横須賀市衣笠町

12月8日には目一ッ小僧が来るからと、トオシや目ザルを屋根に上げて置く。天から降りて来るのだが、トオシや目ザルの目が多いので、こわがって降りて来ないという。

資料(7)足柄下郡橘町町谷

12月8日にはメカゴを出し、大豆を炒って炊き込んだ豆飯を作る。

七尋女房——山陰の妖怪考①——

酒井董美

一　はじめに

山陰地方の一角に「七尋女房」と称する妖怪の民間説話（以下、「民話」と略称する）が伝えられている。呼び方はナナフロニョバというのが一般的であるが、これ以外にもナナヒロニョバ、ナナヒロオンナ、あるいはナナタケオンナ（七丈女）などとも言われている。いずれも同類の妖怪をいうのであり、ここでは最も広く用いられている七尋女房の語で代表させて話を進めることとする。

さて、この妖怪は一口に言うならばまず女性であって、七尋（一尋を約一・六メートルとすれば、だいたい十一メートルあまりになる）の背丈を持っているところにその特徴がある。これはある地方では伝説として、また他の地方では世間話の形で認められるようである。まず島根県の分布を見てみると、出雲地方では松江市馬潟町、安来市門生町、能義郡伯太町、八束郡島根町に。隠岐地方では中ノ島、つまり海士町の一部にこれまでその報告例が見られる。一方鳥取県では、東伯郡赤碕町梅田と日野郡江府町宮市に伝えられている模様である。しかし、筆者の知る限りではこれまでのところ、それ以外の地方で同類に関する話はなぜか聞かれないのである。

本稿ではこの妖怪の正体を、民俗学の立場から考察してみることとする。

二 「妖怪」「伝説」「世間話」の定義

内容に入る前に、まず「妖怪」なる語の定義を確認しておく。これは[1]何らかの恨みをこの世に残して死んだ人物が、この世の特定の人の前に出現して、その恨みを述べてそれを晴らすものとされる、いわゆる「幽霊」とは違い、多くは信仰が失われ、零落した神々の姿とか、動物霊などの変化（へんげ）の一種であって、早朝、つまり薄明とか、夕暮れのいわゆる逢う魔が刻などの時刻になるとその姿を現すものとされている。また、出現する場所こそ特定されるものの、出現するのに決められた人物の前などと限定する必要はなく、その場所を通りさえすれば、だれの前にでも姿を見せるけれど、その場所さえ通らなければ、その妖怪を避けることができるというものである。

次いで「伝説」と「世間話」という語の意味について簡単に述べておく。なお、民話の下位分類の中には、この二つに併せ、「神話」「昔話」も入っているので、そのことにも触れながら説明を試みることとしたい。

まず「伝説[2]」から。

1 具体的な事物に直接結びついていて、真実と信じられてきた伝えである。

2 真実性を持つ点では神話に近づいていると言えるが、神話が聖なる神の世の物語であるのに対して、これは人間、まれにはそれに準じた時代の伝承である。

としてまとめておいた。また、資料7は資料8の出典から翻案したものと思われる。

出現時刻	伝承の概要	出典
夜	七尋女房の正体は猫の化けである。西野なんとかという人がこれに出会い、刀で切りつけると、はずみで首が石になった。私の山にそれが残っている。	『島前の民話』
不明 （2・4） 夜 （3・5）	板屋の旦那（5＝前田という人）が馬で海士の村上助九郎宅へ行こうと山道を越していたら七尋女房が現れ、馬の轡を捉えて離さないので、旦那は刀を引き抜いて切りつけると、女房の姿は消えて、石仏の石が残った。首は保々見のアマカワに今もある。刀は昭和五、六年の板屋の火事で焼けてしまった。	『島前の民話』 『島前の民話』 『隠岐・島前民話集』 『隠岐島の伝説』
不明 （6） 夕暮れ （7・8）	西の原のおじいさんが馬に乗って須賀のきさへ行くと、岩が七ひろ女房になってみせたので、刀で切った。それから化かすのをやめた。（6） （7・8＝西の中畑七衛門が夕暮れに馬で須賀へ行く途中、ミダの奥山から小石が飛んできた。七尋女房の仕業と気づいた彼は自宅から刀を持ってくると、女房はおむつを洗濯するように見せかけたが、彼は委細構わず切りつけた。顔面を傷つけられながら松山に飛んで石と化した。別名「女房が石」ともいわれる。	『隠岐・島前民話集』 『隠岐島の伝説』 『隠岐の伝説』
不明	崎のワタナベ医師が通っていたら七尋女房が出てきたので、鼻を切ったら、鼻のない石ができたという。（伝説の断片と思われる）	『隠岐・島前民話集』
夜	「今晩は」と言ったら、「オヨーン」と七尋女房が返事をしたが、それは猫ばかしに化かされたものらしい。	『隠岐・島前民話集』
夜	七尋女房がまたがり、髪をおっ垂らかし、黒い歯をむき出して笑って見せるので夜遅くなると人が通らなかった。	『島根町誌』
夜	暗くなると、一人で通る人がなかった。	『島根町誌』
夜	それは狐の化けたものだといわれた。	『島根町誌』
夜	夜な夜な、立ったという。	『島根町誌』
夕方	小豆を磨ぐ音が消えるとそこに七尋女房が出て、子供を取るといった。大正の初めごろまで。夕方になると子供は遊びに出なかった。	『島根町誌』
夕方	加賀の小学校に体育館がない明治の末。毎日、宵の口になると中庭に出た。浜の子供たちが小学校の前の川のほとりにホタル取りに出ると、一メートルくらいの背たきの女によく出会った。その女は「あはははは。」と笑いながら七尋もある大女になって見せたという。子供だけでなく、佐波や別所の大人も麦焼きをしての帰り道に、その女が中庭に立っているのを、よく見かけた。	『島根町誌』
不明	白壁にある場所は今でいう阿弥陀さんに通ずる道のところであった。	『続竹矢郷土誌』
夕方か 朧月夜	振袖の若い女房だが、後ろ姿を見ると高さ七尋もある大女房に化しており、見る者は気を失ったり、病気にかかったりした。ある祈禱師が弁才天を祀ることを勧め、光現寺山麓の岩上に小堂を建立し祀った。それ以来出ることはなかったという。なお小堂は承応二年に流失したという。	『郷土母里』第一号
晩	門生の南の峠に大きな松の木が残っていて、辺りを一本松と呼び七尋女房が出るという噂があった。そこは広瀬から米子へ買物に行く通り道だった。ある人が縄や俵の菰を編んで、米子で売り、魚や油げや御馳走を買い、晩にその峠まで戻ると、松の木の下で眠りにつく。少し眠って「たばこはよいものだ。軽くなった」と我が家に急ぎ風呂敷を開けると中はからっぽ。七尋女房が盗ったらしい。それを聞いた門生の年寄衆が「つかまえてやる」と親戚で酒を飲んだ戻りに一本松のへりの方で一晩中起きて歌ったりしたが、何も出なかった。	『島根県安来市民話集』
真夜中	真夜中に「小豆三升に米三合、御れい様には米がない」とうたい、夜、井戸端で米をといでいた。この女は暗い夜に限り、いつも同じ歌を悲しそうにうたい、夜でもくっきり青白い顔が浮かび、髪はほとんど地面につかえていたという。	『赤碕町伝説集』孔版
夜	夜な夜な怪しい女が現れて人々の肝を冷やした。この女、下から見上げるとなんぼでも背が高くなって七尋にもなるが、上から見下すと消えてしまう。	『鳥取県郷土調査』孔版第五十七巻
不明 雨の夜 (23)	小さな子がやんちゃをすると「七尋女房が出るぞ」という。州河崎の上の通りに古い堂、地蔵、墓などがある。そこに七尋もある背の高い化物が出て、やんちゃをいうたびに子どもに小豆をといで聞かせるという。武道の心得のある男が抜き切りをすると女は消えた。（七色樫の蛇身ではないかともいう）	『鳥取・日野昔話集』 『州河崎むらの歴史』

〔別表１〕「七尋女房」民話分布状況一覧表　注　出典は違っても同一の話と思われるものは、同じ話種番号

話種番号	資料番号	種類	県名	町　村　名	出　現　場　所
①	1	伝説	島根	隠岐郡海士町	「わしとこ（話者）の山」となっており、特定できず（話種番号③の断片である可能性が強い）
②	2 3 4 5	伝説	島根	隠岐郡海士町	海士町御波に属する太井の山道の峠（地名を石仏という）（３＝柳の木の下に出た）
③	6 7 8	伝説	島根	隠岐郡海士町	西（地区名）から須賀へ行く途中（８＝日ノ津港から御波へ行く道路左手の安国寺領の寺山の中腹の松林）
④	9	伝説	島根	隠岐郡海士町	町名のどこかは不明（内容からは話種番号③と同じ場所と推定される）
⑤	10	世間話	島根	隠岐郡海士町	菱浦へ行く福井の坂道のまん中
⑥	11	世間話	島根	八束郡島根町	大芦・浜地区。楡木と浜の境のジャージャゴ山から下のデンの島
⑦	12	世間話	島根	八束郡島根町	赤坂（浜田口から海鳥に行く途中）と荒神山の間
⑧	13	世間話	島根	八束郡島根町	大芦別所地区、槙原の松が撓の四つ街道
⑨	14	世間話	島根	八束郡島根町	佐波地区、二つ輪の谷（白金屋の後ろの谷）
⑩	15	世間話	島根	八束郡島根町	野波地区、浜頭の土手
⑪	16	世間話	島根	八束郡島根町	加賀地区、加賀小学校の中庭
⑫	17	世間話	島根	松江市馬潟町	馬潟の醤油屋さんの蔵の白壁
⑬	18	世間話	島根	能義郡伯太町	光現寺と神宮寺に出没した
⑭	19	世間話	島根	安来市門生町	門生町の南の峠「一本松」のあたり
⑮	20	世間話	鳥取	東伯郡赤碕町	梅田
⑯	21	世間話	鳥取	日野郡江府町	旧・米沢村宮市の「小藪さん」という小さな藪
⑰	22 23	世間話	鳥取	日野郡江府町	州河崎にある古いお堂（23＝22の通り）

3　伝説は人間の時代の伝承という意味で昔話に近いが、しかし、昔話は虚構の世界の物語であり、伝説はあくまでも真実と信じられているところに大きな相違がある。
4　伝説は特定の時代、人物、地域と結合し、その特定の事物を証拠として伝えるのに対し、昔話は「昔」「あるところ」「ある人」などと一般的、不確実な時代、人物、地域を舞台としている。

次に「世間話」(3)について。

1　世間での見聞談が特定の地名や人名を伴って、あたかも事実や経験のように話されるもの。
2　その場にふさわしく、聞き手に迎えられるように自由に語られる点に特色を持っている。
3　世間話の材料は昔話や伝説から取られるばかりではなく、身近な人や家や村について、何か珍しい性格や運命や事件なども取り上げられている。
4　話の時代は現在か、せいぜい一、二世代前のこととしている場合が多い。

三　伝説と世間話両タイプの七尋女房

それではローカル妖怪であるこの七尋女房は、民話のどのようなタイプとして伝えられているのであろうか。前にも触れておいたようにそれは「伝説」と「世間話」の二種類の形で認められるのである。次にその例を一つずつ挙げておこう。

まず、伝説の形をしているものから。(これは話種番号③、資料番号7のものである(4))

女房が岩

中ノ島海士町の日ノ津港から、南へ行く道路の左手に安国寺領の寺山がある。道路から見上げると、この山の中腹の松林の中に大きな石が頭を出している。これが有名な「七尋女房（ななひろにょうば）」の化石である。

さて、海士町海士字西に住む中畑頼正氏の祖先は、七衛門といって、織田信長の時代に当地に住みついた豪傑である。その七衛門がとある夕暮れ、馬に乗って御波地区の須賀に行こうとすると、途中のミダの奥山から小石がポンポン飛んできた。七衛門は、

「さては、話に聞いた七尋女房が、拙者の通行を妨害するのか」

と言って、ただちに自分の家に引き返し、刀を取って元の場所に来た。するとそこには、噂の通りの雲つくような大女が立ちふさがっていて、七衛門を見ながら気味悪く笑った。けれども、馬上ゆたかに刀を差している七衛門には、とてもかなわないと思ったのだろう。

写真1　道を間違え七尋女房の岩へは行けなかった。海士町西の中畑頼正氏（中畑七衛門の子孫に当たる）提供（撮影は孫の成瀬光昭氏）
【別表1　話種番号①③参照】

いきなり、おむつを手にして下の流れに洗濯に行くように見せかけた。七衛門は、それをそのままやり過ごし、後ろからそおっと近づいて、化け物が振り向いたところを一刀のもとに切りつけた。ところが、さすがは曲者の七尋女房、それぐらいでは参らなかった。顔面に深い傷を受けながら、安国寺領の松山に飛んで、そのまま大きな石に化した。高さはおよそ六メートル、だるまの形を

した大石であるが、二つの目はもとより、口もそろって奇怪な顔つきをしている。七衛門の刀は、鼻をえぐったというが、この化石は別名「女房が岩」ともいわれ、少しずつ大きくなるとも伝えられる。

一方、七衛門がこのとき使用した刀があったが、今ではその容れ物と、同じくこのときの馬のくつわのみが中畑家の家宝になって残る。

この話を伝説に分類した理由は、この説話に関わる事物（ここでは七尋女房の化した岩）が存在していることによる。

続いて世間話の例を挙げて見る（これは話種番号⑪、資料番号16のものである）[5]。

写真2　島根町の加賀小学校手前には小川がある【別表1　話種番号⑪参照】

加賀小学校の七尋女

加賀の小学校に、まだ体育館がないころのこと。それは、炭焼きの煙が、あちこちで立ちのぼり、ホタルが飛びかう時期だった。毎日、宵の口に、小学校の中庭にお化けが出るといううわさが立った。

ところで、今から七十年ほど前というから、明治の末のことだろう。浜の子供たちが、小学校の前の川のほとりへ、ホタル取りに出ると、一メートルくらいの背たけの女に、よく出会った。その女は「あははは。」と笑いながら、たちまち、七尋もある大女になって見せたという。

そんな話を覚えていた村の人たちは、その七尋女が、また出始めたのではないか、といった。子供だけではなく、佐波や別所の大人も、麦焼きをしての帰り道に、小学校の前を通りかかると、その女が、中庭に立っているのを、よく見かけたという。

この話を世間話としたのは、先の海士町の伝説とは異なり、経験談としては具体的な描写が見られるものの七尋女房を示す事物そのものが存在していないことによる。また、資料文では七尋女を「ななふろにょば」とルビをつけ、さらにかっこの中に「ななひろおんな」と記している。

四　世間話と伝説

両者の話を比べてみると、繰り返すようだが、前者は伝説として七尋女房が化したと称する岩が存在し、後者は世間話なるが故に事物は存在しないものの、体験談を整えている。

ところで、この問題を考えるのに当たって、伝説とか世間話の区別に関係なく、話を進めて行きたい。なぜならば、七尋女房の本質を見ていく場合、この区別を特別に考慮して行かなければならないとは、必ずしも考えられない。それよりも両者にこだわらず全ての事例を分析して、その中に潜む特色を見る方が「七尋女房」なる妖怪の持つ本質に迫って行けると思われるからである。

五　他の背の高い妖怪について

さて、この七尋女房なる妖怪は背が高いという特色を持つが、これを共通項とするその他の妖怪について、柳田国男の「妖怪談義」中に分類されたものを中心にして、そのいくつかを挙げておく。
ノブスマ　高知県幡多郡　前面に壁のように立ちふさがり、上下左右とも果てがない。腰を下ろして煙草をのんでいると消えるという。佐渡ではこれを単にフスマといい、夜中に後ろからでもなく前からでもなく、大きな風呂敷のようなものが来て頭を包んでしまう。どのような名刀で切っても切れぬが、一度でも鉄漿（かね）を染めたことのある歯で嚙みきればたやすく切れるという。

タカボウズ　香川県木田郡など　背の途方もなく高い坊主で、道の四つ辻にいるという。徳島県の山城谷などでは高入道。正夫谷という所に出る。見下せば小さくなる。

写真3　海士町御波に属する太井の山道の峠にある石仏（道は廃道になっているが、花は供えられていた）
【別表1　話種番号②参照】

写真4　海士町菱浦へ行く福井の坂（現在は舗装され広くなっている）
【別表1　話種番号⑤参照】

シダイダカ　徳島県の高坊主とよく似た怪物を山口県や島根県西部では次第高という。人間の形をしていて高いと思えば段々高くなり、見下してやると低くなるという。なお島根県の場合(6)は、江津市二宮町、跡市町、都野津町などに聞かれる。邑智郡桜江町川戸では、次第高が出たら、股の下から見なくてはならないという。

ノリコシ　岩手県遠野地方　影法師のようなもので、最初は目の前に小さな坊主頭で現れるが、はっきりせぬのでよく見ようとすると、そのたびにめきめき大きくなり、屋根を乗り越して行ったという話もある。下へ下へと見下して行けばよいという（遠野物語再版）。

ノビアガリ　愛媛県南部　伸び上がり、見るほど高くなって行くという化物。川獺が化けるのだという。地上一尺ぐらいのところを蹴るとよいといい、また目をそらすと見えなくなるともいう。

ミアゲニュウドウ　新潟県佐渡地方　東京などの子どもが見越し入道というのも同じもの。多く夜中に小坂路を登って行くときに出る。始めは小坊主のような形で行く手に立ち塞がり、おやと思って見上げると高くなり、後には後へ仰向けに倒れるという。これに気づいたときは、「見上げ入道見越した」という呪文を唱え、前に打ち伏せば消え失せると言い伝えている。壱岐では東京と同じように見越し入道というが、夜中路を歩いていると頭の上でわらわらと笹の音をたてる。そのとき黙って通ると竹が倒れかかって死ぬから、やはり「見越し入道見抜いた」と言わなければならぬと言っている（続方言集）。

ニュウドウボウズ　愛知県　入道坊主、見越し入道のことである。三河の作手村でかつてこれを見たという話がある。始めは三尺たらずの小坊主、近づくにつれて七八尺一丈にもなる。まずこちらから見ていたぞと声をかければよし、向こうから言われると死ぬという。（愛知県伝説集）

こうして見て来るとノブスマ、あるいはフスマは、最初から背が高いが、後の妖怪は見下せば背が低くなるという弱点を持っている。また、「見越し入道見抜いた」とか、「見下せば低くなる」など、対策は多少異なるとはいうものの、この妖怪から逃れる方法も伝えられており、そうして考えるならば、これらはいわば

写真5　島根町大芦地区（海中に見えるやや右上方の岩礁がデンの島という）
【別表1　話種番号⑥参照】

写真6　島根町赤坂　この道の先を曲がればすぐ日本海になる
【別表1　話種番号⑦参照】

同一の怪物がたまたま地方によって異なった呼び名を持って称せられているものとも考えられるようである。

ところで、七尋女房の場合は、見下しても背が低くなるという性質は認められないところから、ノブスマあるいはフスマに似た点を感じるが、ノブスマが「上下左右とも果てがない」などの性質を有し、「名刀で切っても切れない」という点では大きく異なっている。つまり七尋女房では、名刀によって退治されてしまう例が多いのである。またフスマでは「鉄漿（かね）を染めたことのある歯で嚙みきればたやすく切れる」と言われているが、七尋女房ではそのような弱点を持つ事例は聞かれない。

背が高くて人々を威嚇する妖怪にもこのように二種類のものがあるが、その持っている性質から「七尋女房」の方は、どちらかといえば後者に近い存在と言えるようである。

六　七尋女房説話の分析

写真7　島根町大芦別所地区の槙原の松が撓(四つ辻にはなってなかったが大芦小学校児童の案内によれば、ここが七尋女房の出たところという)【別表1　話種番号⑧参照】

（a）　話型の分布及び資料の出典について

ここらで再び話題を本筋の七尋女房に返すことにする。これまでのところ、七尋女房に関する話は二三資料ほどその報告例が認められる。しかし、子細に検討してみると、同一話者が別の研究者に同じ話をしている例や、異なった研究者が他の話者から聞いた同類と思われる話を報告している場合があり、そのための重複を整理してみると、結局は一七種類の話に集約される。島根県内のものが一四種類に鳥取県内の話が三種類ということになり、そのうち伝説は三話で、いずれも島根県隠岐郡海士町に残されている。そしてその他の話はすべて世間話に分類されるものである。これらについては別表1を参照されたい。なお、資料の出典については次の通りである。(資料番号は別表1に照合する)

【資料1・2・3】………『島前の民話』――隠岐・島前合同調査資料集　民話と文学の会　昭和五十一年十二月　孔版

【資料4・6・9・10】………『隠岐・島前民話集』島根大学昔話研究会　昭和五十二年二月

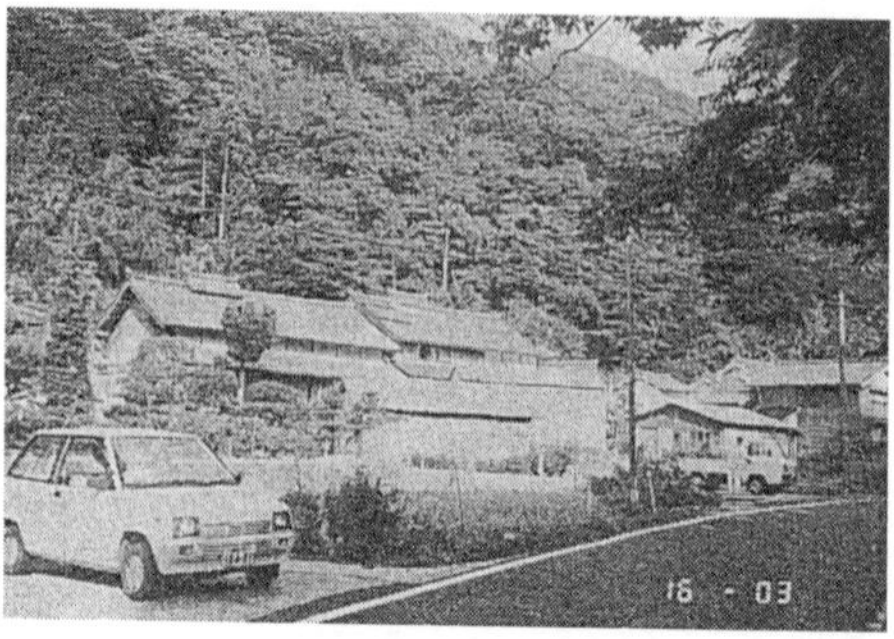

写真8　島根町佐波　中央の家が白金屋で、ここの裏の二つ輪の谷に七尋女房が出たという
【別表1　話種番号⑨参照】

写真9　島根町野波地区の小波にある浜頭の土手
【別表1　話種番号⑩参照】

【資料5・7】……『隠岐島の伝説』野津龍　鳥取大学教育学部国文学第二研究室　昭和五十二年七月
【資料8】……『隠岐の伝説』横山弥四郎　島根出版文化協会　昭和四十一年五月
【資料11・12・13・14・15・16】……『島根町誌』資料編　島根町誌編纂委員会　昭和五十六年三月
【資料17】……『続竹矢郷土誌』竹矢郷土誌編集推進委員会　平成二年三月
【資料18】……『郷土母里』第一号　長谷益次郎　母里村尋常高等小学校　昭和十二年十二月
【資料19】……『島根県安来市民話集』島根大学昔話研究会　平成二年三月
【資料20】……『赤碕町伝説集』孔版　倉長伸吉　赤碕町教育委員会　昭和三十年八月
【資料21】……『鳥取県郷土調査』第五十七巻　孔版　昭和十一年ごろ
【資料22】……『鳥取・日野昔話集』立命館大学説話文学研究会　昭和五十二年三月
【資料23】……『州河崎むらの歴史』むらの歴史発刊委員会　昭和六十一年三月

写真10　松江市馬潟町の福間醤油店の倉庫。左手は昨年開通した中海大橋の橋桁
【別表1　話種番号⑫参照】

（b）七尋女房の輪郭

とりあえず、主人公である七尋女房とはどのような妖怪であるかをまとめてみよう。

1　女性であること。

2　背が異常に高く、名の示すように七尋の高さを認めても不自然ではないと解釈すべきである。

写真11　伯太町光現寺右手には伯太川が流れている
【別表1　話種番号⑬参照】

3　特定の場所に出現すること。

4　夕方から夜間にかけて出現するが、昼間はまったく出現しない。

5　島根県東部（出雲地方・隠岐地方）と鳥取県中西部（伯耆地方）だけに認められる妖怪である。

以上の五点がまずもって基本的な特色であると思われる。

（c）　出現の時刻

七尋女房なる妖怪の出現時刻を別表1の資料から別表2として作成してみる。

こうして眺めてみると、夜が一一、夕方が三、そのどちらにも該当するものが一となり、不明二を別にすると、すべて夕方から夜にかけて出現することとなり、昼間に出現する場合は皆無である。このことは七尋女房の性格を探る上で重要な意味を持つものであろう。

すなわち、柳田国男の「妖怪談義」を持ち出すまでもなく、夕方の少し薄暗くなった時刻をカハタレドキ（彼は誰刻）とかタソガレドキ（誰そ彼刻）と称するが、これは別名を「逢う魔が刻」、つまり、妖怪に出会う時刻という意味から発しているわけで、それがさらに夜になって来ると、妖怪とか神の活動に適した時刻ということができる。今日でも神社の祭礼などが夜分盛んに行われるのは、神と人間が親しく交流できる時間帯であると信じられているところから来ているのである。
　したがって、七尋女房がこのような時間に活動が限定されているという伝えから推察して、やはり、彼女は元は神的存在であったものが、いつしかその信仰が零落して今日いう妖怪の姿になったのではないかと考えられてくるのである。

〔別表2〕出現時刻一覧表

出現時	話種番号	合計	
夜	①②⑤⑥⑦⑧⑨⑯	八	夜　一一
晩	⑭	一	
真夜中	⑮	一	
雨の夜	⑰	一	
夕方	⑩⑪	二	夕方　三
夕暮	③	一	
夕方か朧月夜	⑬	一	夕方か夜　一
不明	④⑫	二	二
合計		一七	

注・同一話種の中の複数資料については、不明と時刻の明らかなものと両方のものがある場合は、明らかな方を採用した。

写真12　伯太町神宮寺付近。地名のような寺はないが、近くを伯太川が流れている
【別表1　話種番号⑭参照】

写真13　安来市門生町の南の峠を望む（昔はお化けが出ると言われていたと付近の人は話していた）
【別表1　話種番号⑭参照】

（d）出現する場所

この妖怪の出現する場所について、先の方法で別表3にまとめてみる。

不明の④を除くと、いずれも特定の場所に出現していることが分かる。不明の話は聞き手が収録のおりに、気づいて語り手に確認さえすれば、他の話同様、その場所を特定することができたものに違いないのである。

それはそれとして、別表3で分かるように、坂道、峠、山の中腹の松林などのように過半数の九話については七尋女房が山間部に出現している。ちょっと見ると「四つ街道」がどうして山間部なのかと疑問に思われる向きもあるだろうが、筆者が一つ一つ現地を確認した結果、この四つ街道は島根町大芦の小高い岡の上にある大芦小学校からさらに上に登った山中にある場所を指しているので（この話をよく知っている大芦小学校児童の案内では、ここの場所は坂道ではあったものの、四つ辻ではなかったが）、やはり明確に山間部に分類できるのである。他の場合も同様にお考えいただきたい。なお、⑥が「山から下のデンの島にかけて」となっている。これも楡木の山中の急坂がそのまま日本海にかかったような感じの場所であり、便宜上山間部に区分しておいた。

また残りの六話は、土手、学校の中庭、倉の白壁、寺、井戸端となっており、いずれも平地部に現れている。

さらに現地を見て感じたことであるが、これらの多くの場所が海とか川、あるいは井戸端など、水と関連の深い所であることに気づかされた。例えば海士町の伝説地や世間話の舞台が、表面的には坂道（①）、峠（②）、山の中腹の松林（③⑤）などとなっているが（⑤については、単に「山」と語られているが、これは話種番号③の伝説が退化した形であると思われるので、一応ここへ分類しておいた）、いずれの場所からも日本海

〔別表3〕出現する場所

区分	出現場所	話種番号	合計	合計
山間部	坂道のまん中	①⑦	二	一〇
	峠	②⑭	二	
	山の中腹の松林	③⑤	二	
	山から下のデンの島にかけて	⑥	一	
	谷	⑨	一	
	藪	⑯	一	
	四つ街道	⑧	一	
平地部	土手	⑩	一	六
	学校の中庭	⑪	一	
	堂	⑰	一	
	倉の白壁	⑫	一	
	寺	⑬	一	
	井戸端	⑮	一	
不明		④	一	一
合		計		一七

注・同一話種の中の複数資料について、不明と場所の明らかなものと両方のものがある場合は、明らかな方を採用した。

写真14　赤碕町梅田地区（どの井戸端に七尋女房が出るのか特定できなかった）
【別表1　話種番号⑮参照】

が眺められたり、もし見通せなくてもごく近くが日本海であるので、海との関わりを考えてよいし、島根町の世間話（⑥⑦⑧⑨⑩⑪）についても同様に日本海が見える所であったり、見えないとしても比較的日本海に近い所に存在している。また⑫の松江市馬潟町の醬油屋さんの白壁は、福間醬油店のそれを指しているが、ここは大橋川にごく近く、側面に中海大橋が架かっている。次に⑬の伯太町での光現寺と神宮寺であるけれど、両者とも伯太川のほとりに位置している。ただ、光現寺の方はまさに寺院が認められるが、神宮寺の方は地名のみで寺院建築そのものは存在していない。また⑮の鳥取県赤碕町梅田については、残念ながらその場所の特定はできなかったが、話の中では井戸端に出現することになっているので、これまた水と無縁ではない。⑰の江府町州河崎では、出現場所の近くに日野川が流れているといったしだいである。したがって、川の近くとか、海のそばとかあるいは井戸端とか、形を変えながら、どこか水と関連しているところが多い。実際、水の近くであることを明確にしていないのは、場所の語られていない④の話以外では、⑭の安来市門生町の一本松と⑯の江府町宮市の中地区にある小藪だけである。したがって、何らかの形で水との関わりを持っている話は、④の不明の話を除くと一六話中一四話を数えることになる。つまり八七・五パーセントが水と関連を持つことになる。このことは七尋女房の性格を探る上に隠された意味があるように考えられる。

（e）「七尋女房」の意味するところ

次に七尋女房の意味についてである。初めに「女房」という語は、今日では一般に成人した女性をいうことは、特に説明するまでもなかろう。そこで「七尋」についてであるが、本稿の初めにも述べておいたように、一尋は両手を広げた長さを示す言葉であるので、一尋は約一・六メートルくらいとするのが妥当であろう。そこで七尋となれば表面的には約一一メートルになる。したがって七尋女房は背が一一メートル以上もある女の妖怪というしだいである。

さて、今度は「七尋」の「七」という数字について考察してみる。

わが国において、七は神聖な数を意味している。少しそれに関した事例を挙げてみると、福徳の神として信仰されているものに、いわゆる「七福神」がある。これは大黒天・恵比寿・毘沙門天・弁財天・福禄寿・吉祥天・布袋の七柱の神を指している。また「七夜」と称して子どもが生まれると七日目に祝ったり、遅くともこの日までに名前をつけるものとされているところは多い。更に三歳になった子どものより健やかな成長を願って、十一月十五日に「七五三」と称する祝いを行う風習も広く行われている。東京や横浜では女児

写真 15　江府町宮市の小藪さん（田の中にあり、七尋女房の話を付近の老女は知っていた）
【別表 1　話種番号⑯参照】

写真 16　江府町州河崎の妖怪の出たといわれる小道は旧道になっていた（向こうの墓の先にその道はあった）
【別表 1　話種番号⑰参照】

の場合、三歳と七歳の十一月七日に衣服を替えて祝うものとされている。(7) 変わったところでは、筆者が以前民俗調査で聴取したことだが、隠岐郡の島前地方で生まれた女の子が病弱である場合、「七つ小僧」、あるいは「七つ坊や」などと称して、七歳まで男の子の姿をさせて育てる風習があった。つまり、頭は坊主にし、衣服も男の子用のものを着せたのである。そして七歳の誕生を済ますとその子どもは女の子の姿に返し、ここで初めて女の子として以後は育てられたのである。(8)

また鹿足郡柿木村では結婚したばかりの「嫁の里帰り」には、七個の餅を持参するという風習がみられたが、(9) ここにも「七」の数を神聖なものであるとする信仰がみられる。

このように見てくると七尋女房の「七」という数字は何を暗示しているのであろうか。言うまでもなくそれは「七」という数を持ったこの妖怪は元々は聖なる存在であったのではないかという隠れた証拠を示しているように思われるのである。

（f）七尋女房の本性を示す伝え

さて、それでは現実の話の中で、この妖怪はどのような正体と関連づけられているのだろうか。この点では資料全体を見渡しても残念ながら、あまり共通した性格を捉えることはできないようである。しかし、特定の動物などの化けたものであるという伝えが認められるので、それを紹介しておく。

小豆とぎ＝一番多いもので⑩⑮⑰の三つの話の正体がこれである。⑮に見られるように東伯郡赤碕町梅田地区の「小豆とぎ」は、真夜中に「小豆三升に米三合、御れい様には米がない」とうたって、井戸端で米をといでいた。この女は暗い夜に限り、いつも同じ歌を悲しそうにうたい、夜でもくっきり青白い顔が浮かび、髪はほとんど地面につかえていたという。しかし、この伝えには子どもを捕まえるという部分はない。けれども⑩の八束郡島根町野波地区の浜頭の土手に現れる小豆とぎは、小豆を磨ぐ音が消えるとそこに七尋女房が出て、子どもを取るといい、そのため、夕方になると子どもは遊びに出なかったというように後段に恐ろしい伝えが残されていた。それに対して日野郡江府町州河崎の小豆とぎは、ただ単に子どもがやんちゃをいうたびに小豆をといで聞かせたという話になってしまっている。ここからこの話を復元してみると、小豆とぎなる女は、小豆をとぎつつ歌をうたい、その後、夜遊びなどをする親の言いつけを聞かぬ子どもを捕まえて連れて行く性格を有する妖怪ということになろうか。そしてこの小豆とぎなる妖怪の別な正体は、いずれも問題の七尋女房そのものということになっているのである。

なお、一般的な[10]小豆とぎの正体については、もともと小豆が祝祭日に欠くことのできない食物であるということから推して、祭礼の直前に守られる物忌みの趣旨が忘れられて、なにか恐ろしい時期とだけ感じられるようになり、人間を脅かす妖怪と思われるようになったものかと考えられる、と言われている。

猫化け＝隠岐郡海士町の①の伝説では、猫化けが七尋女房の正体とされている。離島の隠岐ではどういうわけか、猫が化けて人をだますものとされている世間話が多く、これは本土になれば狐が人をだます話となっているのに対応しているのである。

狐＝⑧の八束郡島根町大芦別所地区、槙原の松が撓の四つ街道に現れる七尋女房の正体は狐の化けたものだと言われている。狐が人を化かす話は前述したように、各地で語り伝えられている。

ところで、一般的に[11]狐なる動物は稲荷の使者とされ、また直接狐を祭ったという伝承もあるように、早くから神の使いと信じられてきた存在で、農村では農耕神とされていたのである。

石仏＝②の伝説の海士町御波に属する太井の山道の峠に出たという七尋女房の正体は、こともあろうに昼間は人々の信仰を集めていた石仏であるとされている。

以上、七尋女房は何かの化身であり、その正体は何に仮託されているかを眺めてみた。その結果、石仏のように信仰の対象そのものの存在から、狐とか猫のように動物が化したとするものや、小豆とぎのような人間に害を与える妖怪の化したものと考えられていたり、いくつかのバリエーションが見られるものの、そのいずれもが神、あるいは神から零落した存在との関わりを持っているように思われるのである。

七　おわりに

さきに背の高くなる妖怪として、地方ごとに異なる存在を眺めてみた。高知県幡多郡のノブスマ、香川県木田郡などのタカボウズ、山口県や島根県西部のシダイダカ、岩手県遠野地方のノリコシ、愛媛県南部のノビアガリ、新潟県佐渡地方のミアゲニュウドウ、愛知県のニュウドウボウズなどがそれであったが、広い意味での同類として「七尋女房」もこれらの仲間に入れられるのではなかろうか。

最後にこの「七尋女房」の特徴と結論をまとめておく。

1　鳥取県中西部（伯耆地方）と島根県東部（出雲、隠岐地方）に限定して伝承されている。これ以外の地方には今のところ、伝承地が認められないが、このことは他地方では伝承がまったく存在していないということを意味するものとは断定しがたい。なぜならば鳥取県江府町と赤碕町の間にはかなりの距離があり、その間がまったくの空白地帯であるとすることは不自然であると考えられるからである。したがって、今後の調査によっては、新伝承地がいくつか発見される可能性も大いに残されていると思われるのである。

2　妖怪の化したとされる石の存在する伝説をはじめ、ただ単に出現する場所のみの特定できる世間話まで、二種類の説話が認められる。ただし、伝説と世間話のどちらが先行した伝承であるかを特定することは、今の段階では難しいように思われる。それは世間話が親しまれたがゆえに、それの化した石なるものの存在を人々が作り出し、いつしか世間話が伝説に移行したものなのか、それとも伝説が退化して遺物と称する証拠物件が忘れ去られた結果、世間話に移行したものか、現状ではまだそのどちらとも判断を下しにくいということである。

3　この妖怪は名の示す通り女性の妖怪である。そしてこの妖怪は通行人を脅かして喜んでいる風が見られるものの、それによって脅かされた通行人の生命に危害を加えるなどというところまで危険な存在とはなっていない。

したがって、他の女性の妖怪である例えば石見地方の海岸によく出現するという、赤子を通行人に抱かせ、その人の命を取る「濡れ女」や昔話によく登場することで知られている「人食い山姥」などよりは、恐ろしくない存在であるということができよう。

4　海とか川、あるいは井戸端などと水に関連の深い場所に出現する例が多い。前述したように、何らかの形で水との関わりを持っている話は、④の不明の話を除き、一六話種中一四話と八七・五パーセントを数えるのである。このことから大胆に推定すると、この七尋女房なる妖怪は水の神、あるいは農業神の零落した姿と推定されてくるのではなかろうか。

「七尋女房」の伝承を以上のように分析してみた。今後、関連する事例の新たなる発見を加えることにより、この伝承のさらに詳しい分析が可能になることと思われる。

注

(1) 柳田国男「妖怪談義」―『定本柳田国男集』第四巻―　筑摩書房　昭和三十八年四月。
(2) 福田　晃「伝説」―稲田浩二ほか編『日本昔話事典』―　弘文堂　昭和五十二年十二月。
(3) 大島建彦「世間話」―稲田浩二ほか編『日本昔話事典』―　弘文堂　昭和五十二年十二月。
(4) 野津　龍『隠岐島の伝説』　鳥取大学教育学部国文学第二研究室　昭和五十二年七月。
(5) 島根町誌編纂委員会編『島根町誌』資料編　島根町教育委員会　昭和五十六年三月。
(6) 森脇太一「口頭伝承」―『桜江町誌』―　桜江町　昭和四十八年六月。
(7) 瀬川清子「晴着とかぶりもの」―『日本民俗学大系』第六巻・生活と民俗Ⅰ―　平凡社　昭和三十三年四月。
(8) 島根県教育委員会の民俗調査のおり、筆者が西ノ島町宇賀の小新律子氏（明治四十五年生）他からうかがった。
(9) 酒井董美「人の一生」―『柿木村誌』民俗編―　柿木村　昭和六十一年三月。
(10) 山中耕作「小豆沢」―稲田浩二ほか編『日本昔話事典』―　弘文堂　昭和五十二年十二月。
(11) 黄地百合子「狐」―稲田浩二ほか編『日本昔話事典』―　弘文堂　昭和五十二年十二月。

佐々木高弘

伝説と共同体のメンタルマップ
——徳島県美馬郡脇町の「首切れ馬」伝説を事例に——

一　メンタルマップと伝説

筆者は本稿でことさらメンタルマップと伝説のつながりを、事細かに体系的に論述主張しようとしているのではない。本稿のタイトルが伝説と共同体のメンタルマップとなったのは、ひとつは、いままで地理学が考えて来たメンタルマップとそれに対する反省、もうひとつは、民俗学における伝説研究に対する筆者の興味が、たまたま本稿でこれから紹介する伝説の事例のなかで共存しえたからである。したがって、本来は伝説という共同体の口承文芸において語られる「場所」、または共同体の空間認知(1)が筆者の主要な関心事なのであり、地理学における空間認知研究のひとつのテーマであるメンタルマップに焦点をあてたのは、この関心事の出発点にすぎないのである。

さて、本稿をはじめるにあたって、まずは先述した地理学が考えて来たメンタルマップとそれに対する反省について紹介しておかねばなるまい。地理学が考えて来たという言いようの背後には心理学が考えているメンタルマップがある。前者がメンタルマップを、人びとが場所をいかに異なる仕方で評価しているかに関する地図的表現、そして、人びとが描くことのできるフリーハンドの地図と考えているのに対し、後者は、日常の大スケールの物的環境の特性や構成要素に関する心的表象で、短期記憶と長期記憶の内部構造によって支えられるものであり、おもに場所間の関係を表現し、地図に似た性質を持つものであると考えている。[3]ようするに両者の違いは、地理学者がスケッチマップ等の図的表象に、心理学者が記憶の内部構造に、中村豊の表現を借りるならば地理学の「人々はどんなメンタルマップを持っているのか」、心理学の「いかにしてメンタルマップは形成されるのか」[4]への関心の違いなのである。[5]そして、地理学におけるメンタルマップ研究の反省は、この両者の違いから考え直さねばならないのである。なぜなら、問題は最初に cognitive map（認知地図）という言葉を使ったTolmanのこのメタファーとしての地図[6]を地理学者が地図学的な地図と解釈したところからはじまるのであるから。[7]地理学者がメンタルマップの主要な研究として活用してきたスケッチマップ等の図的表象、とくに被験者によって描かれたスケッチマップには、心理学の側から多くの疑問点が提出されている。Evansの指摘によると①個人の描画能力の限界、②描画作業上の制限、特に描く環境のスケールや要素と調査用紙との関係の問題、③地図上の再生される要素の順位を被験者の空間認知の重要度と解釈する点、④読図作業経験の個人差の描画結果への影響、が挙げられる〔注（3）Evans, p. 264.〕。つまり心理学者は、スケッチマップによって得た資料は、被験者が頭の中に描いている世界を、Evansの指摘した限界をともなって、二次元の世界へ、地図化という表現のコードに従って再現されたものにすぎず、これだけで被験者の頭の中の世界を抽出したことにはならないと主張するのである。そもそも、Tolman はS－R学派に対してもっと複雑な認知過程があることをほのめかし、後の新行動主義のS－O－Rの〝O〟にあたる部分を、cognitive map と呼んだのである。つまり彼は古典的行動主義では排除されてきた意識に属するものを表現するために隠喩として地図という用語をつかったのであった。したがって、認知地図が特別なもの（頭の中の地図学的な地図）なのではなく、他の記憶表象と同一の構造をもったものであるとの心理学の側の見解を地理学の側も認める必要があるだろう。(8) つまりメンタルマップ研究は「頭の中の地図」というかたちにこだわる必要はない、という反省なのである。

以上の点から若林芳樹は、「Tolman のメンタルマップ（認知地図）の指示対象は、地図的形態をとるか否かは別として、潜在意識的に生体内に蓄積された環境に関する知識であるとし〔注（3）若林、6頁〕、内的表象の表現形態としての絵よりも言語を選び(9) メンタルマップの新しい方法を模索している。(10) このような地理学におけるメンタルマップ研究の反省の文脈のなかで、言語でその地域の人びとの潜在意識を表現していると思われる伝説の資料的有効性を探ろうとするのが本稿の目的のひとつでもある。

さて次に民俗学における伝説研究を少し覗いてみよう。ここでは、民俗学における伝説研究の歴史をふりかえるのではなく、伝説が上述したメンタルマップ研究にとって有効な資料となりうる要素を有しているのかどうか、という視点から見るに止どめたい。

民俗学では地域社会で時代を越えて語り継がれて来た、神話・昔話・伝説を口承文芸といい、儀礼とならんでその宗教的世界観などを知るための重要な鍵と考えている。(11) そのうち伝説は昔話と比較されるかたちでその特徴が述べられる。それによると、昔話の特徴が、①時・場所・人の不特定性、②信じられていない、③語りの形式性、にあり、多くの民俗社会に通底する認識の在り方をしめすのに対し、伝説は、①事物、場所、人物、時代との結びつき、②信じられている、③語りの形式がない、などにその特徴があり、特定の民俗社会に生起した事件や現象について説明を与えるものである。(12) つまり伝説は、ある特定の地域内の出来事を具体的な場所にむすびつけて語り伝えているのである。だが、確かにその内容は地域内の人びとには信じられているとはいえ想像的な出来事ではある。しかしながら、その想像的な出来事の起こる場所、そのように共同体内では信じられている場所、地域観こそが、彼らの「頭の中の世界」、潜在意識的に生体内に蓄積された環境に関する知識といってよいのではないか。

しかし、民俗学における伝説研究は昔話に比べて遅れている。その理由は荒木博之が「科学的分類法を確立するためには、伝説はその資料の量が無限といえるほど膨大であると同時に、あまりにも無形式に過ぎて学問対象になり難いということが指摘できよう[13]」と述べているように伝説の特徴が故の事なのである。しかしながら民俗学ではいざしらず、地理学にとっては、伝説が想像的な世界であるとはいえ、主体と場所が明白である以上、貴重な資料となるに違いない。

荒木はさらに伝説研究の今後の課題の展望をしつつ、民俗学者が伝説の蒐集・分類に専念し、その解釈に足を踏み入れないと批判し、人間の想像力の産物である伝説を心理学的に分析すべきであるとのDundesの見解を紹介する〔注（13）13〜14頁〕。このDundesの伝説の心理学的分析の提唱は、伝説自体がメンタルマップ的要素を有していることを示唆している。なぜなら、伝説のもつ、そこに住む、その時代の人びとの願望、希望、不安[14]といった心理的要素が、特定の場所と結びつく時、それは、その時代の人びとの潜在意識的な場所の評価（怖い場所など）となるからである。そして、先に述べたように、メンタルマップにあらわれるのは、そこに住む人びとの場所の評価であったり、それにともなう主観的な世界の歪みである。つまり、心理的要素がメンタルマップを現実世界（地図）と違ったもの（歪めたもの）にするのである。したがって、心理学的な要素と地理学的な要素を兼ね備えていると考えられるこの伝説は、理論的にはメンタルマップの一つの表現形態と言えるのである。

さらにこの共通項を補強するのならば、Tuanがメンタルマップの次のような特性を挙げているのを、伝説の特性とつきあわせながら述べておく必要がある。Tuan は先に述べたメンタルマップ研究の反省をしつつ、メンタルマップの特性を五点指摘している〔注（2）pp. 209-212〕。そのうち二点が伝説との共通項として考えることが出来る。ひとつは、「メンタルマップは記憶装置である」[15]という指摘、もうひとつは、「メンタルマップは想像的な世界である」[16]という指摘である。これらの指摘はそのまま「伝説はその民俗社会の記憶装置である」[17]と「伝説は民俗社会の想像的な世界である」に置き換えることが可能である。

以上、メンタルマップと伝説の特性を挙げ、両者の共通項を指摘し、メンタルマップ研究の一資料としての伝説の可能性を述べてきたが、これら理論的な妥当性について、ここでこれ以上述べるよりも、具体的な事例を提示することによって明らかにしていったほうが効果的であろう。

二　脇町の「首切れ馬」伝説——構造主義的分析の試み——

ここでは、まず徳島県美馬郡脇町の「首切れ馬」伝説の事例を見てみよう。

「昔凶作があった歳大晦日に数人の強盗が大滝寺へ押入って坊様一同を縛り、充分仕事をして引揚げようとすると馬屋で馬がヒヒンヒヒンと嘶いたから、行きがけの駄賃に馬の首を斬り落として帰った。強盗は三谷村の者であった。それから毎年大晦日の夜更けに首切れ馬が大滝山を出てハゼ床、佐尾を経て脇町の佐庫小路を通り吉野川を渡って三谷へ行く。強盗の家筋は節季に餅を搗くと餅に血が入るので元日鶏鳴を聞いて餅をつくと云う。」『新編美馬郡郷士誌』[18]

この「首切れ馬」伝説は、『日本伝説大系』（第十二巻・四国）によると文化叙事伝説（超自然の事業）〈人間と精霊〉に分類されており、四国四県に通じて伝承されるものである。[19]

これまでに、いくつかのこの「首切れ馬」伝説を紹介したものがある。[20]それらにおいて、まとめられた

「首切れ馬」の特性は、①形：首がない、首だけ（その他に尻がない話もある）。②数：一匹、七匹、無数、③日時：大晦日、月の晦、節分、庚申さんの夜、単に雨の降る陰気な夜、夜行日、④音：鈴の音（ジャンジャン、チャンチャン、など）、轡の音（チャンチキチャンチキ）、⑤出現場所：寺、祠、豪族の屋敷跡、灯籠、古戦場、藪、山、などで地方地方まちまちであるが、明確に定まっているのが普通。⑥徘徊の道筋：明確に伝えられている。四辻などが多い。⑦出る因由：怨念、祟り、地方によっては祠や石碑を建てて祀ると出なくなる。⑧首の切れた訳：ほとんど伝えられていない。⑨分布：阿波（徳島）が中心。などである。その他にも、出現する際に騎者（ヤギョウや六部）がいたり、七人童子やその他の妖怪をともなったりすることなども紹介されている。

当然の事ながら本稿で注目されるのは、特性の⑤（出現場所）と⑥（徘徊の道筋）である。したがって、筆者の興味は個々の伝承地（共同体）での首切れ馬が走る場所、徘徊する道筋に注がれることになる。[21] なぜある特定の共同体が首切れ馬なるものを特定の場所に走らせたのか、という疑問は、人文主義地理学における主観的な「場所」や、ここで考えて行くつもりの共同体のメンタルマップ研究にとって非常に興味深いテーマとなりうるはずである。

先に紹介した「首切れ馬」伝説の特性のうち、脇町の「首切れ馬」伝説に特徴的なのは、⑧の首の切られた訳、が全体的にみると伝えられていないのに対して、脇町のは明確に伝えられている点である。更に重要なことに、その原因が徘徊の道筋にも明確に関連づけられて伝えられている事である。つまり馬の首を切ったのは三谷村の盗賊で、首切れ馬の徘徊の終着点はその三谷村の盗賊の家なのである。問題はこの伝説において語られる場所の意味を探らねば共同体にとってのメンタルな空間を解き明かすことが出来ないということである。

このような民話の意味をさぐる有効な手段に構造分析がある。少しここで民話の構造について紹介しておこう。野村泫は「民話の構造とジャンルの志向性」という論文で、民話のうち昔話・伝説・笑話を取り上げその構造と志向性を探っている。[22] すこし長くなるが引用すると「民話のうち、その構造が最もよく知られているのは昔話である。ウラジミール・プロップは、アールネの『昔話のタイプ目録』に概念の交差があることに気付き、昔話にタイプというものがあるとすれば、それは類似した昔話の構造上の特性に求められるべきである、と考えた。それにはまず、昔話を構成要素に分解しなくてはならない。それは、モチーフとかテーマではなく、登場人物の行為（あるいは機能）であろう。昔話では、登場人物の名前や属性は変わっても、その機能はかわらないのだから。従って昔話の分析は登場人物の機能に基づいて行うことができる。（機能というのは、登場人物の行為のことであるが筋の進行に対して持つ意義という観点から眺められている。）」〔注（22）75〜76頁〕。ここでプロップ（Пропп）の《機能》をすべてあげるのは差し控えるが、不可欠な機能は《加害又は欠如》であり、「形態学の立場からいえば、『加害』あるいは『欠如』から始まり、いくつかの中間の機能をへて、『結婚』となり、結末として、用いられるその他の機能なりで終る展開であれば、これらはすべて、魔法昔話と呼びうるものです。[23]」という。Dundesはプロップの方法に従って、アメリカ・インディアンの民話を分析し、ずっと少ない機能と、はるかに簡単な《欠乏》《欠乏の解消》という図式に至る。[24]

これに対して伝説の分野では構造主義的研究はあまり見当たらない、という。昔話との違いは、構造的にいえば、プロップの《加害》あるいは《欠如》と《結婚》という図式や、Dundesの《欠乏》《欠乏の解消》という図式にくらべて、伝説においては最初のマイナス要素がプラス要素に変換されないという点である。そこで、野村は《規定》《違反》《結果》という伝説の図式を提示し、その図式はプロップのものより、

Dundesのものに近いとする〔注(22)80頁〕。確かに脇町の「首切れ馬」伝説は三谷の凶作というマイナス状態が最後にプラスに変換されていない。そこで、本稿でもこの脇町の「首切れ馬」伝説を構造分析してみようと思う。ここでの目的は民俗学や民話研究とちがって、あくまでもこの伝説の場所の意味を探ることにあり、伝説一般を念頭においているのではない。

さて野村の言うように、Dundesの《欠乏》《欠乏の解消》を基本に分析してみると次のようになる。

《欠乏1》三谷の村は凶作で餅がつけない。
《解消1》脇町の大滝寺へ賽銭泥棒に入り餅を買うお金を得る。
《欠乏2》餅をつくとその餅が血に染まって食べられない。
《結　果》それ以降、毎年大晦日の晩に首切れ馬が走り、大晦日には餅がつけなくなる。

以上のように、この伝説も最初のマイナス要素が解消されないまま話は終わることになる。野村は伝説のジャンルの志向性として、「ランケは伝説というジャンルの底に、人生を未解決なもの・悲劇的なものとして捉えようとする人間の心の傾き(意志と本能)をみている。その基礎をなしているのは「諦め」の態度である。」〔注(22)80頁〕と指摘するが、この脇町の「首切れ馬」伝説も三谷村を主人公にすれば、凶作という自然環境からくる《欠乏》の解消の試みも「首切れ馬」という超自然の事業によって、諦めるほかないのである。しかもその事業はその事件以降ずっと続くのである。つまり、その土地性からくる抜け出せない宿命への諦めと解釈できるのである。この結論はこの地域の農業にかかわる自然環境にたいする共同体の認識を知るうえで興味深い。しかしこの話はここでは終わらない。なぜならこの伝説は三谷の伝説ではなく、脇町の伝説なのであるから。脇町と三谷は、図1に示すとおり、吉野川を挟んで、北に脇町、南に三谷、と、この伝説にとって非常に示唆的な地理的位置関係にある。この両者の関係は後にまわすとして、もう少し構造分析を進めてみたい。

小松和彦は、プロップなどの形態論的構造分析をふまえて、この種の研究を単なる類型学から脱却させるための分析技術の確定を試みるH. Jasonの構造論を紹介する。先に述べた、伝説の構造は昔話の構造をより簡略化したものである、という前提を根拠に、ここではこの伝説に応用できる範囲のみ参照してみる。それは、①物語の基本単位は《登場人物》と《行為》である。②三つの《機能》がまとまって一つの《動き》を形成する。その三つの《機能》のそれぞれの《行為》には次のような価値（意義）が割り当てられる。すなわち機能Aは〝刺激〟（試練）、機能Bは〝反応〟、機能Cは〝結果〟（報い）である。③基本的な《動き》は一つの《機能》のセット（A＋B＋C）から成り立っている。(25)

さて今度は、このJasonの構造分析を使って、三谷だけでなく脇町その他も登場させてみよう。

	A　刺激	B　反応	C　結果
三　谷：：	凶作	盗み	血に染まって食べられない
馬　：：	物音	嘶く	首を切られる
首切れ馬：：	（　）	（　）	大晦日の晩に走る
脇　町：：	盗まれる	（　）	（　　）

尚、ここでは大滝寺を脇町としてあつかっている。なぜならば、聞き取り調査によっては、盗みに入られ

たのは必ずしも大滝寺ではなく、脇町の農家という異話も見られるからである。またこれら異話のなかには、盗賊は三谷村の数人の者というのから、三谷の庄屋が村人全員を連れて行ったというのまでもある。したがって、ここでは、三谷対脇町という対立関係[26]を念頭において考察を進める。これは、先に結論づけた自然環境の認識という点からみても、この対立関係を念頭に置くことに妥当性が認められる。なぜなら、その村の位置関係からくる自然環境の違いは、個人的問題なのではなく共同体全体の問題だからである。

さて、ここで明らかになったことは、脇町が刺激（盗まれる）にたいして反応も結果も出していないということ、さらに単なる馬から妖怪に変身した首切れ馬も刺激・反応が欠如している点である。小松[27]は、物語において欠如されている部分にそのテクストのなかで理論的に予想出来る《機能》を想定しているが、ここでも脇町と首切れ馬の欠如されている部分を想定することができる。

脇町の刺激に対する機能Ｂ（反応）は当然のことながら三谷を（恨む）ことであろう。しかしながらその報復としての結論は具体的には想定できない。それに対して、首切れ馬の方を見てみると刺激・反応がなく結論だけがある。そこで、今度は脇町と首切れ馬を一くくりにしてみる。なぜなら、首切れ馬が走るという想像の世界を支えている主体が存在しなければならないからである。その想像の主体はおそらく脇町である。つまり、首切れ馬の刺激・反応の部分は、その想像の主体である脇町がうけもつということになる。この脇町の機能Ａ・Ｂに首切れ馬の機能Ｃを吸収させてみると、次のように見事に《機能》の一つのセットがあらわれる。

脇　町‥　　A　刺激　盗まれる　　B　反応　恨む　　C　結果　首切れ馬を走らせる

したがって、われわれはこの伝説から脇町が三谷（の盗賊）にたいして、首切れ馬を走らせているというメッセージを受け取ることができるのである。このように欠如されていた脇町のB（反応）を想定することによって、首切れ馬のC（結果）を吸収することができたのである。民話のこのような表現レヴェルにおける欠如という操作は、聞き手に民話構造を意識させ、民話という芸術の構造様式を強調するための構造的表現方法なのである。[28]したがって、以上のような構造分析をすることによって、欠如された部分が浮かび上がり、この伝説の隠された意味がわかるのである。つまりこの伝説は、先に既に述べてしまっているが、吉野川を挟んで位置する三谷村と脇町の対立関係を内包しているのである。しかもその対立関係の基礎となるのは、この伝説の冒頭にある三谷の凶作という自然環境にかかわる、当時の人々のメンタルマップなのである。小松は民話を以上のような形態論的構造分析だけで終わらせず、最終的には、構造分析によって得たものを、それを語る民俗社会に復帰させて解読し、民話の意味論の世界を目指す。[29]筆者もここでの結論をふまえて、次に脇町・三谷の実際の自然環境や農業環境等に視点を移し、更にこの「首切れ馬」伝説にみる共同体のメンタルマップを探り出したい。

三　脇町の「首切れ馬」伝説の異話にみる二つのメンタルマップ

異話の記述は、民話を研究する者にとって非常に重要であるとともに、注意を要する事柄なのである。なぜなら、一つの伝説を研究者が記述することによって、それが代表的なものとして流布し、その他の異話を消し去ってしまう恐れがあるのと、同時に、その他の異話を見落とせば、代表的なものとして記録された一つの異話が、人びとの思考のなかで占めている位置を見失うことになり、とりあげられた異話の理解さえ不十分なものになってしまうからである。[30] また本稿の趣旨である共同体のメンタルマップを究明するうえでも、共同体ごとに違って伝承されている場所についてのデータは出来るだけ多く採集したいところである。したがってここでは、いまのところ手元にあるデータから、脇町の「首切れ馬」伝説の異話における徘徊の道筋のヴァリエーションをみていきたい。

すでに文字化された異話、ならびに聞き取り調査によって得た異話によると、まず次のような事が首切れ馬の徘徊の道筋について言えそうだ。

①文字化された異話はすべて大滝寺から吉野川をわたり南岸の三谷へ行く。[31] 聞き取りによる異話のなかには大滝寺ではなく農家と伝えるものもあるが、しかし行き先は三谷である。したがって、大滝山を中心に吉野川をわたって三谷という出発点と帰着点は、ある程度固定されているようだ。

②出発点と帰着点の間の道筋は大きく分けて三つある。

A〔大滝山〕→ハゼ床→佐尾→脇町の桜（佐庫）小路→吉野川→〔三谷〕

B〔大滝山〕→北庄の端田→鳥居原→吉野川→〔三谷〕

C〔大滝山〕→井口谷→井口→別所→吉野川→〔三谷〕

③その他の伝承には、徘徊ルートとしてでなくある地点、特定の場所に首切れ馬が出現したという異話や、大滝山より降りて来ても三谷へまで帰着しない異話もある。

以上を図示したのが第1図である。この徘徊の道筋から次のことが想定される。一つは、①の吉野川をは

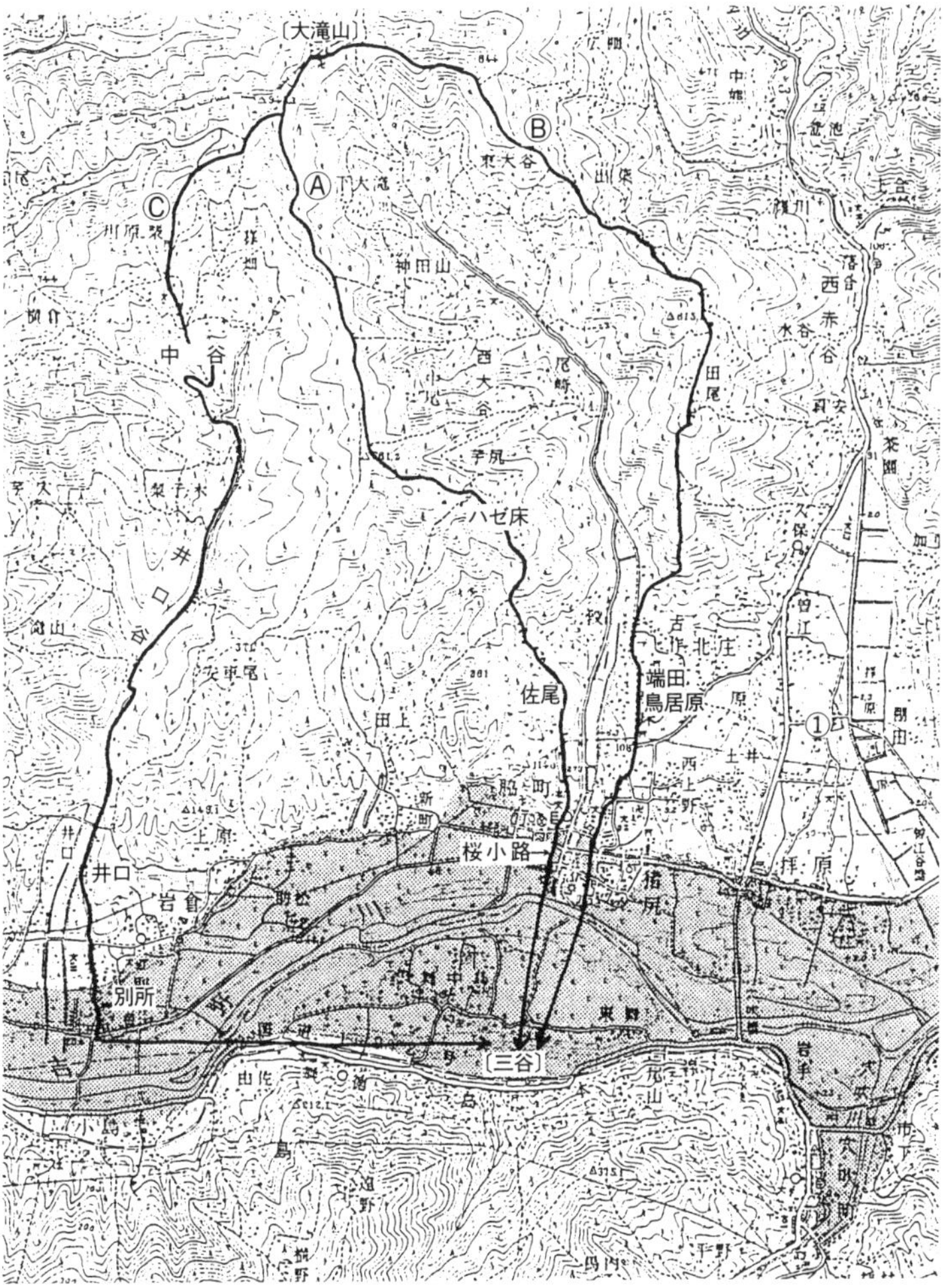

〈凡例〉 ——ⒶⒷⒸ　想定首切れ馬徘徊ルート
①　拝原の首切れ馬伝承地
洪水時の浸水範囲（注 32 参照）

0　1k　2k

第１図　脇町の首切れ馬徘徊ルート

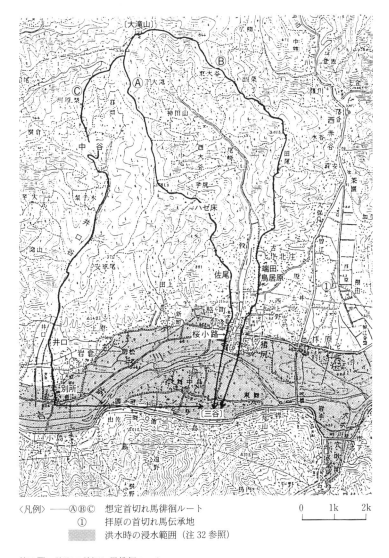

さんだ北と南の対立関係、もう一つは②の吉野川の北における共同体の対立関係である。

①の南北の対立関係について、想像的な世界（伝説）を支えている現実の世界から見てみよう。この伝説の発端は三谷の凶作であったのを思い出していただきたい。本稿で例示した異話にはないが、多くの異話では「吉野川に大洪水があった時の事である、沿岸の田畑に浸水して……」〔注（31）⑩〕と凶作の原因を伝えている。つまり、第1図を見ても分かるとおり、三谷のある吉野川の南岸は、扇状地や河岸段丘の発達した北岸に比べて、可耕地が少ない。しかもその可耕地のほとんどが、吉野川が氾濫した際に水に浸かってしまうのである。[32] しかもこの吉野川流域は藍の生産地で、藩の政策によって肥沃な土地獲得のため、むしろ洪水を歓迎し、築堤を良しとしなかったのである。[33] また北の脇町はその藍の集散地として栄えた町であり、南の三谷との対立項を挙げたらきりがない。つまり、際立って性格の異なる地域（共同体）が吉野川を挟んで向き合っている状態にあるのだ。したがってこの伝説には、北岸の人びとの南岸の土地の評価が投影されているのである。そしてその土地の評価に伴う、付随されたイメージが、われわれ北岸の富を拝借しに来るのではないか、という不安心理の支えであったのかもしれない。

②の北岸における対立関係について考えてみよう。異話における、この徘徊の道筋のヴァリエーションをみると、それぞれの共同体が見事に大滝山から三谷への中間ルートを、わが村へ、と呼びいれている様がうかがえる。現美馬郡脇町は、もともとは脇町・江原町（昭和3年）・岩倉町（昭和26年）であったのが、昭和33年の町村合併によってできた行政区である〔注（31）⑦〕。さらに時代をさかのぼると、『旧高旧領取調帳』には当町域の町村として脇町・猪尻村・北庄村・拝原村・岩倉村が記載されており、[34] 江戸後期には当町域に少なくとも一町四ケ村を中心とした共同体が存在していたと考えられる。[35] つまりAルートは脇町に、Bルートは北庄村・猪尻村に、Cルートは岩倉村に、という具合にである。しかもその道筋は他の共同体で

は認知されていない小字名や小路名などで伝えている。[36] またA・B・Cのルート以外でも、大滝山から拝原に首切れ馬がかけ降りて来たという異話も伝えられている（第1図、①）。北側の対立項は南北の対立ほどは際立ったものはないが、脇町が藍の集散地で豪商の多く輩出した地域であるのに対し、その脇町を挟むかたちで、東西に位置する四ケ村は藍を作る農村である。この藍商と藍作農家との対立は詳しくは述べないが、次のような事実は指摘できる。それは、阿波藩が宝暦4年（一七五四）に藍業の統制・掌握を行うために藍師株を制定したことである。この制定は、大藍師―小藍師―藍作人、という階層分化を固定化し、藍作人の藍師への上昇の道を封ずることを意味した。よって藍作人の利害とはまったく相反するものであり、宝暦6年（一七五六）には、こうした統制強化に反対して、吉野川流域の藍作地帯の諸郡で一揆が組織されている。[37] その後、藩の努力でこの点に関しては解消されてはいるが、藍の肥料が金肥であるなど、藍玉製造への参加が豊富な資本の投下を必要としたため、[38] 依然、経済的な格差は大きく、藍師・藍商と藍作農家の対立は決定的であったと思われる。

以上の対立項を内包しつつ、大滝山のふもとに、東西に並列するかたちで、存立している共同体という空間的側面から、徘徊の道筋の異話をみるならば、次のような単純な疑問が想起される。首切れ馬が大滝山から三谷へ走るのならどの道筋を通ると、それぞれの共同体が認識し伝承するのだろうか。それはおそらく、首切れ馬の徘徊する場所という統辞的連鎖の意味的選択制限のもと、潜在意識的に生体内に蓄積された空間情報によって、伝承する共同体のコードに照合された場所が選定され、異話として生き残っていくのではないか。この単純な疑問にたいする解答は、メンタルマップと伝説の研究にとっての、いくつかの重要な考え方に基づいている。

一つは、最初に紹介したTolmanのcognitive mapとは新行動主義のS－O－Rの〝O〟に相当するという考え方である。この認知地図は媒介変数の一つとして設定された構成概念であるから、認知地図〝O〟には反応Rとして現れる行動の説明変数という役割が、暗黙のうちに仮定されているのである〔注（3）3頁〕。ここでの（S）は先の構造分析によって得た南北の対立（特に大滝山を中心とした北岸から南岸の三谷へ走る）という伝説の変異不可能な要素[39]である。この（S）が、それぞれの共同体のメンタルマップ〝O〟を経て、それぞれの異話（R）となるのであるから、この伝説の少なくとも場所に関する異話の解釈の役割は、共同体のメンタルマップである〝O〟にあると主張することができるのである。図式化すると以下のようになる。

脇町のO→Aルートの異話R
S→北庄・猪尻のO→Bルートの異話R
岩倉のO→Cルートの異話R

したがって、脇町の「首切れ馬」伝説の場所に関する異話はそれぞれの共同体のメンタルマップを投影しているのである。

また、この伝説が首切れ馬という移動性の激しい妖怪であったことは、異話において共同体のメンタルマップを投影させるのに、非常に好条件であったといえる。なぜなら、メンタルマップは若林が「多くの批判者が例示している反復的な日常的行動場面においては、確かに人が認知地図を意識的に用いている可能性は小さいかもしれないが、居住地移動や買物行動のように、明白な意志決定が行われるような場面では、認知地図の役割は決して無視しえないように思われる。そのため、S－O－Rの〝O〟に認知地図を設定した場合すべての空間行動がRに該当するとは限らないと考えるべきであろう。」というように、ある特定の条件設定に基づいて現れるのであって、「ある語がある特定の意味特徴を持つ語としか統辞的連鎖を構成しない」場合の意味的選択制限[40]に相当するのである〔注（3）若林、4～5頁〕。つまり首切れ馬という妖怪が徘徊する場所という統辞的連鎖の意味的選択があったからこそ、その共同体の潜在意識的な場所の評価が表出されたのであり、その共同体の人びとのスケッチマップには、おそらく表出されなかった要素なのである。また移動しない妖怪であったならば、従来から指摘されている、橋であるとか辻であるといった境界性を持った場所[41]の再確認に終わっていただろう。

もう一点、Tolmanの指摘した局地マップ（striplike）と包括マップ（comprehensive）についてふれたい。Tolmanは〝O〟であるメンタルマップは包括マップであることが望ましいという。なぜなら、ある刺激Sに対する反応Rはあらゆる可能性をもって包括的に決定される方が好ましいからである。しかしながら、意志決定の選択肢を減少させ、行動の幅を狭める、反対に好ましくない局地マップが次のような場合に誘発されるとする。それは①脳に障害があるとき、②環境から与えられる手掛かりが十分に揃っていない場合、③初めの訓練通路上での繰り返しが多すぎた場合（ネズミの迷路実験を指す）、④強度の動機づけの条件、あるいは強度のフラストレーション条件が存在する場合、の四点で、もっとも危険なのは④の条件によって引き起こされる、他者への攻撃行動である。特に集団で行動する動物においては、攻撃行動は運命を共にする同じ共同体の中には向けられず、近隣の外集団に向けられると、その例を挙げる〔注（6）53～57頁〕。構造分析で明らかになった、この伝説にとって変異不可能な要素である、大滝山を中心とする北岸から三谷へ走る首切れ馬は、北岸の南岸に対する不安・恐れであり、度重なる吉野川の洪水と凶作からくる強度のフラストレーション条件下でみられる局地マップの投影であったのではないか。そして、伝説というものがしばしばこのような民俗社会の不安・恐れというものを投影しているのであれば、いずれの伝説においても局地マップを内包しているとも考えられる。

伝説研究にとってもう一つ重要な考え方は、口承文芸を書かれた文芸と区別しておくことである。Bogatyrev と Jakobson は、口承文芸は特定の共同体に受け入れられることによって、初めて存在し、存続するもので、書かれた文芸と違って、作品ができても、受け入れられなければ消滅する運命にあるとする。[42] したがって、この首切れ馬の徘徊ルートも「共同体の前もっての検閲」を受けたうえで、伝承されてきたのである。つまり、共同体のコードに照合された場所ということができる。そして、筆者は、この伝説にとってふさわしい、と共同体の構成員に意識された場所こそが、共同体の一つのメンタルマップなのだ、と言いたいのである。

まとめると、この脇町の「首切れ馬」伝説は①大滝山を中心とした北岸共同体の南岸に対する評価(イメージ)、②吉野川北岸の大滝山を中心とした共同体相互の対立関係を内包したそれぞれの共同体の〝O〟という二つのレヴェルのメンタルマップを内包しつつ伝承されていった、と考えられる。この対立は小松のいうレヴェルの違いによって他者性もちがってくるという説明[43]が適用できよう。つまり、北側の共同体にとっては、北と南というレヴェルにおいては、お互いは他者ではないのだが、大滝山のふもとというレヴェルにおいてはお互いが他者なのである。

以上のようにここでは首切れ馬という想像的な世界を支える現実の世界に目をむけることによって、伝説とそれを生み出した人びとの場所や地域に対する潜在意識的な評価との関係が見いだせたのではないか。

四　おわりに

人びとが抱いているある特定の地域の潜在意識的なイメージは、どのような表現手段を使って表出されるのだろうか。地理学者は被験者の手描きのメンタルマップにそれが表れると考えてきた。[44] 確かにスケッチマップに描かれた地図の歪みが、被験者の心理的要素を示していると認められるケースもあろうが、それがEvansのいう個人の描画能力や調査条件に左右される点も認めなければならない。「あなたの住んでいるところの地図を描いて下さい。」という漠然とした質問にどれだけのメンタルマップが表現されるのだろう。同じようなことが原風景の調査にも言えるのかもしれない。栗田靖之は関根康正の、被験者の原風景についての作文をまとめた論文に、次のようにコメントしている。「ただひとつ気になることは、原風景が心の深層に近いところに位置するものであるならば、それを浮かび上がらせるのには、この手法は多少素朴すぎないだろうか。心理学者は無意識の世界に位置すると思われるものを、意識の世界に浮かび上がらせるには、夢分析や投影法などといった、巧妙な手法によっている」[45]と。その点、寺本は子供のスケッチマップだけでなく、特定の子供の行動に結びついた空間、「遊び空間」「秘密基地」「隠れ家」「こども地名」「こわい場所」の調査も行っている〔注（5）〕。おそらくそこでは、子供が、机に座らされ、ある一定の時間の範囲内でスケッチマップを描かされる時とは違って、いきいきとした表情で質問に答え、スケッチマップでは描かなかった場所に関する情報やイメージを表現してくれるのではないか。ここまで述べてきた伝説も、ある特定の民俗社会の地域のイメージを内包した、いきいきとした表現の結果なのである。

Bordessaは従来の地理学の事実に基づく地域の記述と文学の想像的な地域の記述を対立させて考えるのは間違いだとし、地理学の研究者が文学作品に目を向けるべきだと主張する。[46] またPorteousは文学における、人間の場所の経験や景観に対するイメージを探る点においては文学評論と地理学は区別されないほどテーマが近いと言う。[47] 文学作品や伝説なども含めて物語というものが場所をどれだけ表現できるのか。たとえ事実に忠実な表現でなくとも、そこには、地域のさまざまな数値では表現できない、人びとの、時代の、無意識が舞台装置として浮かび上がってくるのである。[48] 頭の中の地図とは、このある特定の行動に結びついて無意識に表現される場所のことなのではないか。奥野健男は日本の小説には場所が描かれるものが少ないというが、[49] それが本当ならば、日本における場所のイメージの研究にとって伝説は非常に重要な資料となるだろう。

注

（1） 筆者は一九八九年度人文地理学会・日本地理学会合同大会において同様のテーマで発表したが、その際の題目は「伝説にみる共同体の空間認知」とした。『人文地理学会大会発表要旨・日本地理学会予稿集三六　一九八九』、七四〜七五頁。

（2） Tuan, Y.F., "Images and Mental Maps", A. A. A. G. 65-2 1975, pp. 205〜213.

（3） Evans, G.W., "Environmental Cognition", *Psychological Bulletin* 88-2, 1980, pp. 259〜287.　若林芳樹「認知地図研究をめぐる概念的諸問題」、理論地理学ノート六、一九八九、一〜一五頁。

（4） 中村豊「メンタルマップ研究の成果とその意義」、人文地理三一‐六、一九七九、五〇七〜五二三頁。

（5） 寺本潔『子ども世界の地図』（黎明書房、一九八八年）において、地理学者（岩本広美）と心理学者（R. Hart）の子供の知覚空間の発達変容の図式を紹介しているが〔五六〜六〇頁〕、両者を比較すると岩本のが手描き地図を類型化しているのに対し、Hart のはあくまでも子供の日常の生活空間における内的表象を図式化していることが分かる。

（6） Tolman, E., "On Cognitive Maps in Rats and Men". (*Psychological Review* 55, 1948, pp. 189〜208) Downs, R.M. and Stea, D. eds., *Images and Environment : cognitive mapping and spatial behavior*, Alkine, 1973.（吉武泰水監

訳『環境の空間的イメージ』、鹿島出版会、一九七六、三二〜五七頁。)
(7) Downs は cognitive map とは頭の中にある世界であり、大脳生理学や神経解剖学のいうような生理学的存在でもあるとする。Downs, R.M., "Cognitive Mapping : a thematic analysis." Cox, K. and Golledge, R.G. eds. *Behavioural Problems in Geography Revisited*, Methuen, 1981. (櫛谷圭司訳「認知図化—テーマ的分析」『空間と行動論』、地人書房、一九八七、一一九〜一五〇頁。)
(8) 村越真「認知地図と空間行動」、心理学評論三〇-二、一九八七、一八八〜二〇七頁。
(9) 心理学におけるメンタル・イメージが絵(図)か命題(言語)かに関する研究については、次の文献が詳しい。宮崎清孝「メンタル・イメージは絵か命題か—認知心理学でのメンタル・イメージ論争について—」、教育心理学年報一九、一九七九、一一二〜一二四頁。
(10) 若林は言語的側面は環境に対する意味づけや評価といった高次の心理的過程に関与するため、イメージと空間行動との関係を究明するにあたってより重要であるとし、心理学のSD(Semantic Differential)法、RG(Repertory Grid)法、MDS(Multi-dimensional Scaling)法などの地理学への応用と独自の使用法を模索する。若林芳樹「行動地理学における環境のイメージの測定法」、理論地理学ノート五、一九八七、一〜二五頁。
(11) 宮家準『宗教民俗学』、東京大学出版会、一九八九、一七三頁。
(12) 関敬吾『日本民俗資料事典』、第一法規出版、一九六九、三五八頁。
(13) 荒木博之「伝説研究の課題と展望—世界の視座から—」『日本伝説大系　別巻一』みずうみ書房、一九八九、九〜三五頁。
(14) Brunvand, J.H. *The Vanishing Hitchhiker : American Urban Legends and Their Meanings*, Norton, 1981. (大月隆寛・菅谷裕子・重信幸彦訳『消えるヒッチハイカー』、新宿書房、一九八八、二二頁。)
(15) Tuan は、ある出来事、人、物などは、そのときの場所や空間配置とともに記憶されているものであるとし、したがってメンタルマップとはある出来事などと場所をむすびつけた記憶装置であると指摘する〔注(2) p. 210〕。
(16) Tuan は人びとが移住する際にその移住先の地域の想像的なイメージがその人びとの意志決定にとって重要な役割を演ずるとし、そのイメージをメンタルマップとする〔注(2) p. 211〕。

(17) 小松和彦『新版増補　神々の精神史』、北斗出版、一九八五、一五頁。
(18) 笠井藍水編『新編美馬郡郷土誌』、美馬郡教育会、(復刻版、聚海書林、一九八一)一九五七、一七六頁。
(19) 福田晃編『日本伝説大系』(第一二巻・四国)、みずうみ書房、一九八二。
(20) 笠井新也「首切れ馬の伝説」、人類学雑誌二七-三、一九一一、一七一~一七六頁。後藤捷一「首切れ馬の話」、土の鈴一一、一九二二、五七~七一頁。佐々木喜善「馬首飛行譚」、郷土研究五-一、一九三一、一四~二二頁。武田明「首切れ馬」『日本人の死霊観―四国民俗誌―』、三一書房、一九八七、二〇一~二〇六頁。注(19)『日本伝説大系』「84首切れ馬」、二三五~二三九頁。
(21) 筆者は注(1)において吉野川流域の「首切れ馬」伝説の出現地と徘徊ルートをまとめた。
(22) 野村泫「民話の構造とジャンルの志向性」、日本記号学会編『語り―文化のナラトロジー』(記号学研究六)、東海大学出版会、一九八六、七五~八六頁。
(23) ウラジミール・プロップ『昔話の形態学』、白馬書房、一九八七、一四八頁。
(24) Dundes, A., *The Morphology of North American Folktales*, Helsinki, 1964(池上嘉彦他訳『民話の構造―アメリカン・インディアンの民話の形態論―』、大修館書店、一九八〇、九八~一九四頁。)
(25) 小松和彦「形態論的構造分析の理論と応用―昔話「姥皮」を例として―」『説話の宇宙』、人文書院、一九八七、四一~七〇頁。
(26) ここでいう対立関係とは構造分析、記号論でいう対立項のことであり、両地域の感情的対立を指すのではない。Barthes, R., *Éléments de Sémiologie, Le Degré Zéro de L'Écriture suivi de Éléments de Sémiologie*: Bibliothéque Médiations; Éditions Gonthier, 1965,(沢村昂一訳「記号学の原理」『零度のエクリチュール』、みすず書房、一九七一、八五~二〇六頁。)
(27) 小松和彦「『物くさ太郎』の構造分析」、注(25)、一二七~二〇二頁。
(28) 中村桃子「勧善懲悪民話の構造レベル」、日本記号学会編『ポイエーシス：芸術の記号論』(記号学研究五)、北斗出版、一九八五、二二九~二四一頁。
(29) 小松は「民話はつねにそれを伝承している社会によって納得しうる意味を帯びた諸要素の有機的な結合体(=体系)

としてのみ存在しているのであり、それ故、その要素およびそれら相互の関係づけは、それを所有する文化的環境によって解読せねばならないのである。」と主張する。小松和彦「民話的想像力とその背景―『江刺郡昔話』の世界を探る―」〔注（17）一五〜四八頁。〕

（30）橘弘文「『説話』と民俗社会―福井県小浜市矢代の手杵祭から―」、民俗宗教二、東京堂出版、一九八九、二三三〜二五〇頁。

（31）管見によれば、脇町の「首切れ馬」伝説で文字化されたものは次に挙げるとおりである。①注（20）笠井。②『美馬郡郷土誌』、美馬郡教育会、一九一五、一六八〜一六九頁。③注（20）後藤。④崎美津子「阿波伝説　怪談首切れ馬」、郷土研究・上方（復刻版）三（下）第三三号、一九三三、八九六〜八九七頁。⑤美馬郡教育会編『美馬のすがた』、徳島新聞社出版部、一九四九、九九〜一〇〇頁。⑥注（18）『新編美馬郡郷土誌』。⑦脇町誌編集委員会編集・発行『脇町誌』、一九六一、一六三頁。⑧湯浅良幸・緒方啓郎・武田明編『日本の民話』（一九・阿波篇）、未来社、一九七六、五七〜五八頁。⑨国見慶英「大滝さんの首切れ馬」上・下、有線広報課編『広報わきまち』八〇、八一、徳島県美馬郡脇町役場、一九八〇。⑩横山春陽『阿波伝説集』（昭和六年徳島日日新聞発刊の『秘層を掘る』の改題復刻版）、歴史図書社、一九八〇、二四三〜二四四頁。⑪国見慶英（著作・発行）『阿波脇町の伝説と探訪編（上）』、一九八五、二二九〜二三二頁。⑫徳島県老人クラブ連合会編集・発行『阿波の語りべ』、一九八八、八八頁。

（32）『地域研究三―脇町を中心として―』、鳴門教育大学地理学教室、一九八七、七頁。

（33）芳水康史『吉野川・利水の構図』、芙蓉書房、一九七〇。

（34）木村礎校訂、竹内理三・豊田武・児玉幸多・小西四郎監修『旧高旧領取調帳』（中国・四国編）日本史料選書一六、近藤出版社、一九七八、二七七〜二七八頁。

（35）共同体をどの単位でとらえるかは非常に難しい問題であるが、ここでは、伝説とメンタルマップを中心テーマにおいている都合上、共同体を設定して考察を進めるのではなく、伝説の異話があって共同体の存在を仮定するのであるから、空間的位置関係とそれにともなう心理的価値観を重視し、村落共同体の土地を基盤とした地縁血縁にもとづく生産・生活の組織には厳密にはふれない。また、ここでは、当町域のすべての共同体をあつかっていないし、必ずしも同じ共同体で同じ異話が伝承されているとも限らない。しかし、これらの点は今後の課題としていきたい。岩本由輝『柳田國男の共同体論―共同体論をめぐる思想的状況―』、御茶の水書房、一九七八。水津一朗『新訂社会地理学の基本問題〈増補版〉』、大明堂、一九八〇。宮家準編『民俗と儀礼―村落共同体の生活と信仰―』（大系　仏教と日本人九）、春秋社、一九八六。

(36) 聞き取り調査において、これら徘徊の道筋に当たる地名の認知度を調べたが、旧他町村の地名の認知度は、たがいに総じて低い。また、聞いたことはあっても、正確な位置は知らない場合が多い。

(37) 天野雅敏『阿波藍経済史研究―近代移行期の産業と経済発展―』吉川弘文館、一九八六、一五頁。

(38) 坂東紀彦「吉野川下流域における藍作の展開―板野郡竹瀬村の場合―」、三好昭一郎編『徳島藩の史的構造』（児玉幸多監修・地方史研究叢書）、名著出版、一九七五、一七五～一八四頁。

(39) 伝説のような口承文芸は、共同体のなかで伝承されるうちに、内容の一部分が少しずつ変形される。そのため異話が存在するのだが、その反対に変形されない部分（変異不可能な要素）もある。それは、その部分を変形させると、共同体内でそれを伝承する有用性を失うからである。注（26）を参照。

(40) 池上嘉彦『記号論への招待』、岩波書店、一九八四、一五〇～一五一頁。

(41) 宮田登『妖怪の民俗学―日本の見えない空間―』、岩波書店、一九八五。

(42) Bogatyrev, P. & Jakobson, R., Die Folklore als eine besondere Form des Schaffens, *Roman Jakobson Selected Writings* IV, The Hague, Paris : Mouton, 1966 (1929).（山本富啓訳「創造の特殊な形態としてのフォークロア」川本茂雄編『ローマン・ヤコブソン選集三　詩学』、大修館書店、一九八五、一一～二六頁。）、川森博司「口承説話と民俗社会」、民俗藝能二、講談社、一九八六、一六四～一七〇頁。

(43) 小松和彦「妖怪と異人―新しい妖怪論のために―」、『異人論―民俗社会の心性―』、青土社、一九八五、二二四～二五九頁。

(44) Gould, P. and White, R., *Mental Maps*, Penguin Books, 1974.（山本正三・奥野隆史訳『頭の中の地図―メンタルマップ―』、朝倉書店、一九八一。）

(45) 関根康正「原風景試論―原風景と生活空間の創造に関する一考察―」、季刊人類学一三‐一、一九八二、一六四～一九三頁。

(46) Bordessa, R., 'The City in Canadian Literature: Realist and Symbolic Interpretations', *Canadian Geographer* 32-3, 1983, pp. 272〜274.
(47) Porteous, J.D., 'Literature and Humanist Geography', *Area* 17, 1985, pp. 117〜122.
(48) 多田道太郎『風俗学』、筑摩書房、一九八七、六八頁。前田愛『都市空間のなかの文学』、筑摩書房、一九八二、三三九〜三六二頁。
(49) 奥野健男『(増補) 文学における原風景―原っぱ・洞窟の幻想―』、集英社、一九七二、三九〜六八頁。

付記

本調査に協力していただいた、脇町教育委員会の脇吉人教育長、並びに教育委員会の皆様、そして町史編纂室の吉岡正司主任、またお忙しい中、快くお話しを聞かせて下さった、脇町の各老人クラブの皆様に、この場をお借りして、一言お礼を述べさせて頂きます。

尚、本稿の内容は一九九一年度日本地理学会秋季学術大会（於：島根大学）において発表した。

IV　妖怪と現代文化

柳田國男

狸とデモノロジー

一

私は十三から十七位迄の間利根の河口から十七八里上った処の下総国の相馬郡に居た事がある。そこには狸の話は無いが貉の居た話はある。私の郷里は播州姫路だが、姫路辺では能く狸が人に憑くという。けれども此相馬郡の貉には全然左様いう話は無い。只人を馬鹿した誑したという話のみだ。一体私の考うる所では、狸のみに限らず、凡てのデモノロジーは世の文明の進歩に従って三期を画して居ると思う。第一期は人に憑く。第二期は人を誑す。第三期は人を驚かす。究竟デモノロジーの方は文明の進歩に逆比して退歩しつつあるのだ。此考からすると相馬郡の貉が第二期若しくは第三期に退歩しつつあるものだ。かの辺は水害の甚だしい地で河原が非常に広い。二里も三里も地形に何等の起伏なき極めて平坦な処である。その通路に一つの魔所がある。即ち附近に人家の少し途切れた所で、能くは覚えぬけれども、その高さ一丈五尺程であろうか、樹も樫か知れぬ。何でも下枝が無く、その半分許りの処から上がコムモリと生い茂って居る。而かも孑然孤立で、四周には何等目を遮るものもない。其処を夜分通り縋ると必ず梢からバラ〳〵と音をさせて砂が降る。それで魔所と名づけて人に怖れられて居るのだが、是は貉の仕業と定められて居た。現にそれを認めたものもあると云う。月明の夜或る者が件の利根川堤をブラリ〳〵と歩いて来た処が、堤防の外の砂原を横ぎって此方に向い馳せ来る一個の黒影がある。昼を欺く月明りだから能く分る。怪しみて見戍《まも》りつつ行くと、忽ち樫の大木に飛び移ってスル〳〵と上った。ハハア猫であったかと想って通ると何んぞ図らん忽ち頭上にバラ〳〵と砂が降った、それで貉の仕業と知れた。多分貉が利根の河水で一浴浴びて出て砂原に転がり、己が身を宛ら安部川餅にして其の儘樹に攀ぢ、身を震わして砂を撒くのであろうと云う。此様な話もあって、砂撒きの悪戯のエジェントは貉に極印を打たれて居た。その砂原は今こそ河川改修と共に無くなったが、その前までは広いものがあったのだ。私なども此堤を十四位の時に通った事がある。女の子程に神経は微弱でないから彼等の様に怖れもせなかったけれども、併し長く記憶に存して、遂近頃までも或は本当の話じゃないかと思った事もあった。がその時分からして貉の木登りと云う事には、一種の疑いを存して居た。存し乍らも猶色々の話を耳にする儘に受け入れ、如何にも貉と云うものはミスチヴァスな、併し極めて浅薄な、直に証拠の上り易い化け方をするものだと思って居た。能く貉が汽車に化けて軌道を走り、そして本当の汽車に轢かれて往生したなどという話をも聴き、下らぬ悪戯をする滑稽な動物だと、実は遂近頃迄も思って居たのだ。

二

けれども段々注意して見ると、砂を降らす怪談は其処ばかりでなく、山道の角とか若しくは藪とかいう所に能く何者かが砂を降らすという話があり、それが又必ずしも、狸の所業とのみも定められて居ない。所によって色々に変る。事柄は同じでも其エジェントは土地々々で皆変る。只其中に所々狸の所業とされる迄に止まって居る。それで是が全く根本から嘘という事が知れる。狸の文明には交通機関が無い筈だ。然るに甲地で砂を播き更に隔絶した乙地に移って砂を撒くという事もあるまい。人間なら随分九州で詐欺し、又東京でも詐欺するという事もあろうが、狸を此例で推す事は難い。要するに是は日本には限らぬが古来何処にも存する道の神の思想の変形したもの、即ちその思想の頽敗したものと思う。先ず近世の形式ならば之を追剝とでも言って然るべき部類に属するものだが、昔は之を神様に帰した。神様が要所を固め居り、人が其処を通ると色々の危害を加え怪我をさする、石を転がしなどする。究竟本所の七不思議に在るおいてけぼり即ち人が通ると何者とも知らず声があって、「置いてけ〳〵」という怪談もそれに属するべきものだ。貉の砂播きとなると余程悪戯化し、人にかくも滑稽視されて不面目なものになるが、古い形式は左様でなく、中世頃までは人々によって、頗る真面目に取扱われたものだ。現在其様子が今日なお記録に残って居る。例えば或る場所を通る際に過って転がれば其年内に必ず死ぬとか。又或る所で転がる時には是非着物の片袖を棄てて往かねば禍があるとか。若しくは影を奪う池というがあって、人ありその堤を通るに自分の影を全く失う事がある。それは池の中の主が影を奪ったので、その人は間もなく死ぬとかいうの類がある。貉の砂播きの話も段々辿り辿って源頭に溯ると、これ等とも一脈の系統を引いて居ると思うが、是等に対して人々何れも真面目に恐怖心を抱いて居た。それ故その後念仏が盛んに国内に行わるるに至ってからは、此等の妖魔を悉く念仏の力で拒ぐ事となり、所在に供養塔を建てて災禍を避けたが、其の一方に理智の力が進むに従い、此の如き妖怪談を段々信ぜぬ事ともなった。時代は漸次に推移して、初は年寄り、子供に怖れられたものも、後には只子供のみ信ずる事となり、その子供も何時しか信ぜず怖れぬ事となって、今度は只爺様婆様の子供に語り聴かす面白可笑しい御伽話となり変り、僅に余命を存する迄となった。前にも言った如く此の如きは独り狸に就いてのみではなく、凡てのデモノロジーが皆運命を同じうして居るので、狐の如きも亦左様である。

狐も或る所では神に祭られて居るが、其盛んに祭らるる間は威力も強く、能く人の身体にも憑くけれど、余り祭られぬ様になると退化して人を誑す。それすら出来なくなると一層退化して今度は唯無暗に人を驚かす。斯う云うと狐狸の威力の衰微しつつある様だが、要するに狐狸そのものの威力の衰微ではなく、それが人を威嚇する威力の衰微なのだ。何だか話が大分六ヶ敷なった様だが、つまり狐狸の主観的威力の衰微でなく、我等から見る客観的威力の衰微である。狐狸は昔ながらの狐狸で其本体は何等他と異なることなき平凡の動物に過ぎぬが、それを人間から見て客観的に色々の怖ろしい味を附けた迄だ。が狸にかかる妖怪談の著しい事は比較的近世であろうと信ずる。

三

何故かと言うに狐を狸に比べれば一層その魔力に怖ろしい所がある。最も例外もあるだろうけれど、概して言えば狸の方が怖ろしい所が少い。人に憑くという事が左様ない。それ故彼等のデモノロジーを仮に事業と名づけ得るならば、狸のそれは先ず第二期の事業が始まるといって宜しい。抑もその事業の因って来る根本は何処からというに、私は矢張戸川残花さんの話される如く、カチ〳〵山のお伽噺が元かも知れぬと思う。而かも此お伽噺は五大お伽噺の中にも一両年か若相だ。由来それ等のお伽噺には必ず極端の悪人が一人と極端の善人が一人とある。舌切雀でも、花咲爺でもそれだ。花咲爺は隣同士で、甲の爺さんは非常の善人なるに反し、乙の爺さんは非常の悪人になって居る。それが舌切雀になると、一つ家の内に善悪両様の人間が居る。即ち爺さんが善くて婆さんが悪いか、此種類の脚本は日本のみでなく世界のお伽噺に共通のもので、クライストのポピュラーテールス・オブ・フィクションなどの中にあるものも多くこの種類に属する、紅葉山人の訳出した二人椋助の如き。その中のビッグ・クラウス、リトル・クラウスも一つは善人なるに対して他の一つは悪人である。即ち言い換えれば所謂善魂《ぜんだま》悪魂《あくだま》である。此善魂、悪魂は実に世界のお伽噺に共通のもので、カチ〳〵山の如きも亦一変形なるに過ぎぬ。支那にある西施、東施の話の如きもそれだ。悪人が心計を凝して成功せんとしても必ず皆失敗に了る。即ち西施の一声無限の媚を生ずるを羨んで、東施が之に倣ふと醜更に醜を加え、至る処尽く嫌忌されるという類だ。カチ〳〵山も木舟が残って土舟が沈む。その土舟には狸悪党が乗って居るのだが、是は古来の善魂、悪魂の話の崩れた形である。此お伽噺に於て悪形に使われたが因果で、狸は爾来永劫浮ぶ瀬なく、今以て世間に憎まれるに至った事と信ずる。尤もそれのみではない。今一つ狸はその相貌少しく狐に似、其上能く家の周りに迂路つくからだと想う。狐の方の話は古くからある。そこで狸の悪党化された頃は余程世が未開なり、凡てのデモノロジーの第二期に入った時分であるが為に、自然に狐程深刻でなく、至って浅薄な、直に馬脚を露出する様な化け方をする事となったと信ずる。つまり抽象的に化道の方からいうと、狸の化け方はその衰微期に入った事を立証するものとする。狐、狸のみじゃない。川童もそうだ。九州の川童は今以て人に憑くが東北の川童は悪戯するのみで人には憑かぬ。九州の川童は隠れる事が上手で決して姿を人間に示さぬが、東北の川童はそれが下手で直ちにヒョッコリ水中から出る。これにも一期二期の差が劃せられる。お化、お化けと一口に言うが、仔細に考察すると此の如く時勢と共に変化しつつ已まざるものだ。例えば百鬼夜行図を見ても分る。等しく百鬼夜行図であっても昔と近代では書き方が大いに変る。百鬼そのものに変りはないが、扨て一つ一つのそれを見ると著しく変って居る。分り易く言えばお化けの中隊、お化けの大隊の編制には変りはないが、それを組成するお化けそのものが痛く変って居る。又子供等にお化話を試みしめても直に知れる。今の子供の語る所のお化けは徳川中世のそれとは著しい変化がある。即ち政治上の変化と同様お化内閣も亦初中終更迭を重ねつつ来て居るのだ。而して狸は其お化党中の最も新党なるものだ。此の話は狸を愛護せんと欲する側には頗る有力の事と思う。

四

なおこれに関係した事ながら、狸の化け方に就いて今少し話して見よう。元来人を誑すに目を欺くと耳を欺くとの両種あるが、狸は主に耳の方である。狸は好んで音の真似をする。けれども化け方としては目の方が術の優ったものである。何となれば眼の認識力は耳の認識力に比べてもっと強いからだ。それだけ目を欺くは耳を欺くよりも遥に難い。狐になるとそれを欺くが狸は力及ばぬらしい。狸は能く人に化けて酒買に往く。が、お臀《しり》から尾を出し、目も本具《ほんぐ》のクル〳〵した奴を剝き出して居る。頗る化け方が下手である。只狸は耳を欺くに巧だ。が、耳の錯覚は目よりは起り易い。往来を駈くる自動車の響に、空際を仰いで飛行機かと誤り得るが如きが之を証する。然るに狸は好んでこの方面に化け試みるを以ってしても其術の拙き所以が知れる。狸が酒蔵に棲み、造酒の時ならぬのに董事の造酒の歌を謡って人を驚かしたなどという話もある。私の親戚の家に奉公した男に醬油屋をして居たものが居ったが、その醬油庫は昔村の繁昌の時に作った芝居小屋の後であった。そこに狸が潜んで夜な〳〵三味を弾くやら義太夫を謡うやら、宛も芝居でする樗蒲《ちょぼ》という様な事をしたという話であった。東海道の鉄道沿線には狸が能く汽車の真似をする。先ず遠くに赤い灯光が見えると思うと次第にガー〳〵と凄じい音響が加わるので何であろう、貨物列車も通る時間じゃないと思って間近くなるや、灯光は車輪の響と共にバッタリ跡方もなく消え失せる、是は狸の仕業だという話もある。又常陸の霞浦附近、即ち土浦辺では能く狸が河蒸汽の真似をして、ポーポーッと威勢能く入って来る。今夜は常よりも少し早く入って来たなと思って岸に出て見ると何の影もないと云う話も聴いた。之等は多少目の方も混じて居るけれども、総じて耳を欺くに傾いて居る。が是とても狸のみに限った訳ではない。前に咄した本所のおいてけぼりも矢張り耳を欺くものだ。此の類の咄は何処にもある。土佐にも広島にもある。窓先に煤掃く様に声がする、誰だろうとて急いで開けて見ると何も居ない。耳を澄ますと前の声が一丁ばかり遠い処になって矢張り幽かに聞え渡るなどとも言う。紫宸殿の怪物の「その声鵺に似たりけり」などあるも此類だ。越後にも小豆洗ひという化物がある。多く水辺で、深夜耳を峙てて聞けば、ザク〳〵と丁度穀類を磨くような声がすると云う。何うしてそれを小豆磨ぐ声と聞き定めたかそれは分らぬが、是も矢張り耳を欺く化物だ。又木挽坊というものもある。これは深山大沢の中で木挽の木を挽く真似をするのだ。次には天狗倒しといい、樵夫が幽谷に入ると、忽ち幾抱えもある大木の倒れる如き音がして吃驚させる。而かもその音は全く空音で何等の形の認むべきものがないというの類だ。此の如きは日本の至る所に聞く妖怪談でつまり国民的のお化けといって宜しい。大体説明の付け得ぬ音響がすると直ちに不思議として、或は之を狸の仕業に帰するのだが、果してそれが狸の所業であるという事に就いては確証がない。前の汽車の話にした処が、狸自身が私が致しましたと名乗りて出たものなら間違いが無かろうが、そんな事の出来る筈もなければ、只人間が勝手に是は不思議だ、必定狸の悪戯であろうというに止まるのだ。砂播きも同じ事で矢張り狸の自白した訳でもない。一体誰でも道を歩くと、耳の錯覚からか、何等か一種砂播く様な声を耳にする事があるものだ。定かにそれとは分らぬ乍ら、それかと思えばそれとも聞き取らるる事がある。その時日頃心に描き居る憎い狸を引出して、それの所行に人間の方から定めて仕舞う迄の事だ。丁度新聞記事などに悪い事が見えると、是は誰が書いたのだろう。彼奴だろう。いや此奴であろうと種々邪推の結果、最後に屹度誰々だと、平素一番憎く思って居るものをそれに擬して定めて仕舞う様なものだ。播州の私の郷里から二里隔たった所に寺の様な建築があって其処に父が塾生を置きなどしたが、庭の一部分は荒廃して其処に用いられぬ茶室があった。誰いうとなく狸が棲むという話が伝えられたが、夜寝ると母堂が必ず魘《うな》される。それを狸の所業だといって居たが、母堂のヒステリーにもとづくので何も狸の知った事ではなかったであろう。又東京へ来て下谷の御徒町に住まった時に、兄が如何した事か夜な〳〵魘されて仕方ない。兄はそれを気にして居たが、一日何処で聞いて来た事か知らぬけれども、其家は狸屋敷だと話したものがあった相で、それから兄は、警戒し始め、何か庭先を通る音でもすると直ぐに是は狸じゃないかと言う始末、其の時分兄は大きな八角の樫の棒を持って居たが、或る夜更けに端なく雨戸を敲く音がした。素破というので雨戸を開け放って見ると何の事だ大きな猫であった。此の如きも狸の怪談の信用ならぬ証拠であろう。目に訴えた感覚にも是に類した話は幾らもある。先ず朧気なる感覚を強いて誤り易い方の或るエジェントに帰して仕舞うのである。日本全国到る所にお化話はあるが皆是である。まあイリュージョン・オブ・オバケと云う解釈からすると斯うだ、いや此の如きはお化けに取ってイヴォリューションか、ディヴォリューションか分らぬ。

妖怪と現代文化

小松和彦

近代の科学文明の発達・浸透とともに人間世界から妖怪は消滅するはずであった。多くの人々がそう考えていたし、実際、前代からの妖怪たちは滅んでいった。夜の深い「闇」の消滅が、そこを棲みかとしていた妖怪たちに、決定的打撃を与えたことは間違いない。たしかに、現代の夜の東京で、夜の平安京を闊歩《かっぽ》していたという百鬼たちの群行する姿を見た者はいない。東京のど真ん中で、江戸の町で人をしばしば化かしていたキツネに化かされたということも聞いたことがない。その意味では、鬼も、妖怪キツネも、そして現実世界に出現するとされていた多くの妖怪たちも、消え去ってしまった。しかしながら、まことに興味深いことに、現代においても、妖怪たちは生き続け、また、新たに生まれているのだ。

妖怪文化には、現実世界に出没すると語られるレベルでの妖怪と、有名・無名の物語作者たちの想像力によって生み出されたフィクションのレベルでの妖怪とがある。

近代の科学文明の発達・浸透とともに消滅すると思えた妖怪が、現代の大都会にも出没するのはどうしてなのか。妖怪の温床と見なされていた「闇」が、都会ではなくなってしまったと言われているのに、どうして妖怪は発生し得るのだろうか。その答えははっきりしている。現代社会にも妖怪を想像する力を持った人間がたくさんいるからである。妖怪は人間と表裏の関係にある。人間がいなければ妖怪は存在し得ない。したがって、山奥の過疎地域で妖怪がほとんど消滅してしまった理由の一つは、妖怪文化を支える肝心の人間がいなくなってしまったことにある。しかも、前代から伝えられてきた妖怪たちが棲みついていた「闇」や「自然」が人間によって制圧され、このために人間の能力を超えた「大きな力」の象徴となる資格を失ってしまったことも、前代の妖怪を衰退させることになったのであった。

しかしながら、多くの人々が住んでいる都市は妖怪の発生の条件を十分備えている。問題は、科学が妖怪の存在を「迷信」として否定しているにもかかわらず、そのことを家庭や学校、マスコミなどを通じて教えられているにもかかわらず、妖怪を想像しそれを現実世界に出没させる人たち、言い換えると、妖怪という存在を通じて何かを表現したいと思っている人たちがいるかどうかであった。科学的精神を持った人たちの多くは、科学文明の浸透とともに、そうした「迷信」を持った人たちは減っていくと考えていた。だが、実際はそうではなく、宮田登や常光徹が明らかにしたように、若い女性や子どもたちが現代の都市空間の中に妖怪を生み出し続けているのである。

科学的・合理的精神を身につけて日常生活を送るのが好ましい人間だとする、妖怪や迷信を信じない人たちから見ると、若い女性の精神はまだ「原始的」で「呪術的」、「非合理的」段階にある、ということになり、子供も一定の時期はそういう段階にある、ということになるのかもしれない。しかし、人間を幸福にするはずであった近代の科学文明・合理主義が頂点にまで到達したという現代において、多くの人々がその息苦しさ、精神生活の「貧しさ」（精神的疲労）を感じ、将来に漠然とした「不安」を抱いているということを思うと、逆に「原始的」とか「呪術的」とか「迷信」といったレッテルを貼って排除してきたものの中に、むしろ人間の精神にとって大切なものが含まれているとも言えるのかもしれない。だとすれば、むしろ妖怪を登場させる若い女性や子供たちの精神活動のほうが、人間らしく心が豊かであるということにもなるだろう。少なくとも、画一化してしまった物質文明の中で、妖怪の名を借りて想像力を膨らませている彼らの生活が、私にはとても人間的に思えてならないのだ。

それにしても、どうして彼ら（第三者のように言っているが、この中には私をはじめとした老人や若壮年の男たちも含まれているのだが）は「妖怪」を語りたがるのだろうか。実は、彼らは「妖怪」のみを語っているわけではない。テレビや雑誌、新聞などのマスメディアから送られる情報をキャッチしつつ、それを利用した「物語」（世間話）を作っては語り合っている。「誰それさんの家には包丁もまな板もない」とか、「誰それと誰それは不倫の関係らしい」とか、「俳優の誰それが誰それと結婚するらしい」といった話を語り合うことで人間関係を維持しており、その中に「テレビの『サザエさん』の最終回は、サザエさんの一家がハワイ旅行に出かけた帰りに、乗った飛行機が海に墜落して、サザエさんはサザエに、カツオくんはカツオ、ワカメちゃんはワカメといったように、名前通りのものになるんだって」といった物語性の高い冗談めいた話が作られ、その種の話の中に、「実際にあった話」として「妖怪」の話も語られているのである。

そうだとしても、どうしてその中に「妖怪」の話が含まれているのだろうか。しかも、それは決してまれにしか語られない話ではない。むしろ好まれる話なのである。大雑把に言って、理由は二つあると考えられる。一つは「不思議」を人々が求めていることである。「不思議」は一方では科学の進歩をうながす。墓場に人魂《ひとだま》が出るというのはなぜかと問うことによって、科学は進歩する。その一方、「不思議」はそれとは異なる想像力を羽ばたかせるのである。想像力が生み出したもう一つの世界、つまり「異界」に人々を誘うのである。

第二の理由は、現代人の心の中に「不安」や「恐怖心」つまり「闇」が存在していることによっている。その「闇」が「妖怪」として形象化され物語化されて、社会に吐き出されるのである。つまり、妖怪が本来の棲みかとしているのは、人間の心の「内部」なのだ。人間の心の中で生まれた妖怪が、その外の世界に解き放たれたとき棲みつくところが、外界にある「闇」だったのである。その「闇」は同時に夜の漆黒の闇であり、人間が支配できない部分を持っていた「自然」であったが、しかし、そうした夜の闇も、自然も消滅したために、心の「外部」つまり現代都市社会に送り出された現代の妖怪は、新たな環境の中に出没しやすい場所を探すというわけである。いつの時代でも、妖怪たちはその母胎であり、存在の根拠である人間の生活に応じて性格を変化せざるを得ないのである。現代の妖怪たちは、そうした現代日本人の生活の事情を十分にふまえて登場してきていると言っていいだろう。

現代の妖怪の特徴を事例を挙げて考えてみよう。たとえば、若い女性や子供たちを中心にして語り出された「口裂け女」のうわさを思い出していただきたい。多くの大人は、クチコミ、マスコミの双方を通じて日本の各地を駆けめぐったこの妖怪を、単なるうわさ話としてかたづけようとしたが、若い女性や子供たちはこのうわさに心底から震え上がった。実際に、当時、信州大学に勤務していた私は、ゼミナールの後の飲み会を終えたとき、一人で帰れないで困っている女子学生たちの姿を目撃している。地方によっては、集団下校し、一人で家の中の風呂にも入れない小学生がいたといい、また、うわさに便乗し「口裂け女」に扮して夜の街を徘徊する者が出るほどであった。

世間を大いに騒がせたこの「口裂け女」のうわさ話には、いろいろなバリエーションがあるが、そのおよその内容は、大きなマスクを口にかけて、都市の夜の街灯の下で通りがかりの者を呼び止め「私、きれい」と問いかけ、そのマスクを取ると、耳まで裂けた口が現れる。驚いて逃げ出すとものすごい早さで追ってきて殺されてしまう。しかしポマードと言うとその難を逃れることができる、と語られていた。

このうわさを聞いたとき、私は物語の構造がきわめて伝統的な構造を持っていることに気づいた。古くは古代神話の、死んだ妻のイザナミを慕って黄泉《よみ》の国を訪れたイザナキが妻の腐乱した姿を見て逃げ出し、追ってくる妻や黄泉の国の者たちを、さまざまな呪物で防ぎつつ地上に逃げ帰ってくる話や、昔話に見られる山姥《やまんば》に追いかけられた小僧が、持っていた護符で防ぎつつ逃げ帰ってくるという「三枚の護符」などと、よく似ていたのである。誰が語り出したのかはわからないが、またわかったとしても当人がどれだけそれを自覚していたかは怪しいが、この「口裂け女」の話がそうした先行する話の枠組みを利用していることはある程度推測し得るわけである。

しかし、現代の都市にイザナミや山姥をそのまま登場させるわけにはいかないのだ。それを受け入れる文化的・自然的環境が消滅してしまっているからである。つまり、イザナミはもちろんのこと、つい最近まで山村では生きていた山姥さえも、現代の都市では登場することができない妖怪になっていたのだ。はっきり言うと、山姥も過去の（死んだ）存在になっていたわけである。「口裂け女」の出現の話は、農山村的妖怪の「山姥」の衰退・滅亡を告げている。しかし、それは同時に「口裂け女」が「イザナミ」や「山姥」などが現代にふさわしいように衣替えして再生してきたものと言い得るであろう。生み落とされた環境がこれまでと違っていたのに気づき、現代的環境にふさわしいように化けたのだ。たしかに、「口裂け女」には超越的・神秘的属性が希薄で、口が裂けているのは整形手術に失敗したためだとか、逃げた者に追いつけるのは車に乗って追いかけるからだ、といった合理的な説明が施されている。この難を逃れるために、「護符」を「ポマード」にしている点にもそれは表れている。

この「口裂け女」はほぼ全国を駆けめぐって立ち去っていった。今はもう過去の妖怪である。私たちはこの妖怪について、猛威をふるっていた当時からその理由をあれこれ推測してきた。はっきりしているのは、こうしたうわさを語った人々の心の内部にある「闇」（＝恐怖）がこのような妖怪を生み出したということである。しかし、その「恐怖」とは具体的になんなのだろうか。たしか「教育ママ」の象徴的表現だとする説もあった。私は女性を支配する「美」の価値観に対する「恐怖」がこの「口裂け女」を生み出したとの説を唱えた。

いずれにしても、現代の妖怪は現代の都市生活・環境に適応した形で登場してくる。そして現代人が心に「闇」を抱える限り、妖怪撲滅をはかる「科学者」たちの目をくらますようにして、たえず出没するのである。柳田国男が予見したように、百年後、二百年後も妖怪たちはその時代にふさわしい姿に化けて出現することだろう。出現しないような時代が到来したとしたら、その時代は人間がいないか、人間が人間でなくなってしまった時代ではないかと私には思われてならないのだ。

都市の現実世界で、若い女性や子供たちを中心にまことしやかに怪談が語られる一方で、十年ほど前から、アニメやコミック、小説、映画などのフィクションの領域でも、妖怪を登場させるものが人気を博するようになり、これに刺激され、日本のさまざまな妖怪を紹介したり、その歴史をたどるといった内容の雑誌特集や書籍の刊行が相次ぎ、近年では、妖怪や幽霊を描いた絵巻や絵草紙、浮世絵などの展覧会が博物館や美術館で催されるようになってきた。日本人が作り出した妖怪それ自体への関心は、それを信じるとか信じないとかいったこととは関係なく、ブームというよりも、今では現代文化の一部として定着してしまった感さえある。妖怪学・妖怪研究への関心もこうした動きと連動する形で高まってきたわけである。

妖怪への関心は現代文化において決して孤立した現象ではない。人間の心・内面にかかわるさまざまな社会現象、たとえば、密教、新々宗教、神秘主義、占い、予言、臨死、怪獣、バーチャルリアリティ体験といった事柄への関心の高まりとも通底する現象である。こうした社会現象の背景にあるのは、言うまでもなく現代の閉塞状況である。

ここ十年の間に、私たちの時代は大きく変わった。科学文明・物質文化の浸透によって都市空間から「闇」が消滅し、明るいそして均質化された世界が私たちの日常世界の環境となり、そこで単調だとも言える毎日を繰り返してきた。ところが、私たちはこの日常生活をしだいに苦痛に思うようになってきたのである。それればかりではない。私たちの描く日本文化・地球文化の未来のイメージも、高度成長期のような明るいものではなくなり、政治、経済、社会生活、病気、自然環境そして精神生活、等々、さまざまな点で、「不安」の色が伴ったものとなってきていると言っていいだろう。

ある意味で、人々の心の中の「闇」が広がりつつあるのだ。言い換えれば、「妖怪・不思議」は、科学主義・合理主義が生み出した便利さや物質的豊かさを享受しつつ、その世界を支配している価値観に疑問を持ったり、それに従って生きることに疲れた人々の前に立ち現れてくる。「妖怪・不思議」は現代社会を支配している価値観、つまり人々の生きている「現実」世界を超えたものである。人々はそうした「妖怪・不思議」を、フィクションを通じてであれ、うわさ話としてであれ、自分たちの世界に導き入れることで、自分たちの「現実」に揺さぶりをかけたり、そこからの離脱を試みているのである。

「妖怪・不思議」は、自分たちの「現実」を相対化し、別の「現実」もあり得ることを示唆する。たとえば、宮崎駿《みやざきはやお》のアニメ『となりのトトロ』を通じて、私たち現代人が失ってきた世界がなんであったか、物語の中に妖怪を登場させることで人間の精神生活をどれほど生き生きと描き出せるか、子供がその想像力をいかに羽ばたかせることができるか、等々を、私たちは十分に学び取ったはずである。「妖怪・不思議」は、私たちに「もう一つの現実」の世界を用意し、そこで遊ぶことを、そして、それが人間にとってどれほど大切なことかを教えてくれるのである。妖怪学が必要な理由の一つはここにあると言えよう。

話の行方——「口裂け女」その他——

野村純一

ほかに珍しい話はないか。太郎冠者。ヤイ、何をしている。ほかに珍しい話はないかというこことじゃ。

（狂言『成上り』）

一　話の素姓

人はいつでも、どこでも、珍しい話、面白い話には強く惹かれる。何はともあれ、まず耳にしたいものだと思う。したがってひとそれぞれ、己が習いとその性状を思い遣れば、これが入れ替って、ひとたびはそれを求められる立場になると、そのときはたとえ太郎冠者ならずとも、それはそれ、なんとしてもこれに応えなくてはなるまいと思う。それが人情というものであろう。

主人から珍しい話を催促されて、『成上り』の太郎冠者は「まず世間で、嫁が姑に成るは、早いものじゃと申してござる」といった。おそらくは、当時のことわざにもとづく例であろう。これでは面白い筈はない。したがって「それは年寄れば、姑に成らいで叶わぬものじゃ。何ぞ珍しい話はないか」と改めて問われる。そこで次に「えのころが、親犬に成るも早いと申してござる」と答えた。もちろん、これも駄目である。「それも次第送りというて、親犬に成らいで叶わぬものじゃ。珍しい話はないか」と責められる。止むなく冠者は「渋柿が熟致いて、甘う成ると申してござる」と陳べた。以上、いずれも「成上る」例をいったのであろう。この内容では、相手は一向に納得しない。遂には、「さてさてむさとした。これも熟すれば、甘う成らいで叶わぬものじゃ」といささかお冠の態である。なるほどこれでは『成上り』の主人ならずとも「さてさてむさ」とせずにはいられまい。しかるにそのあと、重ねてきつい催促を受けて、思いついたようにして太郎冠者は次のような話を披露した。少し長くなるがそれを示してみたい。なお、ここでの引用はいずれも大系本の『狂言　上』に拠った。

太郎冠者 まだ何やらござったが。それそれ、山のいもが鰻に成るとは、定じゃと申しましてござる。主 某もそうは聞いたれども、これは合點の行かぬことじゃ。太郎冠者 イヤイヤこれは、眞實成ると申します。その成り様は、四、五月のころ、雨の長う降りつづいて、えて山の崩るるものでござるが、その崩れたる間より、山のいもがちょっとあらわれ、下の谷へこけ落ち、これが鰻に成ると申してござる。主 いかさま、これは成るまいものでもない。ほかに何も珍しい話はないか。太郎冠者 また　田邊の別當の、くちなわ太刀と申すことを話いてござるが、聞かせられてござるか。主 イイヤ何とも聞かぬが。いかようなことじゃ。太郎冠者 まず　田邊の別當は、大有徳な人でござるが、別當の太刀は名作物で、餘の人の目にはくちなわと見え、「スワ　盗人」とも申さば、おのれと抜け出で、盗人を追い走らかすと申しまするが、何と奇特なことではござらぬか。主 まことにこれは奇特なことじゃ。

こうしてみると、従者に向って臆面もなく「珍しい話」を無心していた主人は、薯蕷が鰻に成る例はともかくも、ひとたびは「田辺の別当のくちなわ太刀」が披露されたことによって、ようやく得心したかのようであった。思えばなるほど、このくちなわ太刀の例はその内容からしてもすこぶる「奇特なこと」であった。それからしてそこではとりあえず、結構な話。珍しい話として迎え入れられたかに窺える。しかして、ここでの主人が至極満足したように、この話ははたして事程左様に珍しいものであったのだろうか。それを言うと、折角の感興に水を差すようで『成上り』の当人にはちょっと申し訳ないような気がする。しかし私にはとてもそうは思えない。もっとも、ここに先行する薯蕷の例は、おそらくはその頃すでに行なわれていた俗諺のひとつであったろうが、それと共にこのくちなわ太刀の方もほとんど同断であったに違いない。そう考えられるからである。それというのもこれを察するに、この種の話はこのときすでに、さまざまの在りようをもって伝承流布しており、その中のひとつがここではたまたま田辺別当教春坊に習合して喧伝されていた。それからして、もとを質せばいずれこの話は、元来が名家とか英傑秘蔵の宝刀由来説話の一事例であったかと思われる。しばらくは、そのように認識、理解されるからである。もっとも、そうはいっても、これについては具体的に格別確固たる証左や材料が揃っているわけではない。ただし幾分汎くに見渡せば、こうした例はいまになお各地に認められるものであった。たとえば、実際に私が採集したのは次のようであった。

――何代か下った時代、安食の家はやっぱり甚平ていう武士でありあんしたど。この安食の湧清水《おすず》はまず良い水でな、どげだ旱天だて乾いたごとが無い水で、村でたった一つの湧清水であったど。んださげて、萩野村の人達はみんな、古くはこの湧清水の水ば汲みに来たもんですと。安食では村中さ水くれているもんでな、それごそみんなど親類てねつき合いをしてるなだど。今でもその湧清水は裏さちゃんとあって、〝湧清水さま〟ば祠ってあるなです。その湧清水さ安食家の武士甚平が刀を忘れたどごですと。そさ、村の誰かが水汲むどんで手桶下げで上ってったどごろ、すばらしく大っきい蛇が、グリグリどとぐろ巻いで眠ぶったけど。水なの汲むどごんね。手桶なのぶんなげでワラワラど帰ってってったど。

「才兵衛の湧清水さ大蛇いだけど！　それこそ大っきいいけ」

て騒いだもんで、村の衆寄ってたかって湧清水さ来て、大っきい石ば蛇さダエダエどぶっつけで、蛇さ当でだどごだと。ほしておっかねもんで、大急ぎで山の下の本村さ戻っていたど。

何刻がして、その甚平が刀忘れだごどを思い出して、湧清水の傍さ刀取りに出がげだれば、元通り刀が置がっていだけど。

「才兵衛さん、才兵衛さん。その刀どっから持って来あんしたや」

「これが。これは、裏の湧清水さ忘って、今がだ取って来たどごよ」

「大蛇いねごですけがや」

「大蛇なのいねけな」

「ほう、ほの刀は変わりないごですかや」

「刀が。ほういえば曇っているな、おがしな、今まで曇りひとつ見せだごどの無い刀だった」

「実はな、さっき。刀のあったところさ大蛇のすこでまでっけ（大きい）ないでな、大き石ばぶっつけで逃げで来たどごですなや。石の当ったどこが曇っていんなんねごですかや」

その武士はびっくりして、刀を床の間さ置いだどごですと。

その刀は、床の間さ掛けで置ぐと不思議なごどが起ぎんなですと。掛げでおくど南東風《だし》が吹いで、風のあがった後は必ずくずれて刀は大蛇に変わるなでしたど。

この南東風《だし》は山形県では清川と萩野しか吹がねなです。床の間の掛け物いっぺに大蛇になって化げるもんで、とても屋敷さおがんねくて羽黒山さ納めだどごですと――

話は山形県新庄市萩野の安食家に伝えられる「安食丹波守」の一節である。語り手は当家の女主人安食フジ媼（明治三三年九月七日生、昭和五〇年八月七日歿）である。昔話風の口調で語っているが、内容は紛れもなく「くちなわ太刀」の一例である。旧萩野村の旧家にいうこの太刀の謂われは、元来が鈴木伝内という侍の所持するところであった。それが流離転変して最後にこの家のものになったというのである。話全体の構図としては家と名刀の縁を積極的に説く風になっている。したがって、この種の話柄はだいたいが旧家の権威付けと古伝承獲得の一方途として、どうやら好んで用いられた趣向であったかと察せられる。いずれにしても、これらは今にいう伝説の類いであろう。こうしてみると、翻って、かの田辺の別当のくちなわ太刀は、そもそもが左程に「奇特」であり、かつまた「珍しい話」であったか、どうか。これについてはこの期に及んでもあまり自信はない。ただし、『成上り』の場合に限らず、世間にはこうした伝説の類いもいずれ「珍しい話」のひとつとして、人の口の端にのぼり、それが一層喧伝されて更に広くに取沙汰されて行く。そうした例があったのであろう。

ところで、田辺の別当の「くちなわ太刀」をして、さきに私は「これらは今にいう伝説の類いであろう」とした。そう言っておいて直ぐにこれを訂正するのはいささか気の引ける話だが、この表現はやはり幾分の不注意、もしくは不用意であって、正しくは汎くに行なわれる「くちなわ太刀」の話が、たまたま時や処、あるいは家や人を得て習合し、その上でやがて「今にいう伝説」に生成されて行く。つまりは伝説として合理化されて行く、あるいは合理化されて伝説に定着していった——。このように説くのが本来の筋であったかも知れない。すなわちいったんはこれを田辺別当教春坊、さらには遠くみちのくは安食丹波守の話として伝えているのは、それぞれが求めて積極的にこれを導入、教化し、その上で個々の人や家の素姓、来歴を確保しようとした結果にほかなるまい。そのように見立てるわけである。要するに客観的にもう一度これの一面をいえば、事の趨勢、消息はいずれ「話」から「伝説」へというようになるかも知れない。とりあえずは表題に掲げたところの、いわば「話の行方」のひとつであるとしてよかろう。

二　話の行方

そこで、これに続いてもうひとつ「くちなわ太刀」の場合とはかなり異なった例を次に示し、別途「話の行方」を追ってみよう。もちろん、あらかじめ断わっておくが、人々は実際にこの話をどの程度信じていたのか。その保証はまったくない。ただし、いまから五〇年程前に九州西端の島嶼部には、まこと奇妙な話が行なわれていた。たまたまその頃、東京から赴いた民俗学徒の一人がこれを聴きつけてその一端をノートに記していた。『桜田勝徳著作集』（名著出版）第六巻「未刊採訪記」に載る次の二話がそれである。

件《くだん》というものの予言は何処でされるか判らぬが、とにかく何処かで件が予言する。例えば流行病の襲来するぞとか、戦があるぞとか。牛が人間の如く物をいう怪物が、来るべき不幸を予言して、それに備えるべき方法を伝授して死んでゆく。件というものはあまり長くは生きていぬ。四日か五日、七日間位で死んでしまうものだという。その件の伝授した方法が何処からともなく、はやって来て、軒毎に藁苞を吊したり、特殊な食物を拵えたりする。日比で私が見た藁苞は恐らくそれであったろうと金内氏は語った。このはやりをことという。之は行なえば流行病などには罹らぬというのである。「松浦の島々」

くだんというものは、顔が人間で身体は牛だという。此件が生れると何か事変がある。戦争があるか、悪疫が流行するか、あまりよい事はない。此件は生れて直ぐ死ぬが死ぬ時に必ず何かを予言し、その災害を逃れる方法を教える。件のいう事は決して間違いはない。それで昔から件の如しという事をいうのである。近頃平戸でくだんが生れたげなという噂が立った。そうしてその噂が佐世保の方から伝わって来たと。「江島平島記」

先年歿した桜田勝徳は、早くからわが国の辺境、僻陬の地を丹念に歩いていた。わけても島嶼、漁村部での地道な民俗調査にはかけがえのない業績を残した。右に掲げたのは昭和七年夏の採集資料である。顧みても、九州最果ての村々には思いも寄らぬ話が取沙汰されていた。整った昔話や伝説であれば、その頃でも民俗学に志した人々の間には、きちんとこれを記述する心用意はあった。桜田もその一人であった。しかし、ここに記されたのはいかにも素姓の知れぬ例である。昔話でもなければ、ましてやさきの「くちなわ太刀」の如くに伝説風のものでもない。「近頃平戸でくだんが生れたげな」と記されている。それからしてこれは俗にいう「げなげな話」の類いであろう、そういった判断と手懸りは、すでに当時の採録者の中にも充分あったかと推察される。事実、桜田は続けてこれをいうのに「という噂が立った。そうしてその噂が佐世保の方から伝わって来たと」といった調子で記していた。桜田勝徳はひとたびこの種の話を「噂」、もしくは「噂話」として待遇し、処置していた。もっとも、ここにそのように書くと、ここでちょっと待ってくれといった態の注文が傍からつくかも知れない。それというのも、厳密にいって、ここでの「噂」の語は、そもそもがこの話を伝えていた土地の人たちの言葉であったのか、それともひとまず話に対処した記録者、つまりは桜田その人の言葉であったのか。肝腎なそこのところがいまひとつはっきりしない。正直いってここでは実際は文脈上、はなはだ明らかにし難いからである。しかして、採集者自身は少なくとも、これに向けては「噂」の一語をもって掬い上げていた。そういうと、あるいはさらに、その表現自体がすでにうまくないといわれるかも知れない。そこで仮りに言い直すとするならば、そのときの彼は結果として「噂」の語を用いて、右に引いた話を迎えに行っていた。そういうべきであろうか。

しかし、どちらにしても、島の人々がこれらの話に対して、もしも実際に「噂」という言葉を用いていたのならば、それはそれですでに問題はない。そこで繰返して述べるようになるが、昭和七年の夏の頃、九州西端の海辺の村々には、何を拠り所にしてか、怪物「件」を主人公に比定した話が「噂」として行なわれていた。つまりは「件」に纏綿する噂が広まっていた。何はともあれ、この一事だけはまず間違いなかったようである。

それにつけても、一見瑣事とも見做せるこのような記事に、何故求めて目を向けるのか。理由の一斑をいま少し言えば、実はかつての日、桜田勝徳の記し留めていたこの話は、それは彼がいうように、はたしてこれが「噂」と一括して認識すべき内容、もしくは位相にあったのか、どうか。そして、もしもそれが紛れもなく「噂」といった概念にもとづく内容、あるいは性格にあったならば、更に及んで、それではひとしきり村内もしくは世間に行なわれるそのような「噂」とか「珍しい話」とは、いったい何であったのだろうか。しばらくはその辺りのことを考えてみたい。つねづねそう思っていたからにほかならない。

そこで話は再び前に戻る。それではかの「件」の話とは、何であったのか。改めて内容を問うに、そこでの話は正体不明のこの怪物こと、「件」については両話共にすこぶる短命であるとしていた。何やら「噂」そのものの趨勢、実態を象徴しているかのような物言いである。しかも、それは必ず何かを予言して、その上、人々にはその不幸から逃れる方法を伝授してくれるのだともいっていた。面白い存在である。他に例を求めるに類話としてはひとつだけ心当りがある。『西播磨昔話集』(「全国昔話資料集成」8、岩崎美術社刊)所収、「件の話」がそうである。

人間の頭をした牛の子が百年の間には必ず一頭は産まれるものじゃという伝説がある。
これは要するに人間と牛との混血児らしいが、生後一週間しか生きていないものであって、その生きているうちに様々の予言をするが、その予言がまた恐ろしいほど的中するのであるから、何事によらず間違いのないことを件《くだん》の如しといい、昔から証文の末尾には必ずこの語句をつけて「証書仍而如件《よつてくだんのごとし》」と書いたものである。

わたしが未だ青年のころのこと、この件の遺骸だというものを風呂敷に包んで負うて、赤インキで木版刷りにした紙片を配って米や銭を貰い歩いて来た男があった。その紙片には、
「件の一言は彼の女に七年以下の豊作と申立にて斃《へい》死せり」
と記してその下に人面獣身の件の絵がかいてあった。この男はわたしの留守宅へ来て紙片を置いて行ったのであったが、家人はその男の背負うている風呂敷の中の乾物の件を実見したそうで、ネコの子ほどの大きさのものだったと語った。印刷物の文面から推せば、その件は、人間の母親から誕生したものの如くであるが、これ以外何も見たことも聞いたこともないので、いっさいわからんじまいである。

話の後半は話者の説明、添加である。ただし、右の資料の場合、この説明部分がとりわけ面白い。これによって、先行の二例を幾分補う材料が得られる。就中「件」の乾物がネコの子ほどの大きさであったとは、思ってもまったく意外であった。ずい分と人をくった話である。この資料は兵庫県佐用郡上月の井口宗平氏の伝えたものである。同氏の管理する話はほとんどがその父、豊吉翁からの伝承であったという。豊吉翁は安政元年五月生、昭和八年三月、八〇歳で歿した。これからして察するにある時期、この辺り一帯をまことしやかに「件」の話を持ち歩いた者がいたようである。迷惑な話である。宗平氏の説明を参考にするに、それはおそらく村内に入ってくる下級神人の如き手合いではなかったかと思われるが、その点はたしてどうであろうか。

さて、それはともかくも桜田勝徳の報じた二例は、共に、「件」を主人公にしていた。しかしそうだからといって、両者がまったく同断の趣きを呈しているとはおよそ言い難い。お互い、かなりの懸隔と相違をみせている。内容と傾向に著しい落差が存すると認められる。それが何によって生じているのか、また何が原因としてそうなって行くのか。ここでは、それを訴えるのが目的のひとつである。はたして、うまく言える

か、どうか。少々心許無い。

結論からさきにいえば、話の赴くところは両者共に「くだん」という文字そのものの説明ならびに解釈に行き着く。結局はそうなる筈である。表面はともかくも、この傾きは遅かれ早かれ、両様ともども潜在していた。具体的には前者にいう「牛が人間の如くに物をいう怪物」の一条は、直接それを訴えずとも、いずれはこれが「人偏」に「牛」の一字を添える、そういった態の〝文字由来〟の伏線になって行ったに違いない。ただここではそれが思うように機能していなかったまでの話である。また、一方後者の場合も「顔が人間で身体が牛だ」とする、その前提自体がはやばやと意図してこの間の事情を諾っていた。しかしこちらの場合、話は滞りなく無事にとんとんと運んで「件のいう事は決して間違いはない。それで昔から件の如しという」といった具合に、そこでの首尾はきちんと呼応していた。見事というほかない。よく出来ましたと言いたい位の手際と構成にあった。もっとも、この話例に即していえば、この種の話の趣向は、話そのものを受け取る側にあっても、少なくとも相応に選択の余地と猶予はあった。だいいち、これが文字にまったく暗いのでは、正直、何が何だかさっぱり判るまい。したがって当然の経過ながら、結末に対してちゃんと反応を示す相手でなければ、話は最初から面白くなかった筈である。しかしこのとき、殊更意地の悪い想像を働かせるならば、幾分文字に通じた者が、分け知り顔に片や目に一丁字無い周囲の人を相手に、講釈師よろしく、ここぞとばかりに一席ぶっている、そこでのしたり顔がまったく予測出来ないわけでもなかった。『醒睡笑』の「謂へば謂はるる物の由来」や「文字知り顔」などは、差当ってこの類いであったろう。

これに対して、前者の話例は全体的に木訥、素朴の風が余程残っているようである。本来説くべき〝文字由来〟の条が、そこではうまく行かなかったかの節が窺える。それはすでに述べた。そこで改めて話全体の在りようを質すに、こちらはいったん「件」によって発せられた不吉な予言、そしてそれにもとづいて講ぜられるべき予防の方策は、やがて「何処からともなくはやって来て」その挙句、実際にこの言葉に反応した村人たちは「軒毎に藁苞を吊したり、特殊な食物を拵えたりする」というのである。えらい騒ぎである。その一端を偲ばせるものとして「日比で私が見たのは恐らくそれであったろうと金内氏は語った」と、桜田はそう記している。しかも話はこのさきなおあって、村内ではその法を「行なえば流行病などには罹らぬ」としているというのであった。これからして、こちらでは、怪物「件」を原拠とするのは、すでに単なる話として享受されているのではなく、これによって人々は最早具体的な防備、防災対策に入っている。直接的な行為、行動に移り、正体の見えない相手に対して積極的な対応を示しているのであった。客観的にこれをいえば、要するにここでの「件」は、そのまま土地の人々の日常生活に働き掛け、やがてはこれを規制、制禦したり、あるいはそれへの特別な心持ちを喚発、惹起しつつ、遂には彼等の生活を脅かすといった態の不気味な存在に増幅、拡大して成長しているのであった。思えば驚くべき事態である。

　こうしてみると、さきに指摘した如く、桜田の報じた二つの例は、共に怪物「件」をめぐる好箇の話題ながら、それぞれの内容とそれに向ける周囲の心情と姿勢には著しい懸隔と落差の存するのが判った。つまり、話はあくまでも「件」を主人公にしながらも、一方は「話ホンナシ」の習い通りに、すべて「話」としてこれを受け流し、悠揚「件の如し」として楽しんでいた。いわばそこでの一件は無事落着していたのである。これに対して片方はまったく違う。こちらは今回の「件」をも、おそらくはかつてのホウソウ神の如く、つまりは目には一向見えずして、しかもそれでいて現実にははなはだしく凄惨、苛酷な災いをもたらす不気味で厄介な存在として見做した。というよりはむしろ、その在りよう自体がまったく未確認のために人々はひとたびこれをモノすなわち、精霊といった具合に理解した。得体の知れぬ相手に対しては至極当然の仕儀である。それが故に村人はこのモノの侵入、侵犯を極力阻止すべく、「軒毎に藁苞を吊したり、特殊な食物を拵えたり」したのである。いうなれば経験的な習いにしたがって対策を講じたのであろう。「特殊な食物」とはこの場合、モノの忌避、退散を意図した匂いの強い物か、それとも赤飯のような食物であったのか、内容にきちんとした記述のないのは惜しまれる。それはともかくも、こちらの場合話全体の成り行きや雰囲気はなべて古風温順で、しかも基調には紛れもなく民俗ならびに特別の心意が存していて面白い。注目すべき事例であった。

三　話の消息

ところで、「件」の話は『醒睡笑』はいうまでもなく、『百物語』や『私可多咄』にも見当らない。『百物語』所収の「恙の故事」、さらには『私可多咄』の「ひよくの鳥の物かたりするもの」といった例が同工異曲、いずれはひとつ主題のもとに整理されるようになるかも知れない。ただし、いまのところその素姓は知れない。おそらくは『私可多咄』以後の成立、流布かと推察されるが、それもただ文献資料では類話に欠けるのでそのままでいる。それからして止むを得ず、話の典拠、原籍についてはしばらくはそのままにしておく。しかしここでの問題はもひとつそのさきにあって、まことしやかにもっともらしく「件」の一字を説こうとしたこの種の話が、あるとき、いったい何を契機、原因にしてたとえば、かつてのホウソウ神を想わせるような情況を醸成し、あまつさえ人々をして土俗的、かつ伝承的な心情に立ち帰らせ、ひとたびはさらに及んでそれに喚起された直接行為に走らせたのであろうか。別にいえば、土地人はこれまでにない話に遭遇しても、何故なお旧慣、慣習に則ってこれへの対応を示し、対処抑制しようとしたのか、といったことである。その一事である。いうなれば、「件」のごときまったく目新しい話種、話題を迎えるに際しても、人々は選んで従前からの仕来りや習いの裡に潜在、潜伏する古い記憶を呼び戻し、その上で改めてこれまでの経験的な枠組みの中でこれを捉えようとする。その上で解釈、理解して遂には結局、祖父伝来の営みの中にそれを繰り込んで行く。摂取、受容して行こうとしていたわけである。これはいったいどういうことであったのであろうか。

告白するに、実はこの辺りの事情、絡繰りがなかなかうまく言い表わせないのだが、ここでは、とりあえず「件」の一件を例にとって、出来ればその辺りの仕組みとか仕掛け、もしくは土着の装置といったことを手掛りになお他の例をもってその習いを追求、追尋してみたいと思う。それというのも『成上り』の主人ではないが、「珍しい話」とその動向を追い求めているうちに、次のような資料に出会ったからである。具体的には昔話集の中に収められた事例である。それを示そう。

むがすむがす、あるところに、とってもけちんぼで、まず、女房《おかた》さま御飯《おまま》食せっだくないほどのけちんぼいだんだけど。ほして、人が仲人すっど、

「御飯食ねで稼いで呉《け》んのだら、いつでも貰う」

て言うたって。

ほうしたら、ほこさ、ある時、きれいな女来て、ほして、まず口なの、おちょぼ口で、御飯、横に入らね。タテぐらいしか入らね小《ち》っちゃこい口でだど。ほうして来て、働くは働くは、まず魂消るほど働ぐんだど。

ほしたら、その若衆はよろごんで、

「いや、おら家のかあちゃんが、御飯食ねで働く」

こうだ、ああだて、みんなさ自慢しったんだど。したらみんな言うたど。

「べらぼう、今どき、ほだな人間いるもんでない。何かの妖怪変化だぞ、気付けろよ」

て言うたって。ほして稼ぎ行ったふりして、そおっと見たれば、何と、はいつぁ口裂け女で、耳まで口裂けでで、居ねどき御飯なの一人して炊いで、焼飯《やきみし》なのストン、ストンと、一つまんま生き呑みするようなだけど。

はいつ見たけぁ、恐くなって逃げだんだど。その若衆ぁどんどん逃げだれば、悪女の深なさけって言うっだが、はいつぁ追っかけて来たんだど。ドンドン、ドンドン追ってきて、いや、なえったて（どうしても）逃げらんねはぁって言うわけで、道傍の脇の草むらさ、ちょろちょろ入って行って、まず這って逃げて行ったんだど。したば、なぜか女が追って来ながったど。

「不思議なこともあるもんだなぁ」

と思ったれば、菖蒲とよもぎ畑さ逃げたて言うんだな。ほしたれば菖蒲とよもぎくさくて追って来らんねがったど。ちょうどその日が五月節句であったど。んだから五月節句は今でも菖蒲とよもぎをさすんだ、口裂け女来ねようにさすんだて言うどこもあるけど。どんぴんからりん、すっからりん。

武田正編『佐藤家の昔話』所収の「喰わず女房」である。語り手は山形県上山市楢下在住の佐藤孝一氏（大正九年二月二七日生）。この人は六百余話という厖大な数の話を管理しているのが明らかになって、注目を集めるに至った。『佐藤家の昔話』には都合六百三話が収載されている。同書は昭和五七年八月二〇日に桜楓社から刊行された。したがって、右の一話はそれ以前に武田氏によって採録されたわけである。改めて指摘するまでもなく、この「喰わず女房」譚は話の主人公を口裂け女だとしている。他に例を知らない。ついぞ見受けない語り口である。思えば、楢下の佐藤孝一氏の伝える話は、何故突然その主人公に口裂け女を登庸したのであろうか。理由はよく判らない。ただし、これが他の話からの影響、あるいは感化ではなくして、語り手佐藤孝一その人の趣向、もしくは才覚であったのはほとんど否定し難い。しかもそれはごく近い時期における受容、享受であったのはまず、間違いない。それというのもすでに知られる如く、巷間、私共の前に〝口裂け女〟が颯爽と登場してきたのは昭和五四年の初夏の頃であった。もしも、お互いの記憶に間違いがなければ、それはおおよそこのようであった。

すなわち、そのとき、彼女は下校時の児童、生徒の前に不意に姿を現わした。そして多くの場合、積極的に問い掛けて「わたし、美人？」と声を掛けて廻った。時節はずれの白い大きなマスクをした、しかもまったく見知らぬ女性からの質問に一瞬たじろぐ相手を余所に、彼女はやおらマスクを取って自分の顔を見せる。驚くなかれ、女の口は大きく裂けてそれは耳元まで達していた。仰天して逃げ惑う子供たちを目掛けて、女は凄まじい勢いで彼等を追い廻した――というのである。当時の記事によれば、それがために処によってはパトロール・カーの出動すら実際にあった。たとえば、その間の在りようを具体的に伝える材料として次のような一文がある。

子ども達の間に全国的にひろまり、マスコミが取り上げて話題となっている口裂け女の話について、私の住む仙台附近で語られた内容と現象について報告しよう。

仙台では、この話、まず六月六日付河北新報社会面の小さなかこみに、福島県郡山市でパトカー騒ぎにまでなったという話としてのった。

これが子供達の間で大騒ぎになったのは、六月一二日頃からの四、五日だったようだ。その後、大人の口にのぼり、新聞が取り上げ放送でも話題にされだすにつれ、子ども達の恐怖は次第に薄れてしまったと思われる。その点、子どもたちの世界の楽しみを、大人が口出しをして奪ってしまったともいえるかも知れない。

話というのは――

三人の女の人が手術を受けた。そのうち二人は成功したが一人は失敗して口が耳まで裂けてしまった。

このあたりにも現われて、子供たちをつかまえては、

「あたし、美人?」

と聞く。もし、「ブス」と答えると、その場でナイフでメッタ切りにされて殺されてしまう。「美人」と答えると、女は、

「これでも——」

と、白いマスクをはずし、大きく裂けた口を開けてどこまでも追いかけてくる。

その足の速いことといったら、オートバイよりも速く、たとえ家の中に逃げこんでも難なく鍵をこわして入ってきてつかまってしまう。助かるには、

「ポマード、ポマード、ポマード」

と、お呪いを三回唱えるとよい。

というのだ。

狙われるのは中学生以下の子供で、現れるのは夕方六時以後という。そして、この話は、いまに地元紙の河北新報にのるそうだと、まことしやかに語られている。

この現代の鬼女ばなし、どこか「口無し女房」に似ているが、問答をさせられた上、どう答えても逃れられないところや、呪文を唱えることで救われる点など、むしろ西洋の妖怪ばなしの影響の方がつよいようだ。

そして、「ポマード」という呪文からして、口が裂けた原因は美容整形手術の失敗を匂わせている点や、オートバイよりも速く走るという比喩(仙台伝説の山賊、万二万三郎兄弟は鳥よりもはやく走ったと

いう）また話に信憑性を持たせるため、マスコミを担ぎ出して利用している点などが、いかにも現代っ子のものらしい。

この話をするとき、小学校の子供たちは、風の音にも怯え、救急車のサイレンが聞こえれば「ホラ、口裂け女に子どもがやられた」と騒ぎまわる。小さい子は夜一人でトイレに行けない状態にもなる。信じない子は親にも話すが、信じた子は、親にも話さず、子供たちだけの間でただ、ただ恐ろしがって夜は寝つかないという。

それにしても、この噂話の急速なひろまり方と、一時的（二、三日の間）に子供たちに与えた動揺の大きさは、少々異常とも思われて気になる。

民話と文学の会「会報　第二十号」（昭和五四年一〇月発行）に載った仙台市八木山本町在住天野清子氏の報告である。右の文章には、後半の一部に氏自身の解説と見解が加えられている。そして実は、その指摘と分析自体にすでに興味深い事実が窺えるのだが、これについては改めて後に触れる。しかして、天野氏はこのあとさらに続けて次のように記していた。

どこからこんな噂が出てきたのか、少し調べてみると、

一、私の住むあたりばかりでなく、仙台の北の方の小学校や、仙台市の南に隣接する名取市の小学校でも同じ話がひろがって同じような状況をつくり出している。（中には九州の方から伝わってきた話として噂されている。）

一、それらの地域では、最近痴漢が出没し、小中学生にいたずらをするので、学校側では夕方の外出に度々注意を与えていた。

一、この話が急速にひろがったとみられる六月十二日は、ちょうど一年前に宮城県沖地震があった日

で、仙台市をはじめ県内各地は、防災訓練のパトカーや消防車のサイレンで街は騒然としていた。

ということがわかった。

これらのことから、口裂け女の話は、かきたてられた子供たちの不安な心理状態に乗じて急速にひろまっていったとみることが出来そうだ。

現代っ子がつくり出したこの「口裂け女」の話は、怪談というものが創り出されていく状況と、現代の社会がいかにデマ・噂の類につけこまれ易い不安定な状態かを示すものとして興味深い。

みなさんの地方でも、このような話がひろまっているのか、ご存知の方は、お知らせいただきたいと思っている。

これからするに、仙台地方の〝口裂け女〟の話は、天野氏の説くところによると、その一年前に惹起した宮城県沖地震の不安と恐怖といった潜在的に不安定な心理状態を基盤にしつつ、一種の相乗作用を伴って巷を走ったということになる。ここでの〝口裂け女〟は、防災訓練のパトカーや消防車のサイレンと共に騒然と北上してきたと認めてよい。しかし、それにもかかわらず「一時的に子供たちに与えた動揺の大きさ」の割には、話は案外早く終焉、収束の道を辿ったようである。

それにつけても、いっとき世間を席捲し、就中、子供たちを震撼させたかの話題の主はそののち、いったい何処に行ってしまったのだろうか。想えば彼女こそはいまなお鮮烈な印象を残す謎の女であり、かつ噂の女であった。わずかの時日の間に稲妻の如くに全国各地を走り抜けた恐怖の女性であった。原作のモデルもないままに、それからして、その来歴、素姓もまったく知れぬままに、近時これ程注意を集めた女人は他にあったであろうか。それにもかかわらず、〝口裂け女〟の実質的な活動期間は短かった。たとえにも「人の噂も七五日」というではないか。北は北海道から南は沖縄に至るまで汎くに取沙汰されながら、それでいてこのときの彼女は、おそらくは「七五日」にも欠ける儚い生命であった。それではその噂の主はその後、どうしたのであろうか。つまりは、まったく姿を消してしまったのか。それとも表面上は一応退嬰、逼塞したままに、なお余喘を保ってひそかに活躍しているのか。この点に関してはひとり仙台の天野氏ならずとも「みなさんの地方でも、このような話がひろまっているのか、ご存知の方は、お知らせいただきたいと思っている」とせずにはおられまい。

四　話の生成

そこでひとたびは、各地に認められるその後の事情を尋ねると共に、一方にはいっとき盛行した「噂」とか「噂話」の行方とその消長消息を問う。またその一方には併せてこの種の話の受容とか享受、あるいはその生成、展開といったものを追跡してみたいと思う。いうなれば、近頃行なわれた「珍しい話」の動向というわけである。なお、ここに用いる事例は昭和五六年以後、両三年の間に協力を得た女子学生諸君からの直接回答にもとづくものである。資料は現在手元に一二〇〇例ほどある。その中から伝承地とそこでの内容を勘案しつつ、特性の顕在化しているのを示してみたい。

まず、この話の在りように関していえば、当初、各地の高等学校を卒業してきた人たちの脳裏にある〝口裂け女〟の話とは、おおよそ次の如くであった。

〔事例一〕　耳のところまである白い大きなマスクをしていて、それを取ると真っ赤な口が耳元まで裂けている。通行人と逆の方向に立っている。急に後ろを振り向き、「私、きれい?」といってマスクをはずす。その口を見せられた人は、みんな驚いて逃げ出そうとする。「私、きれい?」に答えなければナイフで嚇される。一〇〇メートルを三秒で走って追ってくる。口裂け女は髪につけるポマードがきらい。

（那覇市　盛島一江君）

〔事例二〕　マスクをして片手に斧を持っている。「あたしって、きれい？」と訊ねる。そのときにマスクを取って、大きく裂けた口を見せる。驚いて叫ぶと追い掛けてくる。つかまると殺される。相手はバイクと同じ速さで走ってくる。ただ一つ助かる方法は「ポマード」というか、いつもポマードをつけていること。噂の流れたときには、パトカーが近所を巡回して「口裂け女が現われます。早く家に帰りましょう」と注意を訴えていた。

（平塚市　安藤幸代君）

〔事例三〕　夕方から夜にかけて出没する。一人で歩いていると、口に大きなマスクをした女の人が「私、きれい？」と後ろから聞く。「きれい」と答えると、マスクをはずして、耳まで裂けた口を見せて「これでもか？」という。逃げ出すと鎌を振り上げて追い掛けてくる。走るのが速く、鎌で襲う。口裂け女はべっこうあめが好きなので、それをあげると許してくれる。

（千葉市　高橋圭子君）

〔事例四〕　耳まで口が裂けていて、普段はマスクをしている。手に草刈鎌を持ち、一〇〇メートルを一〇秒足らずで走って追いかけて来る。

（青森県上北郡六戸町　吉田直子君）

〔事例五〕　私はその頃、阿寒町から釧路市内の高校に通っていた。東京に出現してから二、三日すると札幌に来た。市内の白樺台と桜ケ丘に四時から五時にかけて現われた。そのために、そちらに帰宅する生徒には注意が求められた。

（釧路郡釧路町　松実知子君）

こうしてみると、かつての日〝口裂け女〟は、いったん登壇するや否や、忽ちのうちに北は北海道から南は沖縄本島に至るまで姿を見せたのが知られる。しかも噂はまさしく風の如くに早く「東京に出現してから、二、三日すると札幌に来た」そして、直ちに釧路市内に到達したというのであった。これからして、さきに提示した仙台市、ならびにそこに隣接する名取市の場合は、距離的にも時間的にも一応その中間に位した事例であった。しかもそれは時機的にみても前年の宮城県沖地震に時日を重ねた話題であったがために、層一層増幅された不安であったのが判る。かくして、東北や北海道からの報告にもとづくと、彼女はまさしく秋口の台風の如くにこの列島を東漸、北上し、その地を席捲して走り抜けて行ったということになろうか。そしてそれは、小樽市の若松小百合君や札幌市の松田幸恵君のいうように、

〔事例六〕　耳まで口の裂けた女がだんだん北上して来る。彼女はべっこうあめが好き。ポマードが嫌い。出会ったら〝ポマード〟と叫べと教えられた。

といった内容によっても、その動静は確実に捕捉し得るかと思われる。ただしこの際に注意すべきは、前出の天野氏の一文にはすでに「三人の女の人が手術を受けた」とする一条が設けられている。加えてさらに「ポマード、ポマード、ポマードと、お呪いを三回唱えるとよい」とする一節の存する点である。後刻なお具体的に言うが、このあたり、仙台地方の〝口裂け女〟は、いったいにその類型化、もしくは定型化への粧い方が意外に早かったように思われる。

続けて、調査第二年目の様態に移る。昭和五七年春に高校を出てきた人たちからの回答である。

〔事例七〕　赤い服に赤いマントを着ていて、大きなマスクをして鎌を隠し持っている。〝口裂け女〟が「私、きれい？」と聞いて、「はい」と答えると「これでも？」といって、自分のマスクを剝いで相手に鎌で切りつける。髪の長い色白の美人で口が耳まで裂けている。（福岡県直方市　池田栄子君）

〔事例八〕　髪が長くて、マスクをしている。「私ってきれい？」と人に尋ねる。口から上はきれいなので「はい」と答えると、「これでもですか？」といってマスクを取る。女は鎌を取り出して追い掛けて来る。一

○○メートルを六秒で走る。そして鎌で相手の首を切ってしまうそうです。

（鹿児島県曾於郡　桑谷香代子君）

〔事例九〕　赤いマントを着て鎌を持っている。若い男の子をつかまえて「私、美人？」と訊く。すぐにマスクをはずして裂けた口を見せる。とっさに「美人」と答えないと鎌で襲われる。ポマードを投げると逃げて行く。

（静岡市　石井りえ子君）

〔事例一〇〕　口裂け女は、まずレインコートをはおり、大きなマスクをし、髪は中央で分けて乱れている。昼間は外を出歩かず、夕方五時頃やや薄暗くなってくるとウロウロする。人通りのないところで後ろから近寄ってきてポンと肩を叩き、振り向くと「私、きれい？」といってマスクをはずす。驚いた相手が逃げると鎌を振り上げて追って来る。

（栃木県佐野市　青木真弓君）

前年に比較して、ここにみえる著しい特徴は、なべて主人公への造型化である。漠然とした恐怖の対象から一歩踏み込んで、話の主人公は「赤い服に赤いマント」を身に粧ったり「レインコートをはおり」、しかも「髪の長い色白の美人」といった具合に、ようやくその姿を具象化し特定しようとしつつある。それと共に注意を惹くのは、それらがいずれも「鎌」を手にしているとする設定である。この風はその後各地にほとんど定着した模様である。

次に第三次年目の在りようについて述べる。すなわち、昨年春に高校を卒えてきた人たちの例である。

〔事例一一〕　三人姉妹で三人共美人だった。もっと美しくなりたい。そこで整形手術をしたが三人共失敗して口が裂けたようになった。口だけ裂けて、そのほかは大変美しい。ピンクのマスクをして道ですれ違う人ごとに「自分は美しいか」と尋ねる。「美しい」と答えるとマスクをはずして口を見せる。相手は驚いて声が出ない。そこで背中に隠し持った鎌でその人を斬る。逃げても、三人姉妹は陸上部で鍛えられているので足が速い。必ずつかまる。その後、上の姉二人は警察に捕まったが、一番下の妹はまだそのまま続けている。

（福岡県鞍手郡　船山美和子君）

〔事例一二〕　口裂け女は三人姉妹の末っ子。末っ子があまり可愛いので、上の姉二人がそれをねたんで鎌で口を裂いた。年齢は二〇歳。精神病院に入っていたが、そこを抜け出して逃走中であった。常に鎌を持ち、赤いセリカに乗っている。走るのは一〇〇メートルを一一秒台。ポマードが嫌いなので、ハンカチにその匂いを滲み込ませ、追い掛けられたらそれを投げるとよいといわれた。マスクをしていると大変な美人で、長い髪だそうです。

（山口県下松市　尾崎美和君）

〔事例一三〕　三人姉妹がいる。一番上の姉は整形手術をして失敗して口が裂ける。二番目の姉は交通事故で口が裂ける。そのために末娘は気が狂って自分で口を裂いて病院に入っていた。そこを抜け出して町に現われる。髪が長く、いつもマスクをしていて、片手に鎌を持っている。べっこうあめを渡すと追い掛けて来ない。ポマードというと逃げて行く。

（神奈川県横須賀市　駒林慎子君）

〔事例一四〕　三人姉妹で長女は整形手術の失敗で口が裂ける。次女は交通事故でこれも口が裂ける。末娘は長女から鎌で口を裂かれる。それからよその人を襲うようになる。

（神奈川県川崎市　平柳しのぶ君）

限られた数の紹介に留まる。しかし、これによってそこでの様相はだいたい窺えたことと思われる。「三人の女の人が手術を受けた」とするかつての仙台市の事例は、時の経過と共に漸次その趣きを変え、昨年あたりからはそれがすっかり三人姉妹であるといった内容に落着したようである。そしてその結果、彼女はその末子であるとする位置づけを得るようになったとしてよい。もっとも、今春の卒業生からはまだその回答を得ていない。はたしてどのような変化をみせるものか、予測はちょっとし難い。しかし、いかに限定された材料からの結果とはいえ、如上の例からして、少なくともここ三年間におけるこの種の話の変容、変貌ぶりは最早ほとんど明らかである。すなわち、以上を縮めていえば、すでに触れたように〝口裂け女〟の登場に関しては、昭和五四年の初夏の頃、まったく何の予知、予告もないままに彼女は文字通り突然現出した。したがっていまにしていえば、どこに、あるいは何に触発、惹起されてこの女性が造型、登壇して来たのかはちょっと追跡不可能である。その点、さきに掲げた「件」の場合とは相当趣を異にしている。しかもひとたび姿を現わした謎の女は、凄まじい勢いで僅かの間に全国各地を走り廻り、就中、東日本一帯にあっては、進んで東漸、北上といった事態をもたらした。しかるにその活動期はきわめて短く、わずかの時日の間に話は無事、収斂、収束して落着して行った。想えばその在りようはあたかも台風の通り抜けるが如くであり、あるいはまた、いっとき喧噪をきわめた疫癘の鎮静するが如くであったとして過言でない。要するにこれもまた幾多の「噂」もしくは「噂話」と命運を共にするかとみられたのである。ところが、たまたまこの話の行方を追尋するに及んで、これには思い掛けない事態の派生しているのを知った。一言でいえば、彼女はその後も相変らず健在であったのである。すなわち、かつての日のように派手一方に立ち廻るのは控えつつも、その間に彼女は著しくその性癖、容貌を変え、あまつさえその出自、素姓を整えて三人姉妹の末子に納まるといった有様であった。はなはだしきはいつの間にか良家の令嬢よろしく、颯爽と赤いセリカに乗って流れる黒髪を靡かせてさえいたのである。しかし、その場合にも相変らず狂気の鎌は片手にしていたのである。油断は依然禁物であった。

そこでこの際、まことに無遠慮でかつ、野暮な観察結果を記せば、注意事項の第一は、〝口裂け女〟は登場すると間もなく、これが手にする刃物はナイフ、剃刀といったごく日常的な品物から一転して鎌に改められて行ったとする事実にある。そしてこれは今日、ほとんど共通の伝承にある。すなわち、処によって彼女はたとえ素敵な赤いマントに身を粧っていても、その下にひそかに隠し持っているのはほかならぬ草刈り鎌であった。街の子供たちが現在、鎌についての知識をどの程度有しているのか私は知らない。ただし、これまでの回答の中には誤字と思われる〝釜〟の散見するのから推しても、彼等の生活経験の中に欠くことなく鎌が存在していたとはちょっと考え難い。それにもかかわらず、相手の肉体を切り裂くのに求めて鎌を言うのは見逃し難い事態である。それというのも、この国における伝統的な民俗社会の慣行習俗にあって、相手の身体を裂くに当っては鎌はしばしば陰惨なイメージを伴って用いられ、しかもこれを逆手に持つことによってそこにはすでに非日常的な事件、つまりは異常事態の出来を予告、予知する風があったからにほかならない。したがって、というよりはむしろ、それがあって、農民の生活の中では日常、鎌を逆手に握る行為それ自体が最も忌避すべき行為、つまりは禁忌習俗のひとつとして数えられていたのであった。そうかといってもちろん、ここに掲げた事例の中に〝口裂け女〟が鎌を逆手にかざすといった報告はない。しかし、実際に〝口裂け〟の事態を相手に期待するには、加害者は本来がこれを逆手にしなければ叶えられなかった筈である。それからして、いま、話の担い手たちがよくそれを言わないのは、そうした方法への具体的、かつ直接的知識に不足しているからなのであって、ある意味ではその点、やや役不足の主人公であったと評すべきであろうか。

さて、話の赴くところ、次に指摘し得るのはやはり「ポマード、ポマード」であり、かつまたべっこう飴の件であろうか。さきに紹介した仙台の天野清子氏が早速これをいって、「この現代の鬼女ばなし、どこか〝口無し女房〟に似ているが、問答をさせられた上、どう答えても逃れられないところや、呪文を唱えることで救われる点など、むしろ西洋の妖怪ばなしの影響の方がつよいようだ」と記していたのは、数えて五年前の出来事であった。しかるに話はその後、やや異なった方向に進んだかのようで、実際には従来行なわれてきたこの国の昔話の枠の中に繰り込まれつつあるように私には思われる。それというのもまず、天野氏の指摘した〝口無し女房〟、つまりは「喰わず女房」譚の主人公として、すでにこれを登庸していたとする事実がひとつ。かてて加えて、現に行なわれる〝口裂け女〟の話は、いずれもそれが呪言を唱えたり、また、べっこう飴を投げることによって、最終的には相手からの逃走が叶えられるとしているからにほかならない。それがため話の印象としては「西洋の妖怪ばなし」というよりは、むしろわが国に行なわれる逃鼠譚の例、たとえそれが「三枚の護符」であろうとも、はたまた「牛方山姥」や「喰わず女房」であろうとも、いずれにしても迫り来る鬼女からの脱出、逃走といったイメージを喚起させている。それからして、この部分もやはり伝承的な話の枠組みを踏襲しようとしているとせずにはいられないのであった。ただしこの際、当面の呪宝、呪具に当たるべき道具が、何故にポマードであり、またべっこう飴であるのか。さらには何故それらには付託されて特別の力が備わっているのかは明白でない。参考までにいうと、この点を訊ねるにあたって、ポマードは若い男性に限って用いられるもので、口裂け女は格別それを意識しているからといった返答を二つ三つもらった。しかし、これはそもそも話の中の〝口裂け女〟が意識しているのか、それとも回答者の若い女性自身がそれに成り代わって意識しているのか。そこのところは、いまひとつ判然としない。これらについては他日を期すことにしたい。

最後にもひとつ。それを指摘して一層強調しておきたい事実がある。それは、この話の短い歴史からしても、当初はまったく言われずして、しかも時の経過と共に頻りに説かれるようになった彼女の位置である。係累である。すでに掲げた事例からも知られるように、昨今は〝口裂け女〟のそれをいって、三人姉妹の末子であるとしている。もっとも、三人ということに関しては、仙台の天野氏の報告に早く「三人の女の人が手術を受けた。そのうち二人は成功したが一人は失敗して口が耳まで裂けてしまった」とする導入、設定の例があった。しかもそこにはさらに「ポマード、ポマード、ポマードと、お呪いを三回唱えるとよい」とする一節があった。この条を評して、さきに一度私は「仙台地方の〝口裂け女〟は、いったいにその類型化、もしくは定型化への粧い方が意外に早かった」とした。それというのも、こうした話の結構は、自ずからこれが昔話の〝三の構成〟を取り入れ、かつそれによって話はすでに説話化、もしくは物語化への手順を踏みつつあると認識されるからである。

しかるにそれのみに留まらず〝口裂け女〟は、その後ますます伝承的な話の枠組みとも見做し得るその方向に再構成されて行く在りようを見せた。具体的には「三人の女の人」から「三人姉妹の末娘」とするようになったのがそれである。そしてこれは昔話の例をとれば、いずれ「三人兄弟」譚の構成がこれに当たり、しかも三人目の者、つまりは、末子が物語のすべての鍵を握るといったパターンにあると理解されるからである。繰返すようになるが、振返って、瞬時にこの話が全国を席捲した当時、いったい誰が〝口裂け女〟の係累を予想し、また誰が彼女をその末子であると想定し得たであろうか。もしもいまこれをいうならば、やはり説話の生成とか説話の成長といった言葉が思い出されてならない。かてて加えて〝口裂け女〟の話は、その後なお〝三の構成〟を一層補強、構築しつつあるように窺われる。それというのも〔事例一三〕や〔事例一四〕にみられるように、まず「一番上の姉が整形手術をして失敗して口が裂ける。二番目の姉は交通事故で口が裂ける」という具合に、そのひとつずつを丹念に説き起こし、その挙句が最後に末娘そのものの在りように至るといった傾向を示しているからである。思うに、この風は今後ますます伸展、拡張し、話は年ごとになお先行して用いられていた昔話への類型化への道を辿るのではないかと予測される。それからして、ここに余計な一言を加えるならば、いずれ改めてこれについて触れるときには、この話にも〝継母からの仕打ちを受けた末娘〟といった態の筋書きが、あるいは一条加わっているかも知れない。

付

なお本稿の一節、就中「件」の話の条は既稿「話の素姓」(『日本文学史の新研究』一九八四年、三弥井書店)に重なる部分のあることを明記します。

常光徹

子どもと妖怪
――学校のトイレ空間と怪異現象――

妖怪談の諸相

現代の妖怪たちにとって、学校はまたとなく居心地のよい場所であるらしい。驚くほど多彩な妖怪類が学校空間のあちこちに棲みつき、ところ狭しとばかりにひしめき合っている。しばしば彼らが引き起こす怪異現象は、不思議を待ち望む子どもらのうわさ話に早変りして、さまざまに取沙汰されながら、学園に好奇と恐怖にみちた波紋を広げていく。こうした怪異に敏感な状況は、程度の差こそあれ、小学生から、いや幼稚園児から大学生までをも包みこむ現象として、今日顕在化しているとみてよいだろう。しかも、近年妖怪の仲間は増殖の傾向にあるとみえて、新種の妖怪が話題にのぼることも珍しくない。

ところで、学校を舞台とする妖怪話や怪異が、校内のある特定の空間と深く結びついて語られているという現実を、私たちはどう受けとめるべきであろうか。面白半分で騒いでいるだけのたかが子どもの気まぐれではないか、と簡単に言い捨ててはおけない、複雑で、かつ重要な要因が背後で絡みあいながら糸を引いているように思われる。おいそれとは解きほぐせそうにない課題ではあるが、ただそうはいっても、基本的には学校を生活の場として、抜き差しならぬ関わりをもたされている児童・生徒のおかれた現状、つまり、彼らが学校生活のなかから「学校の怪異」を象徴的に語り出そうとする、その集団の精神構造と切り離して論じられないことだけは確かであろう。

ここでは、学校の非日常的空間ともいえる特別教室や付属の施設のうちから、とりわけ、不思議な現象が頻繁に発生しやすい小中学校のトイレ空間に焦点をあてて、子どもたちと怪異との関係を考えてみたい。まず、トイレを舞台に繰り広げられる怪異談の一端を、具体的な事例をもとに眺めておこう。

●事例一

群馬県北群馬郡子持村。戦後、子持村の長尾小学校に勤めたんですけど、そこの子供たちが、「このお便所だけは入らない方がいい」って言うんですね。「なんで」って聞くと「下の方から手がでてくるから」って〔話者・木村隆子〕（松谷みよ子『現代民話考―学校―』）。

●事例二

東京都東久留米市、第十小学校。一階の女子トイレに入ると、中から手が出る。恐くてトイレに入ることができず泄らした子がいた（拙稿「学校の世間話―中学生の妖怪伝承にみる異界的空間―」『昔話伝説研究』一二号）。

●事例三

東京都八王子市、横山第二小学校。七不思議のひとつ。便所にはいると赤、青、黄などの手がでてきて体に触れる（『現代民話考―学校―』）。

●事例四

神奈川県藤沢市、本町小学校。昭和四三年入学、四九年卒業。六年生のころの話。トイレのバルブ調節用のふたの所から赤い手が出る。毎年新入生はこの話でパニック状態になり、便所に行けない子が続出するという先生の話であった〔回答者・椎野工〕(『現代民話考―学校―』)。

ぬっとのびてきた手が、用便中の身体に触れるという、背筋にぞくっとする気配を覚える話だが、類話は多い。便所から出た手が悪戯をするモチーフをもつ話そのものは早くからあって、近世の随筆類などにいくつか書き留められている。たとえば、津村淙庵の『譚海』に次のような話が載っている。

○佐竹家の医者に神保荷月と云外科あり(中略)家に伝方の秘書一巻あり、川太郎伝へたるものとてかなにて書たるもの也、よめかぬる所もありとみたる人のいへり、此神保氏先祖廁へ行たるに、尻をなづるものあり、其手をとらへて切とりたるに猿の手の如きもの也、其夜より手を取に来りて愁る事やまず、子細を問ければ川太郎なるよし、手を返して給はらば継侍らんといひしかば、其方ををしへたらんには返しやるべしといひしかば、則伝受せし方書なりとぞ。

廁で尻をなでる怪しい手が語られていて興味深いが、ただ、事例に挙げた話とちがって、不審な手はその場で切り取られ、正体を見破られた川太郎は失った手と交換に骨接ぎの秘伝を教える。このように秘薬や秘術の起源を河童から授かったとする由来譚は、今も各地に残っている。

○筑前朝倉郡阿弥陀ケ峰に接骨医があって、河童伝授の秘法を家伝しているという。先祖の医者が廁へ行くと、毎晩のようにペロリペロリと尻を撫でるものがあった。ある晩、意を決して廁に入ると、やはり尻を撫でるので、斬りかかった。すると手ごたえがして、斬り落としたのは河童の腕であった(略)(石川純一郎『河童の世界』)。

この話も最後は家伝薬の由来を説いて終っているが、右のような資料を一、二並べてみただけでも、便所と結びついた手のモチーフが比較的早くから、一般に膾炙していたであろうと想像できる。現代のトイレの怪談も、おそらくこれらの伝説と無縁ではないだろう。ただ、そうはいっても、伝説に描かれた「手」は、重要なモチーフではあるが、物語全体からみれば秘伝の起こりを説明するためのひとつの契機にすぎない。つまり、河童の手は秘伝薬との交換の材料として機能している。ところが、現代の学校のトイレに出没する「手」は、こうした説話的な文脈をまったく背後に背負っていない。「便所から手が出る」というその部分のみが、まるですっぽり切り取られたように異常に肥大して蔓延し、数々の怪異を惹起する。「血だらけの手」「青い手」「白い手」など、不気味な色のイメージを伴って現われるかと思えば、出現の場所も従来の便器からはみ出て、「トイレのバルブ調節用のふたから手が出る」「天井から赤い手が下がる」といったふうに活動範囲を縦横に広げながら、「手」は多様な表情を帯びて迫ってくる。ここには、人と河童の交流がもたらす、かの物語的な裏づけはもはやない。自在に伸縮する河童の手の印象も、話の底に幽かに余韻を残していると取れなくもないが、それよりも、子どもたちの語る現代の怪しい手は、こうした伝統的な要素を巧みに拡大再生産しながら、今日的な意図のもとにそっくり創り替えているとみた方があたっているだろう。むしろ、トイレの手の延長に河童の姿を想起できないところに、根拠を失った不安が漂う。怪しいモノの手は一体なにを意味するのか。正体を闇に隠したまま跳梁する「手」の奇っ怪さが、捉えどころのない現代の不安と不気味さを象徴している。

「赤い紙・青い紙」

●事例五

東京都小平市、小平第三小学校。昭和三〇年、四年生のころの話。北側に戦前建てられた古いトイレがあり、中はうす暗かった。トイレに入ると、上から「赤い紙がいい？　青い紙がいい？」という声がする。赤い紙と答えると赤い紙がおちてくる。それを使うと体が赤くなる。青い紙を使うと身体がまっ青になるといわれていた（『現代民話考―学校―』）。

●事例六

東京都東久留米市、下里小学校。学校のトイレに入ると「赤と紫とどちらが好きか」と聞かれる。赤と答えると便器の中に引きずりこまれ、紫と答えるとお化けは消えて助かる（男子生徒が小学校五年生の時聞いた噂）（「学校の世間話」）。

●事例七

大阪府泉北郡忠岡町、忠岡小学校。昭和四五年入学、昭和五一年卒業。お便所で「赤い紙やろか、白い紙やろか」という声が聞こえてくるといわれ、「赤い紙欲しい」と言うと、天井からザーッと血が降ってきて、「白い紙欲しい」と言うと、下から白い手がニューッと出てくるといわれていた（話者・小島京子）（『現代民話考―学校―』）。

●事例八

東京都東久留米市、下里小学校。女子トイレのうち、中央のトイレに入ると声がして「赤・青・黄色のうちで何色が好きか」と聞かれる。その時、赤と答えると血まみれで殺され、青と答えると身体の血を抜かれて真っ青になる。黄色と答えた者だけが助かる（「学校の世間話」）。

事例五～八は、いずれもトイレの怪が発する謎めいた問いかけによって運不運が試される話。もし、あやまって不吉な色を選択すれば、たちどころに災難を被る。問いかけの形式には、二色のうちから一色を選択する場合と、「赤・青・黄色のうち何色が好きか」という具合に、三色から選ぶ場合がみられる。赤は血、青は血の気を失った死者の色に連想が結びついているが、事例五・七のように、どちらの色を答えても不吉な結果から逃れられないケースと、答え方次第では難を避けられるケースとがある。後者の場合、事例六では紫、八では黄色がそれぞれ魔力の及ばない色で、あらかじめこの安全色についての予備知識をもっていれば、不安が軽減されるという仕組みになっている。

先の「便所の手」でもそうだが、色がこうした妖怪や怪異現象と深く関わって語られている点は、子どもたちの伝承のひとつの特徴と認めてよい。しかも、登場する色の種類はほぼ決まっていて、その組み合せのパターンも限られている。ちなみに、松谷みよ子『現代民話考―学校―』に収録されている「赤い紙・青い紙」「赤い舌・青い舌」など、色にまつわるトイレの怪談一九例をもとにその組み合わされ方を分類すると表1のようになる。

●表1

①	赤……青	（8例）
②	赤……白	（4例）
③	赤……紫	（1例）
④	赤……青……黄	（4例）
⑤	赤……青……白	（2例）

二色の場合では、①の赤・青の組み合せがもっとも多い。③の赤・紫のケースは一例のみだが、おそらく紫は①の青からの変化であろう。三色になると、赤・青を基調にしてそれに黄または白が加わってくる。色別の頻度からみていくと、赤19、青14、白6、黄4、紫1の順となっていて、赤が総ての組み合せの基本色であることが読み取れる。赤のイメージは、おそらく、血の印象と結びついて誕生したものと考えてよいであろう。事例で紹介した話の他に「白い手・赤い手」「赤い舌・青い舌」「赤いはんてん」「血がしたたる」など、トイレに顕著な一連の赤の怪談なども発想の源は同じところに辿れそうである。近時、宮田登氏がこれらの怪異を好んで語っている年齢層に注目し「初潮を体験する前後の女子の独特の不安心理とうらはらにあるフォークロアといえるだろう」（宮田登『現代民俗論の課題』）と述べているのは、トイレと赤（血）の関係を考える上で示唆に富む。

血の色を表わす赤に対して、一方に血の気を失った死の色である青を用意したのも巧みだが、ただ、青が初めから赤と同じく死のイメージとしてセットになって語られていたものかどうかは速断を許さない。三色の問いかけ形式に先行して、二者択一の問いかけが流布していたのではないかと思われるが、当初は赤の危険な色に対して、青は安全色の役割を果していたのかもしれない。のちに赤同様、青が死のイメージを帯びてくると、選択の余地がなくなって、新たに安全色が導入された結果、三色形式が成立したとの推測も可能であろう。

それにしても、色の三原色である赤・黄・青がセットで組み込まれているのは面白い。事例八では黄色が安全な色で、この色を答えさえすれば難は避けられるのだという。黄色を安全な色とする例はほかにも数例ある。赤と青の二色の危険に挟まれた黄色はそのどちらにも属さない意味で安全な位置を保っている（赤・黄・青の組み合せには、交通信号からの影響も考えられよう）。

血の連想から生まれた赤の怪異はさらに成長して、複雑なストーリーを創造していく。その一例を示してみよう。

●事例九

「赤いはんてん」

共立女子大で夜の一一時三〇分に、一番奥のトイレに入ると、「赤いはんてん着せましょか」という声が聞こえる。それが三人も四人も聞いたという人が現われたので学校ではついに警察に調べてもらうことにした。そして、一一時三〇分に男の警官がそのトイレに入ってみたが別に何も聞こえなかった。婦警さんもいたので入ってみたら「赤いはんてん着せましょか」という声が聞こえた。その婦警さんが気の強い人で、「着せられるもんなら着せてみなさい」といったところ、トイレの中からナイフを持った手が出て来て婦警さんの胸を刺した。あたりには血が飛び散って赤い斑点ができていた（話者・共立女子大生）（『現代民話考―

学校―』)。

一読しただけでは、先の「赤い紙・青い紙」とはまったく異なった印象をうけるが、しかし、少し注意深く読めば、両話ともつぎの共通の基本的な構造を備えているのに気づく。

(1) 挑発 (赤を基調とした謎の問いかけ。「赤い紙」か、または「赤いはんてん」)
(2) 反応 (問いかけに対して「色の選択」か、あるいは「声の挑発への応答」)
(3) 結果 (血を伴った被害)

挑発・反応・結果の三段階の展開は、昔話の「取付く引付く」や、伝説でいえば「やろか水」などの構造とも類似する。

「赤い紙・青い紙」と「赤いはんてん」の重要な相違点は、問いかけの内容が前者が紙であるのに対し、後者ではは んてん(半纏)が用意されていることだろう。紙はトイレの必需品であるところから、その連想関係がすんなり胸におちるが、一方のはんてんはどう考えてみてもトイレとの連想がつながらない。聞き手は、「赤いはんてん着せましょか」という冒頭の唐突な問いかけにある種の戸惑いを覚える、というか、小さな違和感を懐いたまま話の進行に参加することになる。それが、最後の場面に及んで、飛び散った鮮血が描く斑点模様が語られた時、はじめて、はんてんが斑点と符合した不気味な連想だと気づいて驚く。つまり、はんてんは不吉な最期を暗示する巧みな伏線として仕掛けられているのである。また、「赤い紙・青い紙」では、トイレに入った子ども自身が直接謎の問いに返答するのに対し、「赤いはんてん」の方は、トイレから逃げ出した生徒は、かわって警察官を話の主役に引っぱり出す。被害者に婦人警察官を仕立てたのも、不審を取り締まる警察官のイメージを逆転する意外性と、悲惨な結果の印象を強烈に訴えていて面白い。婦人警官の登場は、この話が創られた時期が比較的新しいことを予想させるとともに、この種の怪異談が女子トイレを舞台にして、おもに女生徒の間で語り継がれ広まっている実態を示唆している。例話が女子大のトイレを舞台に語られているのも頷ける。さらに、文中「トイレの中からナイフを持った手が出て」のくだりは、先に記した「便器から出る手」のモチーフを創造的に膨らませたものであろう。随所に知的に洗練された趣向がちりばめられていて、トイレの怪談のなかでも秀作に挙げてよいもののひとつである。

ところで、この「赤いはんてん」の話は、いつどのような経緯をへて創造されたものだろうか、ここのところが今ひとつ判然としないが、イメージ化の下敷として、たとえば次の話などはどうであろうか。

・事例一〇

長野県南安曇郡豊科町、豊科小学校。昭和六年入学、一二年卒業。五年生のころの話。学校のお便所に入ろうとするとマントを着た男の人がいて、「赤いマントがほしいか、青いマントがほしいか」と聞く。「赤いマントがほしい」と答えると、ナイフで刺され、真赤な血に染まって死に、「青いマントがほしい」と答えると、体中の血を吸われ真っ青になって死ぬという（回答者・平山和彦）（『現代民話考―学校―』本話と「赤いはんてん」の類似については、松谷みよ子「学校の怪談に見る童うた的発想について」『民話の手帳』三三号、の論考が示唆深い）。

昭和一〇年ころというから、かなり古い話なのだが、赤いマントの発想と、最後にナイフで刺されて血に染まる語り口に「赤いはんてん」につながる連想の契機が含まれているように思う。

トイレの非日常性

以上、トイレにまつわる話を二、三紹介したが、他にも「あかずの便所」「三番目の花子さん」「三時婆」「青坊主」などトイレの怪異談は数多い。ここでそのすべてを取り上げるわけにはいかないが、しかし、今までのわずかな事例からだけでも、トイレの怪異と多彩な妖怪の活動の一面をうかがうには充分であろう。変化に富む個々の話を眺めているだけでも興味は尽きないが、それにもまして、こうした怪異がトイレという空間に際立って多く発生しているという現実の方が、私にはより重要に思われる。

ここですぐに想い浮かぶのは、以前の便所の暗いイメージと怪異との関係である。母屋から離れて、あるいは家の隅の方に設けられていた汲み取り式の便所には、薄暗い雰囲気がいつも漂っていた。拭いきれない寂しさのようなものが絶えずわだかまっていた。きっと、それが妖怪たちの温床ではなかったのか、という解釈である。確かにそうした一面は否定できない。近代的設備を整えた今日の水洗式トイレへの変化が、それまでの便所空間によどんでいた不気味な恐怖心を取り除く効果を果しているのは事実だが、ただしかし、こうしたトイレ形態の変化が、そこに出没する妖怪や怪異の衰退・消滅といった事柄とは直接結びついていない。そのことは現代の学校の怪異に少し触れてみれば容易に理解できることである。トイレは、今も他の空間に対して相対的に不安の付きまとう暗い印象をひきずっている場所であることに変わりはない。現在も常に非日常的な空間であり続けている。一般にトイレは建物の中でも北側に位置し、寒くて陽の射さない場所という悪い条件も影響しているのだろうが、トイレの怪異談に限って言えば、むしろこうした外因的な条件に左右される部分よりも、そこを使用する人の行為と意識のうちに、不安で曖昧な精神をもたらす原因が潜んでいると考えられる。

孤立した空間の中で、下半身を露出した状態のままかがむという、動物としての人間の弱点をさらけだした姿勢が、絶えず抜き去り難い不安を誘っている。先の「便器から手が出る」モチーフが色褪せない不気味さを訴えてくるのも、自ら覗き見ることのできない空間にむかって陰部を露出している不安と無関係でない。また、体内に今まであったものが排泄され、汚物として再び不透明な世界に吸いこまれていくという、言葉になりづらい不思議さ。異臭のたちこめた〝くさい空間〟。束の間に味わう緊張と解放感。さらに、知らず知らずのうちに受け継いでいる心的な体験や伝統的な便所の観念（便所がこの世と異界の境界的な意味をもっている点については、飯島吉晴『竈神と厠神』に詳しい）がそこに入り込み、加えて、現実にしばしば発生する非行や事件などの情報が錯綜しあって、現代のトイレに対する意識を形成しているのであろう。照明装置ひとつをとっても以前とは比較にならないほど進歩した現代のトイレに、今なお数々の怪異現象がう
わさされている実態は、こうした諸条件のもとで形づくられるトイレ空間が、相変らず怪異発生の格好の舞台でありつづけていることを示している。

子どもたちにとって妖怪とは何か

怪異談の舞台としてのトイレの特殊性について述べてみたが、つぎに、小中学生が好んで語るトイレの怪異が、彼らの学校生活のなかにどのような意味をもって存在しているのだろうか、この問題に話題を移してみたい。おそらく、無意識にではあろうが、彼らは先に挙げた諸条件を巧みに取り入れつつ、妖怪をトイレという非日常的空間に生かしつづけているのだと解釈してよいだろう。

トイレの妖怪は好んで児童・生徒の前に姿を現わし、平穏な学校生活のなかに驚きと恐怖の輪を投げかけてくる。「赤い紙・青い紙」で紹介した事例は、昭和六〇年七月に私が子どもたちから直接聞いたものだが、報告者によれば、下里小学校（東京都東久留米市）で色の妖怪がトイレに出るという噂が広まった昭和五七年夏には、教室内に不安と動揺が生じたという。とくに女子生徒は異常なまでの恐怖感におそわれ、トイレに入るときには口々に「黄色黄色……」と、魔よけの色を唱えたり、なかには、黄色のハンカチを握りしめて用を足す女の子もいて頻繁にハンカチの貸し借りが行われた。同じころ、同市の第十小学校でも、便器か

ら手が出るという噂が立っている。怯えた低学年の女子がトイレのドアを開けられずにもらしてしまったため、児童の不安を取り除こうと、わざわざ教師がドアを開けてトイレの中の様子を確かめたという。また、この時に聞いた子どもたちの話のなかには、一風かわった次のような妖怪も顔を出していたので紹介しておこう。いずれも東久留米市内の小学校での出来事である(次の事例一一から一五は、昭和六〇年に私が東京都東久留米市立下里中学校の一年生から聞いたものである)。

●事例一一

第七小学校の女子トイレにムラサキババァが出たといってみんな集まった(報告者・男子生徒、小学四年のときの噂)。

●事例一二

下里小学校のトイレの鏡のなかからムラサキババァが出る(報告者・男子生徒)。

●事例一三

下里小学校のトイレには紫色の婆さんが出る(報告者・女子生徒)。

●事例一四

第十小学校の一番隅のトイレにある穴には新しい紙が貼ってあり、そこから紫色の服を着たお婆さんが飛び降りてくる。みんな恐がって入らないので先生が中に入って安全を確かめた。

●事例一五

友だちがトイレでムラサキババァを見たが撃退した。その方法は、何でも紫色の物を手に握り「ムラサキ、ムラサキ……」と言うと消えてしまうそうです(報告者・女子生徒、小学六年のとき友人から聞く)。

右のムラサキババァは、私の勤務する中学校の学区域にある小学校の女子トイレに出没する妖怪で、多くの子どもが知っている。事例一一、一二のように、ただ正体不明のムラサキババァが出たといって騒ぎたてた例が目立つが、生徒の中にはその正体を紫色のお婆さんだと考えている者も少なくない。現われ方は自在で、鏡の中から出てきたり、破れた壁の穴から不意に飛び降りてきて驚かすなど、一風変った行動を示す。子どもたちの話を総合してみると、最初、第十小学校に現われ、つづいて近隣の下里小、第七小へと広がっていったらしい。素姓ははっきりしないが他であまり聞かないところをみると、この辺りで話題にのぼった地域の妖怪なのかもしれない。先に述べた一連の色に関する妖怪から派生して、紫色の服を着た老女を形象化していったのであろう。この妖怪が最初に彼らの前に現われたのは、昭和五四年ころではないかと推測されるが、騒ぎは一度では終息せず、その後も数年間にわたって特定のトイレに出没している。妖怪の出現が教室内をパニック状態に陥れたとの報告は各地からもたらされている。たとえば、三重県のある小学校では色の妖怪がトイレに出るとの噂が広がった時の話として、「私たちは一人で行くのが恐くて、友達を誘ってトイレに行ったものである。私の小学校だけでなく、近くの小学校でも同じような話が広まっているということを聞いた」(『現代民話考—学校—』)という女性からの報告がある。神奈川県藤沢市の小学校で、トイレの赤い手の妖怪に震え上がった新入生が「パニック状態になり、便所に行けない子が続出した」(事例四)との発言からも、子どもたちを襲った動揺の激しさがうかがえる。

妖怪は手をかえ品をかえ毎年繰り返し現われる。つまり、子どもたちにとって妖怪の出現がもたらす怪異(というよりも妖怪騒ぎと言った方がよい)は、単なる偶発的、一時的なうわさとして片づけるわけにはいかない。一見、偶然を装って発生するのだが、いくらか冷静な眼で偶然を吟味すれば、そこには、学校生活が生み出す必然に裏打ちされた動機が仄見えてくる。別の言い方をすれば、子どもたちは、つねに妖怪を身近に招き寄せ、手なずけていることの表われなのだといってもよいだろう。彼らは妖怪に怯えながらも、実はそれ以上に、心のどこかで漠然と妖怪の出現を待ち望んでいるのである。そうでなければ、近代的な水洗トイレに出没する妖怪などは、白昼のごとき光線に照らし出されて、とうの昔に屍を晒していたにちがいない。今、各地の学校で盛んに怪異が語られるのも、現代の子どもたちが妖怪を学校空間に囲い込み、生かしつづけていることの証しである。それどころか、彼らはつぎつぎと新たな現代の妖怪を分泌さえしているのだ。その現実にこそ眼を凝らしてみる必要があろう。

妖怪の出現（妖怪騒ぎ）は、均質的な集団の緊張を束の間ときほぐす。それは、教室の秩序に一時的な混乱をもたらすことにほかならないが、実は、彼らはそうしたカオスの状態に乗じるようにして、日ごろうっ積したある種の負のエネルギーを巧妙に放出しているらしい。妖怪騒ぎは、学校という制度のなかで、個の意志とは無関係に持続を強いられる集団の精神的な緊張の高まりが沸点に近づいた時、その解消と冷却を求めようとして、子どもたちが創出したたくまざる文化装置だと理解してよいだろう。妖怪出現のうわさが引き起こす騒ぎの一端には、そうした要因が作用しているとみてよい。攪乱した状況のあとには、汚れを拭い去った秩序が再生される。教室が再び平静を取り戻すころ、妖怪たちは静かに姿を隠す。

妖怪を語り、騒ぐことは、また、カリキュラムに支配された規則正しい時間をしばし停止させ、彼らの身体に沁みこんだ学校の時間の進行を一時的に解除することでもある。

それにしても、こうした妖怪騒ぎに一体誰が火を付けるのだろうか。暗黙のうちに形成された集団の要請とはいえ、何らかの火種をもとに煽り立てる媒介者がいなければうわさは力を持たない。妖怪騒ぎ誕生の裏には、集団の内的な動向を敏感に臭ぎ取って舵取りする生徒の動きが見え隠れしている。それはどうも、日ごろ、学級共同体の周縁に陣取っている子どもたちのようである。たいてい、どの学級にも、話し好きで、仲間が目を丸くするような話題を得意げに披露したり、変った言動で笑いを振り撒いて集団を活性化させるトリックスター的存在の子どもがいるものだ。彼らは、得てして、耳に挟んだかすかなうわさ、、を一挙に増幅し加速させる結節点の役目を果たす。時には自らが妖怪発見者の役を受け持つ存在でもある。

長々と述べてきたが、トイレ空間は、妖怪騒ぎや怪異発生のレベルでのみ話題を提供しているわけではない。現実に、子どもたちの生活上の諸問題がここで多発する。ツッパリと呼ばれる少年たちは、どういうわけかトイレを彼らの溜り場として利用する傾向がみられる。喫煙、暴力、器物破損などの事件がこの閉ざされた空間で横行する。「トイレを覗けば、その学校の子供たちの生活がわかる」とさえいわれるのも、トイレが学校の負の側面を象徴的に示す空間であることを如実に物語っている。トイレでの非行については、よく、学校の管理の目が届きづらいためという説明がなされる。たしかにそうした一面があることも事実で、荒れやすい原因のひとつにちがいないのだが、ただ、この問題にはそれだけでは説明しきれない部分が隠されている。むろん、非行の底に横たわる根の深さは、トイレという一断面からだけで測れるものではないことは、重々わかっているつもりだが、それらを承知しながらも、やはり、トイレを舞台に非行が発生しやすいのは、トイレが学校の規律や秩序からはみ出た空間である点に留意すべきであろう。トイレは絶えず学校の秩序を脅かしつづけている空間と言えるのかもしれない。その中では、子どもたちは自らを取り巻いている拘束から逃れでたような気分、解放感を伴った一種の錯覚に陥り、たとえ一時的にではあっても集団の秩序が届きにくいという意識に浸蝕されて、規律違反に走りやすい情況が生まれるのではないだろうか。トイレにさまざまな怪異がまとわりつき、妖怪が出没するのも、また他方で、学校の秩序が無力化されやすいのも、トイレという場所が帯びている曖昧で混沌とした空間意識と無関係でないと思われる。

石川純一郎『河童の世界』(時事通信社、一九七八年)
飯島吉晴『竈神と厠神』(人文書院、一九八六年)
宮田登『現代民俗論の課題』(未来社、一九八六年)
常光徹「学校の世間話―中学生の妖怪伝承にみる異界的空間―」(『昔話伝説研究』一二号、一九八六年)
松谷みよ子『現代民話考―学校―』(立風書房、一九八七年)

V　妖怪の民俗誌

小豆洗い

清水時顕（中山太郎）

小豆洗《あずきあら》いと云う怪談は各地にある。（一）夜分に或る橋を通ると橋の下で小豆《あずき》を洗うような音がすると云うのが普通のもので、少し変ったものは（二）小豆洗いと云う狐が棲《す》んで居て人に憑《つ》くと云うのと、（三）藁槌《わらづち》のような形で一面に毛が生《は》えている化物《ばけもの》であると云うのである。第一のは紀州熊野辺にあると云う送《おく》り雀《すずめ》の類とも思われる。第二第三は更に少し工夫《くふう》が加えられたもののようだ。小豆《あずき》に関する禁厭《まじない》の話は沢山《たくさん》にあるが、小豆洗いの怪とは直接関係の無いことでもあるから略すとして、玆に注意すべき点は何が故に小豆を洗うと云うことだけを採用したかの一事である。稀には米炊《こめかし》ぎとか大豆洗《だいずあら》いとか云うのがあっても宜《よ》いように思うが、小豆洗いの外には余り聞いたことも聴いたことも無い。勿論、禁厭《まじない》に小豆を用いることが他の米、粟、稗、大豆等よりも有力で且つ場合が多かったので、自然と小豆洗いのみが巾《はば》を利《き》かすようになったのであろう。こんなことを考えていながら読書していると、小豆洗いの正体に朧げながらもやゝ眼鼻《めはな》がついて来た。新編常陸国志巻四に、水戸青物町より裏五丁目に入る辺にあずき洗い橋と云うがある。事蹟雑纂に厚木洗《あつきあら》い橋なり、俗に小豆洗いと云う狐棲《す》むと云うは誤りである。凡そ新たに渡す橋は土橋《どばし》にて、土橋の上に土を覆いたるを雨にて洗いたるを斯くは云うのである。同果町《どうはてまち》の土橋もあずき洗いの名がある云々。是に依ると小豆洗いとは化物《ばけもの》では無くして橋の名と云うことになる。然しながら小豆洗いと云う化物がは橋にばかり出るものと定まっていれば、此説でも解釈せられぬことも無いが、万一にも石橋《いしばし》なり板橋《いたばし》なり更に丸木《まるき》橋《ばし》なりに出るものとすれば、此説は誠に頼《たよ》りにならぬ浮《う》いた話である。紀伊続風土記巻九名草郡小豆島村の条に、小豆島村は田屋村の巳《み》の方六町余にある。按ずるに小豆は借字にて阿豆とよぶは坍の字にて崩岸《ほうがん》の義《ぎ》である。新撰字鏡土の部に坍は土甘土泔二反崩岸なり、久豆礼《くずれ》又阿須《あす》とある。万葉集十四巻東歌に安《ア》受《ス》乃《ノ》宇《ウ》敝《ヘ》爾《ニ》古《コ》馬《マ》乎《ヲ》都《ツ》奈《ナ》伎《ギ》底《テ》安《ア》夜《ヤ》保《ホ》可《カ》等《ト》比《ヒ》都《ト》麻《マ》都《ツ》古《コ》呂《ロ》乎《ヲ》伊《イ》吉《キ》爾《ニ》和《ワ》我《カ》須《ス》流《ル》、又安《ア》受《ス》信《ベ》可《カ》良《ラ》古《コ》麻《マ》乃《ノ》由《ユ》胡《コ》能《ノ》須《ス》安《ア》也《ヤ》波《ハ》刀《ト》文《モ》比《ヒ》登《ト》豆《ツ》麻《マ》古《コ》呂《ロ》乎《ヲ》麻《マ》由《ユ》可《カ》西《セ》良《ラ》布《フ》母《モ》、此二首の阿須《あす》も崩岸にて危き意である。亦大和国のあ﹅す﹅か河は歌に淵瀬《ふちせ》の変り易《やす》きことに云えるも同じ意で崩岸処《あすか》の意たるべし。当国新宮の阿須加《あすか》も海口に近き地たれば同義であろう云々とある。之に依ると小豆は崩岸の仮字で、ハケ・ホケ・ガケと云うような地形の名と云うことになる。此解釈によって始めて小豆洗いと云う化物が好んで橋のある所へ出没する理由も判明し、延《ひ》いて地名の安土《あっち》山《やま》又は安土町《あっちまち》の由来も釈然とするように思う。たしか越前名蹟志に小豆峠《あずきとうげ》と云う地名の解釈として、峠の頂《いただき》に人の姿を見てから小豆をしかけ、それが煮《に》える頃《ころ》に麓に著《つ》くので此名があると記してあったかと思うが、或は此小豆峠もガケ即ち崩岸の意から出たのでは無かろうか。

小豆洗いに就て

大野芳宜（柳田國男）

清水時顕君の小豆洗《あずきあら》いは崩《くず》れ岸《ぎし》を意味するアズと云う地名から出た流言だとの御高説は（三巻七四〇頁）、御高説であるが信じにくい。最初に地名の真の意味を忘れ、次に其の地名あるが為に小豆《あずき》を洗うような音を聞くと云うことは、若し一箇所ならば飛んだ間違《まちが》い又はよい加減な虚誕《うそ》などと云うべき事か知らぬが、弘く全国の各地に亘って偶合のありそうも無い話である。願わくは其の多くの実例を並《なら》べて見せて下されそうする中には必ずどうしてそんな音がしたか若くは聞こえたか。何故に其の音を小豆《あずき》を洗うと音と解するに至ったかと云う、今一段と直接なる二個の疑問が判明することになるであろうと思う。常陸の例は清水君自ら挙げられ、阿波の例は遠藤君が報ぜられた（四巻六二頁）。此外に土佐・因幡・甲斐・羽後・陸中・東京等にもあったのである。元来何の音もしなかったのを、単に地名から小豆洗いを幻覚したとは言われぬようである。土佐の小豆洗いは西郊余翰（巻三）幡《は》多《た》郡中山田村の条に、「此里なる寺門の外に赤小豆洗《あづきあらい》と云ふ怪談あり、夜により赤小豆《あづき》を炊《かし》ぐ音せり、須臾にして止《や》むとかや」とあり、土州淵岳志（中巻）にも、「宿毛《すくも》の中山田と云ふ所に寺あり、此寺の門外に赤小豆洗《あづきあらい》と云ふことあり、時々夜更《よふ》けて小豆を洗ふ声するなり、半時《はんとき》ばかりにして止むと云ふ」とあるが、原因までは究めようとはしなかった。此は寺の門外とあるから、やはり小溝あり橋があったのかも知れぬ。因幡の分は有斐斎劄記に、「因州の留邸《おるすい》寺尾氏の夜話に、其国の一江崎と云ふ所に一の小溝あり、その溝にて夜《よる》水中に赤小豆磨《あづきとぎ》と云ひて、小豆を磨《と》ぐ音のすること時々あり、人怪みて之を求むる者、必ず其水中に陥《おちい》る。怪我《けが》は無しと。坐に良白耕ありて曰く、吾国にも此事あり、但しアヅキコシと謂う。鼬《いたち》の老いたるもの必ず之を為すと云へり」とある。良白耕と云った人は何処《どこ》の人であるか知らぬが、アヅキコシと呼ぶ例は自分はまだ耳にせぬ。甲州の裏見寒話（巻六）に、「古府の新紺屋町《しんこんやちょう》より愛宕《あたご》町へ掛けたる土橋《どばし》あり云々、こゝを鶏鳴の頃通れば橋の下にて小豆《あづき》を洗ふ音聞ゆといふ。又畳《たたみ》町《ちょう》の橋の下も此の如しと云へり」とあって、鶏鳴の頃と限って居るばかりであるが、津村氏の譚海（巻六）には、「甲州の人の談に、ムジナはともすれば小豆洗ひ糸繰《いとく》りなどすることあり、小豆洗ひは渓谷の間にて音するなり、糸繰りは樹のうつぼの中に音すれど、聞く人十町二十行きても其音耳を離れず、同じ音に聞ゆるなり」とあって鼬《いたち》も同様だが水中に居りそうにも無い獣類の所為にしてしまっている。奥州の白川でも、たしか阿武隈《あぶくま》の水源地方の山村に小豆磨の怪あることを、白川風土記の中に記してあったかと思うが、ただ今原文を検する方便が無い。又山方石之介氏は曾て佐々木君が陸中遠野郷には、「川に小豆磨《あづきと》ぎあり云々」と報ぜられたに対して、氏の郷里羽後秋田辺では、「小豆磨ぎ」は水中の怪では無く、寧ろ山の神の所為と信じられていると言われた。要するに比較討究の尚必要なる理由は、第一に小豆洗いの不思議の有る場所が、果して常に崖《がけ》の崩《くず》れ又は岸の埋《うず》まり浅くなるような場所或は其付近か否かと云うことを確めねばならぬからである。蓋し音響の怪は右の二種の外、天狗倒《てんぐだお》しとかバタバタとか、列挙すれば数多いことである。山中と云うも深夜と云うも結局は同じことで、孤独寂寥の折からで無ければ今の音は何だろうと平然として穿鑿する筈で、之を変化《へんげ》のわざと解するのは予め怖《こわ》いと云うことを伴《ともな》うからである。清水君は土橋と云うことを崩《くず》れる方へ連想させられたようだが、これは多分はそうで有るまい。昔から妖怪は必ず路傍に出て通行人を嚇かすのが原則であった。つまり小売商が市街に面して店を開く如く、怖《こわ》がる人は即ち妖怪の花客《おとくい》であった為で、殊に峠《とうげ》と坂《さか》、済《わたり》と橋などは彼等の業務を行うに最も適当な地点であったのである。而して妖怪の中でも眼に訴える者よりは耳を襲うものの方が尤もらしい者が多く、井上円了氏を聘せずとも解説の出来るものが、音響の不思議に多かったことは事実である。夜間の怪声に鳥の声又は羽音《はおと》であったものがある如く、小豆洗いを鼬《いたち》又は貉《むじな》と云うのも必ずしも冷笑すべきで無い。佐渡の砂撒《すなま》き狸のことは茅原老人前に之を報ぜられたが（四巻五七頁）、自分少年の時に下総で聞いた話に斯んなのがある。或男月夜に利根川《とねがわ》の堤《つつみ》の上を歩行《ある》いて居ると、何か猫ほどの物が路を横ぎって川端《かわばた》へ走り下り、寄洲《よりす》の水際で転がっているように見えた。立留って見ていた処、やがて又走せ還って行く手のこんもりとした木に登った。猫だろうと思って何気なく其下を通ると、木の上からばらばらと砂を降《ふ》らせたと云う。楽屋《がくや》の方から先に覗《のぞ》いたらよいようなものの、此が暗夜でもあったら、又二度も三度もあったら、必ず亦砂撒《すなま》き狸の根拠地を作ったことと思う。彼地方の者は確かに之を狸だと信じて居るのである。曾て試しに此話を狸通《たぬきつう》の河瀬博士にした処が、狸はその位な悪《いた》戯《ずら》はするかも知れぬと言われた。実際我邦ばかりで無かろうが、鳥獣の生活状態殊に直接食物捜索と関係の無い習癖には、明白になって居らぬものが多い。ヲサキや犬神の話を聞いても、或る種の獣の存在が全然知れて居らぬのか、然らざれば或獣の著しい性質が確かめられて居らぬのか、二者必ず其一だと思うことが多い。と云うて自分は小豆洗いの興行権者を貉《むじな》と決定したのでは無く、又鼬や貉では実は少々困るが、何か大さ形などが之に近い水辺に住む獣が、産育の時とか遊牝の時とかに、急わしく砂を掻き動かすと云うようなことが、小豆洗いの怪の原因で無いとは断言し得られぬと思う迄である。但し今一つ申し添えたいことは、清水氏も云われた如く、何故に音も色々あろうのに、小豆を洗う音ばかり聴き取るのが例であったかと云う疑である。私は其答えを小豆其の物に関する我民間俗信の方面に覓《もと》めるのが自然の順序かと考える。各地の小豆阪小豆峠《あずきざかあずきとうげ》の中には、アスと云う動詞に基いたものも決して交《まじ》って居らぬとは云わぬが、何か其外にも小豆に関した習俗が其地名の起源となった場合が無いか否かを考えて見ねばならぬ。今一段遡っては小豆がどうしてアズキと云うかも研究すべき一の問題である。近い頃の神符降臨の騒ぎの時も、何か赤い樹実《きのみ》の降《ふ》ったのを小豆が降ったと言伝えた例もある。怪談老の杖（巻三）に、「小豆《あづき》ばかりと云ふ化物《ばけもの》の事」と題して、麻布《あざぶ》近所の二百俵ばかり取る大番士の家で、夜分はらりはらりと小豆《あずき》を撒《ま》くような音がした。後に其小豆の音段々高くなり、終には一斗ほどの小豆を天井《てんじょう》の上へ量《はか》るようなる体《てい》で、間《ま》を置いては又はらはらとなること暫くにして罷む云々と云う話がある。即ち小豆は既に土橋の下ばかりで洗われては居らず、人家の天井の上でも活躍して居るのを見れば、鼬貉のみでは天下の小豆洗いを解説し尽すことの出来ぬのも亦明かである。猶同種の話を多く集めた上で講究を続けたい。

小豆とぎ

大藤時彦

かつて「郷土研究」誌上で問題になったアズキトギに就いてもう一度考えて見たい。説明するまでもなく小豆とぎは小豆洗いとも云い川のほとりとか橋の下などの水辺で小豆を磨ぐ様な音がし、こういう名前の妖怪がその音をさせるものと信ぜられている。そして全国を通じて概ねその名を聞かぬ地方がない位に広い分布を見せている。

小豆とぎに就いて最初に意見を提出されたのは中山太郎氏で郷土研究(三巻十二号)に清水時顕の筆名で、小豆洗いと題して、この妖怪は崩岸を意味する阿豆という地名に起因するのではないかと結論された。

これに対して大野芳宜氏(柳田先生)は同誌四巻二号に「小豆洗いに就て」と云う一文を執筆され、地名であるが故に小豆を洗うような音を聞くというのは一個所の話なら兎も角、全国各地に亘っての偶合は考えられないとて次の如き新説を提出された。即ち小豆洗いの出る場所が果して崖の崩れ又は岸の埋まり浅くなる様な場所か何うかの問題、次に砂撒き程などの例から考えて、この種の動物に近い大きさのものが産育の時とか遊牝の時とかに急わしく砂を掻き動かす習性が小豆洗いの原因とも考えられないかという点、第三に何故に小豆を洗う音とこれを聞いたか、小豆に関した習俗、俗信を検べる必要があることを力説された。

其処で少しく其後の資料をあげて見ると、甲州谷村では町内を流れる川に毎夜四ツ時にサラサラと川で小豆を洗う様な音がするのを小豆洗いと云う。（谷村民間伝承）井戸にもこれがあることは備前邑久郡玉津村大字尻海字奥谷の戸根時太氏邸の側なる大井戸に小豆洗が出ると云われた。（中国民俗研究一ノ二）信州東筑摩郡では小豆洗いは沢の水のふちへ出、黒い手拭をかぶって小豆を洗う。（民族一ノ一）出雲では物淋しい町外れの森から小豆とぎと云う魔物が出て人を取ると云う。小豆をまぜかえす様にザクザクと音を立てて行く化物である（郷土研究二ノ四）。讃州丸亀では小豆洗いを豆狸の一種だとし、井戸端や小川のほとりなどで、ジャク、ジャクと小豆を洗う様な音をさせると云い、この狸も人を化かすと（郷土研究五ノ七）。信州上諏訪での話に一人の老人がある晩町へ用達しに行くと先に立って小僧の行くのが見えた。暗いのに着物の縞柄や履物がはっきり見える。近づいて小僧何処へ行くかと言葉をかけたらポカンと消えた。帰途にその小僧の消えた辺を通ると小豆を洗うようにシャキシャキという音が聞えたとある（郷土研究七ノ三）。

小豆洗いは小豆の音という以外にはないというわけではない。下野にはこれを米とぎの音と聞いている例が「芳賀郡土俗研究会報」に報告されている。同郡逆川村大字小貫の上のエンコブという所に米とぎ婆さまが出て、エンコブガッチャカチャと米を磨いでいる。子供達はおそろしがって近よらない。同村大字木幡の薬師様の側に米とぎ婆さまがいて「米とぎ婆さま晩方さあらさら、薬師様でさあらさら、子供さろべとさあらさら」と米をといでいるから子供は怖れて夕方は遊びに行かない。同地方では勿論小豆をとぐとも云うので、これも小豆とぎ婆さまなるものの所為と解している。そして出る場所には土橋の下、アズキトギという池、川のふち、沢、アズキトギ坂などの諸例が報告されている。「岡山伝説集」には話が大分違うが麦搗き峠というのがある。備前勝田郡古吉野村河原にある峠で、昔ここを夜通るとカスーカスと麦を搗く音がした。人々は狐が麦を搗くのだと云って恐れて通行しなかった。

小豆とは関係のない類例が遠州にもある。引佐郡鹿玉村宮口東に平釜川という二間巾の流れがある。附近に寺があり木が茂っている。夜になると狐が出て川岸でザブザブと物を洗う音がする。普通これを洗濯狐と云っている。（静岡県伝説昔話集）音の怪異を洗濯の音と聞くことは日本だけでなく、欧州でも洗濯女を妖怪として聯想している例がある。

小豆洗いと砂撒きとは同一のものか何うか疑問である。「小谷口碑集」に依れば、信州北安曇郡神城村佐野坂の近傍には古い杉の木立があってよく小豆洗いがある。そしてこれの出る場所には附物の様に砂投げがいて道行く人に砂を振散いて驚かすと云う。川中島地方では小豆とぎを小豆ゴシャゴシャとも云い、南佐久地方の山村の子供は、

小豆とぎましょか、人取って食いましょか
ショウキショキ

と唱っている。小豆とぎは狢のする怪異であると考えられ、子供をおどすのにも「そんなに泣くと小豆とぎが来るぞ」と云うと。砂をかけるのは多く狸や狢の所為とされているが、備前御津郡には砂掛け婆というのがあって、夜淋しい木の下などに行くと上から砂をかけると云う（全国妖怪辞典）。

小豆婆も亦、橋下や水辺のみに限らず樹上にいる例が甲州にある。北巨摩郡教育会の手になる「口碑伝説集」を見ると同地方では小豆洗いのことを小豆そぎと云うが、橋の下に現われる他に次の如き話が伝えられている。即ち北巨摩郡清春村中丸柿木平の諏訪神社の東の道路に沿った石垣の上にアマンドウの大木があって、その樹上にアズキソギバアという妖怪が住んでいた。毎夜樹上でザアザアという音を立て「あずきおあんなすって」と云って通行人を呼び止める。その時うろたえる者があると持っている大笊で掬い上げてしま

う。この怪物の正体を見とどけた者はないと云う。

小豆洗の正体に就いては狢とか婆さんとか云う他に次の様な云伝えがある。豊後速見郡南端村近傍では藁槌のような形で一面に毛が生えたものが、人が通るところがって来る。これを小豆洗いと呼んでいると（郷土研究一ノ五）。これだけではどうして小豆洗いと云うのか理由がはっきりしない。藁槌の様なものが転って来るというのは一般に野槌とかツチノコとか云われている妖怪のことらしく、これを小豆洗の名で呼ぶことは、柳田先生が「妖怪名彙」（民間伝承三ノ十）中に説かれた如く彼此混同の結果らしい。それにしても小豆洗と云い出したことには何かわけがあったに違いない。小豆とぎではないが「静岡県伝説昔話集」にザラザラザッタラという怪物が山小屋に泊って火にあたっている人の処へ、入口の筵を上げて南瓜の様に丸い形となって転って来たとある。こちらで思ったことを一々さとって返事をするので、恐しくなって火でも燃やそうと薪を取って折った処、それがはずみで怪物の顔と思われる箇所へあたったので、「これあ考えつかなかった」と云って逃げて行ったという話である。ザラザラザッタラというのはそういった音を立てて来たからと思う。即ち豊前の藁槌の形でころがって来るのも小豆を洗う様な音を立てるのかも知れない。

羽後の雄勝郡では蝦蟆が小豆磨に化けると云うが、磐城の田村郡では小豆洗はヒキガエルが背中と背中を擦り合わせる時、その疣がすれ合って小豆を洗う様な音を立てると云うそうである（民間伝承四ノ二）。これらの資料を一通り見渡してみると大部分は同一形式の話であるが、中にはそれから外れているものもある。音響の怪異とそれを小豆を磨く音と解することは別に考えねばならない。小豆とぎの正体とされている狢は又木を伐り倒す音を巧みにして人を欺くと云われている。武州西多摩郡の檜原村で自分が聞いた小豆とぎは小豆のとぎ様が悪いと叱責された嫁が身を投げた場所で、夜になると小豆をとぐ音がすると云っている。それを栲布の衣をいつも身につけていたために栲布上人と云われた坊さんの衣の袖を通して見ると小豆をといでいる姿が見えたと云われている。小豆とぎはこの様な嫁いびりの話にも結付いているわけである。

山崎里雨

影わに・犬神・牛鬼・河童

――石見邇摩郡温泉津――

影わに（一）

当地方でワニと称するのは鮫のことで、ネコサメ、ホシサメをそれぞれネコワニ、ホシワニ（ホシワニは普通にツノギともいう）と云って、上等の部ではないけれども食用としている。

此のワニの一種に影ワニというが居ると信じられている。鮫の中何れを斯くいうかは明かでないが、船が沖を帆走中、海面に投影される事のある船夫の影を、此のワニが呑めば、其の船夫は死ぬると信じられている。

昔、此の地の船夫某が航海中、其の影を呑まんとて一匹の影ワニが海面に現れた。目聡くこれを発見した船夫は、反対に打ち殺した。其の航海を終えて故郷に帰った船夫が一日浜を歩いていると魚の骨が足裏に突き刺さった。この傷が因をなして遂に死んだが、後に其の骨を検するに、船夫がかつて殺した影ワニの骨であったと。

若し影ワニに見つかると、筵でも板でも海面に投げて、自分の姿の影を消さなければいけないと言われている。

影わに（二）

当地の字日祖という部落の港口の西側にアバヤという島（離島でなくても、岩阜の事を当地方では普通にシマと呼んでいる。アバヤという島も岩阜である）がある。其処に岬角を東から西に貫通する一大海洞がある。其の東入口の沖で二人の漁師がカナギ（浅瀬附近を、舟の中から水鏡で覗きながら、魚介を矛で捕える仕事）をやっていた。共に夢中になって獲物を求めていると、一人の漁師が突然悲鳴をあげた。驚いて振返って見ると、影も形もない。海にでも落ちたのかと思って、附近の海中をお手のものの水鏡で探したがてんで見当らなかった。

部落総出で探して、やっと死んだ漁師の着物だけを海底から拾いあげた。アバヤの海洞には影ワニが住んでいる、と昔から噂されていると。

犬神

当地方では、犬神を訛ってイヌガメと言い、犬神系統の者をイヌガメモチ（持）という。普通教育の普及している今日、尚此の迷信が甚だ盛んである。

犬神については、大日本百科辞典や、喜田博士の読史百話の説明で要は尽されている様であるが、当地方に於ける俗信を御知らせする。

犬神の形相は、鼬鼠に似て然らず、鼠に似て非、此の両獣の混血の子とも云うべき形で、時に大便所に墜死しているのを、糞尿汲取の際実見したという輩も三、四人はある。

（註）鼬鼠か鼠の、死後形相の変じたものを斯く言うであろう事は確である。

七十五匹を以って一眷族だとする。だから犬神とは言わないでも、単に七十五匹といえば、犬神の事を指す。

犬神系統の者は系統違と称せられて、婚姻を結ぶ者がない。それは犬神系統と婚姻すれば、犬神が必ず従いて婚家に行き、其所で又七十五匹の眷族をつくる。つまり犬神系統の別家格になると信じられているからである。

斯く犬神は婚姻に依って伝播繁殖するばかりでなく、其の系統の家の櫃とか戸棚、箪笥等の古物を買うても、それに従いて来て犬神系統になると言う。

筆者の幼友達で今は生死も知れないが、丸山浅吉というがあった。其の継母が犬神持であった為、自分の家も大犬神持になったと言っていた。その浅吉が、継母から禁じられている事ではあるが、犬神を見る方法を教えてやるといって実演した事があった。先ず納戸の閾の上に箒を枕にして横になり、火吹竹の穴の方を目に当てて覗いて見れば、七十五匹が遊んでいるのが見得ると云った。誠に他愛のない事である。

さて、犬神持が、犬神に出動命令を下す時、即ち憎いと思う人を咬ませる時は、（犬神のつく事をカムという）飯櫃の内側の底を杓子でコツコツと叩けば、眷族集まり来るから、憎む理由を詳細に談して聞かせるのだそうである。それかあらぬか、当地方では飯櫃の底を杓子で叩く事を甚だ忌む。

次に犬神に咬まれた者の症状であるが、極軽い憎みを受けた者は、手或は足の爪先がコソバユイ。此の時爪の間から犬神が這入るのであって、こんなのは唯無闇に泣くとか笑う位の程度で全治も早い。然し甚だしい憎みをかっている者は、激烈なる腹痛に襲われる。甚しいのになると一週間位はニガリ通しで、（ニガルとは腹痛の甚だしき方言）飲食も出来ない。左様かと思うと、病人は突然起きあがって空腹を訴える。食べさせると二三人前の量はペロリと食う。食うて仕舞えばスヤスヤと眠り、目が覚めれば又腹痛を訴えて狂い廻る。今度は此の病人が矢鱈にしゃべり出す。それは予て犬神持に憎まれる様な事をした一切を告白する。犬神持の名前もしゃべるから、家人は赤飯をたいて其の犬神持の家の表口なり裏入口附近へ、夜コッソリ持参して捨てる。犬神は赤飯が好物だから赤飯と共に犬神を送り返すという意である。

牛鬼（一）

温泉津《ユノズ》湾内に大浜村字波路浦という漁師部落がある。

其所の大下という家の幾代か前の主人が、組下の漁師三人と共に、旧四月の或夜のこと、鯖釣に出た。他の舟はかなり沖の方へ出漁するのに、大下等は湾を一里許り外海に出た所で、大浜と福光の村界シューキと云って、岸からは一町と距っていない所で釣を始めた。此所は是迄にも二三度来た場所で、他の漁師共には秘している好漁場である。今日も相当な豊漁で、四人の者は手を休める暇もない位であった。夜もいたく更けた頃、岸の方から「行うか、行うか」と声をかける者がある。四人は等しく或る不安を予感した。それは、此の辺は高瀬山の末端が約三十米突の断崖をなして海に臨む所で、人の行き得る場所ではないからである。然し時たま狐が斯うした悪戯をする事があると信じている彼等は、狐が魚ほしさにする悪戯だろうと思いなおしたから、「オウー、来たけりゃ来いやー。」と揶揄半分に答えた。

返事に応じて何かが海中に躍り込んだ。水音のあまり大きかったのに四人は不吉を直感して、釣りの手を止めた。瞬後、夜光虫の光る波を蹴って舟に泳ぎつかんとしているものが牛鬼である事を、漁火の淡明りで透し見た一同は愕然色を失った。斯くて、四挺櫓の小舟と、牛鬼の競泳は波路浦の浜に帰る迄の小一里も続けられた。

汀に最も近い大下の家に飛込むが早いか、大戸をたてた（たてるは締めるの方言）まま土間にへたばり込んだ。（へたばるは坐り込むの方言）力漕に死力をつくした四人は、精も根もつき果てて、是以下争う気力は無くなっている。外では中に押入らんとして暴れ狂う牛鬼の怒号が聞かれた。妻女は何とかして四人の男の気力を恢復させなければ、一家皆喰い殺さるる事を恐れたが、土間に坐り込んだまま動く気配もない。止むなく火箸を真赤に焼いて土間に下り立った。そして大戸の鍵穴に口を寄せて、「今戸をあけてやるから静かにせい。」と、おらんだ。牛鬼が声のもれ来た鍵穴から中を覗き込んだ瞬間、妻女は満身の力をこめて焼火箸をその目に突き込んだ。

痛手をうけた牛鬼は、大戸を今にも蹴破るかと思う程に猛り狂っていたが、不図入口の柱の上端に貼ってあった出雲大社の護符が目につくや、身震いすると共に凄惨な咆哮を残して逃げ去った。

当地方の漁師が、競って出雲大社の護符を入口に貼る様になったのは、此の事があってから後だと云われている。

牛鬼（二）

温泉津の日祖という漁師部落に、友村清市という老漁師が住んでいた。或夜小舟をかって唯一人沖に出た。と、艪脚の方に当って牛鬼が一匹白浪を蹴って追掛けて来る。生来剛気な清市は漕ぐ手を止めて、有り合せの綱を一所に集め牛鬼が舷側に襲いかかるや組打を始めた。やっとの事でこれを引っ括った。清市は舟を小二《フ》タ町という入江に繋いで、山越しの日祖へ担いで帰り、浜の舟小屋の前へ投げ出した。恐い物見たさで部落の老幼はゾロゾロ浜へ集まって来た。其の中の一人の若者が、牛鬼の頭と思う所を櫂で力まかせにぶち擲ると、異様な物音がして櫂が折れた。近寄ってよくよく見ると、椿の古根ががんじがらみに括ってあった。

因に当地方では、椿は化けるという俗信から仏への供花には絶対にしない。

牛鬼（三）

同じ日祖部落で或夜鰯の地引網を入れた。鰯の群を見定めて入れた網だったのに、どうしたものか一尾の鰯もかからなかった。気を腐らした一同は、茶碗酒を引っかけてサッサッと引き揚げた。番舟に居た一人の老人は家に帰ってから煙草ダラ（腰にさす煙草入れのこと）を置き忘れたのに気が付いて取りに引き返そうとした。家内は何だか胸騒ぎがするからとて行く事を止める様にとすすめたが、煙草が吸えないからとて無理に出掛けんとした。止むなく家内は仏飯を食せて行かせた。

煙草ダラを探す事にのみ気をとられていた老人が、騒々しい波音に不図目をあげた時は一頭の牛鬼が眼近に迫っていた。舟の中ではあり、最早逃れる間がない。万事休すと観念はしたものの、及ばすながらもとて櫂を張り上げて争わんとした。然るに牛鬼は意外にも「オ前は仏飯を食っているから近寄れない。」とて泳ぎ去ったと。

当地方では、子供が山や海へ行く時は、怪我させない様にとて仏飯を食わせる風習がある。

河童

当地方では河童の事をエンコと称し、川のみならず海にも住んでいると俗信する。新の七月十五日をレンゲと云って、愛宕神社の例祭日である。此の日各戸は仕事を休んで胡瓜ザント（鱠の方言）や団子等を食す。レンゲに水泳に行けば必ずエンコに取られる。若し行かんとなれば胡瓜ザントを食ってはいけない。エンコ胡瓜を甚だ好むが故だと云う。因にエンコに取られた者は必ず肛門に大なる穴あり。肛門より手を入れて腸を取食うというのである。蓋し水死人の肛門ゆるみてククリなくなるを斯く言うであろう。東部石見では石蒜のことをエンコ花という。

簸川郡平田町といえば、安来節に「ワタシャ、ウンシュー、フラタの生れ」と唄われる程、出雲訛の濃厚な地であるが、此処に有名な山口という整骨医がある。其の方法は唯手もて患部を擦るのみであるが、甚だよく治る。而して其の方法は家伝であるといわれる。

其の家伝につきて伝承せるは、山口の幾代か前の医者がエンコを助けた。どんな時、どうして助けたかは聞かなかったが、助けられた礼として、エンコは自分の手を一本進呈した。此のエンコの手で摩るから、骨のいたみが治るのだと云う。

石見牛鬼譚

岡田建文

石見国の海岸地方に、昔から牛鬼なる怪物の伝説が残っている。牛鬼の伝説は、単に石見国のみでなく、東海道東山道の一部分にも昔からあるけれど、確実な伝説ではない。徳川中葉の俗絵師の描いた牛鬼は、体軀は鬼で、首以上は牛であって、鉄棒を突いている姿であるが、これは牛鬼なるものの伝説が不確実なもので、その状貌を牛頭の鬼として考えついた構図であるに過ぎない。

また東山道あたりの牛鬼は、河の中や古沼などの水底に棲んでいるように言伝えられるが、石見の牛鬼は、海の中から、夜陰に出るものと伝えられて、日中は姿を見せぬものと信じられている。兎に角、牛鬼は妖獣であって、固より物学的のもので無い点は、各地とも符を合している。美濃国でのことと記憶する。徳川中葉に、或る山地の川が大雨にて出水した時、水中に大なる牛のような物が、半分土砂に埋もれて背の一部を露出して居ること四五日に及んだ。最初に之を発見した村民は、流出した大木が背を見せているのだと思って斧を打込むと、その物がむくむくと動いて夥しく血を流し、河が真赤になったので、村民は恐れて逃散った。其後再びその場所へ窺いに行いたら、彼の牛の背のようなものは、数町の上流に来ていたと云うような話を、曾て読んだことがあった。是等の怪物が牛鬼とでも称えられたのでは無いかと、私は想像したこともあった。

私の牛鬼の智識は頗る覚束ないもので、其最初の伝説や其形体や習性に就ても知る処が無い。石見の牛鬼は石見だけの呼称であって、他国の牛鬼とは別な妖獣か否かさえも知らない。恰も石見国の犬神は、四国や安芸あたりの犬神が犬の死霊であるのと異り、これは出雲特有の人狐と同一の妖獣であるようなもので、石見人の言う牛鬼は、石見以外の地方で何と云うのかも知らないのである。

石見の牛鬼は、大体家畜の牛と同じく、ただ大きい眼が額に一個しかないだけの相違であると、石見の人は説明している。しかし、牛鬼は夜陰にのみ出現するものであるから、何人も確かに其形体を見た者は無かるべく、つまり不確実であると謂わねばならぬ。

牛鬼の性習に就ては、石見ではこう云う言い伝えを持っている。即ち牛鬼は濡女《ぬれおんな》と云うものを斥候に使って、其報告を俟って人を襲撃すべく海から上って来る。其濡女は幽鬼的な妖魔で、一見婦人の姿で赤児を抱いて居り、海岸で遭うた人間に対い、直ぐに来ますから一寸此児を抱いていて下さいと頼み込み、抱かせてから大急ぎで後返りをして海中へ這入ると、やがて牛鬼が出て来る。其時、赤児を抱かされた人間は、驚いて赤児を地に投棄てて逃げようとすると、赤児は重い石に変化していて手に吸いついて落ちない、其為に思うように走れず、遂に牛鬼に追いつかれて突き殺されるのだ。それ故に、濡女が赤児を抱かせる時には手袋をはめてから其上に受取って抱き、イザと云う場合には手袋と共に赤児を投棄てて逃出すのだと云われる。

石見で牛鬼の難に遭った最後でまた最近の人は、今から九十何年前、安濃郡太田町字新市《しんいち》の染物業立花屋(今は転住をした)の手間をしていた同町の政五郎と云う人間で、これはかなり有名な話である。

政五郎は魚釣りが非常に好きで、季節の良い折りには、二里ばかり隔った大浦村の海岸の岩地へ、毎晩のように夜釣りに行くのであった。或る夜も、一人で行って磯釣りをやっていると、あまりによく釣れるので、少々気持ちが悪くなった。釣れの良い時には濡女が出て来ると云う伝説を想出したからである。魚は腰籠に溢杯になったので、釣竿を収めて帰ろうと思う時、手近かの海の中から、女の姿が一個波を蹴って現われて、水の上を歩むように傍へ来た。女は濡れた態《なり》をして、例の赤児を抱いていたが、型の如く一寸此児を抱いていて下さいと来た。政五郎は手袋を用意して来なかったので、前垂を脱して手を覆い、其上へ赤児を受取ると、濡女はスーッと海中へ消えた。政五郎は其時前垂ぐるみ赤児を地に投げ棄てて懸命に逃出した。やがて牛鬼が追っかけて来た。蹄の音は大地を轟かし、唸く怒息は耳を穿つよう。政五郎は根限りに精を出して走ること約七町ばかりにして、漸く人里に達し、とある農家に飛込んで助けを求めた。

主は手早く屋内に入れて戸締りをつけ、政五郎を戸棚の中に匿れさせた。すると、牛鬼は其家の周囲をグルグル駆廻ってから「アア取逃がして残念だ」と云って去った。其声は濡女の声であったらしい。漸く生命拾いをした政五郎はよくよく懲り果ててそれ限りフッツリと魚釣りを已めた。

右は、政五郎をよく知る老人からの又聴きである。

那賀郡の海岸地の浅利村での伝説。これは政五郎の遭難談よりも古い話だが時代は判らぬ。村の神職某が或る夜一人で浜辺へ夜釣りに行き、非常に多く釣れるので嬉んでいる最中、濡女が赤児を抱いて出て来た。其時は最初から一寸抱いて下さいと言わずに、この児に喰べさすから、魚を一疋下さいと乞うた。神職が一疋遣ると、赤児がムシャムシャと頭から骨ぐるみ尾まで残さず喰った。濡女は更にもう一疋もう一疋と、遂に籠の中の魚を皆喰べてしまって、今度はお腰のものもと言い出した。

濡女に要求されると、唯人も拒むことが出来ない不思議がある。神職は差していた脇差を抜いてやったら、赤児はそれをバリバリと嚙んで喰べた。それから後に、濡女が一寸此児を抱いていて下さいをやって手渡した。そして海の中へ這入り込んだ。

　神職は其隙に釣道具を投棄てて駆出したが、抱かされた赤児は石になって手から離れない。やがて牛鬼が恐ろしげな態で追うて来た。神職は懸命に逃走るけれども、ややもすると歩速が鈍って来る。既に迫られて危急な場合となった時、前方の上空から何やら光った物が、箭の如くに飛んで来て牛鬼の頭のあたりへグサと突き刺した。其為に牛鬼は追わなくなり、漸くのことで我家の門前へ逃げて来ると其処には案じ顔な妻女が立って待っていた。

　妻女は初め、良人が釣りに出た後でお針をしていると、良人の居室の刀架にある二本の愛刀の中で、どれだか一本がシャンシャンシャンシャンと響きを立てて頻りに鳴るのがある。甚だ奇怪な事である、或は良人の身の上に何か異変ある前兆ならんと、心配して戸外へ出て見る気になり、起ち上って表戸を開ける時、一本の脇差が独りで鞘を脱けて来て、戸の開いた処を飛鳥の勢いで通り、海辺の空へ向けて闇の中へ飛んで行った。不思議な事もあるものと、妻女は益々心配をして其儘戸外に立っていたところであった。

　さて翌朝、神職は村の者を催して、昨夜の場所へ来て見ると、磯辺に血の流れた痕はあったが、牛鬼も彼の脇差も共に行衛が知られなかった。多分牛鬼は、頭部に刀を立てながら海中に没し去ったものであろうと評定された。

桂井和雄

土佐の山村の「妖物と怪異」

1　ヤマジイ（山爺）

幡多郡大正村の山奥葛籠川《つづらがわ》部落で言われている山の妖物の一つヤマジイは、深山に居るもので天地も裂けるぐらいの大声で叫ぶもので、是が叫ぶと生葉が震い落ちると言い、人間の姿に似ているものであると伝え、同じものの女の方をヤマバアと呼んでいる（佐竹丑太郎氏）。

同郡十川村広瀬では、白髪のジンマ（老爺）の姿になって出て来ると言われ、昔或る殺生人が山でヤマジイに出逢い「音のしくらをやろう」と言いかけられ、先ず殺生人から「お前が先にやれ」と言うと、ヤマジイは何れかへ姿を隠し聴てその叫び声がすると、あたりの木の葉が震い落ちる程の烈しいものであった。そこで殺生人は、自分の番が来ると先ずヤマジイを後向かしておいて銃《つつ》に隠し弾（殺生人が平生より常に用意している弾、八幡大菩薩の弾などとも言う）を塡め、其の耳もとでぶッ放すと「ちッと聞えた」と言うて姿を隠したと言う話がある（平岡繁雄氏）。

同郡富山村常六で言うヤマジイは、身の丈七尺大の蓑を着た様子をした妖物で、身を隠す事がとても早いと言い（中沢野清氏）、香美郡上韮生村でヤマジイの怪は、人間の姿をして出て来ると言う（仙頭覚馬氏）。

高岡郡別府村沢渡で語られているヤマジイに関する昔話には次のようなものがある。

昔、岸下佐衛門と言う猟師があって普段の通り狩に行ったが、何も獲れないので岩の下で大火《おおび》を焚いてあたっていた。其処へ来たのがヤマジイで、かけ歯が四寸、足のはらは箕の如く、地響をたててやって来た。そして「お爺、あたりよるかや」と物凄い声で言うたげな。

「うん、あたりよるがまアあたれや」と爺が言うと、「餅を持って来ちょらんか」と言うたげな。「うん、今日は持って来ちょらんけ、明日持ってこうわや」と言うてあたりよったところが大分日が暮れかかったので、二人は別れていんだげな。あくる日猟師は磧のまつご石を取って来て、餅のかわりに岩の下で焼いていると、昨日のヤマジイがやって来て「お爺、今日も来ちょるかや」と言う。

「うん、今日も来てあたりよるが、まアあたれ」と言うて話している中に、「今日は大けな事を言いやいこをしようじゃないか」とヤマジイが言う。

「うん、しようヤマジイから言え」と言うと、ヤマジイはわれがねの様な声でオーウと叫ぶ。すると其処の近処の岩や木はガタガタと揺れ動いた。ヤマジイが「大けなろうが」と言うので「うん、大けなねや、今度はおらがやるぞ」と言うちょいて、猟師は鉄砲に二つ弾を塡めヤマジイの耳に当てちょいてドーンとぶっ放いて「大けなろうが」と言うてやると、ヤマジイも「これは大けな、こっちの耳からこっちの耳へぬけたぜや」と言うたげな。

それからヤマジイが「今日は餅を持って来ちょるかや」と言うたげな。そこで「うん、持って来た、口を開けちょれ」と口を開けさしちょいて、三十五六貫もの焼石を口の中へ投げ込み灯油《とぼし》を一升はえこんだ。

其のひょうしにヤマジイはひっくり返り、さかつべ打ってこけていった。猟師がその後をつけて下りていくと岩屋があって、ヤマンバが居て「みたや、わしがいくなと言うちゃるにいくけ怪我をすらア」と言うている。すると「かまん、明日の晩佐衛門のうちの自在を伝うて蜘蛛に化けてはいる」と言う。其を聞いた猟師は、よし明日の晩来たならひどい目にあわしちゃるがと思って戻って来たげな。するとあくる晩蜘蛛になって下りて来たので、団扇と箒でさっと火にくべたと（片岡友市氏）。

昭和十六年十一月十八日土佐郡土佐山村弘瀬で採集したヤマジジ（山爺）の話は、次のような事実談に近いものである。土佐郡鏡村(1)吉原の川村徳太郎（現在七十七八歳）と言うのは自分（話者弘瀬得之氏）の親類筋に当るが、びっしりの殺生人で今から三十年程前吉原の奥の雪光山（九二六米のこの地方の高山である）へ夜狸狩に行って、山の中で犬を離すと犬は常と違うてちッと行って直ぐ戻って来て主人の側から離れようとしない。

少しするとバシバシ音をさして眼のまッさ青い、人間より少し大きいものが近寄って来た。朧月夜じゃったので透して見ると、人間の形をしたもので、徳太郎の前へ来てじっと坐った。徳太郎はどうね（性根）の坐った男じゃったけんど、此の時ばかりはガタガタ震えて今晩こそ食い殺されるじゃろうと思って銃《つつ》口を向け、あっちが掛って来たら引いちゃろうと思ったが近寄って来ざった。

徳太郎は朝方ようよの事で家へ帰って「生れてない事じゃった」と近所の者に話をすると、其処へいてビス（据銃）を仕掛けて来た者があった。五日程していて見ると、ビスに掛って死んでいるものがあった。眼が青うて人の姿をしたものでヤマジジと言うもので、雪光山の主じゃったと言う事である。其後殺した者もその家内の者もみんな死んでしもうた。

（1）寺石正路氏著「土佐風俗と伝説」（六〇頁）参照。

2　ヤマオトコ（山男）

土佐郡地蔵寺村から土佐山村に越す樫山では、昔ヤマオトコが出たと言い、其の足跡は六尺もあると伝え、長岡郡吉野村等でも同様の怪を伝えている。

3　ヤマジョーロ

香美郡上韮生村安丸で山の妖物として伝えているものなのである。

同村程野の山中某の三代目位前の先祖が、阿波の祖谷へ鳥撃ちに行っていて、山奥で綺麗な女が髪を解いているのに出逢うた。女は此方を見ると近寄っては来ないで、わが手を延してくさみ（香を嗅ぐこと）をする。逃げると逃げるばアついて来て同じように手を延してはくさみをする。あまり恐しいのでどんどん逃げながら、此の男は田舎太夫で法を知っていたので、セキを切ったところが其の女はセキまで近寄って来てはくさみをする。七セキ切って七セキ目から姿が見えなくなったのでやっと逃げ帰り、帰ってからもこたえて二三日寝たと言われる、是はヤマジョーロと言うものであったと（仙頭覚馬氏）。

4　ヤマンバ（山姨）

ヤマジイと共に土佐の山村の処々で言われる妖物の一つである。

土佐郡土佐山村では、是を伝説的に信仰して祠を建てて祀っている処さえもある。其の二三の例を記してみると、同村東川字シラタキに山姨の祠がある。今は昔（百二三十年前の事であると言う）此の麓の中野亀次方に山姨の憑いたと覚しい奇怪な事があった。当時を伝聞する者の話に依れば、中野氏方の者が山に居て今日は何々が欲しい何々が食べたいと思い浮べて家に帰れば、其の度毎に希望の物が留守宅に調えられてあり、又櫃の米の失せる事が無く取出しても取出しても後に米が出て、家は富む一方であった。此の不思議が度重るので或る日当主が早仕舞をして帰宅して、障子の破れより秘かに覗いてみると白髪頭の異様な姿の老婆が一人せっせと掃除をしているのを見受け、思わず驚きの声を出すと、老婆は窓よりタキ（断崖）の方に向かって尾を曳くようにして飛び去り、其後は不思議の事も起らず家運も次第に衰え、現在では其の二代目に当る者が此の近くに落魄して暮していると言う（高橋明光氏）。

同村桑尾字上地主にもヤマンバのタキと呼ぶ地名があり、高さ十二間余のタキの近く岩屋の側に竈様のものが二ケ所残されてある。昔此の部落の某が、此の近くに稗畑を所有していたが、此の稗畑は毎年豊作続きで刈っても刈っても直ぐに穂が出て刈尽す事が出来ず、家運も亦栄える一方であった。某は此の稗畑の奇怪を怖れて是に火を放ったところ、畑中から山姨と覚しい姿のものが半焼けとなり、上のタキの方に向かって飛び去るのが見え、其の後此の家も産を失って落魄してしまった（永野長雪氏）。

現在土佐山村の特殊方言の一つとして時折耳にする「ヤマンバが憑く」と言うのは、思いがけぬ豊作がうち続いて目に見えて家運の栄える様をさして言う言葉であるが、山姨は普通八町四方の森林が無ければ棲まぬと言い、常にタキを棲家として自由に飛翔出来るものだと考えられている。

前掲東川の中野家に来た山姨は、隣村一宮《いっく》村の薊野《あぞの》の某家に棲んでいたものが飛来したものであると伝え、以上の他に此の村には高川の山中某の先祖にも山姨の稗畑の伝説があり菖蒲の部落にも山姨ケ谷の地がある。

5　オラビ（叫び）

幡多郡富山村常六で言うものである。姿の見えぬもので是が叫《おら》ぶとあたりの生木の葉が散ると言う（杉本力馬氏）。

6　ヤマヒコ（山彦）

幡多郡橋上村楠山ではヤマヒコの怪を言う。昼夜にかかわらず深山で突然聞こえる恐しい声であると言う（中山俊氏）。

7　ヤマナリ（山鳴り）

土佐山村や長岡郡吉野村で言うもので、深山で突然ドーンと恐しい響のする怪異であると言う。

8　天狗の太鼓の音

山村でよく言われる怪異に天狗に関するものがあるが、未だ其の姿を見たと言う人の話を聞いていない。而も山の多い村にはいると、必ず天狗の名を冠した山や岩があったりする。そして天狗の叩く太鼓の音が響いたと言う伝説や見聞談は、相当に具体的な話筋で語られているのを経験する。

香美郡上韮生村安丸に於ける仙頭覚馬〔五〇〕氏の話では、話者が十四五年前友人山中亀次、森本久太郎の三人で、夜山猟に行き在所村猪野々で、陣笠山より青崩、一ノ森、二ノ森、三ノ森（高板山）まで峰づたいに七つずつの太鼓の音のようなものを聞いたと言い、是が長い山の生活で経験したたった一つの不思議な事であったと言う。

幡多郡佐賀村と白田川村境の仏ケ森では、昔はよく天狗が太鼓を叩いて渡ったと言われ（沢良木藤恵氏）、土佐郡土佐山村弘瀬字今藪や工石山の中腹でも此の事があったと今に伝えている。

部落の異常者が山に入って行方不明になったりすると、天狗に誘われたと等言う事は今に村々で言われている事であるが、土佐山村都積で語られているものは少しく変っている。今は昔同部落の前田与左衛門と言う者が、天狗より法を授かったと伝え、種々の呪禁、祓い等を行っていたが、或る祭の時多勢の村人の前で天狗と長時間に亘って問答をして見せたと言う。而も村人には相手の天狗の姿も声も聞えなかったと言う。後人其の処を天狗岩と言い年に一度の祭を行っているとの事である。

9　笑い女

幡多郡橋上村や土佐山村で採集したもので、夜の深山で姿を見せずゲラゲラと笑声のする不気味なものである。橋上村楠山字オガヘリから横平に行く坂道にある柴神の下方の三味線淵では、昔笑い女が出たと言う(中山俊氏)。

10　フルソマ（古杣）

土佐郡土佐山村、香美郡上韮生村、幡多郡橋上村等で此の怪を言い、夜の深山の山小屋等に泊っていると、斧でカーンカーンと木を伐ったりズイコズイコと木を挽いたりする音が聞え、軈て物凄い音をたてて木の倒れる音がしたりするが、朝起きて音のした場所へ行っても何の跡もないと言う。

長岡郡吉野村や本山町でも、白髪山（一四七〇米）の密林で此の怪異があると言い、妖怪名彙[2]（民間伝承三ノ一一）では、長岡郡の山中の報告を載せ此処では伐木に打たれて死んだ者の霊の仕業であるとし、分類山村語彙（三六七頁）では香美郡槙山郷の此の種の怪異を採録している。

（2）柳田国男氏類彙、民間伝承所載参照。

11　テキノガエシ（手杵返し）

幡多郡橋上村楠山で言われていたものである。足跡が一つしかないと言う妖怪で、雪の山路等で一つ一ついている其の足跡を見て怖しがったりすると言う（中山政義氏）。

同郡十川村広瀬では、テギノボー（手杵の棒）と言い、杵状をしていて易杖の音をさせながらとんぼがえりをして歩いて来る妖物で、夜の磧に出てくると言う（平岡繁雄氏）。

12　ヤギョー（夜行?）

易杖を鳴らして夜の山路を通る妖怪の一つである。ジャンコジャンコ鳴って来る。高岡郡越知町野老山あたりで言われているものである（西森守太郎氏）。

13　ボーフリ（棒振り）

山道で棒を振るような音をして通ると言う目に見えぬ怪異である。吾川郡大崎村寺村では、是に出逢うた時はうつ伏せになるとよいと言い（片岡久太郎氏）、越知町野老山では夜の山路で姿を見せずビコービコーと鳴ってくると言われている（西森守太郎氏）。

吾川郡神谷村ではボーフリ或はブリブリ等とも言い、手杵を振るような音をたてて来るものであると伝え、或る人が紙漉場から張板を担いで帰って来る途中、余りに重くなったので地に板を立てて一休みしていると、後からブリブリが来て板へ突き当りひっくり返ったと言う（杉本晴子氏）。

14　ムチ（鞭）

高岡郡黒岩村ではムチと言うのがある。田の上を鞭を振り廻すように非常に強い勢で風の吹いてゆくもので、是に当ると悪い病気になると言われている（岡林清恵氏）。

土佐山村で言われているムチは、特に牛馬に憑くもので、夜道を曳いて行く時鞭の鳴るように幾回となく牛馬のほとりを鳴って行くと言い、こんな時曳主は必ず何かで目隠しをしてやらねば取り殺されるものとされている。

15　ノガマ（野鎌）

野山で何でもないのに転んで傷口を鎌で斬ったような怪我をするのを、吾川郡名野川村津江では「ノガマが食ふ」と言い一種の怪異としている。同郡神谷村、長岡郡吉野村、幡多郡橋上村でも同様の怪をノガマと呼んでいる。

高岡郡日下村、土佐郡鏡村ではブチ（鞭の転訛）と呼び、野山で不意にピューと鳴って来て皮膚を鋭い刃物で斬ったような怪我をすると言う。

16　チマタの風附山犬のこと

高岡郡梼原村の宮野々より伊予に入る難所に九十九曲峠（八三〇米）と言う処がある。十数年前の事、村内の或る人の妻が産気づき、丁度主人が伊予に仕事に出ていたので早速電報で知らせた。主人は急いで帰りかけたが日が暮れてしまい九十九曲を通る頃は夜も更けていた。するとカサカサ音がする。昔から山犬がつけて来る時には、姿は現わさず音がするものだと言う事を聞き、更にそんな時には「山犬よ、わしを守ってくれるのか、どうぞ夜が明けるまで守ってくれ」と言うたなら、歩いて行く間きっとカチカチ音をたてながら歩く側を守ってくれ、決して危害を加えるものでないと言う事を聞いていたので、早速其の通りに言うと、山犬は姿を現さずやはり音をたてながらついて来る様子である。暫く歩いていると急に着物の袖を引張るような感じがするので不思議に思いながら尚歩いて行くと、今度は一層激しく引張るので其の方へ飛び下りると、其の瞬間とても大きな音がして、真紅な焔がさっと飛んで行ったと言う。是はチマタの風と言い、赤ン坊が生れたり人が死んだりしたとか言う時に、其の肉親の者が出逢う風だと言われていて、足に触れると其の処が赤くなってしまうと言われているものである（岩本志磨子氏）。

妖怪名彙には、信州下伊那のムカエイヌ（迎犬）の怪異を記載しているが、本項に記す山犬も是に類するもののようである。土佐の山村の禁忌習俗として今に堅く守られているものに、サンビ（産火）を食て大山を越すものでない、山犬或は狼につけられると言うのがある。土佐山村では、山犬は姿を見せず茅一本にも隠れるもので、ついてくる時にはカサカサ音だけすると言い、鮎の無塩《ぶえん》を持って山の主《おも》ウネを夜越すると山犬がつける等とも言っている。

17 カゼフケ

高岡郡下半山村では、山で急に病気になって高熱を出したりする事をカゼフケに逢うたと言い、同郡黒岩村ではカゼフケに当る等と言っている。同郡の海辺の町須崎町では「悪い風にうてた」と言い、呪禁として箕を持って煽ぐ風がある。此の呪禁は、土佐の平野村で多い七人みさきやガンドー等と言うカゼフケ同様の怪異に憑かれた時、よく実行される民間呪禁の一つである。

幡多郡富山村常六では、野山で急にゾンゾン寒気がして原因不明の熱病に冒される事をカゼウテ或はフウジャ（風邪）等と呼び、是に出逢ったと言う一例の実話を記してみると、常六部落字中ケ市の某が同郡中村町よりスキザキ（鋤先）を買うて帰る夜の山道で、突然風が起りリチーンと鋤先に当ったものがあり、其の為に鋤先は破れてしまったが、本人は病気にならずにすんだと言っていた（沢良木新氏）。

土佐郡森村や高岡郡高岡町、高知市等では、悪い風に当ったと言う言葉を聞いている。

高岡郡東津野村芳生野では、是を「神風に吹かれた」等と言い、土佐山村では「山の神の眷族に出逢うた」等と言って祈禱師に呪禁ってもらったりする。昭和十六年十二月村の青年の一人が、木出しに出ていて病気になって寝ついた事があったが、家族の者が堅く是を信じていたのを見聞している。

香美郡上韮生村では、是に類するものをイキヤイケ（行逢い気）と呼んでいる。或は又ユキアイ、イキアイ等と呼んでいる地方も多い。

18　ダイバ

土佐郡土佐山村で言うダイバは、馬が山道を行く時に附き纏うて禍する妖物で、前掲カゼフケに類するものであるが、突然砲音のように鳴り渡ると同時に肛門がぬげて役立たぬようになると言う。

高岡郡黒岩村で言うダイバは、ユキアイとも言い、仕事をしている馬が急に動かなくなったり後退りをしたりして病気になると言う。吾川郡大崎村では、牛馬が山道で此の種の病気になるのをカゼフケになると言っているが一般にダイバと呼んでいる村が多い。

19　夜雀

夜の山路で歩いて行く前後をチッチッチと鳴いて附いて来るものがある。是に憑かれると不吉があると言って忌む風が幡多郡田ノ口村にある。同郡富山村常六では是に憑かれた時の呪禁として「チッチッチと鳴く鳥は、シチギの棒が恋しいか、恋しくばパンと一撃ち」とか「チッチッチと鳴く鳥をはよ吹き給え伊勢の神風」と唱えごとをするとよいと言われている。妖怪名彙（民間伝承三の一二）のオクリスズメに類するものである。

20　ノツゴ

夜の山路でどことなく幼児の泣き声のしてくる怪異で、是に出逢うと草鞋のチボ（乳首）をやるか、草をちぎってチボにして投げると退くと言われている。幡多郡橋上村楠山で聞いたものである（中山政義氏）。

21　提灯の火に憑く妖魔

夜路に持って行く提灯に新しく火を点ける時には、必ず一度吹消して点けねばならないと言う事は、土佐の山村で今に守られている事であるが、理由はこうしないと魔が憑くと言う。妖怪名彙（民間伝承四ノ二）では、加賀山中温泉で言われているヒトリマ（火取魔）の怪を伝えている。

22　ケチビとヒダマ

土佐郡一宮村から土佐山村に通ずる笹ケ峠にある法経堂には、昔から夜更になるとヒダマ（火玉）が出ると言われている。何でも藩主から託された手紙を持った飛脚が殺されて、其の亡霊であると言い「文があった」と言うと消えてなくなると伝えられている。ヒダマはヒトダマ（人魂）等と言い、ケチビの詞と共に土佐の至る処で言われる怪異の一つであるが、草履の裏へ唾をつけて招くと寄って来るとも言われている（吉野村、土佐山村）。ケチビ（怪火）とヒダマは同一の怪異の内容をもって語られる事が多いが、或る古老の話では、ケチビは野に一ぱいちらちらとあかっていて、大きく一つになったり消えたりする怪火で、ヒダマはぼーっと一塊になって長く尾をひいて飛ぶものであると区別しているのに出逢った事がある。

橋上村野地で一夜七十二歳の老人から聞いた若い頃のケチビの実見談は、田圃一ぱいにちらちらと動いて燃えるように見えたが、それが見ている中に一つになったりしたと言い、本人は狸の火であると思っていて上手に化かすものだと語っていた。

23　クビキレウマ

幡多郡橋上村楠山で言われているもので、首のない馬が歩いて来ると言う。長岡郡吉野村汗見川等でも、昔から悪所と言われている処で、首のない馬が走る等と言う事を耳にすると言う。

24　ヒダリガミ（飢餓神の意）

山路で急に空腹を感じ冷汗が出て歩けなく事がある。是を一種の妖物が憑く為だとして、土佐の山村では種々の呼名がある。

吾川郡大崎村峰岩戸では、ヒダリガミが憑くと言い、昔飢え死んだ人の性根が食いつくものであるとしている（井上お幸氏）。同村寺村では是に憑かれると、何でも路傍のものを取って食べるとよいと言っている。

高岡郡東津野村ではヒダルガミと言い、是に憑かれると何でも一口食べたら治るとして、平生山では弁当を食べ尽くさないようにして少し残して置くものであるとしている。

吾川郡上八川村、土佐郡森村ではヒダルと言い、森村では是に憑かれぬ呪禁としてもおサバイ様の前を通る時に木の枝や木の葉を供えていくとよいと言われている（川井勇氏）。

長岡郡上倉村や吉野村ではヒダリと言い、上倉村では弁当の食い残りを持って行くものでないと言っている。

幡多郡富山村ではダリ或はガキ等と呼び、是に憑かれた時には身に附けている物、手拭なり草履なりを後方に向けて投げるものであるとしている。

幡多郡十川村、大正村、香美郡在所村等ではガキと言い、幡多郡橋上村楠山ではヒンドと呼んでいる。

土佐郡土佐山村ではクワン（食わん）と呼び、是に憑かれた時には何か一粒でも口の中へ入れるとよいと言い、柴折様に柴を供えて通ると憑かれぬ等と言っている。

25　シバテン（シバテング）

土佐の山村に出る妖物を言う諺に「山で芝天狗《しばてんぐ》、川では猿猴、道では道碌神」と言うのがあり、夜の山路の妖物としての芝天の話は数限りなく多い。小童の姿で幾十ともなく出て来て相撲を挑むもので、相手になると化かされて一晩中独り相撲をとらされることは、水辺に出る猿猴の化け方と同じである。

土佐郡土佐山村では、芝天は旧六月六日の祇園様の日から川へ行き猿猴になると言われ、此の日川に胡瓜を流すのは是に食べさす為であると言っている。

高岡郡東津野村では是をボーズコ（坊主子）、長岡郡吉野村ではボーズのコ等と呼んでいる。

26　エンコー（猿猴）

猿猴の怪異は水のある土佐の到る処で言われて来たものである。他の地方で言われる河童で、手の長い者を猿猴のようなと言うのから推しても、此の怪物の姿はどうやら想像がつきそうである。昔は夏の水泳ぎの子供を深みに引きこんで、いど（肛門）をぬくと言って怖れ、その呪禁として輪切にした鹿の角を紐に通して肌につける風があったが、此の頃では珍しい事になって来た。

人間に捕えられた猿猴が救命されて報恩する話は、今迄にも度々報告されて来たが、吾川郡名野川村鷲ノ巣には少し変ったものがある。昔或る所に一匹の猿猴が居て、毎夜畠の瓜を盗みに来ていた。或る晩早く帰ろうと思って急に後を向くと頭の皿の水がこぼれて動けなくなり、通会した男に水を入れて貰って助けられ、そしてその男の部落に赤百足虫が居らぬように計らうと約束して、今に居ないと言うのである。

長岡郡吉野川流域では、夜舟にイサリを点けて川底の鰻やアサガラを突きに出ると、猿猴がイチマ（女子の人形）の姿になって流れて来て、是を金突で突きさすと莞爾として流れて行く怪異を語っている。

27　白い蝶

夜更けの路で白い蝶が雪のようにひらひらと飛んで来て、目と言わず口と言わずいくら払っても後から後から飛んで来て、呼吸がつまるようになる怪異で、是に逢うと病気になって死ぬ等と言われているものである。平野村での採集であるが、神谷村や香美郡富家村でも言われている。富家村では昔何かの事件で横死した人の亡霊であると言っていた。

28　ノブスマ

妖怪名彙（民間伝承四ノ一）では、土佐の幡多郡の採集としてノブスマの怪を記し、前面に壁のように立ち塞がり、上下左右とも果がなく、腰を下して煙草をのんで居ると消えると報告されているが、筆者は未だ採集の機会を得ていない。

昭和十七年四月二十二日

金城朝永

琉球妖怪変化種目

──附民間説話及俗信──

一、**マジムン**（虫物？）　妖怪変化の総称。

二、**ユーリー**（幽霊）　マジムンと同義語。但し田舎ではそうでもないが、那覇では、単に人間の死霊のみに使用されている。これに反してマジムンは人間、動植物、器物の化物にも用う。

三、**ハーメー・マジムン**　老婆のお化。

四、**ジュリグワー・マジムン**　ズリ（遊女）の化物。これは琉球の各地で最も有名なお化の一つで、ただ都会地那覇のみに限らず田舎にも流布している。

△深夜アガリヌカー（東方にある共有井戸）の方で、香ばしい匂いがするので、村の強い若者達が忍びよって覗うと、一人の美しいズリがカーで髪を洗っていた。（中頭郡添浦村字屋富祖）

人間の幽霊には女が多く、そして大抵型の如く皆アレーガミ（洗洒の髪）を垂れている。琉球の幽霊は日本本土の妖怪画や歌舞伎等に見えるような形装の凄味はなく、大方生前の姿の儘であるが、精々真白い着物を着て髪を振り乱しているとか、舌を出している位が関の山である。今では日本本土のように幽霊には足が無いと云うが、他の多くの蒐集された民間説話に現れた幽霊には足もあり全く普通の人間のようであるのを見ると、琉球で幽霊の足の無くなったのは、極最近の事ではないかと思われる。然し身体の一部、例えば足とか（クンダ城由来記）手だけとか（よく遊廓の酒宴の最中に床の間から出る拳の話）顔だけとか（佐喜真興英氏「南島説話」（五七）節）の化物の話は相当ある。

五、**アカングワー・マジムン**　赤坊の死霊。四ツ匐いになって人間の股間を潜ろうとする。これに股間を潜られた人は、マブイ（魂―後に詳説）を取られて死んでしまう。

六、**ミミチリ・ボージ**（耳切坊主）　大村御殿に誅された琉球の伝説中の怪僧「黒金座主《クルカニザーシ》」の化けたものと伝う。首里那覇辺りの子守歌に次の如きものがある。

ユサンデマチカイ　（夕方市に）
イクナヨ　（行くなよ）
ウフムラウドンヌ　（大村御殿の）
カドナカイ　（角《かど》には）
ミミチリボージヌ　（耳切坊主が）
タッチョヤビン　（立っています）
イクタイイクタイ　（幾人《いくたり》幾人）
タッチョヤビガ　（立っています）
ミッチャイミッチャイ　（三人《みたり》三人）
タッチョヨヤビン　（立っています）
イラナンシイグン　（鎌も小刀も）

ムッチョヤビン　（持ってます）
ナチュルワラビヌ　（泣く童《こ》の）
ミミゴソゴソ　（耳を切るぞ）

七、**ナカニシ**（仲西）　人の姓。晩方、那覇と泊の間にある塩田潟原の「潮渡橋《スーワタイバン》」の附近で「仲西へーイ」と呼ぶと出て来ると云う。

八、**タチッチュ**（嶽人）　山原地方（琉球本島の北部の山地）の怪物で、夕方山から杖をついて下りて来て、子供を攫って行く。非常に力が強くて村の強い若者でもこれと角力をとって勝つ者はないと云う。（仲宗根源和氏談）

九、**ユナバル・ヤージー**（与那原屋宜）　与那原（地名）屋宜（姓）。男性の怪物。

一〇、**ユナーメー**　髪の毛のぼうぼう生えた怪物。或は那覇上泉町地蔵前の石川家に保管された木面で、この面を被って「メーメー、ワーワー」と威すと夜泣をする小児がマブイを落さないで夜泣の癖が治ると云う。

この木面は昔、木屋のハンシー（士族の祖母）が、潮の崎で洗濯していた時、流れて来た木箱の中の面で、現に同家に伝えられ、朔日と十五日はウブク（供物）を上げて拝んでいる。（那覇、山城正択氏談）

一一、**ワーウー**　面相の怖ろしい怪物。現今鬼面を刻んだワーウー石敢当や魔除けに屋根の上に置く素焼の唐獅子「シーサー・ワーウー」等の熟語あり。単に醜男、醜女にも使用されている。

一二、**マー**　形態は漠としているが、牛の啼声をすると云う。

一三、**シチ**　真黒で、山路を歩くと前に立ち塞がって人の邪魔をする。クルク山のシチ・マジムンは山原地方で有名だそうだ。（伊波普猷先生談）

一四、**ムヌ**　漠然として形を現わさないようである。妖怪のことを「ヤナ・ムヌ」（悪物）とも云われる。人が神隠しにあったように突然行方不明になる時は「ムヌ・ニ・ムタリユン」（ムヌに持たれる）―日本の天狐に攫われる―と云い、又迷子になる事を「ムヌ・マイー」（物迷い）と云う。「ムヌ」に「ムタレ」た人を発見したら最初左足で三度臀部を蹴ると「ムヌ」は去ってしまう。

一五、**キジムン**　琉球の民間説話中で一番活躍している怪物である。多くの説話を通して其形態性質を箇条書にして見よう。

(1) アカガンターワラバー（赤い髪をお河童にした小人）。

(2) 古い木に住んでいるが海の事に詳しく（蛸の穴をよく知っている等）、水上を自由に歩く事が出来る。

(3) 怪力で角力が上手である。

(4) 大変に悪戯好きである。

(5) よく人を魘《うな》らせる（その時は「キジムン」に「ウスラリユン」（襲われる）と云い、頭ははっきりしているが、手や足を動かす事も、又声を立てる事も出来ない）。

(6) 屁が大変嫌いである（キジムンに連れられて水上を歩いていて屁をひった為に水に溺れかかった人の話等がある）。また蛸も好きでない。

(7) 線香の火が好きである（子供達が夜大きな古木の股に芋に線香を立てたのを置いて数十歩離れて、「キジムナー・ウスーリ」「キジムナー・アカガーリ」と叫んだ時に、線香の見えない時は其前にキジムンが立っているし、光る時は退いたと云う）。

(8) 魚を食べる時は片目しか食べない（片目の魚が釣れた時は、之はキジムンが食べたと云うて食べない）。キジムンの話は多い。（佐喜真氏「南島説話」植物に関する話数項参照）

一六、**カムロー**　カー（井戸）に住んでいて、小児等が井戸をのぞくと引入れてしまう。又古井戸をのぞくと水面の影を「カムロー」に取られ、其人は病弱になる事がある。地方では、「カー・カンロー」と云う所もある。

一七、**フィー・ダマ**（火玉）　鬼火・人魂の類。フィー・ダマの上る事を、タマ・ガユンと云い、名詞形にして、タマ・ガイとも称す。琉球では、人の死ぬ時は、そのマブイ（霊魂）がフィー・ダマに成って、墓場に行くと信ぜられ、フィー・ダマの上った近所には近々に人死《ひとじに》があると云う。人間の霊魂が火の形をしていると考えの外に、小鳥・又は蝶の形をしているとも考えられている。「おなり神」（姉妹の生御霊）が白鳥や蝴蝶の姿で現れる話が沢山ある。此処には別の例を出す。

△数十年前某家の子供が病床に寝て居ながら、壁板の節穴から飛び出して行く小鳥の姿を見て俄に病勢が改り死んでしまったので周囲の人々はその小鳥は墓場へ行く子供のマブイであったと云った。（伊波普猷先生談）

（序に云う。——琉球では、家内特に仏間に小鳥や蝶が飛び込むと、それは、グソー・ヌ・チケー（後生の使い）だと云い、凶兆であると信ぜられて「浜下《はまうり》」をして邪悪を追い払い家を清める習俗がある）

一八、**イニン・ビー**（遺念火）　フィー・ダマに同じ。変死人のあった所や墓に現れる。

一九、**トジ・マチヤー・ビー**　刀自《とじ》（妻）待火。各地方にあるが、旧王都首里の西部、織名平《シチナンダ》のが有名。最初に一つの提灯大の火が現れ、他方から今一つの火玉が来て二つ合してゆらゆらと立ち上って消えたかと思うと、又現れる。これには一つのローマンスがある。

△首里兼城に美しい豆腐売りの人妻があった。ある男が横恋慕をして、その晩市《ユサンデマチ》からの帰りを待ち受け、偽って、お前の夫はお前の帰りがおそいので、失望して、兼城橋《ばし》に身を投じて死んだと、云ったので女も夫の後を慕う積りで身投げをする。後で夫も妻の死を聞いて、同じ橋から身を投げる。二つの火玉は二人のマブイである。

二〇、**ウワーグワー・マジムン**　豚のお化。（家畜として豚を養い、脂肪濃い豚肉を愛用する琉球には豚は又他の多くの民間説話中でも欠くべからざる主人公の役割を演じている。）「毛遊び《モーアシ》」の時に見知らぬ人が飛び入りした時、それがほんとの人間であるか、豚の化物であるかを識別する時は、次の囃子を唱うと豚の化物であったら逃げ出す。

ウワー・ンタ　（豚武太）

グーグー・ンタ　（グーグー武太）

又単に豚の形をして現れて、しきりに人の股間を潜ろうとする。潜られると矢張りマブイを取られて死ぬ。

二一、**ウシ・マジムン**　牛の化物。死棺を入れる龕が牛に化けると云う。

△夜おそく唐手《からて》つかいの名人が友人の家からの帰りに向うから一匹の赤牛が突進して来た。これは怪しいと拳骨を振って大格闘を演じ、其の両角をへし折って組伏せたが、疲れて打ち倒れた。夜明になって見ると、龕の両側に付けた鳥形の飾物を握っていた。

二二、**アフイラー・マジムン**　家鴨のお化。矢張股を潜られると死ぬ。

△農夫が夜半野中路を歩くと一匹の怪しい家鴨《アフイラー》に会った。人を恐れる所か、しきりに股を潜ろうとする。潜られては大変だと思って、石を拾って打ち付けると、沢山のジンジン（蛍）になって身のまわりを飛び囲まれたが、鶏の声が聞えたら消え去った。（比嘉春潮氏談）

附記。琉球ではアカマター（無毒の蛇の一種）は美男に化けるし、また猫も年を取ると化ける力を得ると。然し狐や狸の話は無い。十数年前那覇の薬師堂前の人家に何処からともなく石が投げ込まれ、戸締りを厳重にしても香炉等がひっくり返されるので、人々は、「ヤマト・カラ・チチナー・ヌ・チヨーン」（大和《やまと》――日本の総称――から狐が渡来して来た。）と云っていた。

二三、**ミシゲー・マジムン**

二四、**ナビケー・マジムン** 前者は、飯笥《めしげ》（しゃもじ）、後者は鍋笥《なべげ》（杓子）のお化。琉球では古い食器物は化けると信じられている。

△夜半戸を叩く者がいるので開けて見ると一本のミシゲーが倒れていた。

△夜半塵捨場で蛇味線や鼓《つづみ》の音が聞えるのは投げ捨てられた器物類が「毛遊び」をしているのである。

△夜半蛇味線の音が賑に聞えるので飛出して、外を見ると「毛遊び」の男女がいた。コーガーキー（頬かむり）をして仲間に加わり飲んだり舞ったりしている中に夜が明けかかったので、一人去り二人去りして皆消え去った。疲れたまま寝ころんで朝起きて見ると、床下《ゆかした》の、ミシゲーやナビケーや箸の散乱している中に寝ていたのであった。

△農夫が夜路に途中で小便をしていると、側に一匹の牛が踞っている。何処かの牛が逃げて来たのだろうと思って、牽き連れて牛屋に入れ、砂糖蔗の葉を取り出して食わせてやると、仲々食べるのでいい加減にしてほって置いて、朝起きて牛屋を覗いたら、堆高く積み上げた蔗の葉の上に一本のミシゲーが載かっていた。（比嘉春潮氏談）

附記。箸は魚に化けると云う。台所で洗う時失った箸の出て来ないのは、魚に化けて、流し元から逃げるのである。

俗信一束

一、妖怪を見る能力のある特殊の人を、マジムン・ンジャー（幽霊を見る人）と那覇辺では云う。その人の眉毛《まゆげ》は尻の方が立っていると云うて、こんな人は多少敬遠される。普通の人でも彼の袖を通して覗うと幽霊を見る事が出来る。（中頭辺で其の人をカナブイ（語義未詳）と云う。）

二、夜間石垣に向って立っているのは幽霊であるから話しかけてはいかない。

三、ハン（家紋）のない提灯を持っているのは幽霊である。

四、夜間自身の名を呼ばれても三度聞かない中は返事してはいけない。二度までは幽霊でも呼ぶ力がある。

五、夜口笛を吹くと幽霊が出る。

六、妖怪に股間を潜られると、マブイを取られて死んでしまう。
七、妖怪は鶏の鳴き声を恐れる。
八、戸外で妖怪に会ったら、豚小屋《フール》の豚の臀を三度蹴って鳴かせると魔除《よ》けになる。
九、妖怪のよく出る場所を通る時、男はサナジ（褌）、女はハカマ（猿股の大きいもの）をはずして、男は肩に、女は頭に被ると魔除けになる。
一〇、幽霊は多く四ツ辻に出現する。犬が其処でタチナチ（立って吠える）するのは幽霊を見るからである。又犬の向って鳴いた方向には必ず近々に不幸がある。
一一、妖怪は門に張ったミンヌフダ（梵字を書いた護札）を恐れる。石敢当も魔除けになる。
一二、夜子供が外出せねばならぬ時は、其母が鍋の尻の墨を指に付けて三度子供の額《ひたい》に黒子を付けてから出すと魔除けになる。
一三、食物を親類や近所の人に配る時はその上にサン（藁又はグシチ（薄《すすき》の一種）で結んだもの）を載せる。サンをして置かないと、食物の精《せい》を魔物に取られるからで、其を食べても何の滋養にもならない。

追記。琉球には天狗の話は無いが、鬼の話は相当ある。しかし最早伝説中の怪物に属して現今では話されていないので略した。前記の妖怪変化は段々その影が薄らぎつつはあるが、総て現在彼等の信仰の中に生存しているものである。

船幽霊など

桜田勝徳

筑前鐘崎　では盆の十三十五日には漁に出懸けぬ。此日に行くと船幽霊に会うという。船幽霊が白い手を出して舷にぶら下った事もあったとか。こういう折には篝に火をつけて船の底を掃くと、幽霊は消えてしまうと云う。それで大きな船には、何時も此篝を用意をしてあるものだと云う。また夜海面が一帯に白くなるのをしきゅうれいと云う由、此中に入ると、船が動かなくなったり、又柄杓をかせと云われたりすると云う。又漁師は道具箱の中に、正月七日の豆打ちの豆を入れて、沖へ持ってゆき、ふいの大風や霧などで難渋の際、此豆を撒くと云う事だ。

波津《はっ》　鐘崎の傍の波津でも盆月には船のまよいがしばしば出ると云う。満月の頃の明るい夜の海上に、風に逆って進む不思議な帆船の影を、ありありと見る事があると云う。之はまよい船である。又時には何も見えぬのに、話声が聞える事があると云う。

同地の話で今より凡そ三十年前、芦屋の人が四人連れで盆の十五日の晩に沖へ鯖を捕りに行った。此日は必ず漁を休むのであるが、此人達は一向頓著せず出懸けた。鯖は大変によく捕れた。所がその内に人の首が海面へ浮んで来て、笑ったりころがったりして気味が悪い。そこで大急ぎに逃げ帰った。此時捕れたものは魚だとばかり思っていたが、皆草鞋であったと云う。そうして此四人は逐次発狂して、一人死に、二人死に皆死んでしまったと云う事です。だから盆には漁にゆくもので無いと云う。船幽霊の出るのは盆の内だけだと、此処では申します。鐘崎でも同じ様な事を云っていました。

又此波津ではしきぼとけと云うものがある之はしきゅうれいと同じ式のもので船がそこへゆくと動かなくなると云う。

芦屋町柏原 では枕箱や道具箱の中に必ず鬼の豆を入れて沖へ行く。そうして船の進む方角が判らなくなった時に、此豆をまくと云います。又此地で聞いた事に依ると、筑前大島の沖には海女と云うものがいて、それが海の上を歩き廻っている事があるという。

豊前藍島 では船幽霊に会った時には一文銭の穴からのぞくが良いと申していました。

長門角島 では苫というものは天の羽衣で、海上のあやかしに之を見せると、苫の毛を天の羽衣の剣だと思い、これを怖れてかまえん（かまわぬという意らし）と云う。またおかまさまの灰をまいても良い。所が竈を清潔にしておかないで魚の骨などを投げちらかしておくと、此灰の効力がなくなってしまうと云う事である。

さて此地の西角の主人の話によると、此人が未だ少年の頃烏賊釣り船の飯《まま》焚《た》きとなって、対州に出漁した。八月から十一月まで此地で漁を為し、十一月廿三日に漁を終えて対州かもせを出帆したのが昼の十時頃、其日の夜には壱州かざもと（漁師は勝本をカザモトと云う）へ到着しようと、折からの順風に乗じて磁石をすえ乗り出したが、丁度対州の山々がかくれて壱州が近くなった頃、西明りも消えて暗くなった。ふと艫の方を見ると、対州の方角に細い灯が見える。之は不思議だ。厳原の灯台にしては近すぎると思っているうちに、此灯が段々近寄って来た。之はかざもとへ行く汽船であろう。この後からついて行けば安心だと思っていると、此火は追ついたまま先にも行かなければ、後れもせずに、こちらの船についてくる。漁師たちは二艘の船に分乗して、互により添い乍ら進んでいたが、一人の老人が不思議な火だなあと云う。之に和して他の者も、之はいよいよ出たと騒いだ。其内火は艫を切って逃げてしまったが、またそろ艫の方からチョロチョロと近づいてくる。そうしてまた消えてしまった。それから一時間ほど過ぎて、行手の方に壱州の山がぼんやりと見え出した。さあいよいよ壱州に来たぞと云っていると、山が次第に明るくなり火の手が上り出した。ああ火事だ。かざもとは大火事だと皆は思った。火の子のパラパラと散るのまで実によく見える。所が此火の手は西風が強いのに、真直に立ち上っている。之はおかしい。やはりあやかしの業だ。此方向に進むと瀬にのり上げるかもしれぬ。危ないぞと思って磁石をよく見たが、船の方向は確かに正しかった。けれどもこう怪しい事が続いては、磁石自体がもうすでにあやかしの為にまどわされ、とぼけてしまったのであろうと、漁師達は疑い出した。之ではもう磁石の信用も無い。二艘の船は別れ別れになり、西角主人の乗組んでいた船は方向を変えて、暗夜の海を東へ東へと進んだ。定めし心細かった事でありましょう。幸に烏帽子島の灯台の灯を見つけて、無事に小呂島へ船をつけたと云う事です。

之もやはり此島での話であるが、筑前芦屋の繁栄していた頃、角島から此湊に十日粥船《とうかかいせん》という船が出たと云う事です。此船にのると十日間も船上で粥をくわねば、始末が出来なかったと云います。此十日粥船で芦屋との往復中、屢々蓋井島と白島との間の海上で怪事に出喰わした。即ち此海に小倉の城のような形のものが現われる。此時には城門が見えれば、此門の真中に向って遮ニ無ニ船をとばしあげれば良いと、日頃老人達は教えてくれたと云う。そうして此門に船をたたきつけると、舳が破れるような音がするが、それと同時に城は消えてしまうものだと云う事である。

また此島では夜海面の白くなる事をひき船玉と云い、之に出会った際には燃えさしを海に投げてやれば、逃げてゆくものだと云う。

長門向津具　の大浦では、夜沖へ出るとよく火を見るものだ。又風に逆らって走る船影を見る事も屢々ある。又万灯のように灯をつけた船が突然近づいて来たかと思うと、急に遠くなって消えてしまう事もある。沖に漂流物を拾いにゆく人は殊に此あやかしを見る。之等は海上で難渋して死んだ人の魂が同志《どじ》を取る為に、人をあやまたせるのであろうと云っていた。同村川尻では昔夜漁の折、海坊主が篝を消しに来たので、それに篝火を投げつけたという話がある。

長門大島　では航海中もやに包まれて難渋の際には、節分の鬼の豆を口に入れてそれを吹くと、見る見る内に二三丁のもやは消えてしまうものであると。

甲子夜話の二十六巻を見ると船幽霊の話が沢山出ているが之に依ると平戸島附近ではあやかしをぐぜと云い、幽霊船をぐぜ船と云ったらしい。そうしてこういうものに出会った折には、灰を撒くとか苫を焼くとか燃えさしの薪木を投げつけるとかして、難を避けたようである。今ではどうでいるかしらぬ。確か平戸附近でこんな話を聞いた事があった。或しけの晩船をつける場所も判らず途方にくれている船があったがその時傍を大きな帆前船が静かに通って行った。これは有りがたい。あの船の後をつけて行こうと追かけてゆくと、帆前船は悠々と平戸の瀬戸の方に進んで行った。そうして後からついて行った船は瀬にのり上げてしまったと云う。此話は書きつけておかなかったせいか、肝心の所を忘れてしまったようです。

五島列島の北端**宇久島**では、船幽霊若しくは海坊主と云うものは、よく柄杓をかせと云う。此時柄杓の底をぬいてかさねば、此柄杓で水を船の中に注ぎ込み、船を沈めてしまうというのは、何処でもよくある話である。此船幽霊は決して艫から船へ上って来ぬと云う。それは船玉様がともの方を向いているからで、何時も舳から上ってくると云う。また此海坊主は櫓に抱きついたりする。此時腕節の強い漕手ならば、抱きついているままの櫓をどんどん押してゆく。それで海坊主が櫓の刃で切られ、アイタタと悲鳴をあげる時がある。船幽霊は此外、島や船や鯨や鰯になる事もある。船幽霊が鯨になって来た時には、鯨が来たと云ってはならぬ。鰯が来たと云う。そうすると、船幽霊は急いで鰯になる。その時そこを突破するので、若し鯨が来たなどと云えば、その鯨のために船は忽ち覆されてしまう。また磯女というものが磯にいる。この者は乳から上が人間で、下の方は幽霊の様に流れている。之もやはり船を襲う。

五島中通島青方　青年も船幽霊に出会ったと云っていた。大正十一年秋此地の巾着網の漁船が奈良尾へ向って出航した丁度それが夜の十一時頃、しけ前の凪で午前二時頃から雨がボツボツと降り出した。此時乗組三十名ばかり、其内十七歳になる若者二人（話手もその一人）だけが起きていて、船を漕いでいた。すると万灯のように灯をつけた汽船が現われて、恐しく早い速力で近寄って来た。ぶつかるかと思っていると、すっとその船は身をかわして、訳のわからぬような速さで何処かへ消えて行ってしまった。しかし此辺りは軍艦や大汽船が屢々通う故、大方それであろうと別に不思議にも思わずにいた。所がまた向うから前の様な汽船がやって来る、こうして数回往復する汽船をみたが、未だ若かった故《せい》か船幽霊だとも気付かず、今夜は大変に汽船が通ると思っただけであった。後から大人に聞けば、それは船幽霊だとの事である。之を聞いて始めて身がゾットした。そうしてその翌日はひどいしけであった。しけ前にはよくこうした事があると云う。それに幽霊船というものは音がしない。又此船が通っても波が立たぬ。そうして之をじっと見ていると、何処か普通の船とは違っていると云う事である。例えば舷頭のシグナルに異常があり、赤い灯が点るべき所に、青い灯がついていたりする。自分はまだ若かったから、こういう異常を見てもはっきりそれと気付かなかったのであると、青年は云っていた。

此万灯のように灯をつけた船影を実見した話は、風に逆らって走る帆船の姿の話ほど、広く多く存在しているのではなかろうか。

さて青方にはしゅうさいさまという神様がある。此しゅうさいさまは戸長時代に戸長の下に使われる役人の一人であったらしいが、自分が盗みをした癖に、他人にその罪を被せ様とし、それがばれて遂に身体に大きな石をくくりつけられ、そのまま淵に投ぜられて死んでしまった。之が恐しく祟った為め今では之を浦祭りに祀りその霊をなぐさめているが、元は海に出ると、しゅうさいがよく柄杓をかせと云って浦人を脅した。此時機敏な人は柄杓の底をとって渡したと云う。

五島樺島　ではしけの晩に船をのり出すと突然目前に島などが現われて困る事がある。また凪であるのに、唯一艘の船だけが風をうけて疾走している事がある。之等は皆船幽霊であると云う。

追記　長崎県五島の小値賀《おじか》島前方村郷土誌という大正時代に出来た謄写製本の方言の部を見ますと海幽霊をウグメと申しています。

船幽霊の型

花部英雄

一

船幽霊に関しての系統的な研究は、関山守弥氏を措いて他に知らない。しかし残念なことに、氏はその研究成果を世に上梓する前に帰らぬ人となってしまった。遺稿集となった『日本の海の幽霊・妖怪』を読みながら、身近にいてそのような話を一度も交わせなかったことがとても悔やまれる。

関山氏の船幽霊に関する考察の基本となっているのは、船幽霊を伝承する人々の真意を解明することであったように思われる。そのために数多くの調査や文献資料の蒐集と同時に、海難事故、漂流史、漁民信仰といった多方面からのアプローチがなされている。しかしここで氏の研究に触れるのは、私の力を遥かに越えるものである。ただ、研究対象を同じくすることなので、方法論を示すにとどめたい。

私が船幽霊に興味を持つようになったのは、内容の多彩さといった面についてである。陸上の幽霊が一般的な傾向として存否や、怨念、祟りといった現実に傾斜するのに対し、海の幽霊が自由な発想を基盤にしているような印象を受けたからである。つまり説話的な興味に惹かれたといってよい。

そこで、ここではまず話の展開に注目していきたい。船や幽霊に関する信仰はさて置いて、船幽霊の話について、その型の選定に照準を合わせていくことにする。その結果、単なる信仰的事実をバックアップするような形でしか扱われてこなかったこの種の世間話についても、新たな視点を見つけていきたいと考えている。

まずは伝承されている船幽霊の話を表Ⅰにまとめてみた。ここにあげた資料は、話としての完結性を持っていることを条件とした。と言うのは、話の説明や事実の有無といった民俗事象的な扱いが意外に多いことが知られたからである。あくまでも世間話としての船幽霊であることを基本とした。

話の展開を「正体」「行為」「撃退法」と三分したのは、この点が大きな相違点であり、話の三要素として位置づけられるからである。「正体」に海坊主を加えたのは、他の船幽霊との共通性が多くあり、また話者の意識においても別扱いされていないからである。その点、機械的な妖怪扱いはしなかった。正体が二つ以上の現れ方をするものがある。例えば、火をともした船であるとか、船の中に死者が乗っていたとかするものである。それらについては、内容の展開をみて比重のかかっている方に統一した。

「行為」の出現とは、単純なる出現、それに急速に接近してくる場合、あるいは並んで走ることなども含めてである。ここでは煩瑣にならないよう一括した。ここで出現と他の船止、柄杓（貸せ）、呼掛は、分類上からみて対等の扱いではない。後者はいずれも出現を通してからの次の行為となっているのである。それについては、後の「撃退法」とのつながりから、便宜的に同類項としたものである。

さて表を通して、気づいたことに触れてみたい。まずは「呼称」であるが、全国的に通用するのは船幽霊であるが、地域に応じた独特な呼称のあることがわかる。その呼称をみると、海上特有の命名ではなく、陸上でも使用されるものであることがわかる。却って船幽霊といった呼称が、その点を意識して名づけられた印象を与える。ここで船幽霊というのは、船の形をした幽霊という意味に多く解されている。しかし、もともとは船に現れる幽霊といった意味あいのものであったように思われる。文献資料では、呼称が船幽霊であっても正体が船でない場合が多い。その点、船幽霊という呼称に引きずられて正体が船であるとする例も出ているのではないだろうか。それはともかくとして、船幽霊という呼称の分類的・抽象的命名法からして、知識者の造語のような気がする。実感的命名からすれば地域的な差が出てくるのは当然のことのように思える。

出現時期が盆に多いのは、この時期に先祖が船に乗ってきて帰るという精霊船のイメージがあるからであろう。特に北陸、中部地方にその色彩が濃いのは、民俗との関わりであろうか。また、この期間は海に出てはならぬ日でもあったのである。そのため、この日に出漁して大漁であったが、理由のわからぬ病いにとりつかれたり狂死したりしたという伝承がある。山や田に仕事に出てはならぬという民俗事象と同様の連想であろう。大晦日がその日に当たるのは、その点興味深いことでもある。

「場面・時間」をみると、風雨の夜ということに集約される。これは船人の不安感を呼び起こし、怪異現象の現れやすい場面設定なのであろう。その中で東日本は雨、霧、西日本では風といった大まかな傾向がみられるが、地域、地形によるものか、あるいは単なる偶然にすぎないものかどうか。

内容の展開については、ここでは特に問題とせず、歴史的な文献資料との対比にだけ焦点をあててみたい。表II「文献資料による船幽霊」を参照したい。

例が少なく、また地域的にも西日本に偏っているので正確とは言えないが、全体としてみると話形が単純化しているようである。まず「正体」では死者が多い。「行為」については船止、呼掛が比較的多く、呼応

表Ⅰ　伝承資料による船幽霊

番号	伝承地	呼称	出現状況 時期	出現状況 場面・時間	正体 船	正体 死者	正体 海坊主	正体 怪火	行為 出現	行為 船止	行為 柄杓	行為 呼掛	撃退法 柄杓	撃退法 投入	撃退法 突進	撃退法 応答	資料集
1	青森県むつ市	亡者船		夜	○						○		○				駄賃馬栄作より採集
2	青森県東津軽郡	亡者船			○						○		○				須藤重次郎　〃
3	青森県東津軽郡	亡　者						○	○						×		東北の生業2
4	岩手県久慈市			大時化の夜								○					東北民俗資料集10
5	岩手県九戸郡	船幽霊			○				○								〃
6	岩手県下閉伊郡	海坊主	1/14・16、8/16				○					○				○	〃
7	岩手県釜石市	モウレン船			○						○		○				東北の生業2
8	宮城県気仙沼市	海坊主		夜		○			○								海村生活の研究
9	宮城県気仙沼市	モウレン		雨の強い夜	○				○						○		〃
10	福島県相馬郡	モウレイ		小雨降る夜	○						○		○				ふくしま漁民の民俗
11	福島県平市	モウレイ		霧や雨の降る夜				○									〃
12	福島県いわき市	海坊主	六月頃	靄のかかった宵			○		○								〃
13	福島県相馬市	モウレイ	夏	靄の深い夜		○			○								〃
14	茨城県霞ケ浦三又	船幽霊		雨の降る夕方	○						○		○				旅と伝説七—六
15	千葉県九十九里浜			急に黒雲が出る	○				○					△			〃
16	千葉県銚子市	モウレンヤツサ		霧の濃い時化た沖		○					○		○				銚子の民俗と方言
17	神奈川県平塚市	人　魚		夜		○			○				○				日本伝説大系七

18	神奈川県藤沢市	海坊主					○					○				○	武相昔話集
19	神奈川県小田原市	亡　霊	八月十六日	急に空が曇り波が立つ		○				○							常民文化研究四
20	新潟県佐渡郡	ボウコ	秋	雨の降る前の夕暮		○			○								佐渡相川の歴史九
21	新潟県佐渡郡	ボウコ		雨が降り靄が一面に立つ			○		○						○		民話第五号
22	新潟県西蒲原郡			雨、霰になる				○	○								海村生活の研究
23	福井県四ケ浦			南風の雨天	○									○			海村生活の研究
24	福井県小浜市	ホムラ		時化	○				○								村の民俗
25	静岡県伊東市	海坊主		油凪の夕暮			○				○		×				伊豆の民話集
26	静岡県榛原郡	海坊主	盆の十三日	日暮			○				○						日本伝説大系七
27	静岡県小笠郡			生暖かい風の吹く夜		○	○										〃
28	静岡県湖西市	海坊主				○	○			△				○			〃
29	愛知県知多郡	亡者船	盆の十六日							△				△			日間賀島・見島民俗誌
30	三重県海山町			風向きが変わり波が立つ								△		△			ふるさとの民話と資料
31	和歌山県日高郡	海幽霊	大晦日			○	○		○						○		近畿の生業2
32	和歌山県御坊市	亡者船			○				○				○				〃
33	和歌山県田辺市	船幽霊	秋	波静かな夜					○								伝説の熊野
34	和歌山県田辺市	幽霊船		雨模様の夜											○		南紀民俗控え帳
35	島根県簸川郡	船幽霊		大時化の夜	○				○								十六島紀行・海女記断片
36	島根県簸川郡	ソコヌキアカトリ	盆の十六日	夜							○		○				〃
37	島根県簸川郡	船幽霊	盆の十三日	夜				○			○		○				島根半島漁村民話集（I）
38	島根県平田市	船幽霊		風のない夜	○	○			○								〃

39	島根県平田市	仏船	盆の十四日	急に風が吹く夜	○				○							〃
40	島根県八束郡	船幽霊		夜					○							島根半島漁村民話集(II)
41	島根県隠岐郡	海坊主	盆の十六日	夜							○		○			島前の民話
42	島根県隠岐郡		盆の十六日		○	○			○							〃
43	島根県隠岐郡	化け火		夜俄に突風				○	○					○		〃
44	島根県都万	船幽霊		俄に突風								△		○		海村生活の研究
45	山口県豊浦郡	アヤカシ		雨の降る夜	○				○						○	伝承文化第六号
46	山口県萩市	アヤカシ		夜	○				○						○	日間賀島・見島民俗誌
47	山口県角島	アヤカシ	十一月二十三日	順風の晩				○	○					○		旅と伝説七—八
48	山口県向津具大浦	アヤカシ			○				○							〃
49	山口県大島	海坊主		俄に凪いだ夜			○		○							〃
50	徳島県阿部	船幽霊			○				○					○		海村生活の研究
51	愛媛県温泉郡	船幽霊		夜				○	○							えひめ昔ばなし
52	愛媛県越智郡	アヤカリ			○				○					○		〃
53	愛媛県越智郡	亡者		俄に曇った夜				○	○					○		〃
54	愛媛県宇和島市	海坊主	藪入り					○		○				○		〃
55	愛媛県宇和島市	シラミ	命日、盆	雨の夜		○			○							四国の生業2
56	高知県鵜来島	七人ミサキ				○				○				○		海村生活の研究
57	高知県	船幽霊		天気の悪い夜				○			○		○			四国の生業2
58	高知県	七人ミサキ				○				○						〃
59	福岡県鐘崎	船幽霊	盆の十三、十五日			○			○					○		旅と伝説七—八

60	福岡県鐘崎	シキ幽霊								◯				◯			〃
61	福岡県波津	船幽霊	盆の十五日			◯			◯								〃
62	長崎県南高来郡	船幽霊		星の出ている夜		◯				◯				◯			旅と伝説三―四
63	〃		秋	薄暗い晩		◯			◯								〃
64	〃	磯女	大晦日	明るい晩								△					旅と伝説三―八
65	〃	船幽霊	梅雨時	霧の深い夜	◯				◯								〃
66	〃	船幽霊	晩秋		◯				◯								〃
67	長崎県北松浦郡	船幽霊			◯				◯								旅と伝説七―八
68	長崎県南松浦郡	船幽霊	秋	時化前の凪の夜	◯				◯								〃
69	〃	しゅうさい様				△					◯		◯				〃
70	佐賀県藤津郡		旧の三月四日			◯			△								旅と伝説七―八
71	宮崎県南那珂郡	モウレイ		夜	◯				◯								九州の生業2
72	宮崎県延岡市	船ギレ			◯					◯				◯			〃
73	鹿児島県鹿児島郡	海坊主		昼		◯			◯								大法輪S34
74	鹿児島県大島郡	幽霊船									◯		◯				奄美の文化
75	沖縄県島尻郡	マジモノ船		海が荒れた時	◯				◯								糸数繁より採集

表II　文献資料による船幽霊

番号	伝承地	呼称	出現状況 時期	出現状況 場面・時間	正体 船	正体 死者	正体 海坊主	正体 怪火	行為 出現	行為 船止	行為 柄杓	行為 呼掛	撃退法 柄杓	撃退法 投入	撃退法 突進	撃退法 応答	資料集
1	(天竺の商人)	鬼					○					○				○	「宝物集」第五
2	(大阪湾)	アヤカシ	十一月四日	波風荒くなる		○			○								「舟弁慶」
3	広島県安芸市	船幽霊	七月十五日、大晦日	濃霧の夜		○						○				○	「閑田耕筆」
4	新潟県	幽霊船	秋	突然逆風になる夜	○				○								「北越奇談」
5	兵庫県舞子浜	船幽霊				○						○		○			「甲子夜話」二十六
6	広島県福山市	〃				○					○						〃
7	山口県赤馬ケ関		三月十八日	霧が一面にかかる		○											〃
8	長崎県平戸市	船幽霊・グゼ船		小雨降る夜	○					○				○			〃
9	〃	〃		夜		○				○				○			〃
10	〃	船幽霊		雨風しきりなる夜	○					○				○			〃
11	長崎県北松浦郡	〃		夜		○				○				○			〃
12	長崎県壱岐	グゼ船			○				○					○			〃
13	大分県	船幽霊				○			○								〃
14		〃		雨風の激しい夜			○				○		○				「世事百談」
15				〃				○	○								〃
16			月の晦日				○					○				○	「雨窓閑話」

した形で「撃退法」に投入、応答が出てくる。ある程度、話形がしぼられそうである。同時に、伝承資料に多い船の様相が余り見られないところにも特色がある。そこで次に、「呼掛・応答」のパターンの話について、文献から口承へとその変化の過程をたどってみたい。

二

十二世紀末の成立である『宝物集』に、この話がとりあげられている。天竺の商人が宝を集めるために五百人の仲間を具して海に出る。すると恐ろしい形相の鬼が出て、「我より怖ろしき物を見たりや」と声をかける。人々は船底に隠れるが、中に一人還俗の者がいて鬼に向かい、「汝より怖ろしき物こそあれ、我等衆生が身の中にある悪業煩悩なり」と答える。煩悩の意味を聞かされた鬼は、黙って浪の中に入っていったという話である。

煩悩の業の深さを強調する内容にはなっているが、明らかに化物問答のモチーフの話といってよい。昔話の「化物問答」のように相手の正体を暴くものではないが、言葉によって相手を言い負かしてしまうのである。

謡曲『船弁慶』は、義経主従の船に現れた平知盛の幽霊が名乗りをあげ、義経をも海に沈めてやろうと言って襲いかかる。義経は太刀を手に相手になろうとするが、それを弁慶は押しとどめ、数珠を揉んで「東方後三世、南方軍荼利夜叉、西方大威徳、北方金剛、夜叉明王、中央大聖、不動明王」と唱えると、知盛の霊は遠ざかることになる。この場合弁慶が唱えるのは、山伏の行う祈禱の文句である。呪文（経）による撃退法は、現在の伝承にも見られる。

伴蒿蹊の『閑田耕筆』によれば、実体験として船幽霊のことが記されている。金比羅に詣で、それから厳島に行こうとして音戸の瀬戸を過ぎたところで、十三、四の童子の声が「ホイホイ」と三度呼びかけた。船人は話しかけるのを制し、「よいはそこにおれおれ」と応答したという。この場合、応えた言葉に特に呪力があったようには思われない。ただ、みだりに声をかけてはならないということは、現在の伝承にも通じている。

『船弁慶』『閑田耕筆』は、はっきりとした「呼掛・応答」のパターンを踏んでいるとは言えないが、しかしその痕跡はうかがえる。次に、この型の話をとりあげる。『雨窓閑話』では、桑名屋徳蔵の話となっている。月の晦日に海に出ると急に逆風となり、そこに大入道が出現する。そして徳蔵に向かって、「我姿のおそろしきや」と言う。徳蔵が「世を渡るの外に別ておそろしき事はなし」と答えると、大入道は忽ちに消えるという話である。

これを先の『宝物集』に比べると、煩悩が世渡りに変化していることに気がつかされる。ところで桑名屋徳蔵と言えば、名船頭として名高い人物である。その女房は才気にたけていて、夜中に機織りをしながら動かぬと言われる北極星が、実は四寸だけ動くことを発見したという話は、ことに有名である。この徳蔵の話を紹介している野尻抱影『星と伝説』(角川文庫)に、船幽霊の話も載っている。広島県佐伯郡廿日市町の伝承である。

雨夜に船のミヨシに得体の知れないものが出て、「徳蔵、お前は此世の中で何がいちばん恐ろしいか」と尋ねる。徳蔵が「鼻の下一寸四方がいちばん恐ろしい」と答えると、影も形もなくなったという話である。鼻の下一寸四分とは口のことであろう。「口は災いのもと」というから、その恐ろしさのことを言ったのであろうか。

この桑名屋徳蔵の話が、神奈川県藤沢市にも伝承されている。小島瓔禮編『武相昔話集』に収録されている。なお同書の注に、『宝物集』『雨窓閑話』の話が類話として紹介されていることを付け加えておく。

クマノヤトクゾウという人のカミサンは大へん聡明な人であった。逆風にも帆を張ることや、定規を作って、夜になると一の星を目当てにするということも考えた。

この人もあるとき、海坊主に出会った。「なにがおっかないか」ときくから、「家業よりおっかないものはない」といったので、海坊主はそのまま姿を消してしまったという。

広島、神奈川の伝承資料では、海坊主が「何が恐ろしいか」と尋ねているが、文献では自分の恐ろしさを聞くことになっている。微妙な変化ではあるが、海坊主に対する恐怖感の変化を物語っているように思える。ところで、岩手県下閉伊郡田野畑村に伝承されるこの話には、徳蔵の名前は出てこない。地域差によるものか、あるいは結びついた人物名の消長を意味するものであろうか。『東北民俗資料集』（岩崎敏夫編）の十巻に、早坂和子氏の採集で載せてある。

海坊主がよく出ると昔の人は話した。昔はすみ火を海に投げこめば海坊主は消えて無くなるものだといわれた。

正月四日、十六日、盆の十六日に沖に出れば、何ものかが船に上って、船を動かさないようにするといわれた。「何のために沖に来た。」と声を掛ける。船頭は「この世の中でソウゾク（生活のこと）ほど恐ろしいものはない。」と答えれば手を離すといわれる。

沖に来た理由を尋ねるに対して、生活が恐ろしいと答えるのは、十分な呼応とは言えないが、同型の話であることに異論がないはずである。型は残ったが、海坊主に対する意識の変化が、このような食いちがいをみせているのであろう。

以上、知っている例をあげてみた。船幽霊の話の中で、この型（「呼掛・応答」）の話が古くに遡行できるのである。その意味では、世間話と名付けるのは適当でないかもしれない。

三

次に他の型の話に移りたい。型の選定にあたって、前に掲げた表I、表IIを用いて、話の展開の異同に注目していきたい。まず図式化するために、記号、数字で単純化させてみる。正体を船＝A、死者＝B、海坊主＝C、怪火＝Dとする。続いて行為も、出現＝1、船止＝2、柄杓（貸せ）＝3、呼掛＝4とする。さらに撃退法も、（穴のあいた）柄杓＝ア、投入＝イ、突進＝ウ、応答＝エとする。そこで以上の数字、記号を用いて、その結びつきを図に示したのが次頁の図の「正体による結合図」である。これによって、話の大まかな傾向が数量的に表されるはずである。

数字の上で際だっているものとして「A1—」「B1—」の結びつきがあげられる。合わせて二十五話であるから、全体の四分の一に相当することになる。船や死者で出現しては恐怖感を与えるという話である。それぞれ例をあげてみよう。5番と15番の話である。

私が十八歳の時、黒崎灯台のあたりで時化にあってしまった。沖の方から帆をかけた船が自然と寄ってきた。いくら浜に寄っても、寄ってもその船は寄ってきた。はっと思ってみたら、何もなかった。また、しばらくしたら、寄ってきた。これは幽霊だと思った。

ある夏の夜、タイナブチに出かけた。そのときは同じ仲間だった三春駒次がシケで死んだあとであった。いっときしてナワをあげてみたが、一尾もかかっていないので、錨をあげて、そこからずっと北の方の沖へ行った。

霧が深くてどこも見えない晩だった。そこでハエナワぶって、船の中にひっくりかえって待っていると、いつの間にか寝入ったようだった。そのときなんとなく見ると舷に手がかかって、鉢巻の駒次の顔が船へ上ろうとしていた。たしかに夢ではないが、起きようにも起きられない。

それからよほどたってから目がさめたようだった。その間どのくらい夢うつつでいたのかわからない。起きようともがいて、足指に力を入れて動かしたままでハッキリしている。―途中略― 駒次のモウレイがトモヨビして磯へ誘ったのかも知れない。

幻覚、夢うつつの状態での体験を物語っているが、表現は大変に直截的である。それは体験談を直に語っているからである。すなわち、そこには船幽霊についての素朴な心性が、直接話法で語られているからである。と言うのも、この種の話が受容される背後には語り手はもちろん聞き手にとっても、船幽霊の存在が半ば以上信じられているということが前提になければならない。もしこれが、目の錯覚だ、夢を見ていたのだという分析が支配的になったとすれば、そのままでは存在できなくなるであろう。なお生き続けるとすれば、新たな要素が付け加えられることになるであろう。それは船幽霊の単純なる出現から、次の具体的な行為を呼び起こすことになろう。

例えば、出現し次に船を動かなくしてしまうとか、または柄杓貸せと接近してくるとかといった新たな展開を必要としてくる。その結果、対処法としても物を投入して退散させるか、あるいは穴のあいた柄杓を与えるかといった応対が出てくる。そのようにして話は複雑化していくことになる。同時に、船幽霊の出現そのものが恐怖であった素朴な心性から、沈着な行動さえとれれば統御できるといった心的変化も生まれてくるはずである。語り口についても、直接体験の生々しさから展開の意外性、劇的な様子に引きずられて、説話的な展開を遂げることになろう。今それを船幽霊の原初的段階から二次的発達段階ととらえることにする。

つまりは体験、事実談の領域から世間話の領域への移行ということにもなる。ただここで注意しなければならないのは、それがそのまま現実の船幽霊の信仰、型の変遷につながらないということである。地域的、歴史的特殊性がでてきて当然である。あくまでも説話の発達段階を純粋培養として想定してみた場合であることを付け加えておかなければならない。

それでは次に、出現からの展開をみていくことにする。そこで図Iを参考にして、「行為による結合図」を作成してみる。方法は図Iから行為の2・3・4を取り出し、順序を並べ替えてみるだけである。それによって行為と撃退法の結びつきが明らかになるはずである。

これを見て、行為と撃退法とは明白な相関関係にあることがわかる。これに結びつきの強い正体をつないでみると、図の波線で示した部分がその核になっていることがわかる。つまり一つの型を構成しているのである。

「B2イ」は、死者が現れ船を動かなくする。その時には燃えた木や豆などを投入すれば消えてしまう。「A3ア」は、船が現れ柄杓貸せと近づいてくる。その時には穴をあけた柄杓を渡すと危険から逃れることができる。「C4エ」は、海坊主が現れ呼掛ける。それに機敏に応えることによって撃退するという話で、前章で詳しく述べた。それでは前の二つについて例をあげてみる。『甲子夜話』(9番目)と『東北の生業2』(7番目)からである。

又城下の南(九里)志目岐浦(平戸島—引用者注)にて、舟にて夜帰する者、途中にて俄に櫓揺かず、舟止りたり。怪んで見るに、乱髪の人海面に首を出し、櫓に喰つきて動かさざるなり。始て舟幽霊なるを知り、驚て水棹にて突き放さんとすれども離れず。乃《すなはち》灰をふりかけたれば、しばしして離れたり。闇夜ゆゑ海面も弁ぜざるに、かの顔色計《ばかり》分明に見へしも訝しきことなり。是もグゼの所為なりとぞ。

図I　正体による結合図

A 1 ア(1)	B 1 ア(1)	C 1 ウ(2)	D 1 イ(3)	— 2 イ(1)
A 1 イ(4)	B 1 イ(1)	C 1 —(2)	D 1 ウ(1)	— 3 ア(3)
A 1 ウ(3)	B 1 エ(1)	C 2 イ(1)	D 1 —(3)	— 4 —(2)
A 1 —(14)	B 1 —(11)	C 3 ア(2)	D 2 イ(1)	—— ウ(1)
A 2 イ(3)	B 2 イ(5)	C 3 —(1)	D 3 ア(2)	
A 3 ア(5)	B 2 —(2)	C 4 エ(4)	D——(1)	
A — イ(1)	B 3 ア(2)	C——(1)		
	B 3 —(1)			
	B 4 イ(3)			
	B エ 1(1)			
	B——(1)			
(30)	(28)	(13)	(11)	(7)

(注) ○「—」印は、該当する内容がないことを示す。
○（　）内の数字は、話数を示す。

図II　行為による結合図

A 2 イ(3)	A 3 ア(5)	B 4 イ(3)
B 2 イ(5)	B 3 ア(2)	B 4 エ(1)
B 2 —(2)	B 3 —(1)	C 4 エ(4)
C 2 イ(1)	C 3 ア(2)	— 4 —(2)
D 2 イ(1)	C 3 —(2)	
— 2 イ(1)	D 3 ア(2)	
	— 3 ア(3)	
(13)	(16)	(10)

図III　行為(出現)による結合図

A 1 ア(1)
B 1 ア(1)
A 1 イ(4)
B 1 イ(1)
D 1 イ(3)
A 1 ウ(3)
C 1 ウ(2)
D 1 ウ(1)
B 1 エ(1)
A 1 —(14)
B 1 —(11)
C 1 —(2)
D 1 —(3)

昔、釜石に入る帆船は、気仙の死骨崎や尾崎の沖を通るとき、よく亡霊船を見たという。亡霊船とは海難に遭い、船体も乗組員も行方不明で、あの世とこの世の間を迷い歩いている亡霊を乗せた船といわれる。―途中略― 突然見馴れぬ船影が現われて、この世の物と思われぬ悲しげな声で「オーイ、オーイ、どこの船だ、どこから来た、水船になったから、柄杓を借《（ママ）》せ、桶を借せ、助けてけろ」などという。そんなとき、老練な船頭は「ああ亡霊船が出たな」と察知し、底を抜いた柄杓や桶などを投げてやり尾崎大明神や海神の御名を唱え、船霊さまを拝んで一心に成仏冥福を祈ると、スーと煙のように消えてゆくとのことである。

四

出現、恐怖から行為、撃退の段階をみてきた。そこで三つの型を抽出できた。ところで、出現―行為―撃退をとらずに、出現―撃退の形をとるものがある。いわば中間的な形で、出現、恐怖から行為、撃退に移る過渡的な状態といってよい。それでは図IIと同じ要領で、「行為（出現）による結合図」を見てみたい。図によれば、行為（出現）、撃退法の関係では「1イ」「1ウ」の結合が強い。これに正体を加えると、波線「A（D）―イ」「A（C）ウ」の結合となる。すなわち船（怪火）で出現し、物の投入によって消える。また船（海坊主）で出現したのに突進することによって消えるという内容である。例をあげよう。52番と46番である。

越智郡大三島町鏡では、アヤカリは船や磯や瀬などになってみせる。しかしアヤカリの船は航海灯を反対につけており、その光は光芒がないという。アヤカリは避けて通らずに突き当って行けばよい。まただ、箸を振るか節分の豆をまけばよい。

帆船にて航海する時には、夜中沖間にて灯火を見ること多く、時には反対の方より風に向かって帆をあげてこちらに走りくることあり、これをアヤカシという。この時先方の船を避けず突進する時は自然と消滅するも、これを避くる時はついに暗礁の難に遇うことありという。また海上に多くの火ありて多数のものが一団となり東西に走ることもあり、これは現今の漁業者も見たるもの多し。また航海中坊主が船に乗り込むことあり。しかる時は庖丁を砥石にかけて研ぐと、坊主は海に逃げるという。

ところで、物を投入することによって撃退するのは「死者―船止―投入」型への移行（あるいは影響）と考えられるのに対して、突進することによる撃退とはどのような意味をもつのであろうか。私はそれを科学的な省察の目の発現と考えてみたい。すなわち、出現した船幽霊が目の錯覚であることを証明するための行為なのではないかということである。しかしそれについては、本稿を超えることである。今後の課題としていきたい。

以上、船幽霊の型についてみてきた。ここで得られたのは帰納法的結論といってよい。ただこのような方法にどのような意義があるのか。また船幽霊の歴史的な変遷、地域的な偏差についても、型を問題にする以上当然に触れられねばならないことであるが、十分とはいえない。それらについては今後の課題にとっておくことにする。最後に、話が前後、重複したりしたので型について整理しておきたい。便宜上、分類をも付してみた。

(1)出現恐怖型。主に船や死者の形で現れ、恐怖を与えることで話は完了する。この変化型として、A出現投入型、B出現突進型をあげることができる。

(2)死者船止型。死者（霊）が現れ、船を止める。その時、灰、節分の豆、燃える木などを投入することによって撃退する。
(3)柄杓貸せ型。主に船の形で現れ、柄杓貸せと近づいてくる。この時穴のあいた柄杓を貸す。知らずに普通の柄杓を差しだすと船を沈められるという。
(4)呼掛応答型。主に海坊主の形で出現し、何が恐ろしいかと尋ねる。世渡り（生活）が恐ろしいと答えると消えてしまう。

中国地方のミサキ

三浦秀宥

一

中国地方のミサキが特色のある発展をとげたことは柳田国男先生を初め諸先学の早くから注目されるところであった。

ミサキには、オサキ・オオサキ・オンザキ・カンザキ・コウザキ・ゴンゼンなどの称呼があり、御前・御崎・大崎・大前・恩崎・権前などの用字例がある。また早くから修験道・陰陽道、密教、地方の巫覡集団の干渉が行われて、その交渉や習合を示す称呼があり、その分布は北は秋田県から南は鹿児島県に及んでいる。

ミサキ信仰の発展の第一の段階は、山陰地方のオイミアレや北九州海岸地方のカミワタシ、カミモドシなどの気象の特徴ある変化とか、東北日本の烏呼び神事や、安芸の宮島の島巡祭にとくに烏をミサキと呼ぶなど、神の来臨に先行して、これを告知する天然現象や鳥獣に対する先駆者信仰であった。神が祭に来臨し、終ると立ち去るという去来信仰を基盤として、これを感覚的に実証しようとする要求から成立したものであ

り、このことは後の激しい変化においても一貫したミサキの性格となっている。(「日本民俗学」三の一)

神の常在・鎮座を求めてその守護を仰ごうとする要求が実現する過程において、その代行者としての神使の常在をまず先駆者に求めようとしたのが、第二に現れる神使信仰であった。したがって神使信仰の中心をなすものは強力な守護神的機能でなければならなかったし、同時に主神が常在して守護神的機能を果し、また祈願に応じる段階までその信仰の発展が成熟すれば、ミサキの守護神的機能は主神に帰属し、当然その地位は失われる。ことに中央の尊信を得た男山八幡宮と鳩、日吉山王と猿、春日大明神と鹿などにこの関係が早く現れたものと思われる。しかし地方では群馬県利根地方で山の神の使者と信じられているオコヂョとかヤマオオサキと呼ばれる小獣が家の盛衰に関りを持つという信仰や(「日本民俗学会報」3)備前、備中、美作、因幡、出雲、隠岐などで、氏神の森のあたりに止住していて変事があれば村に知らせるという、ヤテイとかヤツテと呼ばれる狐らしい動物や(石塚尊俊『日本の憑きもの』)土佐の山村で家の守護神とされるテンノカミとかオンザキと呼ばれる信仰(「日本民俗学会報」49)などの例があり、さらに変化して狐や犬神の憑きもの筋や、御霊信仰系の祟り神などの変化を生じた。

二

氏神と守護神との関係を示すものに、備中・新見市豊永、比売《ひめ》坂鐘乳穴《さかかなちあな》神社とその境内の隅の奥の院と呼ばれる小祠に祀るオンザキの例がある。この神社は槙の穴という鍾乳洞の傍にある式内の古社である。氏子は一三の頭屋組に分れていて、一三年目ごとに頭屋が廻ってくる。これを「オンザキ様のオトウが下りる」といい、男の子を頭人に立て、地面や床に直接に腰を下してはいけないといって藁の円座を腰に下げて歩くなどの厳しい禁忌を守る。一〇月二九日が氏神の大祭、一九日がオンザキ祭で、この日に麦粉に干柿を入れ甘酒で練り、ウシシガザキで焼いたものをオヘラ焼きといって頭屋から氏子中に配る。オンザキ様にはヤテイ様がいて、村に変事があると鳴いて知らせるという。オンザキは氏子の守り神である。（「瀬戸内海研究」十二）美作・勝田郡勝田町、梶並八幡宮は古来から梶並庄内十ケ村の氏神で、一〇月一日の大祭は頭人祭とも呼ばれて頭人を勤めることは一代の盛儀とされる。幾度もの変遷があり、今は異る点も少なくないが、神主は大晦日の夜、社殿に上って、こみ板を叩いて牛王《ごおう》童子を二度呼び、牛王の用意をして再び牛王童子を呼ぶ。頭人は昔は正月二日から潔斎に入り別火して精進する。精進のしようで祭の晴雨が決るといわれている。頭人が忌みの生活に入ると神狐が守護する。頭人は神狐の出入のために戸を開けておく。大祭は夜の行事であって、日没時、頭人は牛王の入った小箱を額に押し頂き、榊葉を唇にはさんで、時には数里の道を宮に参る。この時、氏子は参道に身体を伏せて頭人に踏んで通ってもらうと丈夫になるという。神狐と牛王が重複しながら頭人の守護神となっている点が注目される。八幡宮の末社に稲利社があり、とくに氏子の信仰が篤い。直会には夕デを入れたオヘラ焼きが欠かせぬものとされている。（「岡山民俗」一二）真庭郡湯原町社は美作国式内十座のうち八座までがこの一村内にあることで知られている。昔は多くの祭があったが、今は旧社家の記録や古老の口伝に残るだけでほとんど廃止された。八社にはそれぞれ神田を耕作したり神馬を飼うための家が神田に接してあり、これを神座《こうざ》と呼んで、昔は氏子がくぢ引きで交替に住んだが、後には村内の貧窮者を住まし、神田を耕し、供物を調え神座にそれぞれ祀ってあるインゴノゴンゼンに仕えた。今一つだけ残っている佐波良神社の神座は、一見すると平屋造りの民家であるが、入口を入るとすぐ神馬の厩舎があり、奥の間に当る部屋をアカズの間と呼んで、ここにゴンゼンを祀ってある。祭日はない。

ツボネゴンゼンは今は宇谷の小祠に祀り、明治の末頃まで榎の大木があり、ここに兎上《うのかみ》神社の神座《こうざ》があった。昔は旧二月と霜月一五日に社村に入る四つの峠に注連縄をかけて交通を止め、兎上の神座の家族を立ち退かせて主人と神主が残り、翌朝、神座の後にツボネと呼ぶ茅の小屋をたて、その内に篠竹で八社を祭る棚と茅でゴンゼンの神座を作った。一七日の夜から二人は無言で八社の神とゴンゼンに供物をし、神主は篠竹の葉で布を裁つ真似をして祭り、終ると宇谷の谷口に出て切り火をし、神座に帰って扇でイワネタタキの真似と鶏の鳴き真似をして、無言の禁をといて祭が終った。ほかにも社にはいろいろなゴンゼンがある。

備中北部と美作西部、備前東北部に分布するイツキは斎、追付、伊都岐などの文字があてられ、約二〇例がある。ほぼ共通している点は村の氏神の祭に特権的な祭祀権を持つ頭屋組織があり、多くはこれを宮座と呼び、それに参加出来るのは座株を持つ家に固定しているとともに、座株はオイツキ田とも呼ばれる神田の所有がその継承の条件になっており、また座株は、「時国名」「助貞名」のように、中世以来の「名《みょう》」をもって呼ばれることが多い。頭屋になるとイツキの小祠を祀る。屋内の奥の間に安置する例もあるが、ほとんどは屋敷の庭先か、屋敷に近くあまり人の接近しない所をえらんで、背丈ぐらいの高さの柱で支えて地面から離して、片庇で正面に扉をつけずに竹のすだれを下げた様式の小祠を設けて祀る。イツキは守護神であるが、オンザキ、神狐その他の霊獣の信仰と表裏をなしていて、久米郡久米町、国司神社のイツキの頭屋では通行のために、雨戸を少し開けておく例もある。頭屋の禁忌はことに厳重である。たいていは氏神の境内の末社にイツキの小祠があり、美作二の宮・高野神社末社のイツキがやや規模が整っているほかは、ほとんどが形ばかりのものであるにかかわらず、氏神に対するよりもむしろイツキに対する信仰のほうが強い。（和歌森太郎『美作の民俗』「岡山民俗」十二）

美作・真庭郡朝山町の一宮《いつきゅう》神社は氏子の五部落を上組、三部落を下組に分け、それぞれに頭屋を置いてオイツキ様を祀る。上組は庭先に三～四尺の柱を立てその上に正面に竹のすだれを下げた小宮を祀り、下組は奥座敷に小宮を祀り、庭先に葉付きの竹三本を立て、中央に盛砂をしたものをオンザキ様とかヤツテ様という。人によるとヤツテ様はオンザキ様の使わしめであるともいう。氏神の境内にオイツキ様の小祠があるが、頭屋のオイツキ様は前年の頭屋から迎え、この小祠からは迎えない。一宮神社の祭は三月三日、五月五日、七月七日、九月九日と一〇月二〇日の大祭があり、拝殿の右に上組の一八名、左に下組の一三名が坐り、氏子がそれに連って祭を行う。オイツキ祭はこれとは別に正月と霜月に、丁銀《ちょうぎん》餅という小判形の餅と大根ざいを供えて行う。同町星山部落の氏神、星権現《ほしのごんげん》は旧六月一四日に輪番の頭屋を立てて祭る。オイツキ様の小宮を奥の間に祀り、霜月二日が祭日である。オイツキ様は星権現のオツカイシメであるといい、頭屋に不浄のあった時は小宮を星権現に返し、改めて別な家を頭屋として迎える。久世町金野、大津神社は霜月二日が大祭で、霜月七日に頭屋でイツキ祭を行い、八日に氏神の拝殿で頭渡しを行う。この時に鳥餅と呼ぶ丸い小餅を本殿の裏の木の株に供えて鳥がとるのを見て太鼓を打って儀式に移った。頭屋には九名《くみよう》と呼ぶ九戸の宮座株の家が当る。頭屋になると旧三月三日に庭先に葉付の竹二本を立て、竹の前に各一本の幣を立て、屋敷内かまたはその近くに地面から離して、竹のすだれを正面に垂れた小祠を祀る。頭屋はオイツキ様の田を作って供物を調える。氏神には末社はない。(岡山県教委「岡山県民俗資料調査報告」美作神職会「美作国神社資料」)

落合町上河内、熊野神社は一〇月一五日が大祭で、頭屋は公領分《くりようぶん》二一名、地下分《ぢげぶん》一九名からそれぞれ当る。名には皆イツキ田があってその所有が名の継承権である。イツキ祠は師走二〇日のトウザシに公領分、地下分の頭屋から氏神に返し、これを正月五日に新頭屋が迎えて、屋外に前述の型通りの小祠を設けて、毎月一三日に供物をして、一年間祀るが大祭はない。氏神の境内末社にイツキ祠があり、一一月と一二月の一四日が祭日である。祠内に承応三年銘の絵馬があり、口と身体が狼で耳が大きく垂れ、尾が渦状に巻いた二匹のイツキの半肉像が納めてある。同町下河内、下河内神社のイツキの絵馬は二匹の向きあった神狐像である。

備中・阿哲郡大佐町布施、御前神社では氏子を部落単位に九つの当番組に分け、九年目ごとに当番が回ると部落中のくぢで当屋を決める。当番組になると部落全戸の家の入口に注連縄を張る。禁忌は部落全戸に及び、一年間墓参が禁じられ、また親族に不幸があっても飲食はもとより供物も墓参も禁じられる。氏神大祭は一〇月九日である。イツキの当受けは旧三月朔日に行われ、各部落にあるオイツキ屋敷に、檜の枝で蓋った片庇の屋根をふき、三方を麦藁で囲み、正面に竹のすだれを下げたオイツキ小屋を設け、中に棚をかけてイツキを祀る。当屋には庭先に約二尺の杭三本を三角形に打ち注連縄を張り、盛砂をして塩をまく。ここに稲荷様を勧請するという。どちらも一日、一五日に供物をしておきよめをする。一〇月末日、当屋の庭にオハケオコシといって太い葉付の竹を立て、その先に藁づとと幣をつけ、甘酒を供える。一一月一日、氏神社でオイツキ祭を行い、翌二日、オハケ倒しの行事がある。もとは神田一反七畝があった。（「社会と伝承」三）同町小阪部《おさかべ》は川を境として東に一つ、西に二つのイツキを祀る別々の組がある。川西の例では今は田の畦とか荒神の森になっている名屋敷の所持者で一一名のイツキ株が構成されている。祭は霜月の卯・辰・巳・午の中から日を定めて行い、頭渡しはその後で行う。注目すべき点の一つはイツキの神体は種子籾俵と小宮である。一宮神社の頭渡しにも昔は種子籾があったと伝えているし、諸社の末社のイツキの祭神を稲倉魂命とする例が多い理由とも思われる。種子俵は旧二月卯か巳の日にオンタネビラキという祭をして各「名《みょう》」の家に配分する。第二は小宮と俵を奥の屋根裏のサンノヤナカとよぶ所に一間の棚を設けて安置する。屋根裏には剣と鏡、中央に幣をさし、これをウカノカミともヤテイともいう。この祭場形式は高知県香美郡の山村のオンザキ祭に似ている。（「日本民俗学会報」49）後に屋内では不浄が多いということから、屋外に御前神社の場合と同様式のオイツキ小屋を設け、そばに別に小祠を設けてウカノカミの幣を立てて祀るようになった。氏神の境内末社にイツキ祠が出来たのは神社合祀以後であるという。(『日本民俗学大系』7、「年中行事の社会性と地域性」)

以上は氏子協同体の守護神の祭祀が頭屋の組織によって営まれる点と、その信仰が協同体の内部の信仰によって支えられている点、及び禁忌の厳重な反面に頭屋の身近に祀る共通性などにふれてきた。

三

大小のミサキの中には、村の外部から、有力な大社のミサキを勧請したという来歴の伝っている氏神や鎮守がかなりある。備中地方では『梁塵秘抄』にその恐ろしさをうたわれた一の宮吉備津神社の「丑寅みさき」を迎えた例が多い。上房郡旧豊野村の御前神社、高梁市遠原の御前神社はいずれも一の宮を勧請した氏神であり、川上郡備中町の長谷部落、高岩部落では艮御崎《うしとら》を鎮守に祀っている。主神の吉備津神社そのものを勧請する風の生れたのは恐らく近世以後であったと思われる。津山市大崎の氏神大崎神社は、長和四年一一月、当時金井郷と呼ばれたこの村に疫病が流行したために、村の東の山の尾崎に大物主命、西の山の尾崎に大国魂命を勧請して、それぞれ東大崎大明神、西大崎明神と呼んだという。

以上を鎮座型とすれば、ミサキには期間を定めて祀る送迎型がある。幡州・宍粟郡千種《ちぐさ》村河内部落では、土用丑の日の翌日、当番が二人で隣村の葛沢村に岩上様を勧請に行く。これをオオカメ様ともオイヌ様ともいう。当番はそれまで一週間精進して、金幣を借りて来るのであるが、「隠れ身で来て下さい」と言えば見えぬが、「生身で来て下さい」というと、まっ白な狼が来るのが当番に見える。途中で下に置いてはならず、手から離すと本社に帰ってしまうという。当番が出かけている間に部落では茅と竹を持ち寄って、岩上様と呼ばれる丘の上に祠を作っておいて、そこに祀り、毎日二人ずつ当番が日参する。氏神祭の後で岩上祭をして本社に送り返す。岩上様は狐封じや疫病徐けの神という。美作・久米郡久米町の氏神・貴布弥神社の境内の丘に続いた森を奥の院と呼び、奥御前社がある。元禄二年の「書上之控」には「奥之権前」となっているが一般には狼様という。社の背後の腰板に直径一尺ばかりの丸い穴が開けてあり、狼の通行を図ってある。これは稲利社にも見られるがミサキ祠の一つの様式である。この穴と、社の後にある狼の足型のある狼石にはともに信者の供えた塩が盛り上っている。ミサキの信者は岡山、兵庫、鳥取、島根の諸県に及んでいる。氏神の大祭は霜月一三日から一五日で、信者は一五日にミサキの小宮を勧請して帰り、庭先に柱を立てて地面から離し、正面に竹のすだれを下げた小祠を作って、塩を供えて祀り、守護神とする。一年間祀って翌年の霜月一四日までに本社に返す。狼が本社で子を産むためであるという。雌雄二匹の狼を迎えるとされている。送迎には岩上様と同じ理由で二人で行き、途中でふり返ったり、家に立ち寄ると、本社に帰ったり、立ち止った家に残るといって禁じられている。霜月一四日の深夜、宮司は社地の森の中の篠竹に掩われた秘密の小さい池の水を汲んで、供物を調達して祭る。この夜、狼が子を産むといわれている。前掲の梶並八幡宮の社宝に、小箱に納めた神矢があり、オヤ様とよんで、憑きものがあると勧請すれば必ず落ちるといい、一週間祀って送り返すことになっている。因幡・八頭《やず》郡若桜《わかさ》町吉川では梶並様は狼であるといい、狐が憑くと、前例と同じ理由で親類が二人で勧請に行く。ここでは竹竿の下をくぐってはいけないといって絶えず注意しなければならぬ。迎えて来ると庭先に小祠を設けて祀りこみ、生魚を水に泳がせて供えるという。(「西郊民俗」一八)備中・高梁市津川町、木野山神社は高梁川と交流の有漢《うかん》川の合流点を臨む高く険しい山上にあり、もと近辺に尊信の篤い山の神であったらしい。本社の背後に左右に末社があり、それぞれの前に狼の石像があって、前に信者が供えた塩がうず高く盛り上っている。この信仰には三つの型があって、備中以東の美作方面では、木野山狐とか木野山のゲドウといって憑いたり、祟ったりする悪霊のようにいって、法者が調伏する。備中以西の一つの型は憑くものを落す最も有力な神とされていて、法者に頼んでもどうしても落ちない時には、屈強な者が三人以上で木野山の狼様を輿で迎えて来て、屋敷内で一週間祀るとどんな性の悪い憑きものでも必ず落ちるという。（「民間伝承」二八八）この木野山から守護神を勧請する信仰を基盤として、新しく木野山神社そのものの分社を勧請して鎮守とする鎮座型の信仰が急激に拡大したのは、明治一二年と三五年にコレラが大流行したのがその動機であった。この型の分社は中国一帯から四国、北九州に及んでいる。

四

無数のミサキのほとんどは、早くから鎮座の由来の不明な独立した守護神であったから、この言葉には霊感の高い神霊をさす一面があり、具体的には村の氏神、部落の鎮守、カブの神や家の神も含まれる。美作西部では三三年忌や五〇年忌が終るとミサキの位がつくとか地蔵権現の位がつくという。真庭郡湯原町藤森では五〇年忌を過ぎた墓石を一ケ所に集めて祀ることを「ミサキをいわう」という。勝山町星山では五〇年忌には昔は紙塔婆や二又塔婆や二蓋松《にかいまつ》の塔婆を立て、墓や屋敷のまわりにミサキを祭った。久世町樫西《かしにし》、竹藤カブでは墓に接して小宮を祀り、ミサキとも若宮とも呼ぶ。落合町栗原、山崎カブも古墓の隅の榊の下に同様に呼ぶ小宮を祀っている。苫田郡富村兼秀、難波カブは墓地にある五輪塔をミサキと呼び、女の接近を忌む。苫田郡以東では墓地に接して小祠や立石を設けるが御先祖と呼んでミサキと呼ばない。備中・上房郡北房町上水田、西谷カブの墓ミサキは旧正月と三月に祭る。ここから以西ではミサキと呼ぶ風はない。

ミサキの持つ、外敵や怨霊の排除の霊感に基くものにツルギミサキと呼ぶ型がある。苫田郡富村大のツルギミサキは昔この村に王がいたので村の名になり、その墓が大塚神社で刀がミサキである。真庭郡湯原町上岸、竹内家は殿様から拝領したという両刃の剣、同町藤森、田口家は先祖伝来の槍の穂先をそう呼んで祀る。落合町栗原、中山家、同町日野上、池田家、上房郡北房町下砦部、山根家などは畑から掘り出した刀をツルギミサキに祀る。北房町水田の原部落は、六六部が片山城に泊ったのを殺して刀をとったが、その刀に摩利支天が祈りこめてあって、落城後は部落に祟るので、鵜の戸の観音堂の前に石を立ててツルギミサキを祀る。阿哲郡大佐町丹治部安達カブは本家の旧屋敷の東南隅に、九寸五分の短刀を祀り、摩利支天ミサキともツルギミサキともいう。

ミサキの遊行性を示す顕著な例として、突然目まいがしたり、はきけを催したり、皮膚が切れて出血することをミサキカゼにあうとかユキアイとよぶことはよく知られているが、また法者の口を借りたり、時には本人自身の口で思いがけぬ遠方からでもミサキが訪れていることを名のる例が多く、木野山狐もその例であり、諸社の眷属や異類が絶えず徘徊している不安があった。

ミサキの激しく祟り易い性格は、もともと厳しい禁忌と表裏をなすものであり、期間を定めて祀って送迎する理由の一つは呪力の更新のためでもあったが、もう一つは禁忌の厳しさに対する祟りへの恐怖でもあった。この祟りに対する強い印象と流行病や天災地変に対する不安などが結合し、強化されて、ミサキに対する恐怖がたかまったと思われる。

ナガソデミサキと呼ぶ型に、備中・上房郡北房町水田字山田では、昔この村に来た旅の坊主を打ち殺したのを祀り、美作・真庭郡落合町上田原では、備前の五流法印が大山参詣の帰途、川船が沈んで溺死した霊を祀り、湯原町茅森では、旅の山伏を殺したところ悪疫が流行したので、そのおいづるに入っていた刀を祀るなどの例がある。伯楽をしていた先祖の霊をミサキに祀る湯原町本庄、矢吹家や苫田郡富村大、難波勝士家などの例には、伯楽の霊感に異常性を認める気持があったと思われる。

怨霊をミサキに祀る例は多い。この型の一つは財宝をかくすためにそれを埋めた家来や下男を殺して祀るミサキで、上房郡北房町水田字境、迫の奥の阿弥陀境内の五輪を祀る七人ミサキ、真庭郡湯原町下湯原、池田カブの三郎五郎ミサキや、同町大字種字大谷の金負いミサキなどがある。落武者が自害をしたり、殺されたのを祀る型も少くない。落合町横部、堂のミサキは溜池の人柱を祀り、同町野原吉五郎ミサキは正月九日の山の神の日に山に入って天狗に殺されたのを祀り、湯原町社では神馬が鬼鹿毛《おにかげ》になって人を喰うので手綱を引いた者と一緒に生き埋めにしたのを、人間をマエワノゴンゼン、馬をアトワノゴンゼンに祀るという。同町牧部落の祀る徳右衛門ミサキは享保年間の一揆の首領の徳右衛門が、捕り手の案内をして来たこの村の手島家の見える今の場所に「ミサキに祀れ」という遺言によって祀ったものといい、上房郡北房町上水田、小殿のミサキはこの村の豪族武村家が亡びる時に、争いの相手の坂本家が見える場所に祀れと遺言して死んだのを祀るという。

備前・邑久郡笠加村などでは、ミサキは死神のことで、死者があると四九日間家の棟におり、四九日たつと死者もミサキになるといって、巫女や法者に頼んでミサキワケをする。(瀬戸内海研究会『農村の生活』上房郡有漢町大石にはトリジニミサキがあるので、三〇年ごとに部落に首吊りが出る。死者はトリジニバナシという祀りかたをする。

備前・御津郡円城村では火事のあった家が焼け年忌といって焼けた日にヤケミサキの祭をする。次の火事までその家を祀り、火事を出した家が次々に祀ってゆく。(「日本民俗学」三)備中地方の村々では、火事があるとヒノミサキ、水死者があるとミズミサキ、首を吊るとツナミサキを、神職に頼んでミサキオサメをしてもらって、屋敷の小宮に祀る。(「瀬戸内海研究」一二)小豆島では石切場で死者が出たり、けが人が出るとそこにミサキを祀るという。真庭郡勝山町、落合町などでは祀り手のない墓や五輪をミサキと呼び、祟るという。東美作ではキリキミサキとかキノミサキといって大木を切ったあとにミサキを祀るふうがある。祖霊のほかに怨霊、御霊、死神、その他もろもろの災難をもたらす悪霊などを皆ふくめてミサキとよぶふうのあることを見てきたのであるが、反面ではそれらを統御したり排除するために新しくミサキを迎えたり、祭を強化するふうもこれに伴ったものである。

五

ミサキが本来強い呪力を持ち、厳しい禁忌を要求した点が、一つには輪番で祭祀に専従する頭屋制、ことにイツキの祭祀に見られるような型を比較的永く維持する原因になったであろうし、もう一つには神職、法者、巫女などの巫覡、いわば専門家にそれが委ねられていたことも、特徴であるミサキの神秘性が保たれた理由であろう。

備中・新見市唐松、国司様の小祀は険しい岩山の頂上にあり、そこをミセンとかオクミサキと呼び、山の途中にナカミサキがある。正月亥の日に氏神・岩山明神の神職が供人と、白装束に山太刀を帯びて供物を携えて登る。村人はナカミサキから引き返して、神職がミセンに着く頃には家にこもる。神職は山頂から村を見下して、人影があれば盗難、煙が見えれば火難の兆として占う。これをカイゴモリ祭と呼び、昔は村の入口に見張を立てたという。その夜、神職だけのお田植祭があり、途中でオノーと呼んで声を出す儀式があるが、もしその声を聞けば凶事があるという。(「岡山民俗」四一) 鳥取県気高郡青谷町鳴滝・神崎神社では霜月丑の日から酉の日までオイミ祭に入る。オイミさんは怖しく尊い祭で、神職がオイミさんに詣る姿を見た者は死ぬといい、当日は戸を閉めて外に出ない。神職の体験では、鳥居のあたりで狼にあって総毛だったことがある。狼は神崎さんの使わしめであるという。(「日本民俗学」五の一)

神職家の守護神としての特徴がある例に苫田郡富村大、小川家のミサキがある。この家は氏神五社大明神の旧神主家で、ミサキは家の裏手の丘の麓のミサキブロに祀る。その下にミサキの神田があり、不浄を忌む田である。ミサキブロは暗く茂っていて、正月にお供えをする時と旧九月九日の祭の時以外は誰も近づかない。前日から忌のある家人は他家に行かせ、主人は奥の間で別火精進した。九日夜半から供物を持って行って祭をした。一〇日の朝、主人がミサキブロから帰る姿を見た者は死ぬと伝えて、部落では陽が高く上るまでは雨戸を開けなかった。当主になってから恐ろしくなって止めた。祖父の代まではよく伯耆大山に参ったが、陽の高いうちに往復して来て、しかも天狗の助けがあって履物の裏に土がついていなかったという。こういう神秘性と禁忌はミサキの管理者の条件である。

ミサキと狂人に関する伝承も、ミサキの性格を示すとともにその祭祀者の姿を反映していると思われる。真庭郡湯原町本庄ではミサキの氏子は狂人になり易い。普通の狂人と異って荒々しく、狐憑きのように落ちないという。落合町下河内の旧家、村岡家は主人がとびと間違えて、誤って「天狗ミサキ」を撃って狂死して亡んだという。勝田郡新野村新野東の籔にミサキ祠があり、祀らねば部落に狂人が出るという。上房郡有漢町大石のミサキも憑くと発狂して縊死するという。こういう伝承はミサキの神懸りや託宣が尋常でなかった点を反映するのであろうが、これを伝えているものに石見の大元神楽がある。(「日本民俗学」一)

この神楽ではミサキの依代であるミサキ幣で、〝みさき山、下りつ上りつするほどに、袴がやれて着替え給われ〟という神歌を唱えながら託太夫の肩を打ち続ける間に神懸りになり託宣をするのが手続きであるが、この前後に神秘な神事や信仰を伴っている。広島県山県郡あたりでは部落に凶事が続いた時の祈願として大元神楽の託舞をする。託宣が終ると「元山にお帰り下され」というと、「うん元山に帰るほどに」といって気絶するが、そのまま死に絶えてしまうこともある。水を吹きかけて生き返らせるが数日間は気が変だという。子供が藤蔓につかまって託舞の真似をして神歌を唱えている間に本当にミサキが憑いて、大人たちがあわてて太夫さんを頼んできて、落してもらったこともあるという。(「民間伝承」二五六)

荒神神楽ではミサキは、「猿太彦の舞」の途中で、ミサキの有無、続いて死魔の有無を確かめる問答があり、ミサキと死魔は同類になっていて、新しく変化した信仰で扱われている。

どちらの神楽にも新旧さまざまな要素が複雑に混入しているが、重要な共通点の一つはツナと呼ぶ藁蛇が神降しの依代に扱われていることで、大元神にしても荒神にしても、蛇に託宣を求める神事であるともいえる。

荒神神楽では神懸りになるのに「ゴウヤ、ゴウヤ、ゴウサマ」と唱える。美作久米郡地方の「護法飛び」でも護法神の「祈り憑け」に修験者が同じ唱え言をしていて、どちらも牛王信仰の伝統を残しているが、「護法飛び」では憑くと烏の姿をとって跳躍する「烏護法」と、疾駆する犬の姿をとる「犬護法」の型がある。護法神は寺社の鎮守であり、守護神である。

ミサキ信仰の流れの中心をなすものが使者神を守護神とする点からは、鎌倉以来の家筋として、現在巫女に伝えられている備前御野のコンガラが、不動明王の脇侍の衿羯羅《こんがら》童子を守護神とするものであって、ミサキ信仰を背景として地方的に展開した不動信仰といえる。(「吉備彦神社史料」)また大山の下山明神が、備中江原荘、渡辺氏の先祖、源五郎の怨霊によって成立したという縁起を持つとともに、美作勝田郡の下山一族が別な系譜を主張しながらも、源五郎を通じて下山明神の成立に結びつく点は一致している。源五郎という名で表わされる御霊信仰を媒介として、これらの山伏集団が、本来は智明権現の使者神で神狐である下山明神を守護神とした関係は、神楽能の「大山記」で民間に伝えられている。備前児島の五流山伏が下山明神の信仰と結合した関係も同様であった。これはまた彼等が臨もうとする山道筋の信仰にほかならず、その時期は、鎌倉末期から近世の初期であった。

ミサキ摩利支天はもっとも新しくミサキと習合した信仰であり、摩利支天という観念的信仰はミサキの具体的、感覚的な性格と反するものであり、これは法者の信仰であった。

陰陽道とミサキの関係は早くからウシトラミサキが、吉備津神社に現れて神威をうたわれ、他にヒツヂサルのミサキなどの方位信仰によるものがあり、また七殺金神と習合した七人ミサキは大変多いが、語呂合せの程度に終っていて、ミサキ信仰の内容を決定的に変化するような影響は与えていない。

ミサキはほとんど全国的に分布し、極めて古くから成立した信仰であるが、地方的な変化のいちじるしいのは何故であるかという課題がなお残っている。多くの示唆を与えて回答を促がされた亡き柳田国男先生に以上の報告をして責めを果したいと思う。これは昭和三七年五月三日、柳田国男先生の米寿記念会に先生に報告した概要をまとめ、若干の所見と補足を加えたものである。

かまいたち談義

大竹信雄

1　はじめに

かまいたちを調べてみようと思った動機は二つあった。第一は、ここ一、二年、共同採訪に出掛ける機会がなく、是非調査に参加したいと思っていた矢先、新潟県北蒲原郡笹神村で平成九年秋の県民俗学会共同採訪が行なわれたことである。実は笹神村の大室は、妻が幼少の時、数年間暮らしていたことのある所であり、そこで妻は、ある日、友人数人と遊んでいてかまいたちにあい、右足の脛に鉤状の切傷を負ったのであった（後述実例中第三話）。

第二は、笹神村笹岡で、かまいたちの聞き書きをしている最中に、安田ダシの話を聞いたことである。局所的な春のフェーン現象を伴う安田ダシが、かまいたちの発生との間に関係がある筈はなかろうが、かまいたちが頻繁に起きたという弥彦山から国上山への峠も日本海から吹く季節風の通る道筋であった。というのは、筆者の浅薄な知識の所為なのであるが、江戸時代には、かまいたちは魔風であるといわれていたこともあって、かまいたちは、風と何か関係がありそうだと考え、「局所的な季節風とかまいたち」というように、かまいたちの生ずる地域は特別な場所ではないかと推測したのである。

こうして始めた「かまいたち談義」は、かまいたちの地域性どころか、江戸人の考え出した妖怪かまいたちのご出現となったのである。以下、相変わらずの独断と偏見に満ちたひとりよがりの一文である。ゆるゆるとご笑覧あれ。

2 かまいたちはどうして起こるのか

かまいたちとは、「体を物にぶつけてもいないのに鎌で切ったような切り傷ができる現象」であり、「厳寒の時、小さな旋風の中心に生じた真空に人体が触れて起るといわれる。かつてはイタチのような魔獣の仕業とされた」と『大辞林』（三省堂）にある。なお、『広辞苑』（岩波書店）にもほぼこれと同様の説明があるので、上記が一般的な解釈と考えられる。

さて、かまいたちにあった人の話を聞くと、何故か物に触れてもいないのに、突然、脛や腿が切れ、瞬間血がでることはなかったという。だから、人々は、旋風に乗ったイタチのようにすばしっこい魔獣が人を斬り、生血を吸ったと考えたのであろう。水木しげる著『カラー版続妖怪画談』（岩波書店）には、「鼬に似た妖怪で、両手には鎌のような爪を有し、つむじ風に乗って現われ、人を傷つける」とある。なお、面白いのは「岐阜県では、鎌鼬は三人組の神で、初めての神が突っかかり、次の神が切り、三番目の神が薬をつけるので、だから痛みがないのだといわれている」とある。

新発田市旧市内では、かまいたちは、神様が太刀を構えて立っていた場所へ人間が入り込み、神様の怒りに触れて刀の傷を負ったのだといい、焼いた伊勢暦の灰を患部につけると治り、暦を粗末にするとかまいたちにかかるといわれていた（『新発田市史資料　第五巻』）。恐らく、この話者は、かまいたちについて多少の知識をもっていたのではないかと思われる。阿部信雄氏（柏崎市半田）は、柏崎の山間部では、「山の神の日に山へ入るとかまいたちにあう」といわれていると語っていた。これは、うまい具合に山の神の日の禁忌を、かまいたちの構え太刀説によって説明したものといわれよう。

因みに、越後の文人橘崑崙著『北越奇談　巻之二』（一八一二）では、「俗説十有七奇」の中の其三に鎌鼬を説明し、構え太刀説と共に「一説に寒気皮膚の間に凝封せられて暖を得るときは皮肉さけ其気発るといへり」と医家の説と治療法を説明し、陰陽道の理をもって批判している（昭和五三年刊　野島出版）。つまり、かまいたちの起因は、小さな旋風の中に生じた真空に体が触れて起こるとしたり、つむじ風や鬼神魔獣の仕業であるとしたりする外因説の外に、十九世紀初頭には、不十分ながら、体内にその原因を求める内因説の兆しが見えはじめていたように思われる。

佐藤和彦氏は『高志路』（新潟県民俗学会）第三一八号において、西蒲原郡弥彦村麗二区の調査例をあげ、諸文献での説明を記し、最後に、最近、かまいたちは気象学的現象でなく、生理学的現象といった方がよさそうだとする考え方が、むしろ気象学者たちによって提唱されていることを示されている（一九七〇年発行『気象』一四巻八、九号　高橋喜彦、串田孫一、田村竹男論文）。さらに高橋八十八氏は、同誌第三二一号において、「新潟日報」（昭和四八年一〇月一四日号）に掲載の宮城県郵便局員の公務上災害に対し、人事院が、かまいたちは自然現象ではなく、筋肉の急なゆがみによる生理学的現象であるという新説を採用して裁定を下したことを紹介している。

以上から大雑把ながら、筆者なりにかまいたちの起因説をまとめると、つぎのとおりである。

A　自然現象や鬼神妖怪の仕業とする説（外因説）

(1) 太刀を構えて立つ神の怒りに触れて生ずるとする説（構え太刀説）
(2) つむじ風またはつむじ風に乗った想像上の動物カマイタチの仕業とする説（つむじ風・かまいたち説）
(3) 空気中の小さな真空に人体が触れて生ずるとする説（大気現象説）

B 急激な筋肉の使い方によって生ずるとする説（生理現象説・内因説）

総じてAグループの諸説は、科学の発達していなかった江戸時代から、かまいたちの起因と考えられていたものであり、その原因を体外に求めている。それに対し、生理現象説は、その原因は体内にあるとしている。ただし、その考えは、最近になって、畑違いの気象学者によって提唱されたもので、未だ必ずしも定着してはいないように思われる。もっともそれは、かまいたち現象が、医学の世界では外科の取り扱う裂傷に過ぎず、問題にするほどのことでないからなのかも知れない。話者の一人は、医者にかまいたちのことを尋ねると、そんな病名はわからないと答えたといっていた。なお、前出の田村論文には、南魚沼郡塩沢町では「かまいたちには薬はいらぬ、トウフカスをくわせておけばいい」（かまいたちの傷口にトウフカスを塗り込むこと）といわれ、かまいたちは、「あかぎれには飯くわせろ」というのと同様に、外傷ではなく、体質的に自然にできるものと昔から考えられていたのだろうとしている。

3 かまいたちにかかった話

つぎに、少数ではあるが、かまいたちにかかった例をあげる。調査地は、北蒲原郡笹神村と柏崎市、刈羽郡小国町の一部であり、体験者からの聞き書きは、九例中の第三、四、七話の三例のみである。

(1) 笹神村笹岡諏訪神社前を流れる三尺程の小川付近で、四、五人の男の子が、順次勢いよく川を飛び越えて遊んでいた。その時、一人の男の子の脛か腿かは記憶にないが、その一部が裂けて肉が割れていた。大

きさも覚えていないが、血がでていなかった。まだ学校へ入る前で、時期は夏の夕暮時分だった。（話者　笹神村笹岡・男）

(2)　平成八年夏、お盆の頃だった。笹神村宮ノ下からきた嫁さんが、夜遅く自分の車で帰宅した。丁度、玄関先に車を止めて降りようとした時であった。足が土に着いたか着かんその瞬間に、足首に激痛が走った。痛いと思ってフト見ると、少し肉が割れて切れていたが、血は一滴もでていなかった。（話者　笹神村笹岡・女）

(3)　昭和一〇年頃であった。笹神村大室のとある商店の母屋軒先付近で、四、五歳くらいの女の子たちが、鬼ごっこをして遊んでいた。その日は、夏の日蝕の日であったと覚えている。その時は夕暮時で、逃げ回っていた最中に一寸躓いて転倒した。一瞬右足の脛に痛みを感じ、見ると肉が裂けて、血もでずにパックリ割れていた。痛いのを我慢して、店の前を流れる川に架かる橋を渡りかけると、急に血が流れでた。それに驚いて泣きだし、屋根葺きをしていた屋根やさんは、押し切りで足を切ったのではないかと大騒ぎになった。医者がかりして、いまでも脛に鎌の形をした傷が残っている。（話者　柏崎市四谷・女）

(4)　昭和一四年春五、六月頃、その日は晴天、休日の午前であった。小学校三、四年の男子数人で、小学校の校庭を飛び回って遊んでいた。遊びは何遊びであったかは確かでないが、何かの拍子に仲間の一人と衝突した。すると突然、右足裏に痛みが走った。それは中指か薬指であったか覚えていないが、その傷は、骨が見えるかと思うほどに深く、血はでていなかった。その時、どんな治療をしたかははっきりした覚えがない。（話者　柏崎市枇杷島・男）

(5)　いまから三十五年くらい前（昭和三八年頃）、母方の祖母から聞いた話である。場所は柏崎市松波町、どこの人かはわからないが、女の人が便所に行き、腰をかがめるや否やかまいたちにかかり、足に小さな

裂傷を受けたという。（話者　柏崎市四谷・男）

(6)　いまから十年くらい前の昭和六三年頃の話である。柏崎高校（柏崎市学校町）の二学期末、球技大会間近のことであった。運動部の男子生徒の顎の真ん中辺りに、小さな絆創膏が貼られていた。それは、屋内体育館で籠球の練習中、ゴール下でシュートをしようとして飛び上がった瞬間に切れた傷で、その時、血がでなかったというのがもっぱらの噂であった。（話者　柏崎市春日・女）

(7)　昭和三年頃、小学校六年の時である。夏の午後、数人の仲間と田圃の中の用水池へ泳ぎにいった。もともとその用水池は、遊泳禁止の所で、遊んでいるのが見つかると叱られる場所であった。そこで、こっそり遊泳中、どうしたことか右足膨ら脛が急に痛くなった。驚いて陸にあがって右足を見ると、五cm程肉が切れて口が開いていた。不思議に血はでていなかったことを覚えているが、傷口の手当てはどうしたか記憶にない。（話者　柏崎市半田・男）

(8)　昭和一五年頃、十八歳の時だった。春先だったのか確かでないが、肌寒い頃だったと思う。仲間数人が、友人の家の前庭にたむろして何やら話しあっていた時であった。何をしたわけでもなかったが、突如友人の一人が足の脛に痛みを感じた。早速、足を見ると血もでずに、五、六cmくらい縦に深く切れていた。（話者　柏崎市半田・男）

(9)　昭和三六年頃であった。夏の午後、一服休みで家人は家でくつろいでいた。その時、家の外で急に大きな泣き声がした。慌てて駆け付けて見ると、娘が田圃脇の側溝のセメント板の間に、足を踏みはずしていた。驚いて抱き上げるようにして引き上げると、出血はしていなかったが、足の脛の肉がふたつに割れて口を開いていた。（話者　刈羽郡小国町・男）

次頁の表は、以上の九例をまとめたものである。その中から共通と思われるものをあげるとつぎのようで

No.	被害者	年齢	年月	場所	時間	傷の場所	状況	被害地
1	男の子	就学前頃	夏	神社付近の川	夕暮時	脛か腿	川を飛び越えた	笹神村笹岡
2	女(嫁)	不明	平成8年夏	自宅前	夜	足首	自動車から降りた	笹神村笹岡
3	女の子	4,5歳頃	昭和10年夏	母屋軒先	夕暮時	脛	転倒した	笹神村大室
4	男の子	小学3,4年頃	昭和14年初夏	小学校校庭	休日午前	足指裏	仲間にぶつかった	柏崎市枇杷島
5	女	不明	昭和38年頃	自宅便所	不明	足	腰を屈めるや否や	柏崎市松波町
6	男	高校3年頃	昭和63年頃	体育館	昼間	顎	籠球のシュート中	柏崎市学校町
7	男の子	小学6年生	昭和3年頃	溜め池	昼間	右足ふくらはぎ	水泳中	柏崎市半田
8	男	18歳	昭和15年頃	農家庭先	昼間	脛	フトしたら	柏崎市半田
9	女の子	幼児	昭和36年頃	農家前の田圃	午後3時過ぎ	脛	板を踏み外す	刈羽郡小国町

ある。

① かまいたちは突然無意識のうちに起きる現象である。
② かまいたちには、「飛び越える」「ぶつかる」「泳ぐ」といった、その一瞬強い筋肉の動きが見られる。
③ かまいたちの傷は下体が多く、鎌で切ったような傷で深いが、一滴も血がでない。
④ かまいたちにかかる場所は、戸外が多く、二例だが屋内(5)と(6)の二例)でもかかっている。
⑤ かまいたちにかかる時間帯は、昼間、午後の夕暮時に多く、一例であるが夜の場合もある。
⑥ かまいたちにかかる人は、男女を問わないが、概して子供が多い。

以上の共通点を概観すると、つぎの二点に集約できる。まず第一は、かまいたち現象は疑念、不思議の伴う出来事であること、第二は、その現象は、いわゆる民俗社会の境界といわれるような場所や時間帯などに起き、境界性に富んだ現象といえることである。なお、塩沢町でのかまいたちの実例を述べた前出の田村論文によれば、上記とほぼ同様な特徴をあげ、さらに家族が揃ってかまいたちにかかっていることがみられること、塩沢町は冬は積雪が多く、米作農村地域であるという風土性も関係しているのだろうと述べられている。

A　疑念や不思議を抱かせるかまいたち

人は思いがけないことに遭遇すると、落ち着きを失って驚くのが常である。その驚きは、日常茶飯事の無意識のうちにする行動の中で、全く予期しなかった出来事であればあるほどその度合いは強い。かまいたち現象は、まさにそういった現象と思われる。何故なら、広いグラウンドを飛び回って遊ぶ子供たちが、ちょっとのことで転げてしまったり、友人と触れ合ったりすることは当たり前のことである。そうした中で、フト人や物に触れ、一瞬痛みを感じ、見ると肉体の一部が血もでずに深く切れて割れ、ザクロのように口を開いていたというのである。こんな思いがけない出来事に驚かない者はいまい。しかも、その傷口からは、一滴の血も流れでていないのである。何故だろう。骨の見えるほどの傷にもかかわらず血がでていないのは。そこに、一瞬の驚きとともに、人智では理解できない原因や理由があるのではないかと疑いをもち、不思議を感ずるのである。

考えると、科学の発達していなかった江戸時代の人々が、こうした不思議を伴うかまいたち現象を超自然現象とし、つむじ風や鬼神魔獣といった妖怪の仕業と思い、旋風に乗って現われる想像上の動物かまいたちを創り出したのもうなずかれる。江戸時代に描かれたかまいたちの図を見ると、どれもこれも旋風に乗って、鋭い牙や爪を剝き、尾の長いイタチの姿に描かれている。

B　境界に起きるかまいたち

我々の暮らしている空間には、人の住んでいない破れ屋や辻、橋のたもとなど、妖怪や幽霊、化物の類のでやすい場所があるといわれている。かまいたちの出現した場所は、神社近くの小川付近であったり、真昼の広い校庭や田圃に囲まれた用水池であったりした。そこは、日頃は誰も行かない、いわばポッカリと空いた非日常的空間である。周囲から隔離されたこの空間は、たとえ真っ昼間であっても、鳥や虫の声しか聞こえない静かなところであって、人々の心に不安や恐怖を掻きたて、不思議を思わせる特別な場所である。そして、家の軒先や玄関先は、正月には松を飾り、節分にはヒイラギや串刺しのイワシの頭を立て、五月の節句には菖蒲やヨモギを下げて、神を迎え入れ、悪神疫病を防除する聖なる場所である。また、そこは、家の内外を区別する境界上の空間でもある。さらに、屋内の便所も、井戸や橋、辻などと同様に、民俗社会では、この世とあの世を結ぶ境界的空間であり、出産・産育・葬送などの人生儀礼と深くかかわりをもっている特別な所である。

かまいたちの生ずる場所が、民俗社会の境界的空間であったように、かまいたちにかかる時間帯にも民俗学でいう境界性が認められる。すなわち、その時間帯は主に午後、なかでも日没間際の逢魔の時間から夜が多い。逢魔の時間とは黄昏時である。それは昼と夜の交錯する境界上の時間帯であり、いよいよ魑魅魍魎の跳梁する時間である。よく聞く村はずれに住む古狸や古狐に化かされた話が、黄昏から夜の出来事であることからも理解できる。

かまいたち現象の境界性は、被害者自身にも見出せる。それは、かまいたちにかかるのは、その多くが子供であることにある。幼い頃、泣き止まない筆者に対し、祖母が「モモコがくるぞ」といい、「そんなに泣くならミカン箱に詰めて川へ流す」といっていたことを覚えている。その言葉が無性に恐ろしかったことを思い出すが、いまになるとその意味が、拙い知識の中からそれなりに納得できる。かつて、子供は「七つ前は神の子」といって、民俗社会では一人前の大人として認められていなかった。子供は、この世に生を享けた人間ではあるが、未だ聖なる神の子でもあったのである。だからこそ、大人は、子供を安心してミカン箱に詰め、川を通じ、神のいます国、あの世へ流すことができたのである。子供は聖なる存在であると共に、人間とも神ともつかない曖昧な存在である。それ故に、この世（人間界）とあの世（神界・魔界）とを往来できる境界性を帯びた存在であったのである。

かつて人々は、かまいたち現象は超自然的現象であり、人々の持ち合わせていた知識では到底理解できない現象とし、妖怪かまいたちを創出した。確かに、かまいたち現象は不思議な現象である。しかし、そこには、その不思議な現象を妖怪の仕業だと思わせるに十分な条件（境界性）が備わっていたように思われる。

4　妖怪かまいたちは化物か幽霊か

日本人は、霊的存在に対し、神が妖怪になったり、妖怪が神になったりするというように、大変変化し易い性格を持っているものと考えていた。そして、その霊的存在が、人に対してプラスの価値をもっていれば神、マイナスの価値をもっていれば妖怪であり、さらに、妖怪でも祀ることにより神にすることができ、神であっても、祀ることを怠ると妖怪になると思われていた（小松和彦『妖怪学新考』一九九四年刊　小学館）。

妖怪かまいたちは、江戸時代の人が、かまいたち現象を起こすと想像した動物妖怪である。かまいたちは、妖怪である以上は、人にとってはマイナス的存在である。しかし、かまいたちにかかっても、多分に不思議を感じこそすれ、人の心が傷つき、そこから憎しみや恨み、悲しみなどが生まれることはまずない。だから、妖怪かまいたちは、人の体を傷つける有り難くない存在ではあるが、人の心に対してはプラスマイナス0に近い存在だといわれよう。そのためか、妖怪かまいたちは、祀りあげて神（多度神社別宮一目連神社、三重県多度町）にしても、神を祀りおろして妖怪かまいたちを創ったということや、妖怪かまいたちを退治して民俗社会から追い出したということを管見ながら聞かない。

たとえば、動物妖怪の代表にキツネがあげられる。キツネの妖怪性は、一つは人間に乗り移って病気や災難を与えること、そして、人を化かして誘うことにあるといわれている。ところで妖怪かまいたちは、娘に化けた金毛九尾のキツネや、美女に化けて源頼光を悩ました土蜘蛛と異なり、同じ動物妖怪ではあるが、決して人に乗り移って病気や災いを付与したり、化けてでて人を誘ったりするようなことをしていない。それは、そもそも妖怪かまいたちが、触覚から生じた動物妖怪であり、人の体に触れて裂傷を与えこそすれ、人の心に深い傷を負わせるようなことをしていないからである。つまり、なんの傷も負っていない心からは、人に対する憎悪や怨恨などが生ずる余地がないのである。元来、妖怪かまいたちは、その成立が、自然の中から生まれた想像上の動物妖怪であって、人の心の葛藤に関わって生まれた妖怪ではない。それ故、かまいたちは妖怪だとはいっても、人に対する恨みや憎しみをもって、夜な夜なこの世に現われて人を悩ませたり、苦しめたりする幽霊の類とも違う。

以上のことから、幽霊でもない化物でもない妖怪かまいたちは、所詮、妖怪といっても妖怪らしくない名前だけの妖怪であり、人の心に関しては毒にも薬にもならない妖怪のように思われる。

5 かまいたちと越後七不思議

伊勢の藤堂藩家臣橘南渓三三歳の時、東国巡行（一七八九〜九〇）を決行し、『東遊記』（『日本庶民生活史料集成』第一九巻所収）を著した。その巻五（一七九三）の中に越後七不思議があり、三番目に鎌鼬をあげている。また、前掲の『北越奇談』では、「越後七不思議」として、(1)燃える土（石炭）(2)燃える水（石油）(3)白兎（冬白毛に生え変わる兎）(4)海鳴(5)胴鳴（地鳴り）(6)無縫塔（渓流対岸の大石）(7)火井（天然ガス）をあげ、さらに「俗説十七奇」として県内の十七の不思議を取り上げ、第三番目にかまいたちに触れている

入方の火（『諸国里人談』より）

ことは前述のとおりである。

元来、越後七不思議は、その組合せはいろいろあった模様である。亀井協従著『北越志』（一八〇〇）には「越七奇」とし繋榧、陰火、草生水の油、三度栗、八房梅、逆竹がみえ、七奇の一つとは断ってないが焚土の記事がある（コピー本　十日町市史編纂委員会）。また、江戸深川仲町芸人富本繁太夫の手になる文政一一年（一八二八）に始まる旅日記『筆満可勢』（『日本庶民生活史料集成』第三巻所収）には、同一三年（一八三〇）五月四日に越後七不思議の一つである安田（北蒲原郡安田町）の臭水を見学し、六月三日、三条田巻屋主人の案内で明宝寺（三条市妙法寺）の燃える火を見物。さらに長岡滞在中の七月五日の条に、信濃川の「越の夕渚」などを説明し、越後人はだれでもが知っている七不思議のほかに「人の知らぬ所の七ふしぎ有り。此夕渚其内の一つ也」とある。越後七不思議は、『北越志』や『北越奇談』に示すように、自然現象の不思議を基本にし、親鸞上人の旧跡や各地の絶景をも加えて、様々の組み合せの七不思議があった。

七不思議は、越後から起ったものだといわれ、越後七不思議は江戸時代の代表であったらしい。確かに越後は江戸から見れば辺境の地であった。江戸の人々が周辺に関心を持ちはじめた時、越後にあった自然現象は、どれもこれも不思議の一つとして目に映ったのであろう。それも、江戸時代になって人や物の動きが活発になり、旅先で見聞したことを旅日記に書き留め、刊行するなどし、越後のみならず遠国の珍しい事物が七不思議となり、名所旧跡となって世間に知られるようになったからである。たとえば寛保三年（一七四三）刊『諸国里人談』（菊岡米山）には、諸国の里人の話として、全国の代表的名山や河川、社寺、奇岩奇石、自然現象などをあげ、越後蒲原郡入方村の入方火（寒火）、村上在黒川村の油ケ池などが載っている。また、泰亮愚海和尚（曹洞宗）による安永三年（一七七四）刊「行脚随筆」（『国文東方仏教叢書』所収 国文東方仏教叢書刊行会 大正一四年刊）には、八ふさの梅、三度栗、逆さ竹、草生津の油、妙法寺の燃土、角田浜日蓮上人の髯題目などを見たとの記事がある。

さて、越後七不思議の一つにかまいたち現象が含まれている。かまいたちが不思議の一つに選ばれたの何故であろうか。その一つは、それが珍しい自然現象であったこと、そして、それがそこにしかない現象と考えられたことであろう。越後は江戸から見れば遠く離れた辺地、当時、北方寒冷地に多く起きるとされていたかまいたち現象は、越後にあってもよかった。そして、県内の特定地域が、弥彦山から国上山に抜ける黒坂という峠道であり、そこで躓くと多くの人がかまいたちにかかると広く流布されていたからであろう。とはいえ、管見ながら黒坂の場所がよくわからない。信濃川河川敷の畑へやってきた弥彦村の農婦は、国上山の麗には黒塚という所があり、付近に赤坂という場所もあると語っていた。それにしても、なぜ黒坂がかまいたち頻発地と特定されたのだろうか疑問が残る。あるいは、それは、江戸時代に盛んであった弥彦参りなどの折、誰かがこの風聞を耳にしたことに始まるのかも知れない。

ところで、『松屋筆記』(高田与清)の巻五十(一三)に、「続伽婢子十一の巻に関八州の間にかまいたちとてあやしきこと侍り」とあり、さらに、「尾張駿遠州の間に提馬風とて」と続き、かまいたちの説明をしている(国書刊行会　明治四一年刊)。また、『日本庶民生活史料集成』第十六巻所収の「想山著聞奇集」(三好想山)中に、「閑田次筆」(伴蒿渓)記載の一目連という悪風を説明した後、かまいたちという一種の風のあることを説き、上方、下総、甲斐の話を続け、そして、「北窓鎖談」(橘南渓)にある越後の佐渡や高田海辺のかまいたちにも触れている。『北越奇談』には、「是ハ越後の国中にいづれの所にも折節有事也」とある。こうなるとかまいたち現象は、なにも越後に限られたことではなく、しかも国上山付近の峠道にだけ起きる現象ではなかったことになる。

宮田登は『妖怪の民俗学』(一九八五年刊　岩波書店)の中で、越後七不思議や甲斐七不思議をはじめ、江戸の七不思議を考察し、人間の感覚が天然自然現象をとらえる発想から人事に至って、さらになお不思議だと思わしめる要素へと変わってきているとし、大江戸に発生した不思議は、江戸が都市化する時点で設定された現象であり、いわば都市のトポスを支える心意の原点にあたるものの一つとして考えられるとしている。越後七不思議が、江戸時代の開発とどのような関わりをもっていたかは知る由もないが、その所在地は、どちらかといえば越後でも中越から下越方面に多い。それは、多分江戸から交通の便もよく、商人や文人墨客の往来が頻繁であったからに違いない。また、取り上げられた不思議は、火井や臭水などの天然自然の特異現象である。かまいたちが不思議の一つに取り上げられたのは、かまいたちも天然自然の特異現象の一つと考えられ、なんのことはない、辺境の地の不思議の出来事として、江戸人の興味の的となっていたに過ぎなかったのではなかろうか。

6　おわりに

小松和彦は、『妖怪学新考』の中で、現代人は「いつまでも幽霊などにはかかわっていられないほど忙しいのである。しかし、それでも幽霊は都市空間のわずかな『闇』に入り込み、人に不思議の念を抱かせ、あるいは恐怖の底に突き落とすことをやめようとはしない。つまり、私たち現代人のうちのかなりの人々が妖怪を信じる心性をもっているのである」と述べている。

ところで、戦後の経済成長期を境にして、人々の生活は向上し、誰も彼もが物質文明に入り浸っている昨今、果たして江戸時代に創りだされた妖怪かまいたちは、何処へ行くのであろうか。刈羽郡小国町のある男性は、「最近はかまいたちにかかったという話が少なくなった」と語っていた。このことは、現代は科学の発達した時代だからといって、フトした時に、肉体の一部に理由不明、出血なしの小さな鋭い裂傷を受けるようなことが、全くなくなったということではなかろう。ただ、人々は、そうした現象を妖怪かまいたちの仕業としなくなる可能性はある。とはいえ、それでいて現在でも、かまいたちの起因を、大気中の真空帯に肉体が触れて起きる現象と考えている人が多いことも事実である。そうした中で、多少でも、かまいたち現象を生理学的に説明しようとする傾向が見られ始めたのは、人々が、物事を科学的に理解しようとするようになったからであろう。

そもそも、かまいたち現象は、前述のように科学が十分発達していなかった江戸時代には、書物に書き立てられ、越後七不思議の一つにさえ数えられた珍しい現象であった。そして、どんな不思議にも名前を付けたがった飄逸な江戸人が、その現象に妖怪の存在を認め、その妖怪をかまいたちと名付けたのである。現代における妖怪の存在を否定するのではないが、少なくともこれからは、かまいたちという薄気味悪い妖怪現象に対し、いままで以上に科学的な説明が行なわれるに違いない。不思議は科学の進歩によって解明されて行くという。現代人は、やがてきっと、かまいたち現象が起きても、その不気味さを疑い、不思議とするようなことをしなくなるのではないか。そうなれば、多分、妖怪かまいたちは、かまいたちという名前のみを残して、妖怪ではなくなってしまうだろう。つまり、「かまいたちの話は少なくなった」とは、そのことを意味し、特に妖怪かまいたちの消滅は、それが真に人の心の悩みや苦しみなどから生じた妖怪ではないことによると思われる。

　さてさて、ぐだぐだとわかったようなわからんようなことを勝手に述べてきた。この辺でかまいたち談義を終わりにする。いつもながら先輩諸兄並びに多くの皆様のお力添えを賜った。末筆ながら、ここに改めて謝意を表明し、あわせて各位の忌憚のないご批判とご教導をお願いして筆をおく。

一目連のこと

関口武

一

イチモクレンと読む。奇妙な言葉ではあるが三重、愛知地方における竜巻の地方的な呼び名で、同時にまた、風の神様の名前、雨の神様の呼び名にもなっている。そしてその本拠は三重県桑名の北方、多度町にある多度神宮の別宮一目連神社である。

神社は近鉄養老線の多度町から西へ一・五キロメートル山手へはいったところにあり、養老山脈の南端、海抜四〇三メートルの孤立峯、多度山の南側山麓の小さな谷間のくぼ地に位置している。

正式な社名は旧国幣大社多度神宮の別宮で、祭神は天目一箇命（アメノマヒトツノミコト）である。本宮が多度神社で、その祭神は、その父神、天津彦根命とされている。両神社を合わせて多度両宮と呼び、内宮と外宮のある伊勢神宮になぞらえて、北伊勢大神宮と称し、古くから多くの人々の信仰を集めてきた。

伊勢に詣らば　多度をもかけよ

多度に詣らにゃ片詣り

こんな俗謡が、三味線にのって、伊勢路には流れていたのである。

神社は急な崖の下にある谷ぶところの狭い平地に、二つの神殿が向い合って建てられている。向って左側がお多度さん、右側が一目連さんである。

本宮の多度神社の神殿は川辺の岩盤の上にあり、格別異形の建物ではないが、それと小広場をはさんで向い合っている一目連神社の神殿はかなり異様である。高床の神殿であるうえに、神殿の正面に扉がなく、そのかわりに御簾《ミス》がかかっている。

これは「一目連神社の祭神は、時々神殿から飛び出して遊行して歩かれる。そのためには扉があっては出入りに不便である。随時飛び出されるためには、すだれの方が便利だから、神殿の正面は御簾にしてある」のだという説明がつけられている。

一目連神社

> 一目連神社（向って右の御殿）
>
> 御祭神　天目一箇命
>
> 多度神社の御子神で御父天津彦根命を抜けて北伊勢地方を開拓せられ又我が国金属工業の祖神でもあり天変地異ある毎に現に御霊を現して諸難を救ひ給ひ時に竜神となりて天翔り旱天に慈雨を恵み給ふと云う信仰もあって古来神殿には御扉を設けない

このことについては、すでに滝沢馬琴がその著、羈旅漫録（享和二年一八〇二年）に「この神奇瑞をあらわし、折々遊行したもうことありとて、里人専ら信心す」と書いてある。

なお一目連神社の神殿のすぐ横には、背後の急な山腹からしぶきを散らせている小さな滝がかかり、その水は神殿の床下を潜りぬけていた。滝の水量はあまり多くはなかったが、森厳な、しっとりとした霊気が感じさせられた。

二

わたくしが一目連という名に、最初に興味をひかれたのは一九四〇〜四二年、日本の風の地方名の研究を行なっていたときのことである。古くからの風の地方名に関する文献を読みあさっていたが、この名前は当時出版された田口竜雄氏の「風祭」＝日本気象史料余話＝（一九四一年四月　古今書院）の中にも記されていた。鎌いたちの章（一一七〜一二〇ページ）の中で、鎌いたちの大型のものとして一目連という風があるとあり、同氏はさらに戦後、一九六二年六月に書かれた「日本の風」（気象協会）の中にも、カマイタチの節（三四ページ）で再録しておられた。

一目連という奇妙な呼び名と、音もなく人間の肌を刀で切ったように切りさくというカマイタチ、そのカマイタチがミニ竜巻であるという説にはたいへん興味をひかれた。

しかしやがていつとはなしに忘れ、カマイタチ、一目連に対する関心は薄れてしまっていた。それが一九七一年、東京新聞の夕刊に一年間にわたって「科学歳時記」を書くことになったとき、ふと思い出し、短かいエッセイを書いた(1)。

そのエッセイが、たまたま慶応大学の松本信広名誉教授の目にとまり、一目連神社のことについても種々御教示をいただいた(2)。

それで責任を感じ、翌七二年二月多度神宮をたずね、一目連神社を現地に視察し、宮司小串重明氏のお話もうかがった。その際の見聞は「一目連神社のこと」と題する一文にまとめて、七二年三月九日の東京新聞、中日新聞の文化欄に載せた。
一目連という奇妙な名前をもったこの風と雨の神様については、その後、慶応大学の地人会で話をする機会にも恵まれ、若干の調査は続けた。まだ完結したわけではないが、それらの結果を現時点において取りまとめて記しておきたい。

三

イチモクレンとは何であるかを明らかにするため少々長くなるが、江戸末期、第一一代将軍家斉の時代の文化三年（一八〇六年）に書かれた伴蒿蹊の閑田次筆の記事を引用したい。

「過し壬戌のとし（享和二年　一八〇二年）七月晦日、上京今出川辺に一道の暴風、屋をやぶり、天井床畳をさえ吹上げ、あるいは赤金もておおえる屋根などとまくり取りはなちたり。わずかに幅一間ばかりが間にて、筋に当らざれば咫尺《シセキ》の間にて障なし。末は田中村より叡山の西麓にいたりて止りしとぞ。蛇の登るならば雨あるべきに、一しずくも降らず。これを羊《ヨウ》角風《カクフウ》というものかといえり。北国にてはおりおりあることにて、一目連となづくとぞ。また別に一種の風ありて、俗にカマイタチというは、かくのごとくはなはだしからねど、この筋にあたるものは刃《ヤイバ》もて裂きたるごとく傷つく。はやく治せざれば死にも及ぶとなん。これは上方にてはなきことなりと思いしに、甲子のとし（文化一年　一八〇四年）、予が相知る人の下婢、わずかの庭の間にて、ゆえなくうち倒れたり。

さてさまざまに抱えたすけて、正気に復して後、見れば、頰のあたり、刀もて切りたるごとく傷つきしとなん。すなわちこれなるべし。またこれにつきて、ある人の話に、下総国大鹿村の弘教寺の小僧、この風にあたりて悩みしに、古暦をくろやきにしてつけしかば、たちまち治したるとなり。暦をくろやきにしてつけるということは、予もかねてききおよびしが、これは現証なり。下総甲斐の辺にては、窓明り障子なども暦にて張る。かかれば彼の風いらずといえり。さてそのわたりにては、風神大刀を持つというより、カマエダチととなうとかや。カマイタチととなうるは、この語をあやまてるにや。これは語に理あり」(新仮名づかいに訂正)

さらにもう一つ、江戸中期、元禄時代直後の正徳三年(一七一三年)に書かれた和漢三才図会、天文部巻之三、それと同時代で、出典がほぼ同じと思われる本島月堂著の月堂見聞集、巻之二九の記事をまとめて記すと、

「近江の膳所で大風が吹いたが、これを俗に一目連風といっている。伊勢、尾張、美濃、飛驒でも突然吹き起こる暴風を一目連というが、これは神風で、その吹き方をみると、樹を抜き、岩を倒し、家をこわすが、一本の路に沿ってだけで、それ以外のところでは全く被害がない。勢州桑名郡多度山に一目連祠がある。相州ではこれを鎌風といい、駿河では悪禅師風といい、この風を吹かせている神様は、かっ色のはかまをつけた人のような形をしている。

蝦夷松前では厳冬晴天の日に吹く凶風があり、道を歩いている人が、突然倒れ、顔や手足に五、六寸の傷を受ける。これを俗に鎌閉太知《カマエタチ》(三才図会)、鎌伊太知(月堂見聞集)というが、それで死ぬ人はない。急いで大根汁をつけて、しばっておけばなおるが、傷あとは刀傷そっくりである。

津軽地方にも時にこれがある。極寒の陰毒である。

これと一目連とは似ているが、同じものではない。しかし悪気風である」。となっている。これから判断して、一目連はカマイタチとは明らかに異なり、どうやら竜巻、トルネードのことを指しているのがわかる。そして、この名称は、江戸末期には現在の愛知、岐阜、三重、滋賀、京都の一府四県では使われていたが、静岡では悪禅師風、神奈川では鎌風と呼んでいたということもわかる。

なお享和元年（一八〇一年）に書かれた摂陽奇観巻四三をみると、一モクレンという言葉は、大阪でも使われていて、この風の吹くのは、竜が昇天するときで、別名を地まい風というとも書かれている。

その竜は片目で、そのため一目竜と呼ばれていたが、それがなまって一目連になった。その片目の竜は勢州桑名の一目連という山に住んでいるが、先年、この竜がおこって、尾州熱田にやって来て、大石をもって累卵をおしつぶしたように、簡単に民家数百軒を破壊した。そしてまた熱田明神の大鳥居を引抜いて、はるか遠方に吹きとばした。その鳥居は、太さが二かかえほどあり、地中へ六〜七尺埋めてあり、しかも十文字に貫《ヌキ》を通してあったので、何万人の人がかかっても動かしにくいものであった。それなのにこの始末で、何ともすさまじいものであった。

同年八月二日、大阪市内における被害状態、その日の天気についてもこの本には詳しく書かれているが、

「二日早朝は天気能四ツ時分より晴曇り八ツ前迄夫より雨降出し八ツ半比より少々風強く雨あらく此辺東西南北とも風強キ分ニ而障リ無之候、前ニ記ス所之騒動は前代未聞之事に候、……右道筋ハ雨風夥敷事いふ斗りなし少シ脇は左程にも無之大キなる雨風也といふまでの事ニて候、騒動之場所死人も有怪我人も余程御座候よし」

とあり、具体的な被害の実況についても種々書かれているが、興味深いのを一〜二あげると、

一　千石余造船陸地ニ在之候所振廻リ御座候

一　川中ニ有之候テンマ（八百石船之てんまト三百石船之てんま）岡へ
　水ニて巻上ケ落崩ケ申候
一　浜雪隠　東側上博労之浜へ飛落候
右之所は川中水巻上候事二間斗夫故此辺に有合もの巻あげ落所不知其辺川中之船共怪我人有之候得共折節掛り船数少く御座候よし

となっている。これらの状況証拠から、一目連が竜巻・トルネードであることはもはや疑う余地がない。

そしてまた多度の一目連神社については、「神幸ある時は山河鳴動して雷電す」ともあり、さらに「此山より雲出る時は必暴風迅《シン》雨甚し」とも記されている。

現在でも、一目連さんがお出かけになるときは「山をダーンと鳴らして、黒雲に乗って飛び出して行かれる」といわれている。宮司の小串さんの話によれば、「御神体は木の箱にはいっていて、神殿の奥に奉納してある。箱は開けたことがないので、御神体が何であるかは見たことはないが、御遷宮の際には箱をかかえ持ったが、そのときの記憶では、軽く、ゆすっても音がしなかった。御神体はたぶん、雲を象徴する真綿ではあるまいか」とのことであった。どうやら滝沢馬琴が書いている御神体は太刀一振りと御幣ではなさそうである。

四

「一目連は竜巻」その御神体の片目の竜が民間の信仰の対象になったのは、竜巻が不可思議かつショッキングな現象で、その形態、動き方からみて、神わざ、それも荒ぶる神のなせるわざと考えるのが、考えやすかったからである。渦を巻いて立ちのぼる雲の柱、その下端が地上に触れれば、万物を巻き上げてしまう。その姿を竜が空へかけ登って行くと見たてたことも容易に納得できる。

竜巻は陸上でも起こるが、海上のものの方が、その奇怪な全貌と動きを、はっきりと見ることができる。恐ろしい光景である。そのため舟乗り、沿岸漁民が恐れ、それを起こしているであろう超能力を神として敬し遠ざけようとする信仰がおこったのであろう。

伊勢湾、濃尾平野の地は、竜巻が比較的数多く起こる土地であり、それが荒ぶる神、片目の竜のしわざであったとしても、熱心に敬し祈り、その怒りをしずめれば、逆に自分たちを護ってくれるはずと信じていたらしい。何とも手前勝手な神様の信じ方であるが、

「海上で暴風雨に遭遇した。そのとき一生懸命に一目連さんを祈ったら、黒雲の中から一筋の光がさしてきた。それを頼りに舵をあやつっていたら、無事に暴風雨の圏外へ出ることができた。これは一目連さんのおかげである」。

こうゆう信じ方もあるのである。その思い出、記憶を描いた絵馬が一目連神社の絵馬堂には寄進されているのである。なお絵馬の中には、これから出かける航海の平安を祈って奉納されたものもある。そして絵馬の奉納者をみると、沿岸の漁民、舟乗りだけでなく、大形外航船や軍艦からのものもあった。

竜巻の神様、荒れ狂う暴風雨の神様、一目連さんは、こうしていつしか航海安全の守護神に変身していっ

ていたのである。

　このことはまた前出の摂陽奇観（巻之四三、八月一九日之条）に「社説云　北伊勢洪水暴風の災ある時は此神出現してその難を防ぎ給ふとなん……故に北伊勢は洪水津浪の禍なし神霊の応験今古に変らず新なる事世の知る所也」

　とあるのと相通ずるものがある。

航海安全に御利益があるのなら、どうせ海の上のことだから、ついでに大漁を授ける神様にもなっていただこうと、桑名、津、四日市周辺の漁師は、この神社に大漁祈願を行なうことが年中行事になり、毎年三月中旬に海幸祭が行なわれている。そのほか漁協単位の参詣も多く、お神楽奉納による大漁祈願も頻繁に行なわれて、その都度多額の賽銭が寄進される。これは神社の重要な財源で、多度神宮のドル箱は一目連神社で、その寄進主は漁協というパターンができ上がっている。

　その神社の所在地としての多度は、その背後の山、多度山が海岸近くの孤立峯で、伊勢湾上からはよく見える絶好の目標であったこととも関連があったように思える。沿岸漁民、舟乗りは、この山を鯨山と呼び、一方揖斐川を帆をかけてのぼっていた川舟船頭は箕《ミノ》山と呼び、いずれも航路をきめる目標に使っていた。その山頂にも神社は祭られているが、本社拝殿として、その山麓に神社が設けられたのであろう。

　一方、陸上の農民にとっては、前掲の摂陽奇観の記事のようなこともあるが、それとは別に竜巻は水のほしい真夏によく起こる。黒雲と強風を伴い、いかにも大雨を降らせそうだが、この願望は必ずしも満たしてはくれない。だがもうひと願いすれば、何とか雨を降らせてくれるのではあるまいかという期待はもってもよさそうである。これが一目連さんを雨の神様とし、雨乞いの行事をするまでに到らしめているのである。

　御利益抜群であったという。そのため、旧藩時代から明治・大正・昭和の初年にかけては、雨の少ない年には、尾・濃・勢の三国だけでなく、東海・関西・四国地方からも雨乞いの参拝が相つぎ、その一部は現在にまで引き続いている。雨乞いの祈願をして神社から黒い御幣を受けて帰る。その帰り途は、不眠不休でなければならないものとされている。もし途中で泊ると、雨はそこで降ってしまうからである。

　ここでおもしろいのは名古屋に本社がある中部電力である。その近代的な本社ビルの中核にあり、コンピューターで武装された中央給電指令所の一室に、神棚がしつらえられ、そこに一目連さんが祭ってある。近代技術、近代科学の枠をこらし、最新の電子技術を駆使しながらも、そこへあまりにも前近代的な、古めかしい雨乞いという民間信仰がはいりこんでいる。一見アナクロニズムもいいところであるが、日本人の多面性を表徴する傑作な一こまである。現在、雨の人工的コントロールは科学的、技術的に未解決なので、神頼みでも、やらないよりやった方がよいという発想法と解すべきなのであろう。

　なお中部電力では毎年、新年に、重役クラスの人を派遣し、多度の一目連神社に参拝させ、応分の寄進をしているとのことであった。大都市の水道局の人々も、一目連さんには決して無関心ではなかったようである。ただ先般、地方公共団体が地鎮祭等の行事に神主を頼み、それに謝礼の支払い、ないしは神社への寄進をすることは憲法違反という裁判所の判決が出されたので、それ以来、水道局からの公然たる参詣、寄進はおこなわれなくなったという。しかし、いまなお決して無関心ではないとのことであった。

風神の像（百家林巻八のうち兎園小説（文政８～14年）より）

　雨乞いは反転して晴れ乞いにもつながる。あまり長雨が続き、農作物に被害がでてきそう、水害の心

配が起こりそうになると、一目連さんへ詣り、白い御幣をいただき、雨のやむのを祈ることも行なわれている。

なお雨乞いには黒い御幣と黒い馬、晴れ乞いには白い御幣と白い馬を寄進するのは、雨の神様に対する祈願の一般的パターンで、その本山、京都の貴船神社でも、奈良県の丹生川上神社でも行なわれている。

これで、どうやら一目連神社は竜巻、すなわち風の神様から転じて雨の神様にもなっていたことが知られる。しかもそのうえ、ここの一目連神社は鍛冶屋の神様にもなっているのである。これは天目一箇神がふいごの神様だからでギリシア神話にでてくる巨人キクロープをはじめ、隻眼隻脚の神様は中国、ベトナム、インドなどでも鍛冶屋の神様とされている。そして、この一目連神社のふいご祭は毎年一一月八日に行なわれている。ふいごと風は関係があるからかもしれない。

すなわち、一目連さんは万能の神様で、御利益百般に及ぶスーパー神、悪くいえば、スーパーマーケット的神様ということになる。信心するのは舟乗り、漁師から農民、かじ屋にまで及び、近隣のみならず、隣接諸国の民衆の中に深く根をおろしている。土俗神であり、朝廷の神祇宮の系列の神社ではなく、その神が片目の竜というのでは、何となく格好が悪い。そこでお隣りのお伊勢さんの真似をして、両宮の制度を取り入れ、一つ目の神の父神という天津彦根命を合祀し、それを親神ということで本宮にし、こちらを別宮にして、一応の格好をつけたものである感が強い。このことについて、前掲の摂陽奇観にも若干触れている。

しかし民衆の心は正直である。神社側のイメージアップの対策にはだまされない。カッコはいいが実績のない神様よりも、ブスでも格が下でも実力のある古なじみの神様の方を圧倒的に支持している。多度神宮では、本宮の多度神社より、別宮の一目連神社の方がはるかにあがりが多いのである。お賽銭に一万円札がまじるのは一目連神社であり、向い合っている多度神社の賽銭箱の中は百円どまりである。このため、いったんきめた本宮、別宮の別も、いつしか不明確になり、現状では両者対等の両宮ということになっている。

本宮の行事としては、五月五日の多度祭が中心で、四日の宵祭りに古式上げ馬神事が行なわれる。六部落から各一人の六人の少年騎手が、氏子中からおみくじで選ばれ、陣笠、かみしも姿で、馬にのり三メートル余の絶壁をかけ上がる。そののぼり方で、各部落のその年の農作物の豊凶占いをする。五日の本祭りでは上げ馬のほか、神輿の渡御、やぶさめも行なわれる。だがこれらはつくられた祭の感が強い。なお秋には、両宮の行事としての多度講による秋祭りが行なわれる。

最近では神社側の商魂がたくましく、交通安全のお札の発行、結婚式場の経営も行なわれ、境内には、それらのための建物施設もつくられ、現代的スーパー化した神社への変身がここでも進行中である。神社経営の必然かもしれないが、日本でも珍しいお天気の神様一目連さんの世俗化的変身はさびしい。

五

多度以外で、一目連社と名のついた神社は三重県に三社、愛知県に二社ある。一目連という名前はついていないが、多度社または多度神社で天目一箇命を祭っている神社は三重に一九社、愛知一二社、岐阜四社、滋賀六社あり、さらに祭神を銘記していない多度社計三五社を合わせると、この周辺に八〇社の神社がある。

そのほとんどが境内社または末社で、本殿の横に並んでいる小さい社の一つに過ぎない。昨年そのいくつかを実地に訪ねてみたが、いつの時代にか多度から勧請したといういい伝えのあるものが大半であった。しかし現在、多度の一目連神社と直接、間接を問わず、なんらかの関係をもっているものは皆無であった。

桑名市赤須賀の赤須賀神明社には別宮として立派な一目連社が建てられている。御神体は多度と同じで、箱にはいったゆすっても音のしない軽いものだといわれ、その祭は一〇月二七日である。以前は漁師町の人々と紀州通いの機帆船の人が世話をしていたが、いまではお詣りする人もほとんどいない。たまたま訪れたのが、お祭の前夜、宵宮の晩であったが、数人の子供が太鼓をたたき、花火をやっていた程度であった。以前は元禄一四年作の御座船が奉納されてあったという。

訪れて興味のあったのは鈴鹿市山本町にある椿大神社の末社の多度社であった。ここには社殿もほこらもなかった。案内されたのは新装なった壮麗な椿大神社の本殿右側の杉の木の根元で、三個の石がコの字形に置かれていた。それが多度社だとのことであった。現在位置は本殿改築の際に若干動かしたが、その右手には大明神川が流れ、小さい滝もある。地形的特性、その位置、何よりもその雰囲気は多度の一目連神社そっくりであった。この神社はイワクラ（磐座《ばんざ》）である。三つの石は雨乞石とも、竜神石ともいわれ、かつては石の間の空洞に白竜が住んでいたと伝えられる。なおここが多度神社の本源をなすもので、雄略天皇時代に竜神が、ここから現代の多度神社の位置へ遷座されたといい伝えが残っているとのことであった。

磐座は日本の神社の古い形であり、椿大神社の旧殿と伝える御船石座も境内にある。多度の一目連さんも社域になっている背後の山地の東嶺のいただきにある磐座が、最古の鎮座址だと伝えていること、社伝によると、雄略天皇時代に社殿を造営したとあることなどから考えて、あるいは、椿から多度へ遷座されたものであるかもしれない。椿大神社の裏山は鈴鹿山地で、山越えの気流がもまれ、突発的な強風の吹く地帯で、人間が時々吹き飛ばされることもあった。それを「天狗さんにとってほうられる」と恐れられていたのである。荒ぶる神、一目連のすみ家としては、ここの方がふさわしい。だが、一目連さんが航海安全、大漁祈願の神となった時点では多度の方がふさわしい。これらを総合的に考えると、あるいは古い一目連さんは鈴鹿山麓の椿大神社の位置にあったのかもしれない。

一目連を竜巻、風の神、雨の神という目で風土的にながめてみると、以上のようになるが、片目の竜、それが中国、ベトナム、インド、ギリシアにつながる民間神という観点から取り扱うと比較民族学の問題として取り上げることもできる。この立場からしても、一目連はおもしろいテーマになろう。

注

(1) 昭和四九年七月に「風の塔」としてまとめた拙著の一六三ページを参照されたい。時事通信社刊。

(2) なお同教授は日本歴史叢書の月報二九(一九七二年四月、吉川弘文館)に「天目一箇神を尋ねて」と題する論説に、その御意見をまとめておられる。

収録論文解題

香川雅信

江馬務「妖怪変化の沿革」『日本妖怪変化史』中外出版　一九二三年〔のち、中公文庫〕

　江馬務は、風俗研究会を組織し、雑誌『風俗研究』を主宰して、日本風俗史学の確立に努めた人物である。彼は民間の風俗として妖怪信仰についてもいち早く注目し、大正一二年に『日本妖怪変化史』を刊行した。これは「妖怪博士」と呼ばれた哲学者・井上円了の一連の著作と並んで、柳田國男以前の妖怪研究において重要な位置を占めるものとなっている。江馬は、啓蒙主義的立場から妖怪を迷信として否定し尽くすことに眼目を置いていた井上とは異なり、「妖怪変化を実在するものと仮定して、人間との交渉が古来どうであったか、換言すれば、われわれの祖先は妖怪変化をいかに見たか、いかに解したか、いかようにこれに対したかということを当面の問題として論」じようとした。これは、「化け物の話を一つ、できるだけきまじめにまた存分にしてみたい」（『妖怪談義』）と述べた柳田國男と同様の立場である。

　ここでは、『日本妖怪変化史』の中から第二章「妖怪変化の沿革」を抄出し掲載することとした。日本の妖怪変化の史的変遷を五期に分けて述べ、また樹形図を用いて妖怪の分類をおこなった本論考は、もっと再評価されてよい先駆的な研究であるといえる。

今野圓輔「妖怪」『日本民俗学大系第八巻』平凡社　一九五九年

　昭和三四年に平凡社から刊行された『日本民俗学大系』の第八巻「信仰と民俗」に掲載された論考で、民俗学の妖怪研究を概説したものである。民俗学の対象となる妖怪を「常民の生活経験、民間における伝承」の中の妖怪に限定し、それらを神霊に対する信仰の衰退したものとして捉えるという、民俗学の妖怪研究のあり方を端的に示している。とりわけここでは、魔風や通り神・ミサキを例として、神から妖怪への変化を論証しようとしている。このように妖怪を「神の零落した姿」として捉える視点は、柳田國男によって打ち出されたものであり、長く民俗学の妖怪観を支配してきた。

井之口章次「妖怪と信仰」『日本民俗学会報』第三四号　一九六四年

本論文は、柳田の妖怪研究を前提として、妖怪と信仰とのかかわりについて論じたものである。「個々の妖怪種目に関しても、河童・一つ目小僧・天狗・座敷童子などは、妖怪としての段階では、ほとんど解決されてしまったといっても、おそらく言い過ぎではあるまい」といったように、柳田の説を無批判に受け入れているところに難があるが、普遍的・超歴史的に存在する「妖怪現象」と具体的な「妖怪種目」とを区別する必要を説いたり、『綜合日本民俗語彙』の中の妖怪種目を統計的手法を用いて分析するなど、見るべきところが多い。中でも、小豆とぎ・静か餅・畳たたきなどといった、「わけのわからぬもの」として正面から取り上げられることの少なかった妖怪を、「類似のものを並べて見くらべてみる」ことによってその意味を解き明かそうとした部分は興味深い。

澁澤龍彥「付喪神」『思考の紋章学』河出書房新社　一九七七年〔のち、河出文庫〕

幻想文学、オカルティズムなどに造詣の深い博覧強記のエッセイスト澁澤龍彥が、器物の妖怪である「付喪神」について述べたエッセイである。「付喪神」というこの特異な妖怪を、「物」に対する両義的な感情であるフェティシズムの表現として捉えようとしている。論考とは呼べないかも知れないが、多くの刺激的な発想に満ちた魅力的な文章である。

中沢新一「妖怪画と博物学」『悪党的思考』平凡社　一九八八年〔のち、平凡社ライブラリー〕

著者は、ポスト構造主義的理論を駆使して刺激的な文化論を世に問い続けている宗教学者である。本論考では、江戸期に大量に作られた妖怪画が、この時代に生まれつつあった「博物学的理性」に基づいて生み出されたものであった、というきわめて興味深い指摘がなされている。妖怪を「自然」と「意識」の境界面上に生まれるものと捉えるあたりには、フランスの精神分析学者ジャック・ラカンの思想の影響がかいま見えるが、著者は後に同様の分析枠組を用いて、人気ゲーム「ポケットモンスター」について論じている（『ポケットの中の野生』岩波書店、一九九七年)。「ポケットモンスター」は、現代版「百鬼夜行図」とでもいうべきものであり、本論考とあわせて読まれることをお勧めしたい。

野口武彦「髪切りの怪」『ｉｓ』三一号　ポーラ文化研究所　一九八六年

著者は江戸時代の文化に関して多くの論考のある文芸評論家である。本論考では、江戸時代にたびたび起こった「髪切り」という怪現象をはじめとして、髪にまつわるさまざまなエピソードが紹介され、江戸時代における髪のシンボリズムが論じられている。小文であるが、鋭い視点に裏打ちされた、示唆に富む内容である。

橋爪紳也「日本における『化物屋敷』観」『化物屋敷』中央公論社　一九九四年(中公新書)

著者は近代建築史を専門とする研究者であるが、殊に見世物小屋や博覧会のパビリオンなど、仮設建築物に大きな関心を寄せている。本論考は、娯楽施設としての化物屋敷(お化け屋敷)について著された著作の一章をなすものである。著者はまず娯楽施設としての化物屋敷が、西洋では屋敷そのものが妖怪化したものとなっているのに対し、日本では「屋敷」とはいいながら内部は屋外を表現したものとなっている、という点に注目し、その違いを生み出した背景として、日本における「化物」と「屋敷」との関係性について考察している。日本においては建物そのものは妖怪とはならないという結論は、妖怪観・建築観を考える上で非常に重要な示唆を与えるものとなるだろう。

武田正「百物語――その成立とひろがり――」『昔話の伝承世界――その歴史的展開と伝播――』岩田書院　一九九六年

本論考は、昔話を主な研究領域としている著者が、百物語という特異な語りの形式の成立と広がりについて考察したものである。まず「語りの座」としての百物語が生まれる前提として、江戸期の文人たちによる怪談集の成立について述べ、次いで民俗としての百物語がどのようなものであったのかを、聞き取り調査によって得られた事例などを元にして述べている。著者も述懐しているように、書物としての怪談集と実際の百物語という「語りの座」との影響関係は不明なままであるが、怪談という特異な語りの場に関する貴重な研究である。

横山泰子「芝居と俗信・怪猫物の世界――『獨道中五十三驛』試論――」『歌舞伎　研究と批評』第一七号　一九九六年

著者は近世の怪談演劇に大きな関心を寄せている研究者である。ここでは、『獨道中五十三驛』といういわゆる「怪猫物」の怪談狂言について、当時の猫にまつわる俗信や文学的伝統などとの関連性を探っている。このように大衆演劇を民俗的背景と照らし合わせながら読み解いていく研究は、今後さらに進められるべきものであろう。殊に怪談演劇の場合は、その「怖さ」のリアリティについて考えてみようとする時、近代合理主義的な批評よりもはるかに有効な見方を提供してくれるはずである。

アダム・カバット「化物尽の黄表紙の考察――化物の概念をめぐって――」『武蔵大学人文学会雑誌』第二八巻第三号　一九九七年

黄表紙とは、見開きの絵の中に文章を書き込むという絵本風の体裁をとった、近世における一種のパロディ文学である。江戸時代のマンガとでもいえばよかろうか。この黄表紙の中には、妖怪を主要なキャラクターとした「化物尽」のものが多く見られる。アメリカ人の日本文学研究者である著者が、そのような「化物尽」の黄表紙に注目し、そこに登場する「化物」について分析したのが本論文である。「化物」が人間と逆転した存在として描かれることによって、鋭い風刺性とユーモアを生み出している、という指摘は、服部幸雄の『さかさまの幽霊』（平凡社、一九八九年）と並んで、文化人類学における「象徴的逆転」(Symbolic Inversion) の問題へとつながる興味深いものである。また、黄表紙と同時代に流行した「奇形的見世物」との関連も、重要な指摘である。

なお、本論文は、「化物尽の黄表紙の翻刻と考察」と題する一連の論考の「その二」に当たるが、「化物尽」の黄表紙の翻刻と注釈をおこなった「その一」（『武蔵大学人文学会雑誌』第二八巻第一号、一九九六年）は、本書では割愛した。

宮田登「女と妖怪」『ヒメの民俗学』青土社　一九八七年〔のち、ちくま学芸文庫〕

著者にはいくつかの妖怪や怪異伝承に関する論文・著作があるが、それらの論のキーワードとして、「境界」

「都市」「女性」などを挙げることができる。本論考では、そのうち「女性」と妖怪の問題が論じられている。ここでは特に女性の「産む性」としての側面と怪異との関連性への注目がなされている。

このころ『男が文化で、女は自然か』（ミシェル・Z・ロサルド他、晶文社、一九八七年）と題する文化における女性の周縁性に関する文化人類学的研究が紹介されている。女性の文化的周縁性と妖怪的存在との関連については、山口昌男『文化と両義性』（岩波書店、一九七五年）や吉田禎吾『魔性の文化誌』（研究社、一九七六年）などの中ですでに論じられており、宮田の問題設定はこうした文化人類学における議論ときわめて近しいところにあった。

岩堀喜美子「ミカワリバアサンと八日ゾ」『日本民俗学』第七三号　一九七一年

本論文は、著者が東京女子大学に提出した卒業論文の要旨である。神奈川県において、一二月八日と二月八日の「八日ゾ」に家々を来訪するとされる妖怪であるミカワリ婆さんと一ツ目小僧についての伝承を比較検討した上で、それらが本来は全く別のものであったという仮説を提出している。結論としては、ミカワリ婆さんの伝承は八日ゾという行事の本来的な要素ではなく、この時に行われる物忌みの意義を強調するために付加されたものであるとしている。

一二月八日と二月八日は一般的には「コト八日」と呼ばれているが、この「コト八日」に関連する伝承については、『西郊民俗』誌上で特集が組まれ、のちに大島建彦編『コト八日』（岩崎美術社、一九八九年）としてまとめられている。

酒井董美「七尋女房――山陰の妖怪考①――」『島根大学法文学部紀要　文学科編』第一四号第一巻　一九九〇年

本論考は、「山陰の妖怪考」の第一弾として発表されたものである。島根県と鳥取県の一部にのみ伝承されている「七尋女房」という妖怪について紹介し、考察を加えている。結論としては、妖怪は神の零落した姿であるという古典的な民俗学の仮説を脱け出ていないのが残念であるが、ある地域に特有の妖怪に注目し、他の「背の高い妖怪」との比較を試みている点は興味深い。このような研究が、今後さらに進められることを期待したい。

佐々木高弘「伝説と共同体のメンタルマップ——徳島県美馬郡脇町の『首切れ馬』伝説を事例に——」『地理学報』第二八号　一九九二年

著者は人文地理学を専門領域とする研究者であるが、民俗学にも多大な関心を示し、聞き取り調査なども行いながら、昔話や伝説などの口承文芸の中に見られる空間認知に関する研究に取り組んでいる。本論文は、徳島県美馬郡脇町の「首切れ馬」という妖怪にまつわる伝説を事例に、メンタルマップ（認知地図）研究の資料としての伝説の可能性を探ったものである。伝説の構造分析と伝承地の歴史地理的背景とを結びつけながら、共同体どうしの対立関係がメンタルマップの中に反映されていることを明らかにしている。

なお、著者は別の場所で、より多くの「首切れ馬」伝説の事例を集めて分析を行っている（「伝説にみる共同体の空間認知——徳島県吉野川流域の『首切れ馬』伝説を事例に——」『大阪大学日本学報』第一一号　一九九二年）。この論文の中では、「首切れ馬」が徘徊する「縄筋」などと呼ばれる道が古代の条里地割の境界線に当たっていることから、「首切れ馬」伝説が境界線の記憶装置としての意味をもっていた、という興味深い指摘もなされている。あわせて参照されたい。

柳田國男「狸とデモノロジー」『定本柳田國男集』第二二巻　筑摩書房　一九六三年

デモノロジーとは「悪魔学」の意味だが、ここでは「妖怪観」とでも訳せばよかろうか。柳田はここで、妖怪としての狸の性質について述べながら、妖怪に対する観念の変遷について説いている。すなわちデモノロジー（妖怪観）は文明の進歩に逆比例して、第一期《人に憑く》、第二期《人を誑す》、第三期《人を驚かす》という具合に退歩していくとする。そして妖怪としての狸は《憑く》よりも《誑す》《驚かす》といった性質が濃厚であるため、「お化党中の最も新党なるもの」であるとしている。また狸の化け方として、「目を欺く」よりももっぱら「耳を欺く」傾向が強いことを指摘しているが、その中で、狸が汽車、蒸気船、自動車、飛行機などの近代の交通機関の音響をまねるという事例が挙げられていることに注目すべきであろう。

小松和彦「妖怪と現代文化」『妖怪学新考』小学館　一

九九四年〔のち、講談社学術文庫〕

著者の妖怪論の集大成である『妖怪学新考』の最終章をなす論考である。のちに教材として第一学習社『現代文I』に若干の修正を加えられて掲載された。本書に収められたのはこの修正後のものである。

「近代の科学文明の発達・浸透とともに人間世界から妖怪は消滅するはずであった」という多くの人々の予想に反して、「口裂け女」など、現代の都市空間の中にも妖怪は出没しつづけている。著者はこうした事実をふまえ、不安や恐怖心など、人間の心のなかの「闇」が妖怪を生み出すとし、「人間がいるかぎり妖怪は存在しつづける」と述べる。妖怪研究がすなわち人間研究となるこのような認識は、著者の妖怪論に一貫して流れるものであり、現代における妖怪研究に重要な意義を与えるものである。

野村純一「話の行方——『口裂け女』その他——」川田順造・徳丸吉彦編『口頭伝承の比較研究I』弘文堂一九八四年

著者は、昔話・伝説・世間話などの口承文芸を主な関心領域としている研究者である。ここで考察の対象とされているのは「珍しい話」あるいは「噂」であるが、これらを民俗学では「世間話」の語でとらえている。本論文は、一回的で日々生成消滅をくり返しているかにみえる世間話が、伝説として定着したり、あるいは民俗的・伝統的な枠組のなかで再解釈・再創造されたりする過程——すなわち「話の行方」について考察したものである。

とりわけこの論文を興味深いものにしているのは、一時世間を騒がせた「口裂け女」の噂話を題材とし、その変容の過程を追っている点である。噂話の「伝承者」であった学生たちから年次ごとに話を収集し分析した結果、明らかになったのは、「口裂け女」の話が年を追うごとに伝統的な物語の枠組に近づいていったというまことに示唆的な事実であった。現代における民俗の再生産という重要な問題を考える上で、見逃すことのできない論考である。

常光徹「子どもと妖怪——学校のトイレ空間と怪異現象——」岩本通弥・倉石忠彦・小林忠雄編『都市民俗学へのいざないI　混沌と生成』雄山閣出版　一九八九年

著者は『学校の怪談』(ミネルヴァ書房、一九九三年)によってその後の「学校の怪談」ブームの火つけ役となった研究者で、本論文はその著作の元になったものである。現代の妖怪譚として「学校の怪談」を取り上げ、その「伝承母体」となった学校という社会空間に特有な心性について考察している。とりわけここでは、トイレという空間の非日常性・境界性に焦点があてられている。現代における妖怪の問題について考える場合、「学校の怪談」は間違いなく中心的な話題となるはずである。またその「伝承母体」である学校は、濃密な人間関係が構築される、現代に残された数少ない地縁共同体であり、今後はさらに「学校の民俗」の解明を進めていくことが、現在の民俗学に課せられた課題の一つであろう。

清水時顕（中山太郎）「小豆洗い」『郷土研究』第三巻第一二号　一九一六年

大野芳宜（柳田國男）「小豆洗いに就て」『郷土研究』第四巻第二号　一九一六年

大藤時彦「小豆とぎ」『民間伝承』第九巻第五号　一九四三年

中山太郎が清水時顕の筆名で『郷土研究』誌上に、「小豆洗い」は崩岸を意味するアズという地名から想像された妖怪である、という説を発表したところ、柳田國男がやはり大野芳宜という筆名でそれに対する反論を寄せた。さらに後年、大藤時彦が『民間伝承』誌上でこの「小豆洗い論争」とも呼べるような問題について概括し、その後の資料を加えて考察している。地名から「起源」を説明してしまおうとする中山に対し、狸や鼬などの仕業である可能性は否定できないとしながらも、一元的な説明を避け、比較研究による解明を説く（ある意味で構造主義的な）柳田の議論の方が説得力があるが、結局のところ、「猶同種の話を多く集めた上で講究を続けたい」という柳田の展望は、その後明確な結論にたどり着くことはなかったようである。いずれにしても、中山・柳田・大藤という大物民俗学者たちが「小豆洗い」という妖怪をめぐって論を展開していること自体、非常に興味深いことである。

山崎里雨「影わに・犬神・牛鬼・河童――石見邇摩郡温泉津――」『郷土研究』第七巻第四号　一九三三年

岡田建文「石見牛鬼譚」『郷土研究』第七巻第五号　一九三三年

いずれも『郷土研究』誌上に寄せられた石見地方の妖怪についての報告であるが、とりわけ牛鬼が代表的な妖怪として取り上げられている。これらによると、石見地方の牛鬼は海の妖怪であり、また椿の化したものであるとか、濡女という妖怪と二匹一組になって人間を襲うなどの特異な伝承をもっている。牛鬼という名のついた妖怪の伝承は多くの地方で聞かれるが、それぞれに異なる属性をもっているようであり、それらを比較検討してみるのも面白いだろう。

桂井和雄「土佐の山村の『妖物と怪異』」『旅と伝説』第一五巻第六号　一九四二年

金城朝永「琉球妖怪変化種目——附民間説話及俗信——」『郷土研究』第五巻第二号　一九三一年

土佐および琉球の妖怪に関する伝承を項目的に紹介した報告である。妖怪の博物誌として興味深くかつ貴重な資料である。

桜田勝徳「船幽霊など」『旅と伝説』第五巻第八号　一九三二年

花部英雄「船幽霊の型」『昔話伝説研究』第一〇号　一九八三年

いずれも海の妖怪である船幽霊について書かれたものであるが、桜田のものが中国地方西部から九州地方北部にかけての船幽霊の伝承に関する報告にとどまるのに対し、花部のものは表題にあらわれているように船幽霊の伝承を類型として整理・分類し、かつ考察を加えたものとなっている。さまざまな事例の報告はもちろん貴重であるが、それらの事例を整理し分析する試みが、妖怪研究の進展にとって今後さらに重要になってくるであろう。

三浦秀宥「中国地方のミサキ」『日本民俗学』第八二号　一九七二年

ミサキ信仰は日本に広く分布する民間信仰で、柳田國男もこれについて「みさき神考」という論考を著している。ミサキは本来、神の示現に先立つ「先駆者」や神使を指すものであったが、それに対する禁忌の厳しさや祟りの激しさから「祟る神霊」を指すようになったと考えられている。中国地方は特にミサキ信仰が顕著にみられる地域であり、さまざまな性格をもったミサキが伝承されているが、その中には怨霊や祟り神・憑きものとしての性格をもつものもみられる。一種の妖怪の伝承として、ここに紹介することにした。

大竹信雄「かまいたち談義」『高志路』第三三〇号　一

九九八年

カマイタチは、妖怪としてはかなり名の知られた部類に入るだろう。しかし、カマイタチに関する報告は意外に少ない。本論考では、実際にカマイタチに遭ったとする人々の体験談なども含む貴重な事例が報告されている。妖怪研究の最新の成果も用いられており、まことに興味深い論考である。

関口武「一目連のこと」『地理』第二〇巻第一一号　一九七五年

一目連とは竜巻を神格化した風の神で、三重および愛知などで信仰されている。妖怪とはいえないかも知れないが、カマイタチとの関連もあってここに紹介することにした。現代の電力会社や水道局もこの一目連を信仰しているという報告はきわめて興味深い。

従来、妖怪を研究対象として主に扱ってきたのは民俗学であると一般には考えられてきた。そして近年の妖怪ブームの中で、民俗学の妖怪研究に対する期待はさらに高まりつつある。

確かに民俗学は、いわゆる民俗社会に伝承された妖怪に関する事例をおびただしく収集してきた。しかしそれらの事例を分析し、考察した「論考」の名に値するものは甚だ少ない。特に、民俗調査に基づいて、ある特定の地域の文化体系の中で、妖怪の伝承がいかなる意味・機能を担っているかを考察した研究が、憑きもの信仰の研究を除いてはほとんど手をつけられていないのは驚くべきことである。本書が「怪異の民俗学」をうたいながら、民俗学以外の領域で活躍している研究者の論文がかなりの割合を占めてしまったのは、ひとえに民俗学の妖怪研究の貧弱さを物語っているといえよう。

近年、妖怪をめぐっては、さまざまな分野から刺激的な議論が現れ始めている。そのような中で、民俗学はデータを提供するだけというのではあまりにも寂しい。民俗学の最大のセールスポイントであり、存在理由でもある民俗調査を生かした研究が、本書をきっかけにして今後活発におこなわれることを期待したい。

妖怪 解説

小松和彦

I 「妖怪」とはなにか

もう長いこと、静かな妖怪ブームが続いている。しかし、このブームは主として水木しげるの妖怪画やその先人たちの妖怪画への関心によって引き起こされたものであって、妖怪研究はこのブームに刺激されてやっと少し活性化してきたというのが実状である。したがって、現在はまだ、妖怪に関心をもつ研究者がそれぞれの関心から個別研究を蓄積しつつある段階に留まっているように思われる。

「妖怪」という言葉は、二重の意味でやっかいな言葉である。まずその語が指示する対象がはっきりしないことである。たとえば、鬼と言えば、ほとんどの人は共通した鬼のイメージを想起するだろう。ろくろ首といえば、首がとてつもなく長い人間の姿を思い浮かべるだろう。これらはいずれも妖怪の種目を構成するものであるが、では「妖怪」という語それ自体から何を思い浮かべるだろうか。それをきわめて手短に説明することがすぐにできるだろうか。せいぜい自分が妖怪だと思っているいくつかの妖怪種目を思い浮かべて、怪しい存在や不思議な現象のことを妖怪というのだ、といった程度の説明しかできないのではなかろうか。

妖怪を定義するのはむずかしい。しかし、あれこれ考えるよりも、ここはまず文字通りに理解して、「あやしいもの」や「あやしいこと」、つまり「怪異」というふうに理解しておくのが無難である。すなわち、人に「あやしい」と思わせるものはすべて、「妖怪」というラベルを貼ってかまわないのである。たとえば、家のなかで「あやしい」と思われる「音」がすれば、それはそのとき「妖怪」となる。また、家族の一人が「あやしい」と思われるような「顔」や「身振り」をすれば、それがそのとき「妖怪」となる。すなわち、「妖怪」とは人びとの認識体系・了解可能な知識の体系から逸脱したものすべてということになる。もっとも、そのような「妖怪」のほとんどは、すぐに聞き違いだったり思い違いだったり、また了解可能な事柄だったりして、たちまちそれらの現象や事物から「あやしい」という属性が消え失せてしまうことの方が多い。

わたしが体験した例を一つ挙げよう。あるサークルに招かれて、金沢の民家で講演したことがあった。テーマは「怪談」であった。講演の途中、突然、部屋が停電になり、ちょっとした騒ぎになった。あれこれと原因を調べて、結局、新調したばかりの電球が切れていたのであったが、集まった人びとはこの事件をとても気味悪がった。この事件は、まさに「妖怪」現象といってよい事件であった。もっとも、参加した人たち全員が新調した電球が偶然にも不良品だったのだと思えば、それは了解可能な現象であって、「妖怪」現象ではなくなってしまうであろう。このように、「妖怪」とは人びとに「あやしい」という念を起こさせたものすべてを意味するのである。

おそらく、妖怪について、これ以上の適切な表現はないのではなかろうか。したがって、「妖怪」現象・存在を認めて以後の作業は、こうした妖怪にさまざまな角度からの条件付けを与えつつ妖怪存在・現象を博捜し分類しながら、その性格を考察することであろう。

「妖怪」という語のもう一つのやっかいな点は、「妖怪」と同義と思われているいくつかの語があることである。しばしば、「妖怪」と「化物」とは同じものなのかとか、「お化け」と「幽霊」とはどこが違うのか、というたぐいの質問を受ける。言葉は生き物であるので、時代とともに意味が変化する。したがって、厳密に区別しえないのだが、ここで若干の説明をしておくのは無駄ではないであろう。

まず、「妖怪」であるが、この語は今では世間に広く浸透しているが、明治以前にはあまり世間の人びとが日常生活のなかで用いることはなかったようである。では、どのようにして「妖怪」という語が登場してきたのだろうか。

まだはっきりしたことはわからないのだが、明治時代になって、妖怪現象・存在に興味を抱き、その研究に従事した人たちが「学術用語」として「妖怪」という語を意識的に用いたようである。そうした意味での最大の功労者が、後に述べる妖怪博士との異名をとった哲学者の井上円了であった。つまり、学術用語として作られた「妖怪」が、研究者の枠を越えて次第に世間にも広まっていったのである。そしていまではすっかり現代人の日常生活に入り込んだ語彙となったわけである。

もっとも、現代で広く流通している語であるが、なおしっくりこないと感じている人も多いようである。これは学術用語として出発したがために、まだすぐにそこから具体的なイメージを汲み取れないからである。現在もっともわかりやすい説明とは、妖怪とは水木しげるが妖怪と総称している絵画群に描かれているたくさんの異形の者たち、という説明かもしれない。

「妖怪」が学術用語として作り出されたものであるとすると、それでは明治時代や江戸時代の庶民の間には、「妖怪」に相当するような民俗語彙は存在していたのだろうか。民俗語彙のなかに適切な語がなかったがために、研究者が「妖怪」という用語を意図的に使いだしたのだから、この語の概念にぴったりと一致する語があるわけではない。しかし、もっとも近い民俗語彙は「化物」あるいはその幼児語である「お化け」であろう。黄表紙の妖怪物の研究をしているアダム・カバットが明らかにしているように、古くは、「化物」とは、狐が人間に化けるというように、別の存在に姿を変える神秘的な能力をもっている「生物」を指していた。だが、江戸時代になると、ろくろ首や一つ目小僧などのように、異形な姿でしか登場できない、化ける能力を欠いている「生き物」にまで、「化物」という語が当てられている。この「化物」のなかには、「幽霊」も含まれていた。カバットには『江戸化物草紙』(小学館、一九九九年)や『大江戸化物細見』(小学館、二〇〇〇年)という編著があり、そこでそのあたりのことを具体的な素材とともに示してくれているが、ここではそのもとになった論考「化物尽の黄表紙の翻刻と考察――化物の概念をめぐって――」を採録した。これらの研究を覗くことによって、「妖怪」というものが指示する具体的な対象をイメージできるようになるのではなかろうか。

「化物」とほぼ同じ意味で流通していた語に「百鬼夜行」という語もあった。これは平安時代の貴族社会から生まれてきた語で、当時は、都大路を群をなして徘徊する「鬼」を意味していたが、中世になると、鬼とはいえない異形の者もそのなかに混じり出し、江戸時代には「たくさんの化物」を意味するようになっていた。この他にも、「物の怪」「変化」「妖物」「魔」「魔性の者」などさまざまな語彙が存在するが、それらはいずれも、学術用語としての「妖怪」に含めることができるものである。

わたしは、『妖怪学新考』(小学館、一九九四年)で、こうした「妖怪」をいま少し具体的にするための線引きをおこなって、「妖怪」を、人びとが社や祠を建てて祭祀する「神霊」のカテゴリーから排除された、どちらかといえば否定的なイメージを付与された霊的存在・現象である、と定義してみたことがある。

すでに述べたように、近年の妖怪への関心の高まりのきっかけになったのが、水木しげるの妖怪画の人気であった。このことからも推測されるように、妖怪ブームを支えているのは、妖怪画への関心である。すなわち、水木しげるが描く多種多様な妖怪画は、水木しげるによって絵画化されたものもあるが、その多くが、前代の妖怪絵師によって描かれたたくさんの妖怪画に水木しげるなりに想像を加えて修正したものであった。このことが次第に明らかになり、明治から江戸、さらには中世に描かれた妖怪画が、廉価でカラー印刷の本を作ることが可能になったことも手伝って、続々と世に現れることになったのである。

妖怪ブームの基礎資料となった主要な絵画集を列挙してみると、まず先駆的な役割を果したのが、『妖怪絵巻』(毎日新聞社、一九七六年)で、多くの研究者によってその後取り上げられることになる妖怪絵巻のほとんどがこれに収録されていた。中世から近世にかけてつくられたお伽草子にも、妖怪が登場する作品がたくさんあるが、そうした作品を収めた『御伽草子絵巻』(角川書店、一九八二年)や『在外奈良絵本』(角川書店、一九八一年)によって、妖怪画の世界が広がり、さらにフルカラーの一九七七年から刊行が始まった、「大江山絵巻」や「土蜘蛛草紙」などを収録する『日本絵巻大成』(中央公論社、一九七七—七八年)、そして鳥山石燕『画図百鬼夜行』(国書刊行会、一九九二年)、『稲生物怪録絵巻』(小学館、一九九四年)などが、妖怪のイメージを拡大していったといえる。

さらにまた、こうした妖怪画の存在に注目した博物館が、妖怪画を核にした展覧会を開くようになった。その先陣をきったのが、兵庫県立歴史博物館が一九八七年夏に開催した「おばけ・妖怪・幽霊……」であった。同名の書名で刊行された図録は、後に『図説 日本の妖怪』(河出書房新社、一九九〇年)と題して刊行されている。博物館の妖怪ブームはなお現在も続いていて、しばらくはおさまりそうもない勢いである。

こうした妖怪画のブームの背景をさらに探っていくと、それに先行する伝奇小説やコミックのブーム、あるいはホラー映画やアニメ、ビデオのブームなども考慮に入れなければならないわけであるが、ここではそのことを指摘するだけに留めたい。

Ⅱ　妖怪研究の黎明期

さて、二十年ほど前から現在に至る長い妖怪ブームがあるにもかかわらず、じつは妖怪を学術的に研究する人はきわめて少ない。妖怪は、絵画のみでなく、民俗学や文学、芝居、遊戯などさまざまな分野に登場している。にもかかわらず、それを総合的に考察する研究者はもちろんのこと、個別専門分野においてさえ、研究者がきわめて少ないのである。これには専門分野内におけるいろいろな事情があるのだろうが、いずれの分野にあっても、妖怪のたぐいの研究をいかがわしい研究、迷信の研究、あるいは低級な神霊の研究として扱う傾向が強かったことによっている。妖怪研究をするということは、それ自体で学会の「異端児」と見なされる学問人生を運命を選ぶことであったのだ。

そうした学問的状況のなかで、妖怪研究を許す雰囲気をもった唯一ともいえる学問が、民俗学であった。というのは、日本民俗学の創始者とされている柳田國男が、早い時期に民俗としての妖怪の研究の必要性を説いたからである。

もっとも、妖怪を学問の対象にする必要性を説いたのは、柳田國男が最初ではない。その栄誉は井上円了に与えられるべきであろう。柳田國男は、この井上の妖怪研究に異議を申し立てるかたちで、自らの妖怪研究を提示したのであった。

哲学者の井上円了は「妖怪」を研究する学問を「妖怪学」と名づけて、徹底的に妖怪を究明しようとした。かれは本稿で述べたようなひじょうに広い枠組みで「妖怪」を定義し、それに含まれる「妖怪」を、体系的に考察しようとした最初の研究者であった。早くも明治十九（一八八六）年、円了が二十八歳のとき、不思議研究会を組織し、翌年には不思議庵井上円了の名で『妖怪玄談』（哲学書院）を刊行している。これは「コックリさん」を合理的に解釈しようとしたものである。かれはそれを次のように説明する。「……これを試むる人は大抵みな、あらかじめコックリの回転するを知り、またその回転の、人の問いに応答するを知るをもって、その思想、知らず識らず発現して、手の上に動作を起こし、ただにその回転の結果を見るのみならず、その回転のよく人の問いに答えて、事実を告ぐるを見るに至るなり」。要するに、コックリが回転すること、問いに反応することをあらかじめ知っている心性が、無意識のうちにコックリを動かし反応させているのだ、というわけである。つまり、かれの妖怪学は、妖怪現象の多くを合理的に解釈し、可能な限り妖怪を撲滅していくことであった。

井上円了はさらに、明治二十四年には妖怪研究会を発足させ、古今東西の書物を渉猟し、妖怪現象・存在に関する記事を抜き出す一方、全国各地を講演などをしながら巡り歩いて資料を集め、明治二十九年に、大著『妖怪学講義』を刊行するに至った。かれの妖怪学の基本的な姿勢は、妖怪を「仮怪」と「真怪」に区別し、前者を合理的に解釈することで撲滅していくことであった。ここでいう「仮怪」とは「あやしい現象・存在」を超自然的なものの仕業と見なしているが、それらは合理的に解釈することができるもののことであった。そして、合理的に説明してみせることで、妖怪を撲滅しようとしたわけである。これに対して、どうしても説明しきれない「不思議」を「真怪」と名付けた。生命それ自体が不思議だといったたぐいのものである。つまり、合理的精神に支えられて、かれは仮怪的妖怪を「迷信」とみなして撲滅しようと躍起になった運動家であったのである。井上円了は日本人が近代人となるために、つまり近代日本を立ち上げるために障害になるものとして妖怪＝仮怪を理解していたのである。こうした妖怪学を打ち立てた井上円了であったが、思うに、きっと、かれは撲滅すべき対象であった妖怪を愛していたに違いない。合理主義者であることと妖怪愛好家であることとは、少しも矛盾することではないからである。そう思われるほど、かれは妖怪を探し続けた。かれの妖怪学関係の著作は、これまでにも何度か再版されているが、現在では平成十一（一九九九）年から刊行されている『井上円了・妖怪学全集』（柏書房）によって読むことができる。

井上円了の精力的な活動によって、「妖怪」という語が世間にも次第に流通するようになり、「妖怪」は具体的には井上が取り上げた現象や存在を指すようになっていったらしい。つまり学術用語としての「妖怪」は井上円了によって用いられだしたのである。

こうした動きに刺激されてであろうか、大正十二（一九二三）年、新しい視点からの妖怪研究が現れた。風俗史に興味をもっていた江馬務が、歴史学の視点から「妖怪」を扱った『日本妖怪変化史』（現在は、中公文庫で入手できる）を著した。江馬務は、井上円了などとははっきりと一線を画する研究姿勢をとった。かれはその冒頭で次のように言う。「読者はこういわれるかも知れない。――今も昔も理は一つである。妖怪変化などというものは世にあるはずがない、なるほど、あるいは主観的には存在するかもしれないが、客観的には存在しないから、今日、自動車だの飛行機などの動いている世に、こんな世迷い言は聞くにあたらぬ、と。一応は、ごもっともである。しかしながら、そうした議論で楯つく読者と、わたしとの見地は、根本的に異なっていることをまず自覚していただきたい。この本は、妖怪変化を実在するものと仮定して、人間との交渉が古来どうであったのか、換言すれば、われわれの祖先は妖怪変化をいかに見たのか、いかに解したのか、いかようにこれに対したのかということを当面の問題として論ずるのである」。すなわち、撲滅の対象であった「妖怪」が、歴史的考察物として再浮上してきたのである。本書ではこの『日本妖怪変化史』の第二章「妖怪変化の沿革」を収録した。

江馬務の妖怪の歴史の研究は、その意味で画期的な研究であった。合理主義の観点から現代人は否定するにせよ、近代以前の人びとが妖怪の実在を信じていたならば、その妖怪の変遷をたどる研究も歴史学的には意義がある、というわけである。もっとも、かれの「妖怪」観は、井上よりもはるかに狭い。すなわち、妖怪の正体とされるものを、人、動物、植物、器物、自然物、に区別し、かなり複雑な分類を試みてはいるものの、主として形をもった妖怪の言説や絵画を念頭に置いて考察がなされている。興味深いのは、江馬は、歴史的変遷をたどりつつも、妖怪変化をさまざまな角度から分類・考察を試みていることであろう。たとえば、妖怪の姿かたちを上述の五つを基礎に正体を分類したり、出現理由を、愛情によるもの、怨恨によるもの、その他の用事があることによるもの、なんの用事があってでてきたのかわからないものに分類したり、妖怪の能力や性別、弱点などに注意を払っている。今日でも参考になる考察の視点であろう。

ところで、これまで述べてきた井上円了の妖怪撲滅学としての妖怪学の隆盛を苦々しく思う一方、江馬務の妖怪変化の歴史学に拍手を送ったと思われるのが、近代日本が立ち上がってくる過程で排除・放棄され撲滅されていった「日本文化」を「民俗」として括り出そうとしていた柳田國男であった。柳田は、昭和十一（一九三六）年に発表した『妖怪談義』において、「無いにも有るにもそんな事は実はもう問題で無い。我々はオバケはどうでも居るものと思った人が、昔は大いに有り、今でも少しはある理由が、判らないで困って居るだけである」と述べるように、井上円了のような科学的合理主義に基づく妖怪否定論者とは異なる、妖怪の存在を信じていた人びとの思考構造＝心性にそった「妖怪の宇宙論」とでもいうべき研究の必要性を説いた。もっとも、柳田國男は、民俗学の一環としての妖怪学の必要性を説きはしたものの、残念ながら、その細部にわたる研究をついにおこなうことはなかった。しかし、『妖怪談義』は、排除・撲滅されつつあった妖怪を民俗として再回収し、その研究の意義を説き、そのための理論的な切り口をおおざっぱではあるにせよ示した点で、画期的であったといえよう。

柳田は妖怪研究において、次の三点を強調した。第一に、全国各地の妖怪種目（種類）の採集をする、第二に、妖怪は場所に出るのに対して、幽霊は人を目指して出ると言った区別がある、第三に、妖怪は神の零落したものである。実際、民俗学的妖怪研究は長くこの指針にそってなされてきたのであった。

もう少し彼の妖怪観を見てみよう。柳田はまず妖怪を日本人の畏怖心、恐怖の感情に根ざしたものであるという。その感情が一定の形をとったものが妖怪なのだというわけである。人の奥底にある畏怖・恐怖が妖怪を生み出すというこの視点は、きわめて重要な指摘であり、おそらく今日でも十分に通用する考え方であろう。その一方では、そうした恐怖感情の形象である妖怪を、人びとが信仰していた神々の零落したものとも理解した。水の神の零落した姿が河童という妖怪であり、山の神の零落した姿が山男や山姥といった妖怪であると考えたのである。すなわち、信仰の零落したもの、つまり「俗信」の典型例として「妖怪」が想起されているのである。崩れた神々と恐怖感情が融合することで妖怪が生じるのだというわけである。近代化のなかで放棄され衰退していく民俗の重要な構成要素である民間信仰のなかで、とくに周辺的位置づけを与えられた「俗信」は、まず科学的合理主義者の槍玉に真っ先に上がっていた。柳田の目には、井上円了の行動が妖怪退治をする豪傑の姿とオーバーラップしていたのかもしれない。妖怪はもはや退治されるのは明らかであった。いやもう退治されてしまったのである。しかし、その妖怪の屍を前にして、柳田は、いったい昔の人はかれらをいかなる目的で必要としていたのだろうか、と問いかけたのであった。

こうした柳田國男の妖怪学のエッセンスを具体的な素材を使って示した秀作が、本書に収録した「狸とデモノロジー」である。デモノロジーとは民俗的な妖怪学のことで、「デモノロジーとは文明の進歩に逆比例して退化しつつある」との認識に立って、人をばかす狸の話を例にしながら、近代化のなかで消えつつある日常生活のなかにある「不思議」と妖怪の関係を綴っている。

柳田國男の民俗学的妖怪研究に刺激され、昭和十三年に出された柳田國男の「妖怪名彙」（『妖怪談義』）に従いながら各地から民俗レベルの妖怪種目が報告されるようになり、それがある程度全国にわたったとき、「全国妖怪事典」のたぐいも作成されるようになった。

しかしながら、妖怪それ自体の民俗学的研究は、河童や狐などの憑きものなどを除けばほとんど進展しなかった。いや、民俗学的妖怪研究は、妖怪自体を目的としたものではなく、別の研究目的に利用すべき素材として扱われたがために、妖怪自体の研究に関心をあまり注がなかったというべきかもしれない。すなわち、妖怪が神信仰の変化零落した姿であるという前提に立って、妖怪以前つまり前代の神であった時代の信仰を復元しようとしたのである。いいかえれば、妖怪以前＝前代の神信仰の復元研究が民俗学的妖怪研究であり、妖怪の社会学や妖怪の意味論といった方角での研究ではなかったのであった。

このあたりの状況をよく物語っているのが、本書に収録した井之口章次の「妖怪と信仰」や今野圓輔の「妖怪」であろう。いかに信仰零落説が横行していたかは、井之口論文にもよく現れている。彼は、当時の民俗学の状況をふまえて慎重に「理解しにくい提案かもしれぬが」と前置きした上で、「妖怪現象というものは、おそらくどの国の民族にも、また時代を超越して存在するものであろうから、信仰と平行して、ある場合には、信仰よりも古くからあったものと認められる」と、当時としては大胆な発言をおこなっている。この発言は注目すべきものがある。だが、これに続けて、「ところがその一方、現在知られている妖怪の一つ一つについて、その由来を細かく検討してみると、そのほとんど全部といっていいほどのものが、神信仰・霊魂信仰の変化零落した姿なのである」と述べ、柳田國男の零落説の支持を表明してしまうのであった。すなわち、鬼や天狗はその発生（創造）のときから、人間に敵対する邪悪な超自然的存在であったかもしれない、という可能性を放棄してしまったのであった。ここに柳田國男的な妖怪研究の限界が物語られている。

本書にもその一部を収録したように、民俗学は全国各地の妖怪資料を精力的に採集したという点で高い評価を与えねばならない。しかしながら、そうした妖怪資料の考察においては、その分析の枠組みは、つねに前代の神信仰が衰退して今は妖怪になった、というものであった。たとえば、桜井徳太郎が『民間信仰』で行った、四国のノツゴと呼ばれる興味深い妖怪の解釈も、野神の零落というものであった。

そうしたマンネリ化した民俗学的妖怪分析方法による論文が大半を占める柳田國男以降の民俗学的妖怪研究のなかで、妖怪もしくはそれに類する素材を扱った重要な研究が著された。その一つが石塚尊俊の『日本の憑きもの』（未来社、一九五九年）であり、もう一つは谷川健一の『魔の系譜』（紀伊國屋書店、一九七一年）である。前者は人に乗り移るという動物霊をめぐる信仰を可能な限り総括的に扱った研究で、すでに本シリーズの第一巻の解説で詳しく取り上げているのでここでは繰り返さないが、憑きもの研究は妖怪研究におけるもっとも充実した各論を構成していたのである。

後者は文学者・評論家から民俗学者へと次第に変貌していった谷川健一の転換点に位置する彼の代表作であり、この研究で「日本歴史の裏側に、もう一つの奇怪至極な流れがある。それは死者の魔が支配する歴史だ」との仮定のもとに、日本の歴史と怨霊系の妖怪や妖異との恐るべき関係を解き明かしたものであった。ここで谷川が明らかにしたのは、柳田のいうような前代の神信仰の零落したものといった枠組みではとうてい理解しえない、生きている人間の行動を根底から規制している強力な悪霊たちの凄まじい活動ぶりであった。歴史における敗者や弱者が、死を契機に、怨霊となって勝者や強者を攻撃する。合理的に解釈された歴史とは別に、そう信じた人びとの言説と行動の集積としての歴史もあったのであって、この歴史を浮かび上がらせることもまた、日本の歴史の研究なのであるというわけである。こうした憑きものや怨霊のたぐいの事例に触れれば触れるほどに、神信仰の零落説に対する私の疑念は増大していったのであった。もっとも、谷川健一の、鉱山文化と鬼や目一つの妖怪との関係を扱った『青銅の神の足跡』(集英社、一九七九年)という作品は、目一つの妖怪を鍛冶神としての目一つの神の零落とみなすことで論が展開されている。

石塚尊俊や谷川健一の研究は、実は、これまでの民俗学では「妖怪」自体の研究とはいえないものである。それは妖怪化する以前の「神」の段階の「動物霊」を復元する作業であった。すなわち、柳田が構想した妖怪研究、いいかえれば、前代の神信仰を復元するために妖怪を素材にするという研究であった。「憑きもの」や「怨霊」は妖怪以前の「霊」、妖怪の前形態なのである。

しかし、こうした、妖怪を前代の神信仰の残存、神の抜け殻としてしかみなさない妖怪研究では、すでに述べた妖怪の意味論や妖怪の機能論といった研究がどうしても欠落してしまいがちであった。たとえば、河童や天狗の存在を信じている人びとにとって、河童や天狗はいかなる意味をもっているのか、といった疑問に答えられない。そのような民俗学的研究の状況のなかで、民俗学が関心をとくに集中させてきたともいえる妖怪が、「河童」や「天狗」「憑きもの」などであった。それを本巻からはずして別に一巻を立てたとき、意外なほどその他妖怪の研究論文が少ないことに驚かされる。このことはすでに谷川健一が編集した『日本民俗文化資料集成』の一巻として編まれた『妖怪』でも露呈しており、そこに収められた論考は、河童論と奄美のケンモン・キジムン関係の論文、そして若尾五雄の鬼論、千葉幹夫編の「全国妖怪語辞典」であった。

妖怪の民俗学研究は長いこと停滞していた。そのなかでいくつか民俗事例として面白い報告がときどきなされた。本書の収録した「ミカワリバアサンと八日ゾ」や「七尋女房」などがそのひとつである。しかし、理論的・内容分析のレベルでは不満が残るものばかりである。

Ⅲ　妖怪研究の新しい展開

こうした民俗学的妖怪研究の不毛な時代に、わたしは人類学・民俗学の立場から妖怪研究に取り組みだした。わたしの妖怪研究は従来の民俗学的妖怪研究の枠を大幅に変更する視点からのもので、妖怪を俗信とみない、妖怪を神信仰の零落とみない、したがって妖怪を前代の神信仰の復元のための素材とみない、妖怪資料を民間伝承に限定しない、妖怪伝承を前近代の遺物とか撲滅すべき対象とみない等々の視点に立って考察することに心がけた。その考えや研究成果は『憑霊信仰論』や『異人論』『妖怪学新考』あるいはまた荒俣宏との対談『妖怪草紙』などで披露したが、ようするに、わたしの妖怪研究の基本的立場は、妖怪研究は人間研究である、というものである。そのあたりのことを比較的よく表現できているのではないかと思われる「妖怪と現代文化」を本書に収録した。

わたしの妖怪研究がどの程度刺激になったのかはわからないが、幸いにも、最近の妖怪ブームの一翼を担ったことはたしかである。「幸いにも」という意味は、ブームのおかげで、滅多に見ることができないような妖怪画を存分に見ることができるチャンスを得たということである。ここではこれ以上自分の仕事に言及するのはやめたいと思う。

民俗学的妖怪研究が停滞しているなかで、わたしが大いに刺激を受けた研究は、文学や絵画の分野からの妖怪研究であった。そのなかでも、抑圧した情念が鬼となることを解き明かした馬場あき子の『鬼の研究』（三一書房、一九七一年）や、伊吹童子系の酒呑童子絵巻を手がかりに鬼論を展開した『酒呑童子異聞』（平凡社、一九七七年）は、邪悪な鬼は前代の好ましい祖霊が零落した姿といった程度のおおざっぱな神信仰零落説で片づけていた民俗学的鬼論に、もっと細部にわたって多角的に検討すべきことを迫ったのであった。

民俗学者たちが農山漁村のいわゆる「民俗」社会を調査し、そこに伝承される妖怪種目を採集しているうちに、文学研究者を中心にして妖怪変化史の各論が展開されていたのである。その延長上に、たとえば田中貴子『百鬼夜行の見える都市』（新曜社、一九九四年）といった仕事が現れてくる。

細部への考察から妖怪研究の新しい地平が切り開かれた好例が、中世に制作された「百鬼夜行絵巻」や「つくも神絵巻」についての考察である。中世になると、「百鬼夜行」と一括されていた古代の鬼たちのなかに、道具の属性を部分的にもった異形の者たちを描いた妖怪が登場するようになる。これが「つくも神」と一括される道具の妖怪たちで、「つくも神絵巻」によれば、この道具の妖怪は、古道具が「妖物」つまり妖怪化したものであって、最終的にはすっかり「鬼」になる過渡期の状態を表しているものであることがわかる。この事例を従来の神信仰の零落説という民俗学的な鬼（妖怪）解釈では解くことはできない。というのは、民俗学者がたとえこれを「道具の神」が零落したものであると仮定したとしても、物語自体は、古道具（の霊）が鬼に変化していったのだ、と説いているのである。

こうした「つくも神」についての興味深い考察を展開してきたのは、花田清輝、澁澤龍彥、小松和彦、田中貴子といった研究者であった。なかでも画期的だったのは、本書に収録した澁澤龍彥「付喪神」と題するエッセイで、そこで澁澤は道具の妖怪を手がかりに、手工業の発達によってたくさんの道具に囲まれるようになった中世を古代に比較しながら、そうした道具を「第二の自然」と表現し、「第一の自然」に宿っていた精霊が道具に移ってきた、といった捉え方をしている。これをふまえて、わたしは、古代から中世、近代への変化に応じて、自然系の妖怪から道具系の妖怪、そして人間系の妖怪への比重の移行という特徴が見られる、といったことを論じた（『妖怪学新考』）。田中貴子編著『図説 百鬼夜行絵巻をよむ』（河出書房新社、一九九九年）には、こうした論考の主要な絵巻と論稿が集成されている。

ところで、長い停滞期を経て、近年、ようやく民俗学でも新たな妖怪研究の胎動がおこってきた。近代以前あるいは伝統的な妖怪の研究も少しずつ復活しつつあるが、それにもまして活気づいているのが、現代都市にうごめく妖怪たちについての口頭伝承の研究である。そのきっかけになったのが、岐阜県の山の中から発生して瞬く間に全国を駆けめぐり、子どもたちを恐怖のどん底に陥れた「口裂け女」騒動や民俗学の外部で生じた妖怪ブームであった。撲滅されたかに見えた妖怪が現代社会のなかによみがえってきたのである。このような事態は、井上円了も柳田國男とその弟子たちにも想像しえないような事態であったといえるのではなかろうか。

この問題に取り組みだした先駆者が境界論の立場から都市妖怪を論じた『妖怪の民俗学』(岩波書店、一九八五年)を著した宮田登であり、口頭伝承・世間話の視点から口裂け女騒動の行方を追った野村純一であり、「学校の怪談」ブームの火付け役になった常光徹の『学校の怪談』である。本書に収録した国文学者の野口武彦の「髪切りの怪」も都市妖怪という点で、関係すると思われる。これからの研究は、おそらく都市の妖怪をキーワードとしながら、展開していくものと思われる。

近年の妖怪ブームで研究が活気づいたのは、民俗学や国文学だけではない。関係する諸分野、たとえば美術史や演劇史、地理学、さらには建築史、遊戯史にまでそれは及んできている。本巻に収載した横山泰子や橋爪紳也、佐々木高弘の論考も、そうした広がりのなかから現れてきたものである。

最後に、中沢新一の「妖怪画と博物学」について触れておこう。中沢が論じた妖怪論は江戸の博物学的理性と妖怪との関係であった。しかし、その延長上にある現代の妖怪ブーム現象にもほぼそのまま適用できる、興味深い考察に満ちている。「自然」「意識」の境界に出没する「妖怪」は、また「第二の自然」や「第三の自然」(パソコン)と「意識」の境界に発生する「妖怪」の登場を暗示しているように思われる。

妖怪研究は、人間研究である。それはまだ胎児の状態にすぎないが、おそらくは新世紀にあっては、関連諸分野とも連携しつつ、人間の「心」の救済に深くかかわる学問となっているはずである。妖怪研究は、これから開拓されるべき将来性のある研究領野なのである。

著者一覧（収録順）

江馬務（えま・つとむ）1884～1979
今野圓輔（こんの・えんすけ）1914～1982
井之口章次（いのくち・しょうじ）1924～2012
澁澤龍彥（しぶさわ・たつひこ）1928～1987
中沢新一（なかざわ・しんいち）1950～　思想家・人類学者
野口武彦（のぐち・たけひこ）1937～　作家・文芸評論家
橋爪紳也（はしづめ・しんや）1960～　大阪公立大学研究推進機構特別教授
武田正（たけだ・ただし）1930～2013
横山泰子（よこやま・やすこ）1965～　法政大学理工学部教授
アダム・カバット　1954～　武蔵大学名誉教授
宮田登（みやた・のぼる）1936～2000
岩堀（長島）喜美子（いわほり・きみこ）1947～　元月刊誌編集長
酒井董美（さかい・ただよし）1935～　島根大学名誉教授
佐々木高弘（ささき・たかひろ）1959～　京都先端科学大学名誉教授
柳田國男（やなぎた・くにお）1875～1962
野村純一（のむら・じゅんいち）1935～2007
常光徹（つねみつ・とおる）1948～　国立歴史民俗博物館名誉教授
中山太郎（なかやま・たろう）1876～1947
大藤時彦（おおとう・ときひこ）1902～1990
山崎里雨　不詳
岡田健文　不詳
桂井和雄（かつらい・かずお）1907～1989
金城朝永（きんじょう・ちょうえい）1902～1955
桜田勝徳（さくらだ・かつのり）1903～1977
花部英雄（はなべ・ひでお）1950～　元國學院大學文学部教授
三浦秀宥（みうら・しゅうゆう）1921～1990
大竹信雄（おおたけ・のぶお）1927～　新潟県民俗学会会員
関口武（せきぐち・たけし）1917～1997
香川雅信（かがわ・まさのぶ）1969～　兵庫県立歴史博物館学芸課長

小松和彦（こまつ・かずひこ）

1947年、東京都生まれ。国際日本文化研究センター名誉教授。専門は文化人類学、民俗学。長年、日本の怪異・妖怪文化研究を牽引してきた。『憑霊信仰論』『妖怪学新考』『異人論』『妖怪文化入門』『異界と日本人』『鬼と日本人』など著書多数。

・本書は、『怪異の民俗学　2　妖怪』（2000年7月、小社刊）を、内容はそのままに、ソフトカバーにして新装したものです。
・収録作品は、原則として、新字・新仮名を採用しています。
・本書中、現在の観点からは不適切と思われる表現が使用されていることがありますが、発表時期や題材、歴史的背景に鑑み、原文どおりとしました。
・収録作品中、著作権継承者の方の連絡先が不明のものがございます。ご本人や関係者の方がお気づきになられましたら、編集部までご一報ください。

怪異の民俗学 2

妖《よう》怪《かい》

二〇〇〇年 七 月二五日 初版発行
二〇二二年 八 月三〇日 新装復刻版初版発行
二〇二四年 四 月三〇日 新装復刻版2刷発行

責任編集 小松和彦
装幀 松田行正＋杉本聖士
発行者 小野寺優
発行所 株式会社河出書房新社
〒一五一-〇〇五一
東京都渋谷区千駄ヶ谷二-三二-二
電話〇三-三四〇四-一二〇一（営業）
〇三-三四〇四-八六一一（編集）
https://www.kawade.co.jp/

印刷 株式会社亨有堂印刷所
製本 大口製本印刷株式会社

Printed in Japan
ISBN978-4-309-61812-8

小松和彦［責任編集］

怪異の民俗学 全8巻

来るべき怪異・妖怪研究は、ここから始まる――

古典というべき基本文献のみならず、民俗学を中心に、
文化人類学・国文学・社会学・精神病理学など幅広い分野から
重要論考を精選·集成した画期的シリーズ、待望の【新装復刻版】
日本文化の多様さ・奥深さが凝縮された、テーマ別アンソロジー

●各巻構成●

1　憑きもの
2　妖怪
3　河童
4　鬼
5　天狗と山姥
6　幽霊
7　異人・生贄
8　境界

河出書房新社